WENHUA ZIYUAN DIAOCHA YU YANJIU FANGFA

文化资源调查
与研究方法

主　编　赵李娜

副主编　孟令法

吉林大学出版社

·长春·

图书在版编目(CIP)数据

文化资源调查与研究方法 / 赵李娜主编. 一长春：
吉林大学出版社，2022.8

ISBN 978-7-5768-0232-0

Ⅰ.①文… Ⅱ.①赵… Ⅲ.①文化产业－研究方法
Ⅳ.①G114

中国版本图书馆 CIP 数据核字(2022)第 146733 号

书　　名：**文化资源调查与研究方法**

WENHUA ZIYUAN DIAOCHA YU YANJIU FANGFA

作　　者：赵李娜　主编

策划编辑：黄国彬

责任编辑：安　斌

责任校对：李潇潇

装帧设计：姜　文

出版发行：吉林大学出版社

社　　址：长春市人民大街 4059 号

邮政编码：130021

发行电话：0431－89580028/29/21

网　　址：http：// www.jlup.com.cn

电子邮箱：jldxcbs@sina.com

印　　刷：天津和萱印刷有限公司

开　　本：787mm×1092mm　　1/16

印　　张：23

字　　数：365 千字

版　　次：2023 年 5 月第 1 版

印　　次：2023 年 5 月第 1 次

书　　号：ISBN 978-7-5768-0232-0

定　　价：92.00 元

新文科·特色创新课程系列教材

本书受上海市高水平地方高校（学科）建设项目资助

明德崇法　华章正铸

——华东政法大学"十四五"规划教材系列总序

　　教材不同于一般的书籍，它是传播知识的主要载体，体现着一个国家、一个民族的价值体系，是教师教学、学生专业学习的重要工具，更是教师立德树人的重要途径。一本优秀的教材，不仅是教师教学实践经验和学科研究成果的完美结合，更是教师展开思想教育和价值引领的重要平台。一本优秀的教材，也不只是给学生打下专业知识的厚实基础，更是通过自身的思想和语言的表达，引导学生全方位地成长。

　　习近平总书记深刻指出："当代中国的伟大社会变革，不是简单延续我国历史文化的母版，不是简单套用马克思主义经典作家设想的模板，不是其他国家社会主义实践的再版，也不是国外现代化发展的翻版，不可能找到现成的教科书。"新时代教材建设应当把体现党和国家的意志放在首位，要立足中华民族的价值观念，时刻把培养能够承担民族发展使命的时代新人作为高校教师编写教材的根本使命。为此，编写出一批能够体现中国立场、中国理论、中国实践、中国话语的有中国特色的高质量原创性教材，为培养德智体美劳全面发展的社会主义接班人和建设者提供保障，是高校教师的责任。

　　华东政法大学建校 70 年以来，一直十分注重教材的建设。特别是 1979年第二次复校以来，与北京大学出版社、法律出版社、上海人民出版社等合作，先后推出了"高等学校法学系列教材（北大版）""法学通用系列教材（上海人民版）""法学案例与图表系列教材（法律版）""英语报刊选读系列教材（北大版）""研究生教学系列用书（北大版）""海商法系列教材（北大版）""新世纪法学教材（北大版、上海人民版）"等，其中曹建明教授主编的《国际经济法学概论》、苏惠渔教授主编的《刑法学》等教材荣获了司法部普通高校法学优秀教材一等奖；史焕章研究员主编的《犯罪学概论》、丁伟教授主编的《冲突法论》、何勤华教授与魏琼教授编著的《西方商法史》及我本人主编的《诉讼证据法学》等教材荣获了司法部全国法学教材与科研成果二等奖；苏惠渔教授主编的《刑法学》、何勤华教授主编的《外国法制史》获得了上海市高校优秀教材一等奖；孙潮教授主编的《立法学》获得"九五"普通高等教育国家级重点教材立项；杜志淳教授主编的《司法鉴定实验教程》、何勤华教授主编的《西方法律思想史(第二版)》和《外国法制史(第五版)》、高富平教授与黄武双教授主编的《房地产法学(第二版)》、高富平教授主编的《物权法讲义》、余素青教授主编的《大学英语教程：读写译1、2、3、4(政法类院校版)学生用书》、苗伟明副教授主编的《警察技能实训教程》等分别入选第一批、第二批"十二五"普通高等教育本科国家级规划教材；王立民教授副主编的《中国法制史(第二版)》荣获首届全国优秀教材二等奖。1996年以来，我校教师主编的教材先后获得上海市级优秀教材一等奖、二等奖、三等奖共计72项。2021年，由何勤华教授主编的《外国法制史(第六版)》、王迁教授主编的《知识产权法教程(第六版)》、顾功耘教授主编的《经济法教程(第三版)》、王莲峰教授主编的《商标法学(第三版)》以及我本人主编的《刑事诉讼法学(第四版)》等5部教材获评首批上海高等教育精品教材，受到了广大师生的好评，取得了较好的社会效果和育人效果。

进入新时代，我校以习近平新时代中国特色社会主义思想铸魂育人为主线，在党中央"新工科、新医科、新农科、新文科"建设精神指引下，配合新时代背景下新法科、新文科建设的需求，根据学校"十四五"人才培养规划，制定了学校"十四五"教材建设规划。这次的教材规划一方面力求巩固学校优势学科专业，做好经典课程和核心课程教材建设的传承工作，另一方面适应新时代的人才培养需求和教育教学新形态的发展，推动教材建设的特色探索和创新发展，促进教学理念和内容的推陈出新，探索教学方式和方法的改革。

基于以上理念，围绕新文科建设，配合新法科人才培养体系改革和一流学科专业建设，在原有教材建设的基础上，我校展开系统化设计和规划，针对法学专业打造"新法科"教材共3个套系，针对非法学专业打造"新文科"教材共2个套系。

"新法科"教材的3个套系分别是："新法科·核心课程系列教材""新法科·法律实务和案例教学系列教材""新法科·涉外法治人才培养系列教材"。"新文科"教材的2个套系分别是："新文科·经典传承系列教材"和"新文科·特色创新课程系列教材"。

"新法科"建设的目标，就是要解决传统法学教育存在的"顽疾"，培养与时代相适应的"人工智能＋法律"的复合型人才。这些也正是"新法科"3套系列教材的设计初心和规划依据。

"新法科·核心课程教材系列"，以推进传统的基础课程和核心课程的更新换代为目标，促进法学传统的基础和核心课程体系的改革。"新法科"理念下的核心课程教材系列，体现了新时代对法学传统的基础和核心课程建设的新要求，通过对我国司法实践中发生的大量新类型的法律案件的梳理、总结，开阔学生的法律思维，提升学生适用法律的能力。

"新法科·法律实务和案例教学系列教材"，响应国家对于应用型、实践型人才的培养需要，以法律实务和案例教学的课程建设为基础，推进法学实践教学体系创新。此系列教材注重理论与实践的融合，培养真正能够解决社会需求的应用型人才；以"新现象""新类型""新问题"为挑选案例的标准和基本原则，以培养学生学习兴趣、提升学生实践能力为导向。通过概念与案例的结合、法条与案例的结合，从具体案情到抽象理论，让更多的学生明白如何在实践中解决疑难复杂问题，体会情、理与法的统一。

"新法科·涉外法治人才培养系列教材"，针对培养具有国际视野和家国情怀、通晓国际规则、能够参与国际法律事务、善于维护国家利益、勇于推动全球治理体系变革的高素质涉外法治人才的培养目标，以涉外法治人才培养相关课程为基础，打造具有华政特色的涉外法治人才培养系列教材。

"新文科·经典传承系列教材"，以政治学与行政学、公共事业管理、经济学、金融学、新闻学、汉语言文学、文化产业管理等专业的基础和主干课程为基础，在教材建设上，一方面体现学科专业特色，另一方面力求传统学科专业知识体系的现代创新和转型，注重把学科理论与新的社会文化问题、新的时代变局相联结，引导学生学习经典知识体系，以用于分析和思考新问题、解决新问题。

"新文科·特色创新课程系列教材",以各类创新、实践、融合等课程为基础,体现了"新文科"建设提出的融合创新、打破学科壁垒,实现跨学科、多学科交叉融合发展的理念,在教材建设上突破"小文科"思维,构建"大文科"格局,打造具有华政特色的各类特色课程系列教材。

华东政法大学 2022 年推出的这 5 个教材系列,在我看来,都有如下鲜明的特点:

第一,理论创新。系列教材改变了陈旧的理论范式,建构具有创新价值的知识体系,反映了学科专业理论研究最新成果,体现了经济社会和科技发展对人才培养提出的新要求。

第二,实践应用。系列教材的编写紧密围绕社会和文化建设中亟需解决的新问题,紧扣法治国家、法治政府、法治社会建设新需求,探索理论与实践的结合点,让教学实践服务于国家和社会的建设。

第三,中国特色。系列教材编写的案例和素材均来自于中国的法治建设和改革开放实践,传承并诠释了中国优秀传统文化,较好地体现了中国立场、中国理论、中国实践、中国话语。

第四,精品意识。为保证本系列教材的高质量出版,我校遴选了各学科专业领域教学经验丰富、理论造诣深厚的学科带头人担任教材主编,选派优秀的中青年科研骨干参与教材的编写,组成教材编写团队,形成合力,为打造出高质量的精品教材提供保障。

当然,由于我校"新文科""新法科"的建设实践积累还不够丰厚,加之编写时间和编写水平有限,系列教材难免存在诸多不足之处。希望各位方家不吝赐教,我们将虚心听取,日后逐步完善。我希望,本系列教材的出版,可以为我国"新文科""新法科"建设贡献华政人的智慧。

是为序。

华东政法大学校长、教授　叶青

2022 年 8 月 22 日于华政园

目　录

绪　论

近年来，文化产业行业的社会价值、产业价值被社会各界提升到前所未有高度，这必然离不开对文化资源的保护利用，而一切市场化、产业化、社会化操作的前提是要对资源进行细致的调查。"文化资源调查与研究"是指运用文化学、人类学、历史学、社会学、民族学、管理学等相关学科基础知识与研究方法，调查者在特定区域范围、既定时间段和既定目标驱动下，以各类理论为指导，运用科学方法与手段，有目的地系统收集、记录、整理、分析和总结文化资源及其相关因素信息资料，以确定文化资源存量状况，并为文化经营管理者提供客观决策依据的活动。

第一节　教材撰写缘起与价值意义

我国文化产业自 1990 年开始发展，此后近三十年中在国家层面受到了极大关注，已成为二十多年来发展速度最快的产业之一。在国家政策不断推动下开设相关专业或方向的大学如雨后春笋般涌现，以文化产业研究中心为名的科研教学机构也相继成立。从 2004 年开办文化产业管理本科专业仅有山东大学等四所高校，到 2018 年全国有 201 所高校设此专业，文化产业相关专业教学点已涉及中国 27 个省份。然而目前文化产业教育体制相对落后与市场和产业实际发展需求迫切之间存在着矛盾与冲突，具体呈现为专业人才培养与社会需求之间不匹配、不适应，因此需重新审视文化产业培养模式，其中课程的设置与教材的建设成为目前文化产业管理教学改革的重要问题。

一、"文化资源学"教材现状简析

作为一门新兴专业，文化产业管理专业存在学科定位模糊、课程设置不科学、教材门类不齐全、权威教材或针对性教材少等教学现状。文化资源学是文化产业管理专业核心基础课程，从某种程度上讲文化产业形成与发展都必须建立在对文化资源的开发和利用上，因此相关研究者、学习者和从业人员，最先了解的应是文化资源。但作为各个高校文化产业管理专业的主干课或核心课程的"文化资源学"（或"文化资源开发与管理"等名称），其课程设置与教材编写情况不容乐观，选取其中影响较大或运用较广的几部教材进行分析，发现现有"文化资源"教材存在着以下特点。

首先，现有文化资源学教材虽从文化产业管理专业正式招生以来已有十多部出版，但整体来说编写还滞后于行业发展，权威的被广泛认可的教材不多。从教材层次来看，有两部"'十二五'普通高等院校文化产业管理系列规划教材"（秦枫编著《文化资源概论》，中国科学技术大学出版社，2014年；姚维钧编著《文化资源学》，清华大学出版社，2015年）和"高等院校文化产业基础教材"（牛淑萍编著《文化资源学》，福建人民出版社，2012年9月）。作为国家规划教材及行业专业教材，在这三部著作中有两部（姚维钧著和牛淑萍著）都未涉及文化资源调查研究的专门内容，这说明这一专业普遍缺乏文化资源调查方法论课程内容与教学观念。

其次，现有教材的大多数内容都按照文化资源概论、内涵、类型、保护开发利用管理方式、案例等展开，其中仅三部有专章涉及"文化资源调查"的相关内容。由李树榕、王敬超、刘燕编著的《文化资源学概论》（东南大学出版社，2014年）是由广西艺术学院等七家艺术院校共同发起编纂的艺术管理学专业系列教材，设置专章讲述"文化资源调查与价值评价"，将"文化资源调查"

作为一节设置，粗略介绍文化资源调查的作用及原则、文化资源调查的类型和内容、文化资源调查的程序与方法、文化资源调查报告的撰写。此外，上述提及秦枫所编著的规划教材《文化资源概论》也有专章讲述"文化资源调查与评估"，主要介绍运用社会调查方法和经济学手段对文化资源有目的地系统调查和评估。还有赵尔奎教授等编著的《文化资源学》（西安交通大学出版社，2016 年），第五章题名为"文化资源调查与评估"，其中"文化资源调查"只以概述作一节呈现论述，也较简单。

仔细阅读以上教材中有关"文化资源调查"专门章节之后，发现这些教材虽已注意到文化资源调研对保护传承的重要性，并将其作为文化资源学的重要研究方法，但在整体上，调研过程步骤及科学原则方法等方面的内容还是偏简单，这对本专业教学展开和学生专业素质与能力的培养都较不利。众所周知，文化资源是开展文化活动、发展文化产业的物质基础，是文化经济活动的重要实践课题。要想对文化资源进行合理开发和有效保护，首先需要对资源进行全面调查和科学评价。运用科学手段有重点、有步骤地调查，同时运用合理指标进行有效的评价，既可有效描述、诊断、预测和管理资源，又可为开发和利用资源奠定基础、指明方向。

二、文化资源调查的特点与重要作用

文化资源调查是文化资源开发利用中的重要环节，对本行业的健康发展和教学开展都有着不可估量的作用。具体来说，在本专业中开展文化资源调查具有以下作用。

第一，文化资源调查具描述作用。以量化指标或文字叙述形式细致描述文化资源，可了解一个区域文化资源类型；掌握区域文化资源现存数量和类别，通晓空间分布情况等；摸清家底，总结文化资源概况。同时对公众认识文化资源价值和增强文化资源保护意识具重要意义。

第二，对文化资源进行调查研究具诊断作用。文化资源调查在概况叙述基础上，通过资源数量、类别、空间分布、历史沿革等方面对比，可认清文化资源价值特征、空间特征、时间特征、经济特征、文化特征、主要功能以及各种特征形成的原因和环境背景，并从保护和利用等角度对文化资源的现存问题进行剖析，从而实现对文化资源的诊断和再整理。

第三，文化资源调查还具预测作用。可将一些遗失于民间且未被发掘的文化资源记录在册，充实和完善文化资源信息资料；掌握较全面文化资源信息并熟悉市场生存状态和存在问题，思考文化资源发展新途径，为市场预测、决策奠定基础。不断进行文化调查，还能为寻找新资源、开发新产品、开拓市场提供帮助。

第四，文化资源调查对于资源的存续与传承具监管作用。重视文化资源调查是文化管理部门提高工作效率的必然要求，只有掌握全面真实的文化资源信息才能保障文化资源管理科学和有效。在文化资源调查过程中，相关管理部门深入了解现有文化资源生存状况和相关生活方式，对内管理文化资源内容的采编和整理事宜，对外管理文化资源的保护和传承的推广工作。此外，文化资源调查完善，也是文化管理从传统经验管理向现代科学管理转化的重要标志。

三、本教材立足点与展开思路

基于以上讨论，本拟编教材努力呈现以下特色与创新点。

第一，本教材从酝酿到策划申请，体现主要编者在多年从事教育与科研实践活动基础上对本专业核心内容与教学理念的总结与独特思考，具有一定首创性与前瞻性。

1930年5月，毛泽东为反对当时红军中存在的教条主义思想专门撰写了《反对本本主义》一书，提出"没有调查，就没有发言权"的著名论断。近代以来，人文社会科学之所以迅猛发展，为社会做出巨大理论贡献并具有一定实践意义，靠的就是实地调研与文献研究并重的方法论认知。诸如文化人类学、民族学、管理学、经济学、社会学、民俗学等一级学科或二级学科，都是文化产业管理专业的"上位学科"或"上游学科"，它们拥有良好的田野调查与实地考察的核心方法论与学科传统，因而获得自身发展以及适应社会要求的学术业绩。

文化产业管理专业作为"文化工业"与"创意产业"勃兴以来新兴学科，教学内容与专业课程设置都在探索路上，所幸一些本专业有识之士在文化资源的教材编写及教学中开始逐渐重视文化资源调查相关内容。正如前文罗列过的教材中的相关篇章那样，尽管较简略但毕竟属于教学改革的有益尝试。本教材试图跳出以往文化资源学相关教材中将文化资源的内涵、分类等作为主要内容的教学理念与方式，独创性提出以调查与研究方法为核心教授内容，其余相关理论作为辅助内容展开，这是在教材主创团队自身历史学、民俗学、民族学与人类学等学习科研经历，以及文化产业管理专业多年教学基础之上的经验总结与理论思考。同时对文化资源学研究领域本身来说近三十年来研究紧扣"保护与开发"重要命题，围绕相关理论和学术实践领域展开调查研究，在城市文化遗产与文化资源、区域文化资源、村落（古镇）文化资源、民族文化资源、宗教文化资源，以及非物质文化资源的保护传承与开发利用领域取得了丰富成果，本教材主编也充分吸收学界相关有益经验成果作为有机部分。

第二，本教材对于文化产业管理、相关专业学科与从业者来说，具有一定程度的实用性和针对性。

在笔者关于教学效果反馈的问卷调查与深度访谈等研究中，很多学生表现出对于本专业基础知识及调查研究具体开展方法的理论困惑，较集中于对文献研究方法、问卷编制、访谈技巧、调研内容、理论与调查结合等方面的理论与方法学习诉求[1]。其实从课程教授内容上来看，教师已在课堂教学、课后指导及课余自学资料等教学方式上尽量涉及以上方面，但由于课时内容较短、大纲限制、实践经费缺乏等教学客观条件，没能更详细在课堂展示，教学反馈是笔者申请本拟编教材的直接出发点。

另外，通过对行业内学生实习实践用人单位以及本专业有识之士的调研

---

[1] 赵李娜：《融思入学："文化资源学"课程教学"思政元素"融入探索与功效分析》，《荆楚学刊》2020年第6期。

与访谈结果分析，在本专业行业中，很多工作都涉及文化资源调查，专业后备力量调研能力、调研素养和科学性缺乏也是笔者基于专业行业需求考虑拟编教材的深层教研动机。由此教材主要致力于科学性、应用性的文化资源调查方法内容的呈现，主要呈现内容是在特定区域内以及既定时间段，调查者如何在既定目的驱动下，以科学的理论为指导，运用科学的手段与方法，有目的有系统地收集、记录、整理、分析和总结文化资源及其相关因素的信息资料，以确定文化资源的存量状况，为文化经营管理者提供客观决策依据。可以说本教材对专业学习者和行业人员在进行具体文化资源调研活动时有一定针对性与实用性指导意义。

第三，本教材在关于文化资源调研的理论选取、方法论介绍及案例说明等方面，呈现多学科参与的融合性特色，努力构建一种全新的专业课程教学范式。

众所周知，文化产业管理专业教学科研活动的开展非常依赖其上游学科或上位学科的基础理论支持，作为专业基础主干课程，文化资源学更是如此。从实践操作层面来看，要想对区域文化资源或者某一特定文化资源进行有效保护与利用，对它深入调研后的价值评估是产业与行业发展的重中之重，这当然需调研者努力从各类相关学科中吸收基础理论知识与实践技能。主编者自身所具有的历史学、文学、民俗学、民族学等学习科研经历及田野调查经验，使本教材在吸收各个人文社会科学理论基础和方法论介绍方面具多学科参与融合性特色。

多年文化产业管理及相关专业的从教经历使教材编者深入思索这一新兴专业及其重要课程之一——文化资源学的具体展开思路与教学范式，决计跳出以往文化资源学课程讲授"重课堂、轻实践"的做法，在课程的设置与编排上尽力让学生走出课堂，走向文化资源调查研究的广阔田野。作为教师，我们知道社会科学知识与学养积累是较为漫长而又系统的工程，本科阶段专业知识学习就其所属专业领域来说仅是专业启蒙教育，不只需课堂教学纵向基础理论知识的传播，在实践中亲身体验知识的价值及在遇到问题时解释与解决的效果也同样必不可少。文化产业管理专业主要培养既懂文化又懂市场的"复合型"人才，这点明专业人才知识结构应具明显交叉性与跨学科性。无论是对文化概念、内涵、发展规律的了解还是对关于文化资源的了解，依托单一课堂、书本等理论学习不能帮助学生形成较立体认知，达不到人才培养目标。因此本教材认为文化产业管理专业教学设置有必要借鉴其上游各个学科的经典方法论——走向田野，在田野中深化专业知识，寻找理论知识与田野实践之间的契合点，在实践中开阔视野，领会专业魅力，培养人文素养，提升人生境界，这是本教材在教学范式上的一点创新。

第二节　相关概念及教材内容

一、什么是文化资源

"文化"和"资源"两个概念本身都有复杂意蕴，长久以来相关学科都在对其进行持续探讨。英国古典人类学者爱德华·伯内特·泰勒（Edward Burnett Tylor，1832—1917）认为"文化"是一个复杂总体，包括知识、信仰、艺术、道德、法律、风俗以及人类在社会里所得的一切能力与习惯。"资源"是广泛存在于自然界和人类社会中的一切可被人类开发和利用的物质、能量和信息，也就是说所有可使用及可创造的物质财富对象或精神财富对象都可称为资源。由此可见，"文化"和"资源"两个概念都很宽泛。"文化资源"究竟指什么？它是否是"文化"概念与"资源"概念的简单结合？应当从何种角度来界定"文化资源"？要回答这些问题，或许可以先来了解我们浸润其中的"文化"是如何成为"资源"的。

【阅读材料 0-1】

文化如何成为资源①?

文化如何成为资源?或者说怎样使文化成为资源?我们从三个层面对文化资源化所寄身的基本场域展开叙述,第一个层面基于个人生存的微观日常实践场域,后两个层面则着重于在更大社会性层次中完成文化的资源化。

1. 日常文化实践场域

家庭、职场、学校、地域、社会等,是日常实践最基本的场域。在这个层面,人的生存要与某种特定环境相结合,而且人们的生活环境是社会性、文化性的构成。因此,从语言到宗教,不同类型的文化都会在日常实践中发生作用。人们总是无意识地将其作为资源使用,进行日常的文化实践。在这个层面的文化,就像空气一样,不自觉地被生活化了。

2. 国家场域

由于与国家关联,历史被编纂和被资源化的事自古有之,古代日本就通过编纂《古事记》和《日本书纪》的方式收集深化故事,将之用于国家正统化叙事。近代日本,语言、文学、艺术等被作为国语、国民文化,特别是通过学校教育,使其资源化,成为创造所谓国民人才的帮手。这个层面的文化资源化与管理,是由将之作为文化政策的国家有意识推进的。

3. 市场场域

在资本主义体系渗透到世界各个角落的过程中,文化也作为商品在市场中被买卖,直接的例子就是食品、音乐和信息。在大都市,不仅能够吃到中日西餐,而且能品尝到全世界的美食,世界各个民族的音乐被当作世界音乐制成 CD 销售。在现代,网络就是个巨大的文化资源化例子,通过网络,我们可以获取世界上各种各样的文化信息。我们可以从生活的方方面面看出文化的商品化以及马修斯所说的"文化的超市化"。

---

① (日)山下晋司《资源化的文化》,出自(日)岩本通弥、山下晋司编:《民俗、文化的资源化:以21世纪日本为例》,郭海红编译,山东大学出版社,2018年,第14—17页,为行文方便笔者进行适当调整改写。

由此我们可以得知，文化资源化的社会性场域包括微观日常文化实践场域、国家场域和市场场域等三个层面。文化在这些场域中实现了资源化，但每个层面的文化资源存在样态并不相同。日常实践中的文化资源化是指人们在与生存环境相处中为生存所进行的最基础层面的实践。而在国家场域和市场场域中，文化资源是出于各种政治目的或经济目的被加以开发和利用的。这三个场域处于相互影响、相互渗透的关系中。民族国家与全球市场被带入了微观日常文化实践的场域。因此，在研究文化资源化的过程中，掌握文化资源化的社会性构图非常重要。

如日本民俗学家山下晋司所言，文化在三个方面实现资源化过程，即日常文化实践场域、国家场域及市场场域。日常文化实践场域是文化在无意识中被资源化，而在国家场域和市场场域等更大社会性层次中，文化资源化是被有意识推进的。如果广义理解文化资源，那么无论是在主体有意识状态下还是在主体无意识状态下，所有在实践中运用的文化都能被称为文化资源，但这样界定基本等同于直接将"文化"与"资源"对等叠加。本教材从狭义角度理解文化资源，也就是说讨论在国家和市场等更大社会性场域中使用这一概念。认为"文化资源"是被主体有意识地资源化的文化，即主体出于政治、经济等目的有意识地对文化加以利用和开发，以创造物质财富或精神财富。"文化资源"中作为术语的"资源"至少包含着三个层面的意义：对文化的发掘；对文化的创造、赋义；对文化的利用。文化资源可以产生经济、社会、政治等方面的价值。

二、文化资源的类型

本教材叙述重点是对可作为"资源"开发与利用的各类文化事项（事象）进行调查和研究，重点在调查。关于"文化资源"，文化学者大都给过定义与解释，内容繁多，在此不赘述。总体来说，"文化资源"一词在字面上由"文化"与"资源"组合而成，是各类具有文化属性的资源的总称。由于"文化资源"含义丰富、类型多样，笔者搜集整理了近年来"文化资源学"相关本科教材之中"文化资源"的类型呈现，如表 0-1 所示。

表 0-1　近年(2010 至今)"文化资源学"相关教材中"文化资源"类型

教材版本	文化资源的种类形式
高宏存：《文化资源产业化研究》，国家行政学院出版社，2010 年	第二章　文化资源形态 一、有形历史文化资源 1. 不可移动的 2. 可移动的 二、非物质文化遗产 1. 概念和特点 2. 形态类型 三、文化智能资源 1. 高科技和文化创意人才 2. 经营管理人才
牛淑萍：《文化资源学》，福建人民出版社，2012 年	第二章　文化资源的类别 第一节　历史文化资源 第二节　民族文化资源 第三节　民俗文化资源 第四节　宗教文化资源 第五节　红色文化资源 第六节　其他文化资源
唐月民：《文化资源学》，山东大学出版社，2014 年	第三章　历史建筑物保护 第四章　历史街区保护 第五章　历史城市保护 第六章　非物质文化遗产传承人保护
秦枫：《文化资源概论》，中国科学技术大学出版社，2014 年	第二章　文化资源形态 第一节　物质与精神文化资源 第二节　城市与乡村文化资源 第三节　民族与世界文化资源

续表

教材版本	文化资源的种类形式
李树榕、王敬超、刘燕：《文化资源学概论》，东南大学出版社，2014年	第二章　文化资源的类别 第一节　文化资源分类的逻辑起点与标准 1. 以文化产业的需要为逻辑起点 2. 以"获取文化资源的途径"为分类标准 第二节　物质实证性文化资源 1. 历史建筑 2. 历史文物 3. 现代造型艺术 第三节　文字与影像记载性文化资源 1. 语言文字 2. 历史要籍 3. 文学经典 4. 影像资料 第四节　行为传递性文化资源 1. 作为文化资源的生产行为 2. 承载文化传统的生活行为 3. 传承思想观念的学习行为 4. 彰显民族性格的娱乐行为 5. 表达感恩和敬畏的节庆行为
姚伟钧：《文化资源学》，清华大学出版社，2015年	第二章　文化资源的表现形态与类型构成 第一节　文化资源的表现形态 一、有形的物质文化资源 二、无形的精神文化资源 三、文化智能资源 第二节　文化资源的类型构成 一、根据文化资源历时性的划分 二、根据文化资源统计与评价的划分 三、根据文化资源主题的划分 四、根据文化资源开发频率的划分 五、根据区域文化特点的划分 六、其他划分

续表

教材版本	文化资源的种类形式
胡郑丽：《文化资源学》，光明日报出版社，2016 年	第一章　文化资源概述 第一节　文化的源起和表现 第二节　文化资源的阐释 第三节　文化资源的特点 第四节　文化资源相关概念辨析 第二章　文化资源的分类 第一节　历史文化资源 第二节　民俗文化资源 第三节　网络文化资源 第四节　校园文化资源 第五节　红色文化资源
赵尔奎、杨朔：《文化资源学》，西安交通大学出版社，2016 年	第三章　文化资源的形态 第一节　文献形态的文化资源 第二节　造型艺术形态的文化资源 第三节　表演形态的文化资源 第四节　技能技艺形态的文化资源 第五节　节庆活动形态的文化资源 第六节　现代形态文化资源

　　从 0-1 表可见基于不同标准文化资源可分不同类别。从存在形态上可分为物质文化资源和非物质文化资源，从产生时间上可区分为历史性文化资源和现实性文化资源，从内容或学术专题上做区分又可分为宗教文化资源、艺术文化资源、建筑文化资源等。基于不同研究目的和研究方式还可有很多其他分类。因本教材主题是"文化资源调查"，调查最终走向即是"开发利用"，即对文化资源分类也应基于"开发利用"这一目标导向而建立。在此视角下认为现有文化资源分类中对于列入各类名录体系及清单中的遗产类文化资源，其"开发利用"实践原则一般而言应遵循纲领性文件或"保护为主、抢救第一、合理利用、加强管理"十六字方针，因此说这类文化资源是"传承性文化资源"，对此类资源调研在各个相关文化领域已有较为成熟的普查手册类文件指导，所以将其作为文化资源调查一个大类对象没有问题。虽然现今各类普查手册

类文件指导在遗产类文化资源调查的纲领和清单上已甚清晰，但对具有研究性质的调查来说还有一些细节需关注，这些有待后文实操部分再详述。当然刚才提到的"传承性文化资源"并非全部都是各类名录清单上的历史文化遗产资源，还有一些由于各种原因没有列入"保护名录"体系的同样也需关注，这也是文化资源调查需涉及部分。因此对"传承性文化资源"的理解借鉴罗德尼·哈里森（Rodney Harrison）在遗产研究中做出的分类，他使用"非官方遗产"（unofficial heritage）一词来指代广泛实践，这些实践使用遗产语言表达，但没有得到官方立法形式承认。与之对应的概念是被立法承认的"官方遗产"。由此传承类文化资源可分为被立法（如国际公约、国家或者各级各地政府等）承认的官方文化遗产资源（图 0-1 孟令法绘）和非官方文化遗产资源（具有传承类文化资源特质、具有开发潜质但没有被立法认可的传承类文化资源）。

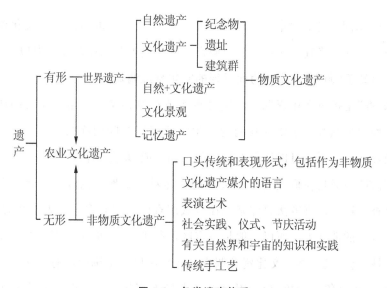

图 0-1　各类遗产体系

除以遗产为典型标准的"传承性文化资源"，在文化资源开发利用及消费行为之中还有一类并非历史上遗留下来的文化资源，可称为"创生类文化资源"，这类文化资源主要是产生于当代的文化资源。这种文化资源主要分两个类型。一类是"创旧型文化资源"。"创旧"一词由经济学家于光远提出后在各个领域开始被越来越多使用[①]。提出时蕴含着对"新""旧"的辩证思考，认为这是一对互相包含和无法绝对区分的概念，不同时空限定下新旧相对。时尚界和设计界将某一品牌复刻该品牌的经典款，或者采用和旧有设计一样或类似的设计，或采用旧设计中某种或某几种元素推出新产品称为"创旧"。在创生类文化资源探讨中，"创旧"类文化资源是从中华文脉中寻找可资借鉴或可资运用的文化元素，以此为基础创生出新的文化资源。创生类文化资源中另一个类别是"创新型文化资源"，即主体有意识地制造的新近文化资源，其作为新兴事象已经在民众生活中发生着影响，并且持续地创造出物质财富或精神财富。

三、文化资源调查的类型

单从"调查"这个学术行为而言，根据其从事的广度与深度，文化资源调查可分为概查、普查、详查、典型调查、重点调查及抽样调查等类型。

(一)基于"调查"学术行为而呈现的文化资源调查类型

"概查"是指对文化资源的概略性调查或探测性调查，是为发现问题而进行的一种初步调查，主要寻找问题产生的原因以及问题症结所在，为进一步调查做好准备。因此可以称得上是一种预调查或"踩点"活动。

"普查"一般是在概查基础上进行的，即对一个地区内各种文化资源进行综合调查。这一调查方法总体来说在区域调查中运用较多，因为普查对时间、人力、资金的消耗大，所以一般是一定区域范围内(一般来说至少为一个县级以上区域单位)某一类型文化资源调查，或较小区域范围内所有文化资源调查(多为村、街区等区域单位)。因普查需大量人力物力，一般来说由官方政府或大企业等经济实体进行组织实现。由此普查一般会有一个文化提纲或表格类文件，甚至手册类论著作为调查清单进行提示指引，以免调查时有所遗漏。

---

① 刘二中、王大明：《创新与"创旧"》，《第九次哈尔滨"科技进步与当代世界发展"全国中青年学术讨论会论文集》2003 年第 2 页。

但这并非说其余类型调查就不需计划或提纲。事实上，文化资源详查、重点调查和抽样调查针对性更强，因此其指引文件多是调研者根据具体情况进行计划编制。

具体来说文化资源详查一般在概查和普查基础上进行，即将文化资源普查的结果进行筛选，确定有重要意义的资源作为开发对象，对于这些文化资源再进行更详尽的实地考察。重点调查则是在对象中选择一部分对全局具有决定性作用的重点资源进行调查，以掌握调查总体情况的调查方式。这类调查一般适用于只要求掌握总体基本情况，调查指标较单一，对象也只集中于少数文化资源。但与详查一样，重点调查就行动主体即调查者而言其学术自由度较高，因此一般来说属于针对某专题类型文化资源调查情况较多。抽样调查是按照调查任务确定的对象和范围，从调查总体中抽选部分对象作为样本调查研究，用所得的结果推断总体结果的调查方式。在文化资源调查中，对一些不可能或不必进行全面调查的现象或在人力、财力资源有限的情况下，最宜使用抽样调查。

(二)本教材所要讨论的调查类型

对于文化资源来说，不管是普查还是详查、重点调查，其操作落到实处都应有具体对象，也就是调查者每个单次调查实践都是针对具体类别资源进行。对各个类型文化资源普查，各个遗产领域都已有成熟实操经验、相应手册与普查清单指导，本教材不打算涉及过多。就调研方法教授而言，教材还将重点放在各类文化资源详查和重点调查等行为调查，即对由个人出于学术目的的对某地进行文化调查及小型团队实践目的的调查方法进行阐述，大概包括此类文化资源调查的计划和进行步骤、调研应有视角、调研过程中注意事项、调查报告写作及文化影像输出等方面，同时在教材前端对人类文化资源调研的整体学术实践历史加以详细介绍。在各类调研的实操讲述方面以本教材所拟定的文化资源类型，即"传承性文化资源"和"创生性文化资源"作为大类，阐述个人或小团队对具体类型文化资源进行调查时应关注的重点，以及相应的视角与态度。

第一章　世界各国古代及近代文化资源调研简史

可以说，对文化资源的功能认知和重要性认识在人类社会较早阶段已经出现。理论上来说只要文字开始出现就应有对各类知识的系统总结与一定程度思考，等到阶级社会出现、国家建立，统治者迫切需知晓所辖区域的各个族群文化与社会，以便于统治，文化调查和记录逐渐开始步入人类实践舞台。虽然文化资源调查研究涵盖物质形态与非物质形态的文化资源，然鉴于对象所及篇幅，本章主要介绍世界各国对"非物质形态"文化资源进行调查研究的历史与历程。

第一节　世界古代文明国家对于文化资源的搜集与调查

在早期人类社会中，文化资源调查意味着对自身族群及别族的生活知识、思维方式等的探寻。当然这些探寻在早期阶段存在战争、政治、交流、统治等功用与意味。

一、采风与问政：中国古代的文化资源调查传统

各个王朝成立之初，除对各地户口等经济资源进行调查外，最高统治集

团都会派出专门的人士对各地的族群文化情况做调查，主要目的当然是便于统治，这一传统至迟在周代已有惯例。《汉书·食货志》"孟春三月"一段描绘了秦汉以前先代王朝收集民间音律诗歌的情形，《诗经》即是周王官之学到各个诸侯国进行文化资源调查的田野民族志成果，虽然现在所能看到的"诗三百"是经过孔子（如图1-1）或其他知识分子删减编定的，但依然能从各个国风中读出各地文化资源状况。如"郑卫之音"显示

图 1-1　孔子像

河南濮阳一带丰富的艺术文化传统与资源，还有各地的生产生活、节日、婚嫁、信仰民俗等。一向被人们认为是《诗经》编订者的大教育家和思想家孔子也是文化调查的爱好者，"礼失求诸野"体现出他喜欢到民间调查礼仪知识的研究取向，《论语》中的孔子"观乡人傩"证明我国早期士人知识的获得与养成与文化调查脱不开关系。

　　先秦时期，追风问俗传统在秦汉后的知识践行方式中保留下来。其中最著名的便是司马迁（如图1-2）为撰写《史记》所作的调研准备。这位史学家虽在长达几十年治史生涯中没少参考前人文献资料，但他从来不是一个在书斋皓首穷经、拿着剪刀糨糊治史的宅男，相反《史记》的多幅篇章都能读出作者为各种目的所作的文化调查，如《五帝本纪》篇概述其自身游踪："余尝西至空峒，北过涿鹿，东渐于海，南浮江淮矣。"司马迁在二十岁那年（约前116）开始调查访问。此前他已读过许多典籍，在书本文献中获取文化营养、打下牢固基础知识，同时也生发出许多疑难，深切感到"书缺有间，文献不足"，最终离开书斋走向田野，在实际访查中获得更多更准确的资料。二十岁开始司马迁跨过江淮直抵会稽，后又浮游沅湘北涉汶泗，绕道梁楚而归关中，不久又出任郎中"西征巴蜀以南，南略邛筰、昆明"广泛访查大西南。此后其父司马谈任太史令，司马迁成为侍从之臣，又跟汉武帝足迹至多地游览。元封元年（前110）司马谈弥留之际叮嘱司马迁延续家族使命为国家、民众写史，司马迁含泪接受托付，太初元年（前104）开始《史记》编纂。历经十四年，此书完成，是

中国历史上第一部纪传体通史，记载上至上古传说中黄帝时代下至汉武帝太初四年共三千多年历史。在《史记·太史公序》中，他写自己"纵观山川形势，考察风光，访问古迹，采集传说"，可见其将多年调研材料进行史实考订，补充文献不足，创制了新的体例的治史方法论，其中对于文化资源的调研也是重头戏。如为调研邹鲁儒风，他曾专门去孔子故里，在那儿看到了儒生如何演饮酒和射箭等古礼，以及"仲尼庙堂礼器，诸生以时习礼其家"具体场景，因而对儒生的礼仪活动有更清楚的认知。长期调研活动还促使司马迁开始重视各地的人文地理与文化资源，并专传呈现。《货殖列传》就是他在"游览名山大川"后切身感受到"九州异俗"而专列篇目，他根据西汉初期情况将全国划分为关中、巴蜀、陇西、三河、燕赵、齐鲁、梁宋、三楚、江南和岭南十个地理区域，对各个区域内的自然条件、人口、城市、交通、土特产等经济地理状况进行了记述，对各地风俗进行观照，所列诸项皆为我国古代人民所喜好的谣俗、被服、饮食、奉生送死之具。在论述时，他特别强调地理物产与风土人情之间的关系，把民风民性归结为所处地域及生产、货殖结果，说明作者自觉思考自然、经济与人文地理之间的关系。虽然司马迁四处调研访谈最主要的目的是治史，但可从中窥见他对文化资源的重视思想。

图 1-2　陕西韩城司马迁像

由于历代正史写作者大都坐拥良好典藏条件，写作也多采用以人物纪传为主以表志为辅的体例思想，除私家撰史，大多数由后朝成立的写前代史的写作班子觉得不需也没动力和时间走出书斋走向民间做更多征实调研。司马迁的访谈调研治学方式对中国传统知识分子影响巨大，编检史册可见史上留有文名的知识分子大都贯彻"知行合一"，将自己所见所闻或亲躬调研成果熔铸于文。在魏晋南北朝时出现的一些专题类型知识汇编著作中，有很多都是在作者亲身调研基础上写作而成的。如为《水经》做注的郦道元年少就对地理考察有浓厚兴趣，后来趁在今山西、河南、河北为官，公余之暇，开始着意进行地理考察，所到皆尽力搜集当地地理著作和地图，并据图籍提供资料信息留意各地河流情况。在调查河流水道过程中还走访乡老、采集民间歌谣、谚语、方言和传说，将见闻详细记录下来，这体现在《水经注》不仅呈现各地河流干道、支流分布及其地理风貌，更将各地文化资源介绍其中，使其成为一部以河流为纲的流域文化作品。其余如中国经典文献名著《齐民要术》《搜神记》等都不乏作者搜俗采闻撰写过程。贾思勰写作《齐民要术》时"采捃经传，爰及歌谣，询之老成，验之行事，起自耕农，终于醯、醢，资生之业，靡不毕书"，作者把尊俗知礼看作是民安民富结果，因此发愤要写本旨在教民勤奋改俗之书，从他的著述经历可窥见中国古代知识分子注重民生、将民俗作为政治与教化之重要文化资源的思想传统，同时还贯彻了观察民生调研目的。晋代干宝的《搜神记》从书名即能看出这是作者搜俗采闻的文献汇聚，此处"搜"不仅是从现有文献资料中搜集神话故事，也"收遗逸于当时""访行事于故老"，即采访记录当时流传的民间故事传说。正因作者征实调研方法，才使世人得以窥见中国古代社会丰富的神话资源，干宝所调查的这些神话故事更成为今日文化创意产业的重要文化资源，成为众多文学或影视剧创作以及神话游戏的内容来源。

唐宋以来由于生产力发展与人类交通能力增强，古代国人活动空间更广泛、活动频率更频繁，其中重要体现便是边疆部族与中原民族文化交流更频繁及唐宋以来士人游历风气之盛。除各个阶段正史著作中边疆地区民族文化资源情况的增加，此时不少文人士子都较关注民族地区各类自然环境与人文环境，此时许多传世文献都是在作者旅行或对民族地区调查访问基础上形成的，最著名的便是反映西北边疆地区文化资源的《大唐西域记》（玄奘口述、辩机笔录）、《西域图记》（唐·裴矩）以及记录西南民族地区文化资源的《蛮书》（唐·樊绰）、《桂海虞衡志》（宋·范成大）、《岭外代答》（宋·周去非编）等著作，作为唐宋以来西部边疆少数民族文化资源的丰富文献记录，这几部作品虽然并非全部是有目的的文化调研成果，但都是作者根据亲身见闻所录而做的文化记录。

元明清时期是我国民族学和地理学大发展时期，也是中国方志编纂的辉煌年代。生产力发展和大统一格局促成书斋士人走向文化调查征途，这一时期不论是域外还是本土，文化调查活动都大量增加。其中较为著名的文化调研记录有《真腊风土记》（元·周达观）、《长春真人西游记》（元·丘处机）、《广东新语》（明·屈大均）等。

明代伟大地理学家徐霞客在 51 岁时开始其"西南万里遐征"壮举，生命最后四年在广西、贵州、云南等少数民族地区进行有别于前期"问奇于名山大川"的地理考察。其考察路线为先由湖南进入广西再入贵州，后入云南三年多时间，行程数万公里，足迹遍布三省数十县市的广阔民族地区，接触彝、回等十几个民族，留下《粤西游日记》《黔游日记》《滇游日记》，约占整个《徐霞客游记》总篇幅 60 万字 90% 左右。在游览调查过程中，徐霞客践行"书录同行"原则，在调查时一方面广搜方志以志导游，重视文献资料在文化调查时的重要作用，还随时整理游历得来的田野资料，此次调研可谓是中国元明以后边疆民族文化资源调查的壮举。

此外清人徐松的《新疆识略》是他在 32 岁时因罪削职流放到伊犁戍守时，在祁韵士等人编纂《西陲总统事略》基础上加之亲自考察新疆南北两路后编撰的一部关于西北边疆史的著作。后来他又将《新疆识略》的水道部分录出并加以充实，整理辑成《西域水道记》。此书将嘉峪关以西的新疆按所注湖泊分为 11 个水系，仿《水经注》体例提纲挈领分叙各个水系水道，旁及水道周边地区的建制沿革、典章制度、交通物产、风土人情、民族分布、卡伦军台等，对西域的记载尤为周详，是西域文化资源调查的绝好文献资料。

二、旅行与记录：古代西方文明对异域文化资源的调查与搜集

与中国古代大部分知识分子为政、为史而采风不同，在古希腊知识传统中，文化调查大多是基于旅行和对未知世界好奇而探索，这奠定了西方古典地理学基础，古希腊罗马时期留下丰富的旅行文化调研记录。这一传统在中世纪西欧世界因基督教文化统一而断裂，但在阿拉伯知识传统中得到更好延续。直至14—17世纪"地理大发现"时期，西方世界重又燃起探寻异域文化的热情，为近代人类学、民族学、地理学、民俗学、社会学等注重文化调查研究学科提供了学术思想来源与重要方法论基础。

古希腊地理学早期奠基人赫卡泰（Hecataous，前550—前475）与历史学家希罗多德（Herodot，约前485—约前425）是较有代表性的两位学者。古希腊描述地理学创始人赫卡泰的著作《游行记》在借鉴前人资料的基础上，根据其自身周游埃及、地中海、小亚细亚、伊朗高原等地所搜集的大量第一手材料写就。他在波斯被征服后（约前525）曾到底比斯并带回大量资料，在其零星记载中列述了十五个城市[①]。赫氏还访问了埃及以西的利比亚海岸昔勒尼并获得丰富资料。希罗多德出生于小亚细亚哈利卡纳苏斯，不到30岁就漫游意大利半岛南部、黑海沿岸、波斯（今伊朗）、叙利亚和埃及等地。他足迹不仅遍及古希腊、波斯和古埃及等文明中心地区，且到过文明的边缘之地。希罗多德学术生涯以面向世界的游历探索开始，又以面向世界的综合著述告终。他根据自己漫游的直接考查和搜集的资料写成9卷本《历史》，书中描述了当时所知世界各地的地理学知识和民族学知识，其中多处有文化资源调查内容。

西方古典时期地理学、文化调查大发展时期与亚历山大大帝远征和毕提亚斯航行密切相关。少曾以亚里士多德为师、崇拜荷马史诗英雄人物的亚历山大在前336年继承王位后率领马其顿、希腊军队东征，先后征服小亚细亚等诸希腊城邦，继又征埃及、侵印度，建立从巴尔干半岛东到印度南至尼罗

---

① （法）保罗·佩迪什：《古代希腊人的地理学——古希腊地理学史》，商务印书馆，1983，第26页。

河横跨欧亚非三洲的庞大帝国。在每一次出征前，为解决交通问题和进军线路问题，都要派出相关人员前期探测，行军时又有大量历史学家、自然科学家随行，每征服一地就组织一个探险队熟悉当地居民情况。作为战争行军副产品，亚历山大时期古希腊地理学获得大发展，同时随军出行的学者记录下来的各地民族或种族的特征、风俗习惯等情况都是有价值的文化资料。

在亚历山大及其马其顿王国灭亡后，古罗马人将古典时期文化资源调查研究发扬光大。古罗马通过一系列战争使其军队进入西班牙、高卢、比利时、不列颠、日耳曼等地，被视为亚历山大远征继续。系列军事扩张不仅扩展了人们对"已知世界"的空间认识，还为描述地理学发展提供许多素材。军事征服本身和对已征服地区进行行政管理也需地理学知识的支撑，因此这时期的对外文化调查更丰富频繁。如古罗马作家与政治家加图（Cato the Elder，前234—前149）著作之一七卷本《史源》是第一部拉丁文罗马史著作，书中第三四卷是有关意大利诸部落的情况调查，涉及人种、地理、习惯、法律、语言、政治、宗教等各个方面的文化描述。恺撒大帝（Caesari，前100—前44）为了标榜夸耀战功而整理的《高卢战记》，描述了高卢、日耳曼、不列颠等地的风土人情，同时根据自己战时亲历记录了异域文化情况。

虽然古希腊罗马时期创造了辉煌的地理考察传统与文化调研传统，但较遗憾的是在中世纪西方世界由于基督教广泛传播及文化垄断，人们对环境及异域文化的认知被神学所取代，中世纪前半期西方世界普遍失去文化考察调研热情。只在昔日罗马帝国东半部拜占庭不同程度保留了古希腊罗马的传统，如公元6世纪拜占庭史学家普罗科匹厄斯（Procopius，约507—?）的《查士丁尼战争史》和旅行家科西姆·印吉科普的《东方各国旅行记》就有不少关于各地文化地理的考察资料呈现。

公元7世纪以来，随着阿拉伯人对东西方航海贸易的控制及阿拉伯帝国的海外殖民扩张，由于经商、航海与殖民需要，人们开始远游世界各地并将沿途所见所闻记录下来。由此在中世纪时期，对欧洲、地中海沿岸、东亚及南亚各个民族文化地理的所见所闻，经常见于一些学者、商人、水手、旅行家、僧侣、探险者的著述当中，大多数都属于事前有一些游历与调查目的之作。较有代表性的有苏莱曼记录其东游见闻的《苏莱曼游记》、马苏第的《黄金草原》、叶尔古卜的《地方志》、伊本·白图泰的《异域奇游胜览》(《伊本·白图泰游记》)和德里的《德里游记》等，还有著名的《马可波罗游记》。以上这些见闻记录虽都以游记形式撰写成果，但共同特点是大都开始对遥远东方特别是古代中国的文化进行热情关注与调查体验。

15 世纪中后期至 17 世纪末期，西方历史进入"地理大发现"阶段。由于欧洲通往印度新航路开辟、发现美洲、环球航行成功、欧洲人重商主义世界贸易活动，亚洲、非洲、美洲、大洋洲的一些陆地和岛屿上长期与外界隔绝的民族都被卷入全球化历史进程。在西方殖民过程中，世界各地处于不同社会发展阶段，民族不断被发现，一些航海家、探险家、旅行家、殖民者、征服者以日记、游记、回忆录、报道等不同形式，对所发现民族的地理、历史、语言、风俗等进行记录。如威尼斯人拉穆学(C. B. Ramusio)1550—1556 年出版的三卷本《航海纪行丛书》、英国人哈客留特(R. Hakluyt)1548—1600 年出版的三卷本《航海录》、德国西奥多·德·布赖(Theodore de Bry)1590—1634 年出版的 25 卷本《大、小航海记》、俄罗斯商人阿法纳西·尼基金 1466—1472 年出版的旅行印度游记《三海巡游记》等都是典型著作[①]。从 16 世纪开始随着沙皇俄国向西伯利亚广大地区扩张，这一地区及其毗邻国家各个民族的地理分布、人口、经济结构、社会制度、风土人情等方面情况，在一些公职人员述职书、西伯利亚官员报告书、17 世纪税册户口册和西伯利亚及居民"通览"中被记录，成为《西伯利亚史》《西伯利亚编年史》《西伯利亚绘图用书》《西伯利亚游记》《中国记述》《奥斯加客人简述》《堪察加地方志》等书籍的基础资料[②]。

在欧洲殖民者对世界各地探险和殖民考察中，有关非洲各个民族的历史地理及文化考察尤为突出。16 世纪以前，世界对非洲的认识无论是地理知识

---

① 张箭：《地理大发现研究(15—17 世纪)》，商务印书馆，2002，第 484 页。
② 杨堃：《民族学概论》，中国社会科学出版社，1984，第 129 页。

方面还是历史文化方面，大多以苏丹萨赫勒边缘和东非海岸狭长地带为界。16世纪初，葡萄牙人已熟悉从塞内加尔到瓜达富伊角的整个海岸线，并在一百多年时间逐渐深入刚果、安哥拉内地和赞比西河流域。然而欧洲人对非洲内地的系统考察一直到18世纪中后期才真正开始。1770年，苏格兰人J.布鲁斯在尼罗河上游考察，1790年出版《尼罗河源头探险记》。英国探险家S.W.贝克1861年在苏丹和埃塞俄比亚一带考察尼罗河支流，后出版《阿比西尼亚的尼罗河支流》。德国探险家H.巴尔特1851年率队考察乍得湖以南地区和东南地区，发现尼日尔河支流贝尔努埃河第一手资料。其巨著《中北非游记和发现》记载了大量有关中北非人种学、民族学、地理学等方面的知识。

综上可知，在人类古代社会时期，中西世界都有文化调研实践行为。由于文化传统及源流不同，中国古代文化调研多为"有资于治道"，政治功用的文化调查与学术功能的文化调查成为两股主流；西方社会由于源自古希腊文明的城邦制度与冒险精神，其文化调研带有战争、探险等具体目的。但不论如何，两种不同文化传统都重视自身的文化调研和对异民族的文化调研，充实着古代社会文化资源资料库。

第二节　近代世界各国的文化调研热潮

启蒙运动以来，欧洲各国民族意识觉醒与民族主义高涨，在战争与政治运动中，各国知识分子开始将文化作为构建民族主义、实现殖民扩张的重要手段，对本国进行口头传统调查以探民心，对异域进行社会调查以扩地盘。在此目标指引下开始展开文化调查活动，奠定了今日文化调研田野作业的重要方法论基础。

一、德国与北欧：浪漫民族主义运动与"民族的诗"调查

18、19世纪之际欧洲处于激烈社会转型阶段，各国浪漫民族主义运动如

火如荼，与这场运动相伴而生的民俗学与人类学也开始其学科成长历程，在有识之士倡导下，德国开始对本民族的口头文化资源挖掘调查。其核心人物是民族主义者赫尔德(JoHann Herder，1744—1803，如图1-3)，他认为古代农民文化就是德意志整个文化，民歌则是德意志民族文化最基本最有生命力的表现形式，拯救和振兴德国民族文化的希望就在于发掘和重建德国的民间文化[①]。在这一思想指引下，赫氏决心从德国乡村民歌开始搜集，重新寻找民族精神，他不断写作相关民间文学理论著作，在1807年将搜集到的162首欧洲和德国民歌结集为《民歌集》(后为《民歌中各族人民的声音》)正式出版。他想从德国古老传统诗歌中寻求历史连续感，为重塑德国民族精神寻找起点。

图1-3　赫尔德

　　赫尔德思想对德国民俗学乃至整个欧洲民俗学的建立产生了深远的影响。在其思想鼓舞下一大批德国知识分子投入搜集民间文学浪潮之中。帝克1797年出版《民间童话》，阿尔尼姆等出版民歌集《儿童的奇异号角》，收录700首情歌、叙事歌谣、士兵之歌、流浪歌、离别歌、饮酒歌等。格勒斯搜集中古民间故事及神话，出版《德国民间故事书》和两卷本《古代神话故事集》。最有影响的民间故事搜集者莫过于雅各布·格林(Jacob Grimm，1785—1863)和威廉·格林(Wilhelm Grimm，1786—1859，如图1-4)。他们编辑《希尔德布兰特之歌》古代片段、出版《儿童与家庭童话》(又名《格林童话》)、创作一卷《埃达的诗学》，之后还出版一部德国最古老

Grimm Jakob.

Grimm Wilhelm.

图1-4　格林兄弟

---

①　钟敬文：《民俗学概论》，上海文艺出版社，1998，第424页。

的史诗传统著作《德国传说》。

在德国早期民俗学者赫尔德等浪漫民族主义者影响下，芬兰等北欧国家民间文学资源调查开始兴起。为摆脱自 12 世纪以来瑞典统治和 19 世纪初沙皇俄国侵略，芬兰也掀起民族复兴运动。对于民族国家的建设与复兴，广大知识分子认为必以恢复凝聚民族精神的芬兰语为核心。但当时知识分子对芬兰语的掌握水平已下降，他们在赫尔德影响下转向对民间诗歌的搜集整理，借以发现芬兰民族精神起点，唤起民族觉醒。在这场民族主义文化运动中，芬兰涌现了一大批早期民俗学者，他们最有代表性的作品是艾利阿斯·隆洛特搜集整理的芬兰史诗《卡勒瓦拉》。

二、殖民与求知：欧美国家的异民族文化调查

美国对于文化资源的调查实践在 19 世纪二三十年代也开始出现，并且目光一直放在具有丰富和神秘的文化传统的印第安土著群体，这是由于当时美国在北美拓殖运动中与印第安人打交道日益渐深而形成。著名历史学家、人类学家摩尔根（如图 1-5）是其中先驱人物。

路易斯·亨利·摩尔根（Lewis Henry Morgan，1818—1881）生于美国纽约州奥罗拉。他 1840 年毕业于罗切斯特联合学院，毕业后终生以律师为职业。童年时摩尔根就对故乡附近的印第安易洛魁人的风俗习惯熟悉，青年时曾组织"大易洛魁社"研究印第安人生活。他研究各种事实以便用易洛魁人自己的话语来解释其社会；他担任律师经常为印第安人辩护，维护人们的权

图 1-5　摩尔根

利，毕生支持他们为反对白人压迫进行斗争，在印第安人中享有声望。1847年在一场官司中他成功维护易洛魁人的土地权利，由此得到信任，被收为养

子取名 Tayadawahkugh(意为"裂缝间的桥")①，极大便利了摩尔根对印第安人的社会生活进行研究。其主要成就在于从亲属制度和家庭组织中探讨人类文化进化。其最经典民族志作品《易洛魁联盟》(1851)详细描述了易洛魁人的组织结构、氏族制度、生活习俗和宗教制度，无疑这些都是在他长期对易洛魁部落观察基础上形成的。1857 年他还出版名著《人类家庭的血亲和姻亲制度》，运用大量调研材料加上自己的理论思考与分析提出了家庭进化理论。此后出版的《古代社会》也是其一生最为重要的著作，概述了全面发展的社会进化思想，并利用许多民族志材料来论证人类从蒙昧时代经过野蛮时代到文明时代的发展过程。他晚年还出版了《美洲土著的房屋和家庭生活》，主要探讨家庭建筑在社会组织方面的显示意义，社会组织又如何与生产技术体系和生态学的调整相结合从而影响了家庭建筑和公共建筑。可以说摩尔根对进化论和人类学的伟大贡献都有赖于自身对部落社会文化的调研和观察。此外在1852—1857 年间，美国民族学学会创始人斯库卡夫特汇集六巨册有关印第安人的资料，美国政府根据这些资料拟定对印第安人的政策。

以人类学大师博厄斯(如图 1-6)为核心的"历史学派"也是大量对不同土著居民调研而发展的重要文化学派。这一派从中心人物博厄斯开始一直延展为"文化心理学派"，研究成果均建立在对土著部落文化资源的重视和调研上。博厄斯(Franz Boas，1858—1942)早年在德国求学期间始受民族学家拉采尔地理环境论影响，而后者也正是在田野调查基础上形成的理论基础。1883—1884 年博厄斯到加拿大巴芬岛考察，对土著居民因纽特人的生活方式及文化产生浓厚兴趣。1886 年又调查不列颠哥伦比亚的夸口特尔人和其他部落，在归

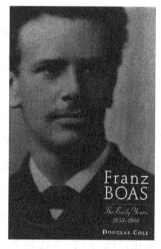

图 1-6　博厄斯

---

① 黄剑波：《人类学理论史》，中国人民大学出版社，2014，第 39 页。

途中决定定居纽约担任《科学》周刊编辑。1889 年在克拉克大学任教，1896 年任哥伦比亚大学体质人类学讲师，1899 年任人类学教授。博厄斯是美国人类学协会创始人之一，曾任美国人文社会科学等多项国家级学术职衔。他是富于创见且著作宏富的学者，对体质人类学、描述与理论语言学、美洲印第安人种学以及民俗和艺术研究都有巨大贡献。在美国自然历史博物馆任职期间，计划并参加美俄合作的杰塞普北太平洋探险，以解决亚洲北部文化和美洲西北部文化之间的关系问题并主编该探险队报告。早期著作有《孩子的成长》《中部爱斯基摩人》《夸扣特尔印第安人的社会组织与秘密结社》《原始人的心灵》等。博厄斯为文化人类学贡献了学科史上的重要理论文化相对论和文化决定论，这些理论恰是在他和学生的世界多种部族文化调研资料的累积下形成的光辉思想。作为美国人类学的重要导师，他门生众多，一般来说，进入"博门"的重要学术经历就是被导师"发配"到一块土著部落区域从事田野调查，博厄斯要求学生一定要参与到被调查对象的生活中成为其中一员，要站到被调查者立场上思考观察问题。他认为文化调查者不仅应具备人类学、民族学学科方法，而且要结合多学科对社会文化系统做深入了解，认为作为人类学、民族学家应是博学多才、知识丰富的学者。在其倡导下，他的学生对美洲各个部落的民族文化进行广泛调查，他还亲自编写《美洲印第安语言手册》指导学生田野工作。

在博厄斯重视对各个民族文化调研思想指引下，其门内弟子成果丰硕。其中两名女学生鲁思·本尼迪克特（Ruth Benedict，1887—1948）和玛格丽特·米德（Margaret Mead，1901—1978）在对土著部落文化调研基础上撰写名著《文化模式》《萨摩亚人的成年》等，从博厄斯学派中逐渐壮大分化出"文化模式学派"，为人类学、心理学的文化调查的发展和进步做出了贡献。博厄斯对"文化区域"的思考还激发了历史学派对"文化区"的深入研究。如威斯勒（Clark Wissler，1870—1947）1922 年出版的《美洲印第安人》一书提出"文化区"概念[①]、赫斯科维茨（Melville Herskovits，1895—1963）的"文化丛"理论

---

① 覃光广主编：《文化学辞典》，中央民族学院出版社，1988，第 113 页。

等，都是在博氏宏观"文化区域"理论指导下进行调查研究后，补充延伸而成的重要文化理论。

在英国，马林诺夫斯基（Malinowski，1884—1942）和拉德克利夫—布朗（Alfred Radcliffe-Brown，1881—1955）对境外岛屿土著民族的社会与文化调查，形成文化人类学功能学派。《西太平洋上的航海者》是奠定马林诺夫斯基英国人类学功能学派地位的里程碑著作，此书主旨在于研究巴布亚新几内亚东部群岛上一种叫作"库拉"的交换制度，兼及论述当地土著人的神话和巫术。马氏在书中描述土著人的日常生活看似并非可直接利用文化资源，但为人文社科研究者对不同文化和社会状态的理解提供了丰富的民族志资料，尤其值得注意的是他的调查操作方法。他在书中呈现了全景式高密度田野调研方式，首次将人类学和文化调查引入科学严谨的学术指向。有赖于自身数学和物理学教育背景，马林诺夫斯基认为人类学田野调研应秉持科学民族志模式，研究者首先要将自己的资料来源忠实告知读者，这是将人类学社会学引向科学的第一步。其次，在田野调研时也应有一定操作原则，如适当民族志条件，即尽量与土著人进行深度的接触。他还认为"民族志田野调查首要和基本的理想，就是清晰明确地勾勒出社会结构，把所有文化现象的规则和规律从不相关的问题中梳理出来，首先要查明确定部落生活的框架"[1]，为达到这一目标，马林诺夫斯基认为首先要履行基本义务，就是对文化现象进行全面调查。他还提出调查时的态度原则，如全面调查并非专门挑一些奇特现象；研究部落文化时民族志学者必须认真审慎覆盖部落文化的各个方面现象的所有范围，形成当今所熟知的"整体论"原则。

马氏的另一部著作《文化论》可称为《西太平洋上的航海者》的绝佳读本，前者篇幅短小，却是作者"文化功能学说"的理论凝结。对文化资源调查者启迪最深的应该是书中所提出的一般社区文化的层次和类型，如物质设备、精神方面的文化、语言和社会组织，这为我们进入陌生社区进行文化资源调查

---

[1]　（英）马林诺夫斯基：《西太平洋上的航海者——美拉尼西亚新几内亚群岛土著人之事业及冒险活动的报告》，弓秀英译。商务印书馆，2017，第27页。

提供了剖析角度。此书的核心旨趣是证明"文化"功能，这为更好理解一地文化资源提供了更为精准的着眼点。

20世纪初，欧美人类学家在进行文化调研时，还适时采用当时最新的摄影工具或摄像工具作为记录手段，以获得直观资料记录，这一时期称为"影视人类学的孕育阶段"。19世纪末到20世纪初电影技术被发明，在之后数十年内，文化调研者利用这一新兴技术，为调研提供了新的记录手段和呈现方式，前期杰出成果有影视人类学家罗伯特·弗莱斯厄20世纪初的《北方的纳努克》、玛格丽特·米德等人在20世纪20～30年代拍摄的《一个新几内亚婴儿的出生》《巴厘和新几内亚儿童的抗争》《一个巴厘人的家庭》等影片，到1950年，以哈佛大学为代表的美国影视人类学逐步开展，建立起专业研究机构，这标志着文化人类学田野调研方法中的"影视人类学""影视民族志"方向成熟。

三、日本：常民之学的探寻

从江户时代开始，庶民生活就引起日本文人和知识分子的注意。当时在诸多随笔、纪行文中，可见关于年中行事、日常生活等情况的记录，为日本近代以来的文化资源调查先声。

这一时期最有价值的文化资源游记首先是江户时代后期古川古松宣的《西游杂记》《东游杂记》，这两部游记是作者在九州、虾夷的旅行记录，呈现了庶民生活风俗。此外日本著名旅行家菅江真澄用近五十年时间游历了信州、越后、出羽、陆奥、虾夷等地，准确细致地观察记录了沿途百姓的岁时节令、风俗习惯、民间故事、民间歌谣，亲自绘制了有关自然、神佛、旅人等见闻插图；记录包括日记、地志、随笔、绘图集形式，约100余种200册，汇总成《真澄游览记》，《真澄游览记》是一部关于日本风俗文化资源的记录志书。菅江真澄也被誉为日本风俗文化采风先驱。江户末期屋代弘贤编纂的《民俗问卷》是日本首次有目的进行文化调研的成果。作者为当时在幕府中任职的儒官，1816—1817年他和石原正明等联合向各蕃发放《诸国风俗问状》，主要围绕江户城年节礼俗展开问卷调查，后来根据回收资料编辑而成《民俗问卷》。

虽然此次调研局限于特定区域且内容混杂，目的也并不十分明确，但对于了解和研究当时日本各地风俗习惯有重要参考价值，发放问卷方法也具重要学术价值。此外喜田川守真的《守贞漫稿》也是江户时期民俗风情的重要记录，赤松宗旦的《利川根图志》记载了利川根流域地方住民的生活、名胜、传说、风俗、神社和寺庙祭祀等文化状况并收录多幅绘图。

江户时期的游记、风俗志和地方志是近代知识分子有意识对周围生活风俗文化加以记录整理的成果，虽普遍缺乏明确目的、无系统方法和理论指导，还不能归入严格文化资源调查范畴，但为日本人类学、民俗学、民族学兴起后大规模进行文化资源调查提供了资料准备和学术准备。

明治维新以降随着西方各种学术思想的传入，人类学等以文化调查为主要工作对象的学科陆续在日本兴起，为此后的文化调研热潮提供了理论基础。1884 年坪井正五郎(1862—1913)成立"东京人类学会"，他还在学会刊物《人类学杂志》上发表土著文化资源调查报告。1893 年鸟居龙藏(1870—1953)成立"土俗会"，对新年风俗、赠答习俗、娱乐艺能、育儿习俗、饮食习俗、年中行事、青年结社等文化事项进行搜集和研究。

日本近现代时期真正进行有目的和科学系统的文化资源调查应始于柳田国男。他亲自进行并组织大量风俗文化资源调查，奠定了民俗学在日本人文社会科学中的特殊地位。

柳田国男(1875—1962)出生于日本兵库县。少年时在故乡体验过农村的贫穷饥饿，立志改变乡村贫困面貌，于是大学选择农政专业。1900 年他从东京大学政治科学毕业后任政府农政官员，1908 年 5 月末开始巡视九州。1909—1910 年柳田国男出版《后狩词记》《远野物语》《石神问答》三部著作，内容多为日本传统文化研究与考证。《后狩词记》详细描述了旅行九州的见闻，归纳整理了他停留过一周的宫崎县椎叶村的狩猎文化和刀耕火种的农业资料，包括土地名称、狩猎故事、打猎方法、各种口传等。1908 年 11 月，岩手县的一位文学青年佐佐木善喜前来拜访柳田国男，还给他讲了很多自己出生地即远野的故事。柳田国男被这些故事深深吸引着，在日记中他写道："一定要写本书记录这些故事"。1910年《远野物语》出版了，里面收录100多则岩手县远野的传闻故事，包括天狗、河童、座敷童子、山人、死者、鬼怪及祭神、仪式活动等民间故事。在日本，柳田国男之名和《远野物语》紧密联系在一起，远野市也常迎来因该书慕名而来的游客①。

　　1910年柳田国男和新渡户稻造（1862—1933）成立"乡土会"，该会于1917年在神奈川县津久井郡内乡村（相模湖町）进行文化调查，这次调查被认为是日本国内利用田野调查方法进行多学科联合研究的先声。1919年柳田国男还和高木敏雄共同创办《乡土研究》杂志，《乡土研究》是日本民俗学史上第一本月刊。在此柳田国男提出所谓"乡土"是指日本国土，对日本人的生活应从文献和口头传承两方面研究。他还认为乡土研究的目的"在于对日本民族生活的一切现象进行根本研究，通过对村落居民生活和思考方式的考察，可以发现日本国民生活变迁的特征"。《乡土研究》创刊后多刊发民间信仰、民间传承和民俗等方面的调研报告。1925年柳田国男和冈正雄、石田干之助等一起创办《民族》双月刊，刊物虽只运行几年，但也刊载民族学、民俗学、考古学、语言学等论文和调研报告。通过这本杂志，柳田国男开始组建以他为中心的民俗调查研究体制。1925年物质民俗研究学者涩泽敬三（1896—1963）设立收集动植物标本、化石和乡土玩具的"阁楼博物馆"，博物馆于1942年改名为"日本常民文化研究所"，所搜集资料现在保存于大阪国立民族学博物馆。1982年日本常民文化研究所转移至神奈川大学（如图1-7），成为日本文部省资助重点研究机构，该所的研究学者常年致力于日本地域文化资源调查和研究。

---

① （日）福田亚细男（讲演），鞠熙、贺少雅（整理）：《日本民俗学的形成——福田亚细男教授北师大系列讲座之二》，王京译，载于萧放、朱霞主编：《民俗学前沿研究》，商务印书馆，2018，第21-22页。

图 1-7 神奈川大学校园，赵李娜 2011 年 12 月 2 日摄

1930—1960 年柳田国男通过《民俗传承论》《乡土生活研究法》等著作出版发行，"木曜会"及之后的"民俗传承之会"、民俗研究所等相关机构，加之山村、海村调查和研究活动，为日本民俗文化资源调查提供学理指导和具体实践。1934 年 5 月木曜会成员组成"乡土生活研究所"，在柳田国男指导下开始进行村落调查。首先是名为"日本偏僻诸村的村民生活资料收集调查"的山村调查，当时在全日本选定 52 所山村，统一制定《乡土生活研究采集手册》（以下简称《手册》），调查者携带《手册》进入山村收集民俗文化资料，调查结果在 1937 年结集为《山村生活研究》出版发行。1937 年 5 月开始，柳田国男又组织"离岛及沿海诸村乡党生活的调查"（"海村调查"），《海村生活研究》在 1949 年出版。1934 年柳田国男还出版了民俗学概论书籍《民间传承论》，其中有关于日本乡土文化调查方法的介绍。1950 年他又发起"本邦离岛村落调查研究"，指导民俗学研究所成员大藤时彦等人历时三年调查包括鹿儿岛的甄岛、种子岛在内的 20 个岛屿，调查注重把握每一个岛屿的民俗，从整体上全面把握地域民俗文化，最后结集为《离岛生活研究》出版。此次离岛调查与之前的山村调查、海村调查并称为"日本民俗学三大调查"。

【课后习题】

1. 查找文献资料，简述司马迁为写作《史记》而进行的游历与调查活动。

2. 查找文献资料，了解徐霞客生平并探知其游历路线与经历。

3. 查找资料，探寻格林兄弟是怎样搜集民歌与儿童故事的。

第二章 启蒙与开端：现代中国各学科肇始之初的文化调研活动

现代中国进行的有目的文化资源调查是当时政治背景和学术环境双重刺激的产物：一方面近代中国自晚清以来列强环伺、虎视眈眈，国内矛盾激化；另一方面有识之士意识到要从民间知识和民族文化中汲取力量，作为国家改革、国民改造的重要资源。这一观念亦伴随着西方考古学、人类学、民俗学、社会学、民族学等现代学科在中国的肇始与兴起。

第一节 "歌谣"与"风俗"：现代民俗学肇始初期的民间文化调查

与西方启蒙运动以来德国社会思潮及其知识学术语境相似，清末民初的中国亦是"民族的诗"的搜集与调查冲在文化调查的最前端。由"北京大学歌谣运动"开始，全国展开轰轰烈烈的歌谣与风俗调查，以"眼光向下的革命"形成的白话文运动成为新文化运动的辉煌序曲与前奏。

一、北京大学歌谣运动

1918 年 1 月刘半农、沈尹默、沈兼士和钱玄同在蔡元培大力支持下成立北京大学歌谣征集处，目的是在全国范围内搜集、整理近世歌谣。同年 2 月 1 日刘半农拟定的《北京大学征集全国近世歌谣简章》和以蔡元培名义发布的《校长启事》共同刊登在《北京大学日刊》第 61 号，由此拉开了"歌谣运动"序幕。直到 1920 年 12 月 5 日《北京大学日刊》发表《发起歌谣研究会征求会员》启事，随后北京大学歌谣研究会正式宣告成立，当时编辑歌谣的目的是"编成一部国民心声的选集"。

【阅读材料 2-1】

《北京大学征集全国近世歌谣简章》

一、本大学拟于相当期限内刊印左列①二书：

1. 中国近世歌谣汇编。

2. 中国近世歌谣选粹。

二、其材料之征集用左列二法：

1. 本校职教员学生各就闻见所及自行搜集。

2. 嘱托各省官厅转嘱各县学校或教育团体代为搜集。

三、规定时期自宋以及于当代。

四、入选之歌谣当具左列各项资格之一：

1. 有关一地方、一社会或一时代之人情风俗政教沿革者；

2. 寓意深远有类格言者；

3. 征夫野老游女怨妇之辞，不涉淫亵，而自然成趣者；

4. 童谣谶语，似解非解，而有天然之神韵者。

五、歌谣之长短无定限。

六、歌谣之来历如左所限：

1. 不知作者姓名而自然通行于一社会或一时代中者；

2. 虽为个人著述，然确已通行于一社会或一时代中者。

七、寄稿人应行注意之事项：

---

① 原文系竖排，故云。

1. 字迹宜清楚；如用洋纸，只写一面。

2. 方言成语当加以解释。

3. 歌谣文俗一仍其真，不可加以润饰；俗字俗语亦不可改为官话；

4. 一地通行之俗字为字书所不载者，当附注字音，能用罗马字或 phonetics 尤佳；

5. 有其音无其字者，当在其原处地位画一空格如□，而以罗马字或 phonetics 附注其音，并详注字义，以便考证；

6. 歌谣通行于某社会、某时代，当注明之；

7. 歌谣中有关于历史地理或地方风物之辞句，当注明其所以；

8. 歌谣之有音节者，当附注音谱（用中、日本简谱或西洋五线谱，均可）；

9. 寄稿者当书明籍贯姓氏，以便利入书中；

10. 寄稿者当书明详细住址，将来书成之后，依所寄稿件多少，赠以《汇编》或《选粹》一部；

11. 稿件寄交"北京东安门内北京大学法科刘复收"，封面应写明"某省某县歌谣"，以便分类保存，且免与私人函件相混；

12. 稿件过多者，应粘订成册，挂号付寄。

八、此项征集，由左列四人分任其事：沈尹默主任一切，并编辑《选粹》；刘复担任来稿之初次审订，并编辑《汇编》；钱玄同、沈兼士考订方言。

九、来稿之合用与否，寄稿人当予本校以自由审定之权。

十、定民国八年六月三十一日[①]为征集截止期，九年十二月三十一日为编辑告竣期，十年本校二十五[②]周年纪念日为《汇编》、《选粹》两书出版期。

北京大学歌谣运动一经倡议即在全国掀起歌谣搜集热潮，各地人士踊跃响应。简章发表后 3 个月征集处收到校内外来稿 80 余件，歌谣 1100 余首，由刘半农编选逐日在《北京大学日刊》发表。这一活动持续时间不长，约在第

---

① 笔误，六月无"三十一日"。

② 笔误，实为"二十三"。

二年 5 月结束，但各大报纸纷纷效仿。1920 年 10 月北京《晨报》开辟"歌谣"专刊，在编辑郭绍虞邀约下北京大学学生顾颉刚"将他从家乡(苏州)搜集到的吴歌送到报上发表，开创了报纸刊登歌谣的先河"①，而顾氏也成为近代搜集民间文学资源并系统研究的先行者。在北大歌谣征集时，他因妻去世在家病休，看到《北京大学日刊》上的征集启事先从家里"小孩子的口中搜集起，又渐渐推至邻家的孩子，以及教导孩子唱歌的老妈子"②，此后扩大到亲朋好友，如叶圣陶、潘介泉、蒋仲川、郭绍虞等人给予支持，"一时居然积到了一百五十首左右"。但顾颉刚并未止步，持续收集吴歌，还扩大到方言方音的搜集，一年中随手札记竟积累到十余册。除在《晨报》上连载三个月外，他还将手头资料编成《吴歌甲集》，1922 年《歌谣周刊》创办后登载将近一年，1926 年 7 月又印成专书出版。《吴歌甲集》在学术界引起轰动，刘半农、胡适等都为之作序，这显示这本书不是一般的吴歌资料集，而是一部有价值的学术著作。其中有较详细的注释、解说，还对所涉及问题做了理论探讨(如《写歌杂记》③)，并附有编者师友的专门研究。顾颉刚在持续编选吴歌过程中，对吴歌形式和意义的演变及吴歌历史都做了梳理。

歌谣运动被视为中国民俗学的重要开端，自此各界知识分子开始形成自觉挖掘调查民间文化资源的学风。北京大学研究所国学门也在 1923 年设立风俗调查会，当年 5 月 23 日在筹备会上张竞生提出一份风俗调查表【详见书末附录】，经会众略加修改决议采用。24 日成立会上张竞生当选风俗调查会主席，并当场决议三项调查方法："1. 书籍上之调查；2. 实地调查；3. 征集器物。"④6 月 14 日风俗研究会在《北京大学日刊》刊发启事，发动学生利用暑假

---

① 陈以爱：《中国现代学术机构的兴起——以北大研究所国学门为中心的探讨》，江西教育出版社，2002，第 99 页。

② 顾颉刚：《〈吴歌甲集〉自序》，《歌谣》周刊第 97 号，1925 年 6 月 28 日。

③ 该文为顾颉刚先生于 1925 年 2 月至 8 月所作。其中(一)至(十)先载于《歌谣周刊》第八十八至九十五号，1925 年 4 月 26 日至 6 月 14 日。(十一)又载于《古史辨》第三册，分题为《关于〈野有死麕〉之卒章》《跋平伯先生书》《跋玄同先生书》。

④ 容肇祖：《北大歌谣研究会及风俗调查会的经过》(续)，《民俗》1928 年 7 月 25 日周刊 17、18 期合刊。

开展实地调查。风俗调查表在暑假后只收回 24 张，其中温寿链的《福建龙岩县的风俗调查》[①]为质量较好者，被风俗调查会的常惠拿来发表在《歌谣》周刊上。

该研究会最突出的成绩是 1925 年 4 月 30 日至 5 月 2 日对妙峰山香会的调查，由顾颉刚、容庚、容肇祖、庄严、孙伏园等人共同完成，调研完后在《京报副刊》中以《妙峰山进香专号》为题陆续登出，1928 年由在中山大学任教的顾颉刚编辑成书出版。"妙峰山"调查也成为中国知识分子调研民间信仰文化资源的重要一页。在厦门大学、中山大学任教时期，顾颉刚在研究古史的同时仍奋力经营民间文化资源的田野调查。

二、福建的民俗调研活动

1920 年，初期福建民间文化调研活动就已开始活跃。1922 年 11 月《厦门大学旬刊》第 1～3 期连载刘国祯的《蕉岭县的调查》，还有之前所提及的温寿链的《福建龙岩县的民俗调查》是受北京大学《风俗调查表》影响撰写，该文对福建龙岩地区的语言、歌谣、历史故事、戏剧、格言、小说、宗教和信仰、教育、美感、普通观念与判断等进行介绍，因调查详尽被发表在《歌谣周刊》第 28 期。

1924 年从北京大学国学门研究生毕业的陈锡襄回家乡福建任福州协和大学教授，他想把北京大学的风俗调查会、歌谣研究会、方言调查会、考古学会融在一起组成"闽学会"，草拟风俗调查表。1925 年春曾为北京大学风俗调查会成员并参与《歌谣周刊》编辑工作的董作宾，在北京大学国学门研究生毕业并获得史学硕士学位后也到福州协和大学任教，与陈锡襄一起在当年 4 月成立闽学会并开展民俗学调研工作，董作宾的《闽俗琐闻》《福建畲民考略》即为此学会调查成果。

1926 年北京大学的多位教授相继离京南下到厦门大学任教。9 月 18 日由沈兼士、林语堂、周树人、黄坚、顾颉刚、孙伏园、潘家洵、丁山、陈万里

---

① 温寿链：《福建龙岩县的风俗调查》，《歌谣》1923 年 10 月 14 日周刊第 28 号。

等参与的厦门大学国学研究院编辑事务谈话会，决议组织风俗调查会。12月13日风俗调查会成立并通过章程，规定"本会调查风俗从闽南入手，次及福建全省、再次及全国"，提出"本会收受外间捐赠并购风俗物品，设风俗物品陈列室，作为风俗博物馆之初步"。在此倡议之下民俗调研取得一批可喜成果，大都发表在《厦门大学国学研究院周刊》。该刊物登载考古、歌谣、风俗、宗教、方言等文章，由顾颉刚、容肇祖任编辑部主任，自创刊到结束仅三期，有林幽的《风俗调查计划书》、顾颉刚的《泉州的土地神》等民俗调研类文章。前者是一篇调查纲要，将调查内容做概括及分类，初分地理、物质生活、社会和政治组织、宗教、礼节、习俗、美术、传说、文艺和杂录十个类别，是较早的全面调查计划类文献。后者是顾颉刚在国学院成立后开展泉州仿古调查活动的成果，此次调查以顾颉刚、陈万里、张星烺等人为主，考察涉及宗教、风俗传说、古迹石刻碑文等内容。调查激起学界同仁的极大兴趣，根据成果还举办三次学术演讲，并举行辩论会，围绕家庭制度、男女婚姻习俗等问题开展讨论①。

1927年2月顾颉刚等大都去往中山大学任教，标志着厦门大学民俗学调查活动终止，民俗调查在东南一隅的发展仍有余绪。一是顾颉刚等到中山大学后对厦门大学时期的调查继续整理编辑予以发表；二是在厦门大学民俗调查活动影响下，福建当地民俗调查学术活动仍在继续。如1929年12月谢云声等创建"广州国立中山大学民俗学会厦门分会"，在厦门《思明日报》创办《民俗周刊》并将采集的歌谣编辑为《福建歌谣甲集》《台湾歌谣集》《福建故事集》等出版；1930年春魏应麒、江鼎伊发起成立"国立中山大学民俗学会福州分会"，并在福州《民国日报》创办《民俗周刊》；漳州也在1931年初由翁国梁主持成立中山大学民俗学会漳州分会，出版漳州《民俗周刊》30多期。以上三地民俗分会所办周刊皆有征集歌谣与风俗调查文章刊登，可以说厦门、福州和漳州三地民俗学会是厦门大学国学院民俗学活动在福建的余绪，同时也是厦门大学民俗学调查的学术延续。

---

① 穆朝阳：《民国时期福建地区民俗学研究者的文化交往》，《文化遗产》2019年第4期。

第二节 "民族"与"民俗"：中山大学与中央研究院的民族文化调研

顾颉刚等人到广州中山大学后继续发扬歌谣运动学术精神，将民间文化资源调查活动传扬至岭南，且开创南方少数民族文化调查新领域。与之相关的，1920 年末至 1940 年学者参与的文化资源调查活动，多是在中山大学语言历史学研究所（以下简称"语史所"）特别是之下的民俗学会，以及中央研究院历史语言研究所（以下简称"史语所"）等两所重要研究机构的学术倡导下进行，一系列民族文化调查也使中国现代的民俗学、民族学、人类学等学科获得本土发展。

一、中山大学语言历史研究所的民族文化调研活动

1927 年 11 月顾颉刚等人在中山大学语言历史研究所（以下简称中山大学语史所）内发起成立民俗学会。在民间文化资源调查方面具体做出的努力与贡献如下。

第一，明确以"民俗调查"为学会宗旨。

中山大学民俗学会制定了中国第一个民俗学会章程，明确指出该学会"以调查、搜集及研究本国之各地方、各种族之民俗为宗旨。一切关于民间的风俗、习惯、信仰、思想、行为、艺术，皆在调查、搜集、研究之列"，并规定"本会搜集所得之物品及一切材料，在风俗品物陈列室陈列之"。

第二，讲授调查方法。

设置"民间文学"和"民俗学"两门课，1928 年 4 月至 6 月间举办"民俗学传习班"，制定招生章程，聘请教授讲授民俗学和民间文学研究课程。其中顾颉刚的《整理传说的方法》、陈锡襄的《收集风俗材料的方法》、容肇祖的《北大歌谣研究会及风俗调查会的经过》涉及民间文化资源调查方法论研究。

第三，制订民俗调查等相关计划并努力实现。

民俗学会于 1928 年由顾颉刚和余永梁制订第一个工作计划，调查方面包括以下内容。

一、作两粤各地系统的风俗调查；二、西南各小民族材料之征集；三、征求他省风俗、宗教、医药、歌谣、故事等材料；四、风俗模型之制造；五、抄辑纸上之风俗材料；六、编制小说、戏剧、歌曲提要；七、编印民俗学丛书及图片；八、扩充风俗物品陈列室为历史博物馆民俗部；九、养成民俗学人才。

从日后学会的种种行动看来，计划基本上全部实现。其中莫过于此中学人对南方民间文化特别是少数民族文化的资源调研。首先是生物学系主任辛树帜教授因为和学会友好及自身兴趣，在 1928 年夏率先领导该系师生到瑶山做生物考察，附带进行民俗考察活动，"完全可以看作是中国最早的有组织有计划的科学西南民俗调查"[①]。此项调查持续时间较长，因此收获颇丰。先是辛树帜与生物系助教石声汉、任国荣、黄季庄、蔡国良等人，在 1928 年 5 月至 7 月间到广西中部瑶山采集动植物标本，同时进行歌谣采集、标注方言和探问风俗工作，任国荣回广州时还带回来一个瑶人做方言及风俗询问。对他们五人的调查成果，顾颉刚有高度评价[②]，并将石声汉所编《瑶歌》书稿交给商务印书馆。同年 9 月顾氏开始将辛树帜等人的广西之行风俗调查成果编为《语言历史学研究所周刊·瑶山专号》。此次西南少数民族社会风俗调查是中山大学较早的文化资源学术调查，在这次瑶山调查成功之后，中山大学生物系风俗调查几乎成为一种传统，如此后的《理科生物系第一次广东北江瑶山采集日程》(庞新民，1930)、《广东北江瑶山调查记》《广西瑶山杂记》(庞新民，1931)《瑶山两月视察记》《正瑶舞歌》《甲子歌》《瑶山采集日程》为调查成果印行。此间生物系师生收集瑶族服饰物品数十件、照片数十张，对当时的风俗习惯做了大量笔记。

---

① 施爱东：《中山大学民俗学会与早期西南民族调查》，《文化遗产》2008 年第 3 期。

② 顾颉刚：《顾颉刚日记·第二卷(1927—1932)》，台湾联经出版公司，2007，第 136 页。

辛树帜的瑶山调查是在民俗学会计划与倡导下中山大学师生最先展开的民族文化调查。同时还有民族学、人类学等学科学者在语史所计划下进行的各地民族文化调查，如俄国人类学家史禄国及夫人、杨成志、容肇祖等，其中杨成志孤身在云南对凉山罗罗人(lolo 音译，即今彝族)进行调查，前后共用一年零八个月时间，从时间长度、深入程度、内容明确方向和专门化等方面都显示此次调查是学科发展历史中的重要事件①。

此次调查本由中山大学和中央研究院合作计划而起，初定史禄国等人调查罗罗人生活。1928 年 7 月 12 日赴滇调查人员出发。本计划从广州启程坐轮船到安南(越南)，再搭火车到昆明后到罗罗山地。但启程后由于交通问题滞留越南十几日，容肇祖、杨成志两人天天到远东大学图书馆等处抄写稀见汉学资料和偶见民间传说。8 月初一行人抵达昆明受时任云南省主席龙云(本身也是罗罗人)热情接待，告知少数民族地区危险，要随军队前往才能保障安全。史氏夫妇因长途危险裹足不前，容肇祖因开学在即赶回广州，购得几种《云南省通志》、一些地方书籍及民俗物品 100 多件。杨成志 9 月 1 日跟随国民革命军第 97 师师长孟友闻部队从昆明出发，十多日后到达巧家，后由巧家渡金沙江至六城坝而深入凉山罗罗。经历战乱和疾病等事件，扣除行程用时，在凉山共住 25 天，足迹所及纵横两百余里，经过乡村亦达百余，共计收集各种民俗物品约两担，并摄得各种风俗影片四打许，主要调查内容为罗罗的地理分布、社会组织、人情风俗及语言文字等。按照凉山"独立罗罗"外八支、内九支总量算，此次调查体量为"云南外八支的 50％，但也难能可贵"。此后杨成志又在巧家居住五月之久，拜凉山"白毛"为师，每日研究彝族语言文字及诗歌②。

1929 年 4 月至 5 月间杨成志又从巧家到昆明，接受各界邀请演讲普及学术同时"冒险至四乡调查(战乱)散民，白子，子君，夷人，花苗民家等民族的

---

① 王建民：《中国民族学史·上卷》，云南教育出版社，1997，第 117 页。
② 杨成志 1929 年 3 月 29 日信件 1，国立中山大学语言历史学研究所编：《国立中山大学语言历史研究所概览》，光东印书局，1930，第 78、79 页。

起居风俗"，9月8日在给中山大学的信中则说"到散民村已有月余，关于他们信仰上的各种神会和神名的考察，记载起来，最少可成一书，殊堪告慰"，他还准备在报纸刊登广告征集关于云南历史名人等的民间传说故事。因彼时人事经费问题失去继续调查条件，结束西南之行。此次调查成果为《云南民族调查报告》①《罗罗族巫师及其经典》《罗罗太上消灾经对译》等专著。同年返校后杨成志由中山大学派往法国留学，获巴黎人类学院高等文凭和巴黎大学民族学博士学位。1934 年在伦敦参加首届国际人类学民族科学大会并宣读论文。20 世纪三四十年代杨氏任中山大学教授及各类学术领导职务，期间主编《民俗季刊》《民族学刊》，发表《广东人民与文化》《人类科学论集》《人类学与现代生活》《广东北江瑶人调查报告》《海南岛苗黎调查》《广西苗瑶侗壮访问记》等专著及调查报告。

第四，调查成果的刊载与出版。

辛树帜、杨成志等人的调查活动可说因彼时中山大学有各个学科的强大研究力量，在南方民间文化特别是少数民族文化资源中用力颇深。他们的调查研究都通过刊行丛书和期刊登载之形式得以实现。当时中山大学民俗学会诸学者所运行刊物与出版丛书有四五种，其中刊登调查文章较多者有《民俗》周刊、季刊和《中山大学周刊》，情况大致如下。

其一，《民俗》周刊。

《民俗》周刊自 1928 年 3 月至 1933 年 6 月共出版 123 期，多由容肇祖主编，钟敬文、刘万章也曾主编。较著名的文化调查文章有顾颉刚的《泉州的土地神——泉州风俗调查记》（一、二）、林幽的《风俗调查计划书》、容肇祖的《北大歌谣研究会及风俗调查会的经过》等，还有第 69、70 期合刊"妙峰山调查专号"中刊载的所有文章。

其二，《民俗》季刊。

杨成志于 1936 年 9 月续之前《民俗》周刊而创办，共计 2 卷 8 期。除最后合刊本为钟敬文主编外，其余皆为杨成志主编。该刊一经出现即受学术界一

---

① 《中山大学周刊》1930 年 5 月 21 日第 11 卷第 129～132 合刊，后出版。

致赞扬，恢复的季刊因杨成志的学术导向也多刊载民族调查文章。最瞩目的有第 1 卷第 3 期"东北江傜人调查报告专号"，上刊杨成志、江应梁、罗比宁、刘伟民等对东北江瑶人的文化现象与体质、今昔观、宗教信仰及经咒、房屋及工具、衣饰、农作概况、传说与歌谣等的调查报告，还有王兴瑞所记《研究院文科研究所北江瑶山考察团日记》，附录刊载《私立岭南大学西南社会调查所、国立中山大学研究院文科研究所海南岛黎苗考察团组织经过》。第 2 卷第 1、2 期合刊登载杨成志、王启澍、梁钊韬、顾铁符等人对粤北乳源傜人的人口、经济生活、宗教信仰、刺绣图案、语言等的调查记录，还有王兴瑞撰写的《海南岛苗人社会鸟瞰——廿六年调查海南岛苗族报告书之一节》。第 2 卷第 3、4 期合刊则刊载杨成志的《西部族调查记》、阮镜清的《西融县苗人的文化》、雷金流的《西茶山傜的石牌政制》，还有雷泽光的《西北部盘古傜的还愿法事》。从以上调查专号和调查文章可看出复刊后的《民俗》季刊因杨成志关系，办刊主旨之一便是将中山大学人类学、民族学的少数民族文化资源调查成果刊载其上。

其三，《国立中山大学语言历史学研究所周刊》(《中山大学周刊》)。

《国立中山大学语言历史学研究所周刊》先后由余永梁、杨筠如主编，刊发了许多重要的调查文章。如第 3 卷第 35、36 期合刊的"西南民族研究专号"；第 3 卷第 46、47 期合刊的"瑶山调查专号"；1930 年第 11 卷第 129～132 期合刊为杨成志的《云南民族调查报告专集》，全文有插图、地图两幅，照片 50 幅，罗罗、花苗、瑶人、安南民俗等资料 12 章，还有来往重要函件等 3 个附录。此部报告发表后得到学界高度的评价与赞誉，最终以《云南民族调查报告》为名结集出版，是我国现代较早的高质量民族文化调查报告。

除以上期刊发表民族文化资源调查文章之外，中山大学民俗学会还首次出版了《民俗丛书》。早在 1927 年 11 月 8 日民俗学会成立之初，顾颉刚就首倡决议刊行丛书。据杨成志 1936 年《民俗学会的经过及出版物目录一览》统计，此套《民俗丛书》[①]共 36 种，不乏调查采集之作。如顾颉刚的《孟姜女古史

---

① 在《民俗》季刊第 1 期第 1 卷中。

研究》(1～3册)、谢云声的《台湾情歌集》和《闽歌甲级》，刘乾初和钟敬文的《俍僮情歌》、王翼之的《吴歌乙集》、刘万章的《广州儿歌集》等十几种歌谣、民间故事传说等各个地域口头叙事传统集子都是在作者采集、辑录基础上形成。更有顾颉刚的《妙峰山》、奉宽的《妙峰山琐记》等是作者和同仁等亲临妙峰山香会现场调研的结果，杨成志云南民族调查报告也单独出版。

总之中山大学在 1920 年末至 1940 年间，依托民俗学会等学术机构展开了丰富的民族文化资源调查研究，发表并出版系列成果。其中顾颉刚倡议之功尤其重要。

1930 年转战历史地理学研究的顾颉刚以其主编的《禹贡》杂志为阵地，常号召学界同仁进行地域文化资源调查，有时还身体力行进行学术调研，如1937 年 6 月刊《禹贡》第 7 卷中有一项边疆史地考察计划，列出需要调查的九项内容。虽然这项调查后来因抗日战争未能全部完成，然观其中计划内容，涉及心理、教育、经济、宗教、世系、古迹、文化、歌谣等各个方面，可谓无所不包，其实都属于我们现在所定义的广义文化资源概念范畴之内①。

二、中央研究院各个学科的民族文化调查活动

1927 年夏秋傅斯年和顾颉刚在广州筹办中山大学语言历史研究所。1928年 6 月国立中央研究院在上海成立，共 8 个研究机构，其中包含历史语言研究所。因史语所主创人员傅斯年、顾颉刚等当时主要在中山大学从事民族文化研究学术活动，实际上中央研究院史语所很大程度与中山大学民俗学会的调查宗旨相近，内容趋同，但也有所差异。中央研究院史语所从事文化调查主要是在其下的民间文艺组、语言组、人类学及民物学、民族组等单位内展开，具体调查活动情况如下。

第一，民间文艺调查。

1928 年秋中央研究院史语所成立"民间文艺组"，计划由刘半农、李家瑞、

---

① 赵李娜：《中国现代民俗学和历史地理学的开创与扭结——兼论顾颉刚先生对两学之贡献》，《民俗研究》2016 年第 1 期。

常惠等编《刻本民间俗曲总目》《北平俗曲选》《北平俗曲略》《宋元以来俗字谱》，郑祖荫、刘天华记录和研究"北平之叫卖声"，编苏州、北京婚丧音乐《俗乐谱》《全国歌谣总藏》。在该组主任刘半农带领下开始搜集与整理俗文学资料工作，范围包括歌谣、传说、故事、俗曲、俗乐、谚语、谜语、歇后语、叫卖等。历经一年搜得民间俗曲万种之多，刘半农、李家瑞的《宋元以来俗字谱》[①]《中国俗曲总目稿》[②]《北平俗曲略》[③]等就是该组部分成果。"中央研究院"迁台之后一方面继续征集本土俗文学资料，另一方面则进行整理工作。直至1990年统计出馆藏有万余件资料，并逐步数位扫描建档。

第二，方言组歌谣调查。

方言组成立后主要由语言学家赵元任和李方桂等领衔，以江苏北部吴语及大规模调查南方方言为重点进行广泛方言调查，语言学调查在当今学科归属上属于语言学范畴。值得提及的是在1928年至1929年冬期间赵元任独自调查两广方言，用科学方法记录广东歌谣197首。

第三，西南民族文化调查。

1928年3月南京国民政府正式组建中央研究院社会科学研究所民族学组，苗瑶等民族调查和筹设民族学博物馆被列为该组建立初期的主要任务。之前中山大学语史所民族学工作尤以西南边疆少数民族调研为重也跟中央研究院民族学组有很大学术联系。可以说这两个研究所在当时民族文化资源调查方面成果最丰硕，主要调研活动除之前提及的辛树帜、容肇祖负责搜集少数民族服务用物等活动外，还有以下几位学者的文化调查活动[④]。

---

① 1930年中央研究院历史语言研究所出版，1957年文字改革出版社重印。

② 1932年中央研究院历史语言研究所出版，2011年国家图书馆出版社重印。

③ 国立中央研究院历史语言研究所民国二十二年(1933)印行，计2000册，全书16万字。

④ 由辛树帜、容肇祖等负责搜集少数民族服饰用物；颜复礼、商承祚调查广西凌云瑶人状况；林惠祥"往台湾调查番族状况"；黎光明对川西羌、彝等民族进行调查，庞新民、姜哲夫等对广东北江和瑶山的瑶族进行调查，凌纯声对松花江下游的赫哲族进行调查和对畲民图腾文化进行研究；芮逸夫进行傈僳族调查及洪水神话、女娲、伏羲神话的研究；陶云逵调查怒江少数民族社会文化状况；马长寿对凉山彝族社会文化进行调查等。在与本书主题文化资源调查较为相关者中，较有影响的除上文之前提及的辛树帜、容肇祖的调查搜集活动外，林惠祥、凌纯声、芮逸夫、马长寿等人的调研活动也具有深远的学术意义。

1928 年 7 月德国人类学家颜复礼（Fritz Jaeger）、商承祖赴广西凌云对当地瑶族的生活和文化进行 28 天的民族学考察，入瑶山 3 次，行程八百余里，前后共调查凌云北部 6 个瑶族聚居村寨。内容主要包括瑶族各个支系的称谓、职业、住宅、居住习惯、经济生活、服饰、婚俗、丧葬、宗教信仰、继承权等。1928 年 8 月底中央研究院史语所派四川省灌县籍助理员黎光明到川边做民物学调查①。近年台湾"中央研究院"王明珂教授等将此次调查成果整理出版。

1929 年人类学家林惠祥受蔡元培之托冒生命危险到日本占据下的台湾调查台北圆山新石器时代遗址和高山族文化遗俗，写成《台湾番族之原始文化》一书，为国内系统调查研究台湾高山族第一人。他把在台北基隆圆山发现的新石器时代贝冢和高山族地区所发现的新石器等民族文物都带回大陆，分别收藏于南京博物院和厦门大学人类博物馆筹备处。1930 年 9 月林惠祥回到厦门大学担任文学历史社会学系教授兼主任。1935 年再次冒险到台湾高山族聚居地区调查，又带回一批高山族文物，将两次到台湾调查所搜集的考古、民族文物，陈列于厦门大学人类博物馆。

1929 年 4 月史语所新到任专任研究员凌纯声和专任编辑员商承祖赴东北地区进行满-通古斯语族民族调查，调查包括黑吉辽三省，重点在松花江下游地区。历时 3 个月，调查所得资料及标本颇多，携归后研究整理，1934 年写成《松花江下游的赫哲族》并出版。该书图文并茂、文字详尽，附有 333 幅插图照片。人物、动物、植物、自然物、生产工具、交通工具、生活用具、居室、服饰、武器、历史画图、各类地图、宗教神像、神偶、神龛、卜具、寺庙、宗教服饰、宗教用具等无所不有，此次调查被认为中国第一次正式的科学民族田野调查，人类学家李亦园认为凌纯声等人的赫哲族调查开创了"中央研究院"民族学、文化人类学实地调查研究的传统，认为该书是第一本"科学"的民族志与调查范本。1933 年 5 月凌纯声和芮逸夫来到湘西苗族地区调查，

---

① 中央研究院总办事处：《中央研究院历史语言研究所、国立中央研究院历史语言研究所十七年度报告》，《国立中央研究院十七年度总报告》，1929 年。

历时 3 个月写成《湘西苗族调查报告》并于 1937 年出版。本书聚集于湘西苗族文化展示，通过实地摄影、图画素描、民间文物的搜集甚至拍摄影片，加上文字资料说明等，再现当时湘西苗族社会文化的真实图景。在凌纯声、芮逸夫两位调查时充当调查咨询协助的当地知识分子石启贵在他们离开苗族后受委托代为继续调查，并被中央研究院聘为湘西苗族补充调查员。从此石启贵正式走上苗族研究工作之路，经过多年走访调查，终在 1940 年完成《湘西苗族实地调查报告》文稿。全书有地理概貌、历史纪略、经济梗概、生活习俗、婚姻家庭、政治司法、教育卫体、文化娱乐、诗赋词章、宗教信仰、语言文字、苗疆建设共 12 章。其调查更加深入，内容更加丰富，增加了不少凌纯声、芮逸夫未记载的内容，揭示和阐明了外人所不能认识的事项，并且强烈呼吁苗族在政治上的平等，反对民族压迫，真正反映了当时苗族贫苦大众的心声。这是一部以"自我呈现"姿态向世人展示本民族文化和政治经济需求的调查之作。

1934 年 10 月凌纯声等人还赴云南进行滇缅边界未定界地区民族调查。凌纯声、勇士衡为一路，主要考察边疆民族生活状况及社会情形；陶云逵、赵至诚为一路，调查任务为边疆人种及语言。此次调查对象包括摆夷（傣族）、摩些（纳西族）、罗罗（彝族）、倮黑（拉祜族）、傈僳、阿伕（哈尼族）、扑喇（彝族支系）、山头（景颇族）、崩龙（德昂族）、伕喇、伕佤（佤族）等。调查采用当时先进仪器设备和手段，如电影摄影机、照相机、录音机等记录设备以及多种人体测量仪器等。此次调查时间较长，凌纯声 1936 年 6 月才回南京，1936—1937 年勇士衡又补充调查。在调查基础上还开展各自感兴趣的专题研究。如凌纯声在调研滇缅边界卡瓦山的佤族时，与芮逸夫合作研究滇缅南段未定界内民族。陶云逵进行碧罗雪山傈僳族文化、傣族体质、生育婚丧等研究，先后撰写多部调查报告，其中《几个云南藏缅语系土族的创世故事》《一个摆夷神话》《麽些族之羊骨卜及肥卜》等著作是记录当时云南少数民族傣族、纳西族等族群民族文化资源的调查结果。芮逸夫进行云南拉祜族经济生活、记傈僳语音兼论所谓傈僳文等项研究，论文《苗族的洪水故事与伏羲女娲的传说》[①]是其重要成果。

东南畲族也曾吸引人类学家凌纯声、芮逸夫关注的目光。1934年春两位学者在浙江丽水对畲族图腾文化进行考察并有成果发表。对与畲族图腾崇拜有密切关系的盘瓠传说、祖图、祖杖、头冠、族谱、歌谣、文学、风俗习惯、祭祀等进行系统阐述，并附图片。该文附录《高皇歌》《同源娘姓歌》及世界犬图腾崇拜民族分布图等。此外还与福建福州畲族、广西瑶族及世界15种犬图腾崇拜民族做比较研究，对研究畲族历史文化具有重要价值。

中央研究院史语所1941年初在南溪县李庄板栗坳开始全面恢复工作。在此期间编印出版《人类学集刊》杂志。

1941年中央研究院史语所与中央博物院筹备处合组川康民族考察团，凌纯声任团长，芮逸夫、马长寿为专员，另有技术员和团员各1人。川康民族文化调查旨在调查各个民族之经济、生活状况、政治、社会情形、宗教、语文等项，研究各族婚丧制度、生活习惯及与文化有关的各种问题，并搜集有关民族文物的标本与用物。调查区域为四川西北及西康东北，调查对象包括羌、彝、藏等族。马长寿先后两次深入大、小凉山，调查记录彝族语言、社会阶级、物质文化、宗教信仰、生活习惯等各个方面的情况，搜集了各种彝族文物，写成数十万字《凉山罗夷考察报告》，当时因种种原因未能公开发表，然记录详细完整，记述直观，至今仍具较高价值。他还以调查所得发表《凉山罗夷的宗谱》《钵教源流》《嘉戎民族社会史》等论著。芮逸夫在1942年12月至次年5月对川南与黔滇交界地的白苗、花苗等族群进行调查，以苗族原始文化特征及其同化过程与现状为重点，事后又请苗族同胞到史语所补充苗语和婚丧礼俗方面的资料。

---

① 芮逸夫：《苗族的洪水故事与伏羲女娲的传说》，《中央研究院史语所人类学集刊》1938年第1卷第1期。

三、其他较为重要的西南民族文化调查活动

中山大学语史所、中央研究院史语所在 20 世纪 20—40 年代所开展的以南方少数民族为主要对象的社会文化调研，主要是在中国现代民俗学、人类学、民族学萌芽发展期的学院派文化调查，这一系列学术活动对中国边疆学、民族学的发展具有深远影响，同时勾连起各界人士对于西南民族文化的考察热情。

彝族军官曲木藏尧系统考察了彝族生活、风俗、社会组织、文化、物产等方面的内容，编成《西南夷族考察记》(南京提拔书店，1933)。在云南车里(今西双版纳傣族自治州)傣族聚居区生活的李拂一对当地进行了较细致的调查，写成《车里》一书(商务印书馆，1933)，记述不少傣族和周围其他民族文化方面的资料。

1932 年美国哈佛燕京学社派葛维汉(David. Crockett. Graham，1884—1961)到成都华西协和大学博物馆任馆长，同时担任协和大学文化人类学教授。在此期间葛氏十三次赴四川藏族、彝族、苗族、羌族地区调查研究，对当地少数民族文物进行系统收集、整理，留下珍贵照片和考察报告。他下很大功夫在苗寨收集整理 752 件歌谣、说唱、民间故事，还请了三位苗家歌手到成都，请精通音乐的牙医刘延龄记谱。如今美国斯密斯索尼学院还保存着葛维汉有关中国的 400 多张照片，内容涉及他和家人沿长江到达四川的沿途风景照，宜宾地区民俗，羌族、彝族、藏族及苗族地区照片。这些照片真实反映了当时中国的社会生活和民俗风情。美国惠特曼学院收藏有葛维汉资料 21 箱，包括他在华期间进行田野考察的原始笔记和往来信函，民间宗教习俗用品如冥币、符咒和经文等。1948 年葛维汉回国定居科罗拉多州。他利用在中国收集的资料进行研究并继续著述，《花苗的民歌与民间故事》和《羌族的习俗与宗教》即是其成果。

【知识链接 2-1】

葛维汉 1920 年获芝加哥大学宗教心理学硕士学位，1927 年获该校文化人

类学博士学位。1913 年抵四川，直到 1948 年返国。其间除短期回国述职和进修外，在中国生活和工作三十多年。1933 年冬与林名均一起主持广汉三星堆首次考古发掘，揭开三星堆研究序幕。他还主持参加四川部分汉墓、唐宋邛窑、琉璃厂窑的发掘，正确记录出土文物，撰写发掘报告，为四川考古学开辟了新纪元。在葛氏主持下，华西大学博物馆得到前所未有的发展。任馆长期间，葛维汉发表相关论文近百篇，其中 55 余篇刊载于《华西边疆研究学会》杂志上。回美国后，葛维汉任美国文化人类学会会员、美国民俗学会会员、远东研究所成员、皇家地理学会成员及美国纽约动物学会终身会员。

1934 年春中国西部科学院组织雷马峨屏考察团到大、小凉山地区进行以生物、地质、民族学为主的调查，报告《四川省雷马峨屏调查记》①描述了彝族的社会阶层、生活、语言文字、历法、分布状况及对彝族地区统治方略等情况。1935 年民族史学家方国瑜参加中英会勘滇缅边界南段未定界调查对滇西进行实地考察。次年回昆明后据此次调查写成《滇西边区考察记》②《旅边杂著》《界务交涉纪要》等著作。1936—1937 年初中央博物院筹备处马长寿等人对四川雷波等地彝族和茂县等地羌族、藏族等进行实地调查，除了解文化各个方面情况外还设法收集许多实物资料。

1938 年暑期金陵大学社会学系柯象峰、徐益棠在西康建省委员会资助下对甘孜等县进行为期两月余的调查，调查西康的社会经济、物产、文化和民族生活情形，拟订方案，以便研究边政者参考。1939 年 11 月柯象峰还曾带领本校社会学系学生到峨边县进行一个月的彝族社会生活调查，调查重点为政治、经济、文化、社会组织等，并亲自观察婚丧祭礼和度岁习俗。

摄影家庄学本(1909—1984)无疑是当时深受"实证主义思潮"影响的，进行边疆民族文化调研并对中国早期民族志影像做出奠基贡献的"非学院派"调

① 常隆庆、施怀仁、俞德浚：《四川省雷马峨屏调查记》，《中国西部科学院特刊》，1935 年。
② 方国瑜：《滇西边区考察记》，云南大学西南文化研究室，1943，第 1-2 页。

查者①。1934 年初他跟随国民政府"赴藏致祭专事使行署"，"不顾一切拟随至康藏调查，以略尽国民之责"。在与摄影界人士交往精进摄影技术以及努力搭建入边社会关系网络等充分准备下，此次川边果洛考察终于成行。1935 年 1 月庄学本结束考察返回上海，考察成果以照片形式陆续刊于《申报》《良友》《东方杂志》等报刊。1935 年他在南京举办个人影展，引起当时新任中央研究院总干事的丁文江的重视。参观影展后，丁氏凭自己早年滇黔调查经验，敏锐意识到边疆影像的学术价值及其与人类学研究、民族学研究之间的关系，推荐庄学本进入中央研究院人类学组学习人类学社会学调查。1935 年 12 月庄氏以摄影师身份随同护送班禅专使行署远赴甘肃、青海，受中央研究院等单位委托，途中代为测量人体、搜集民俗标本。从此开始尝试民族学田野调查方式，突破游记文本模式，撰写符合学术规范的调查报告，受此影响边疆摄影越来越注重人物体貌的多角度呈现以及仪式活动、民俗事物的连贯性、整体性细节刻画。1937 年调查成果出版，名为《羌戎考察记》，该书以当地羌族、藏族（嘉绒藏族）为重点考察对象，记录其饮食习惯、服饰特征、居住环境、交通状况、宗教信仰、民间传说、娱乐活动等文化状况，用文字和影像呈现作者从灌县（今都江堰）出发到达卓克基（今马尔康县）等地考察的历程，不但具有重要资料价值，更体现作者采用人类学参与观察法及尊重他者文化的学术态度②。1938 年庄学本受聘于西康建省委员会，短暂考察川西北等地后返回成都，与当地各个学者相谈探讨月余。后在藏学家任乃强举荐下，受刘文辉差派，对大凉山、木里、泸沽湖、康南各地进行近一年半的游历考察，在此之前他已自觉涉猎和阅读中外民族学论著，粗略掌握了田野作业、撰写学术论著的知识和技能。考察归来，先以摄影作品展示其游历考察成绩，之后又和中国边疆学研究学者顾颉刚、徐益棠等人交友密切，并深受影响。1941 年 5

---

①　本节有关于庄学本先生边疆文化调查部分主要借鉴邹立波《庄学本的社会交往与边疆考察（1929—1948 年）》（发表于《广西民族大学学报（哲学社会科学版）》2019 年第 6 期）一文撰写而成，特此说明。

②　廖宇、孔又专：《庄氏〈羌戎考察记〉与羌民族宗教文化研究》，《三峡论坛》2011 年第 1 期。

月庄氏民族志代表作《西康夷族调查报告》出版，这显示他不再局限之前纯粹的游记描述，逐渐融入更多民族学等学术理论写作模式，标志其民族志调研及摄影理念的成熟。

第三节　民族与边疆：西南联大时期各学科的民族文化调查

1938 年 2 月国立西南联合大学在昆明成立（如图 2-1）。联大师生克服重重困难，抱学术救国理想在艰难条件下继续从事人文社会科学研究。西南地区特有的自然资源及文化资源引起他们极大的兴趣，当时国难局势也促使知识分子去了解边疆情况。西南联大的相关学术结构对西南民族地区进行大量调查研究，其中与社会文化相关的主要有南开大学边疆人文研究室和云南大学-燕京大学社会学实地调查工作站（"魁阁"）。此外，迁成都后的"中国民族学会"及迁重庆的中央大学等在边疆文化调研方面也成果颇多。

图 2-1　国立西南联合大学旧址，赵李娜 2014 年 10 月 11 日摄

一、南开大学边疆人文研究室

1942 年云南当局计划修筑一条省内铁路，决定从筑路经费中拨款对铁路沿线进行社会调查，为筑路提供沿线社会、地理及文化资料。南开大学接受了任务。1942 年 6 月南开文学院文科研究所边疆人文研究室在昆明成立，研究室下设边疆语言、人类学（包括社会人类学和体质人类学）、人文地理和边疆教育四组，聘请陶云逵教授为主任，成员有邢公畹、高华年、黎宗瓛、黎国彬等[①]。陶云逵在调查计划、组织实施及报告发表出版方面贡献甚大，早在 1934 年秋至 1936 年春间即已受中央研究院史语所委派在滇西由北至南做近两年的人类学调查。研究室刚一成立，陶氏随即制定《南开大学文学院边疆人文研究室章程》，主要实地调查计划包括社区和主要群体及各种群体分布及其人口状况、物产及自然环境与人文社会环境、主要群体文化概况、主要群体与社区内少数群体及区外邻近的他语群体的社会关系、他语群体对主要群体在生活等各个方面的影响。陶氏亲自带领几名年轻研究人员组成调查队从昆明出发，经玉溪—金平沿红河而下，对红河哈尼族、彝族，文山苗族、傣族、纳西族等少数民族的语言、民俗、社会经济、地理环境等开展调查工作，克服重重困难，经过 65 日顽强工作，取得大量社会调查的珍贵资料，调查成果都有高质量研究报告问世。

1943 年陶云逵又带领研究室同仁对石佛铁路沿线的社会经济开展关于思茅普洱沿边茶叶、澜沧江河谷地区土地利用、彝族社会组织及宗教、手工艺术等进行为期八个月的调查，记录大量少数民族口头流传的历史语言并收集文献与文物。1942 年边疆人文研究室语言学家邢公畹调查罗平少数民族语言，次年 2 月再到红河、新平当地调查花腰傣，搜集民间故事、神话、民歌等。1943 年与邢公畹同行的还有黎国彬，黎国彬为调查人文地理一直走到佛海和车里。以上调查研究报告皆以云南石佛铁路筹委会和南开边疆人文研究会名义辑印，其中除语言分布状况、社会经济报告以外，与民族文化相关者有黎

---

① 杨绍军：《西南联大与中国彝学研究》，《贵州民族研究》2013 年第 2 期。

国彬的《摆夷的人文地理》、陶云逵和黎宗宪的《杨武坝街子汉夷互市的调查》《纳苏宗教与巫术的调查》、邢公畹的《远洋寨仲歌记音》。边疆人文研究室的调查搜集了大批口头资料和实物资料，抢救了大量少数民族文化史料。

在石佛铁路调研期间，陶云逵除撰写为学界称道的《西南部族之鸡骨卜》《文化的本质》等以外，还在《边政公论》《云南日报》等刊发表《边疆与边疆社会》《开化边民问题》等系列学术成果，直接反映了在边疆研究中的基本观点与主要建树，对边疆内涵、边政建设、边疆安全等方面的问题皆从历史文化角度提出见解，显示了他关注边疆民族文化以资治道的学术旨趣。陶氏还领衔创办出版《边疆人文》期刊，共印 3 刊 3 卷 18 期，登载 31 篇有关边疆民族习俗、语言文字、宗教古迹、自然地理等研究论文，不但在国内早期边疆学研究中独树一帜，还反映了边疆民族文化作为学术资源与社会资源的重要价值，受到学界的关注与认同。

【知识链接 2-2】

《西南部族之鸡骨卜》

《西南部族之鸡骨卜》是陶云逵短暂而辉煌的一生中最后一篇调查报告，也是他硕果累累中最重要的杰作。文章指出我国西南藏缅、苗、傣诸语种人民都有或曾有鸡骨卜风俗，并且详细记载了鸡骨卜的方式，是从文化人类学上研究鸡骨卜的开山之作。

二、中国现代社会学者的文化调查活动

社会学是对人类生活、群体和社会的研究，故较广义而宽泛的社会学研究对象自然包括文化部分。事实上，在社会学家研究社会制度、社会组织和社会结构等经典对象议题时，文化也是必然考虑的社会组成方面，由此形成在社会学调查研究中文化从不缺席的学术场域与工作场景。对我国现代社会学来说，不论是 20 世纪初学科肇始，还是燕京大学后来居上所创学科盛景，抑或西南联大时"魁阁"社会学，学者孜孜以求的社会调查中对民族传统文化

的探究也是重要组成部分。

1914 年美国学者葛学溥（Daniel H. Kulp Ⅱ，1888—1980）在上海沪江大学成立中国第一个社会学系。他在教授社会调查课程过程中指导学生在杨树浦地区东部搜集有关住房、人口、工业、教育、宗教等方面的资料并制成图表，这是中国大学进行最早的社会调查。1924 年商务印书馆出版张镜予编辑的《社会调查——沈家行实况》，其中宗教生活、娱乐等部分章节涉及文化方面，且在附录"调查应用问题"部分专门列举宗教和娱乐等文化类型调查的具体条目。1925 年葛氏指导学生在广东潮安归湖镇凤凰村调查，并出版调查报告《华南的乡村生活：家庭主义的社会学》，该书采用民族志式研究全方位描述、记录和分析凤凰村社会的方方面面，其中"文化"之成分亦不可或缺。葛学溥及沪江大学社会学系开创了现代中国社会学研究中文化调查作为重要成分的工作模式，这一理念原则及具体调查方法成为后来社会文化调查的典范。

1929 年在哥伦比亚大学获哲学博士学位的吴文藻（1901—1985）回国任教于燕京大学社会学系，之后近十年时间他为"燕京学派"成为中国现代社会学重镇做出奠基性工作。其中最重要的学术贡献即他对社会学调查研究中的"文化"价值功能的重要性阐述，这一理念与其自身学术经历及交游有很大关系。在哥伦比亚大学求学期间吴文藻除专攻社会学外还旁听哲学、人类学、历史学等学科课程，他一直主张社会学与人类学在学理上的相通性，在社会研究中有必要将二者相结合。回国后他选定马林诺夫斯基学说作为理论立足点，专门撰写《功能派社会人类学的由来与现状》对功能学派做系统介绍，认为"功能学派是社会人类学中最先进，而亦是现今学术界上最有力的一个学派"[①]，具体即"现代社区的核心为文化，文化的单位为制度，制度的运用为功能"。还邀请功能学派创始人之一拉德克利夫—布朗到燕京大学讲学 3 个月。为比较全面深入了解功能学派，吴文藻还专程去伦敦与马林诺夫斯基交谈并参加他举办的讨论会，后来还将马氏赠送的手稿《文化论》交由费孝通等译出，并

---

① 吴文藻：《功能学派社会人类学的由来与现状》，《民族学研究集刊》1936 年第 1 期。

在该书的译本后附上自己撰写的《论文化表格说明》①。吴氏开宗明义提出该文是"为理论家及实地调查员尽量的提供一种最高度的暗示而已,这是马氏实地经验的成绩中最精彩的一部分。每一表内的纲目,编者曾尽其所能,予以列举,故说它'应有尽有',也不为过";指出"各社区各有其倚重不同的文化本位,探索那实在特殊的文化本位,便是一个实地调查员运用有效策略的最初目标",继而提醒"各调查员只能把这些表格当作一套可以试用的暗示,经试用后,发觉各文化倚重之所在,便须斟酌实情,将表内项目,细加修改,以求合于实用",也就是说在进行区域文化调查时可以根据该地具体情况进行文化类型的重点调查。

吴文藻十分清楚中国要想全面铺开国情研究是困难的。为此他提出"社区研究"方案,即"大家用同一区位或文化的观点和方法,来分头进行各种地域不同的社区研究",当然这其中"文化"是重点考察内容。为使其社会研究理念得以实现,他先后派社会学系师生到国内一些地区进行实地调查。如徐雍舜到北平附近调查乡村领袖冲突问题、林耀华到福州附近义序调查宗族组织问题、费孝通考察江苏吴县开弦弓村的农村经济问题、黄石到河北定县调查礼俗和社会组织问题、黄迪到清河调查村镇结构问题、郑安仑到福建调查侨民、李有义到山西徐沟调查社会组织等,其中皆有对于当地本土文化的关注。

1938年吴文藻在云南大学创建社会学系,1939年又在洛克菲勒基金资助下建立云南大学-燕京大学社会学实地调查工作站,1940年底他离开云南到重庆国防最高委员会参事室担任研究工作,工作站由费孝通接任站长。当时工作站由于炮火栖身云南呈贡魁星阁,抗战胜利后才搬回校本部,先后在此参与研究的有费孝通、陶云逵、许烺光、瞿同祖、林耀华、李有义、张之毅、史国衡、田汝康、胡庆均、谷苞等,形成中国现代社会学"魁阁时代"。工作站采取理论与实际密切结合原则,每个研究人员都有各自专题,到选定社区进行实地调查后组织集体讨论,最后撰写研究论文。其中与文化相关的调研

---

① 吴文藻:《文化表格说明》,《社会学界》1939年第207-246页。

论著有田汝康的《芒市边民的摆》、许烺光的《滇西的巫术和科学》《祖荫下：中国乡村的亲属、人格与社会流动》等。

"魁阁"可谓吴文藻"燕京学派"学术理念及学术原则在抗战时期云南的在地化实践，而吴主编的《社会学丛刊》图书系列可看作学派走向成熟的标志。1940 年他在《社会学丛刊·总序》中提出学派方法论立场为"以科学假设始，以实地证验终，理论符合事实，事实启发理论；理论与事实糅合一起，获得一种新综合"。研究假设为"现代社区的核心为文化，文化的单位为制度，制度的运用为功能"。由此总结这一学派的"概念格局"为社区、文化、制度及功能。《社会学丛刊》共出版甲、乙两集各五种，皆为社会文化调查扛鼎之作。

为协助恩师吴文藻，边政研究人类学者、时任燕京大学社会学系负责人的林耀华连年暑假深入边缘险地田野求真。1943 年暑期他率燕京大学边区考察团，与胡良珍等到大、小凉山彝族地区考察，以小凉山乌角、哨上一带为社区研究样本，进行语言、物质、社会组织、亲属关系、经济制度、宗教巫术等方面的考察和体质测量，根据考察写成《凉山夷家》。1950 年解放大军进入凉山所持主要参考书就有这本。1944 年夏林耀华又趁暑假赴西康北部，往返 3000 余里，前后费时两个半月调查当地藏民，以甘孜以北绒擦沟为比较深入考察区域，曾亲自登门调查 50 户藏民家庭，对其社会生活进行较深入考察研究，发表《康北藏民的社会状况》。1945 年夏他又与陈永龄对川康北部交界嘉戎藏族进行两千余里调查进程，报告整理后为《川康北界的嘉戎土司》[①]发表，后又成专著《四土嘉戎》[②]。陈永龄依据调查写成硕士学位论文《理县嘉戎土司制度下的社会》。

三、大夏大学对贵州少数民族的文化调查

1938 年大夏大学搬迁到贵阳并成立"社会经济研究室"，开展社会科学调研工作。1939 年春结合时局及当地需要该研究室更名为"社会研究部"，以社

---

① 林耀华：《川康北界的嘉戎土司》，《边政公论》，民国三十六年(1947)六月第 6 卷第 2 期。
② 书稿交给上海商务印书馆，但颇为遗憾的是因时局变动，书稿遗失。

会学家吴泽霖为主任，陈国钧为副职，拟订研究计划，延聘专门人员率领本校社会学系诸生先后分往本省各个苗夷县份实地调查①，从此开创中国现代社会科学专家学者集体关注贵州少数民族社会文化调研的先河。

大夏大学社会学研究部在吴泽霖、陈国钧、岑家梧②支持下，工作重点始终放在调研贵州少数民族的历史、社会、经济、文化、教育、生活、习惯、语言、宗教等方面。参与调查工作的还有谢六逸、张少微、苏希轼、李振麟、吴定良、李方桂、李植人、杨汉先、邝荣埙、覃恩泽、冯枬等及其学生等。调研经费来源，除本校拨款外，其余费用均仰仗各级单位及个人赞助维持运转。研究部成立后在吴泽霖、陈国钧等主持领导下制订详细周密的调查计划和大纲，并结合社会与学术要求及工作缓急情况，派遣相关人员分赴贵州各个地区做系统调查。根据学者③归纳整理，1939—1942 年大夏大学在贵州的调查有 6 次之多。

大夏大学社会研究部师生不辞辛苦调查出版论著，以期获得各界对贵州少数民族之重视与注意，其目的为经过调查研究的报告汇编、文章图书、展览介绍等方面的工作，希望政府和社会人士注意苗夷族，团结他们促进其社会文化，改善生活状况，同时希望苗族等少数民族同胞联合起来抗敌御侮。经过数年努力，学术成果主要有以下内容。

首先，经过调查研究形成报告汇编、论著图书，为各界研究关注贵州少数民族提供资料基础。研究室成立初期在吴泽霖主持下先后形成数部大部头的调研报告，其中与文化相关者有《定番（惠水）县乡土教材》（40 卷 40 万字）、《贵州各县风俗迷信调查》等。"社会研究部"成立后不断编纂资料、汇编报告，据不完全统计，先后完成二十多种，主要可分为某地某民族调查报告、语言

① 王伯群：《贵州苗夷研究丛刊序》，出自吴泽林、陈国钧等：《贵州苗夷社会研究》，民族出版社，2004，第 1 页

② 1940 年岑家梧在吴泽霖离校后，担任大夏大学社会研究部主任，和陈国钧等继续对贵州民族进行调查。其间岑家梧曾到黔东南荔波水族地区做实地调查。

③ 何长凤：《贵州近代少数民族调查研究的拓荒者——抗战时期大夏大学社会学研究部的成就》，《贵州民族研究》2002 年第 1 期。

调查报告及少数民族文化情况调查资料汇编等。同时发表论文共计数百篇，其中以吴泽霖的《贵州短裙黑苗概况》《贵州苗夷族婚姻概述》及陈国钧的《贵州苗夷社会概况》等学术水平最高、社会影响大。他们还先后编辑出版《民族学论文集》第一辑、《苗胞影荟》《炉山黑苗的生活》《安顺苗夷的生活》及各类少数民族文化作品等。其中《苗胞影荟》为当时畅销书。贵阳文通书局还专为社会研究部编辑出版《西南苗夷研究丛刊》，聘吴泽霖为主编。《贵州苗夷社会研究》为大夏大学社会研究部贵州苗夷社会调研成果之集大成者。书中收录吴泽霖、陈国钧等人论文共 51 篇，涉及贵州少数民族社会文化的各个方面。

除出版论著，还重视征集各个少数民族的文物，拍摄社会文化生活照片并将其用于展览，取得良好社会教育意义。据资料记载，大夏大学调研征集到的少数民族珍贵文物两千多件，摄制各个少数民族各种照片数百张。先后举办贵州少数民族文物、摄影展览 3 次。

第三，通过调研成果的发表与展示达到增进民族间相互了解与团结的现实目的与社会目的。

正如吴泽霖、陈国钧所言，贵州少数民族"所说的话与汉族截然不同，所有的风俗习惯也有很大的差异，社会制度、社会组织与目前汉族所流行的也不甚符合。这些都是民族学家、社会学家所最感兴趣的，而且认为最值得研究的对象"。经过大夏大学学者的数年奔波，"精准调查，或客观叙述"，达到消除世人对贵州少数民族不解与误读等错误观念之学术普及目的，从而达到增进民族间相互的了解、信任、合作与团结，安定后方的重要目的。

四、其他单位或个人的边疆民族调查研究

抗战期间各个高等院校、学术机构与团体都迁移到西北、西南等大后方，这客观上为民族文化探究提供了丰富对象资源，各类考察团如雨后春笋般出现，其中中央研究院的西南民族文化调查、西南联大社会学科的西南文化调查及各类由国民政府官方组织或委托的边疆考察活动等，都取得丰硕调研成果，为民族文化留存了珍贵的档案资源。

【课后习题】

请简述为何近代以来国家和学术机构热衷于西南少数民族的历史、文化及社会的调查，其价值和重要意义何如？

第三章　保存与利用：中国当代
文化资源调研情况

1949 年以来，我国当代文化资源调查研究经历了从"人民的文艺""民族的文化"到文化自觉与文化自信下抢救民族民间文化的思想与行为转变过程。

第一节　"人民的文艺"与"民族的文化"：
民间文艺与民族文化调研

1949 年之后，我国文化建设进入当代领域。延续着五四运动及新文化运动的"眼光向下"，中国民间文化资源搜集与调研很快延伸至"人民文艺"及"民族文化"两大主题。"人民的文艺"主要对流传在广大民众中耳熟能详的民间文学及艺术形式进行搜集、整理，以资留存，以供文艺工作者改编成为"革命文学"，可说是北京大学歌谣运动"民间文艺调查"新时期新举动。"民族文化"调研则是为了铸就更好民族关系和制定和谐民族政策而对我国少数民族社会文化状况进行的普查活动。这一系列学术调研可谓为现代学科少数民族调研的延续与扩展，稍有差异的是我国第一次进行普查意义上的民族文化调查，为现代民族学等学科提供了理论基础与实践经验，更有"摸清家底"功用。

一、"人民的文艺"：延安及中华人民共和国成立初期的民间文艺搜集调查

1940 年，延安延续着歌谣运动时期眼光向下理念，又以"文艺为工农兵服务"为方针，引起陕北一地民间文艺搜集利用热潮。1949 年之后确定工农兵及广大劳动人民的地位，在文艺思想及政策方面继续发扬《在延安文艺座谈会上的讲话》精神，强调文艺为工农兵、无产阶级政治服务。

（一）延安文艺座谈会及民间文艺搜集利用热潮

1942 年春，中国共产党发动全党普遍整风，毛泽东恰好分管文艺方面。当时由于奔赴延安的青年知识分子增多和革命文艺运动深入展开，人们对陕甘宁边区文艺的许多问题存在不同认识。为解决这些问题，中央决定召开文艺工作者座谈会。会前花很大精力就文艺方针、文艺创作等相关问题进行调查研究，将近一个月时间，毛泽东先后约请丁玲、艾青等 20 多位文艺界人士进行交谈。通过调研摸清文艺队伍现状和延安文艺界的脉搏，全面掌握了包括正反两方面意见的第一手资料，为文艺运动做了坚实有效的奠基工作。

1942 年 5 月 2 日及 23 日延安文艺座谈会召开。毛泽东主持会议并分别发表"引言"和"结论"讲话，两部分讲话后来合二为一以《在延安文艺座谈会上的讲话》（以下简称《讲话》）发表。延安文艺座谈会是延安整风运动的重要组成部分，其宗旨在于解决中国无产阶级文艺发展道路上遇到的理论问题和实践问题，诸如党的文艺工作和党整个工作关系问题，文艺为什么人的问题普及与提高、内容和形式、歌颂和暴露的问题等。讲话对上述问题做出剖析，提出并解决一系列带有根本性的理论问题和政策问题，明确提出文艺为工农兵服务的方针，强调文艺工作者必须到群众中去、到火热斗争中去，为革命事业做出积极贡献。文艺座谈会之后，广大文化工作者普遍提高思想觉悟，逐步克服脱离实际、脱离群众的教条主义倾向，"到农村、到工厂、到部队中去，成为群众的一份子"成为行动口号。此前，1941 年 7 月中共中央宣传部在《各抗日根据地群众鼓动工作的指示》（本节简称《指示》）中指出"各种民间的公众

的文艺形式，特别是地方性的歌谣、戏剧、图画、说书等，对于鼓动工作作用更大，应尽量利用之"①。《讲话》加上《指示》精神，使延安文艺工作者充分调查利用延安的民间文化资源而为"革命的文艺"所用，也成为当时文艺创作的必要实践。

　　以鲁迅艺术文学院（以下简称"鲁艺"）为核心，文艺工作者在边区各地搜集民间文艺作品。1943 年 12 月—1944 年 4 月鲁艺工作团由团长张庚、副团长田方率领，历时 4 个多月走遍绥德、米脂等许多城镇乡村演出专场 68 场，创作剧本 16 个，做调查 66 次，收集民间歌曲和剧本 400 首（部）②。作家何其芳在《陕北民歌选·重印琐记》中提到（如图 3-1），1944 年③ 2 月延安鲁艺成立了一个文艺运动资料室，具体工作之一就是把鲁艺的同志们在陕北收集到的民间文学材料加以整理编为选集，由于民歌材料最多，就先从民歌着手④。鲁艺采风运动搜集到数量可观的民间音乐、诗歌、剪纸、秧歌剧等，利用这些民间文化资源创作《兄妹开荒》《拥军花鼓》《王贵与李香香》《小二黑结婚》《李有才板话》等一大批脍炙人口的革命文艺作品，出版了铅印《陕北民歌选》，油印各地民歌及民间器乐曲选等 7 册⑤。

　　①　《中央宣传部关于各抗日根据地群众鼓动工作的指示》，《共产党人》1941 年 8 月。
　　②　艾克恩：《延安文艺史》，河北教育出版社，2009，第 360 页。
　　③　2014 年出版的《中国口头文学遗产数字化工程全记录》（中国文史出版社）一书的原文为"1954 年"，本教材编写据此后陈述事实断此时间书写或印刷有误，当为 1944 年。
　　④　何其芳：《陕北民歌选·重印琐记》，《中国口头文学遗产数字化工程全记录》2014 年第 35 页。
　　⑤　贾芝主编：《延安文艺丛书·民间文艺卷》，湖南文艺出版社，1988，第 3 页。

图 3-1　何其芳、张松如编辑《陕北民歌选》书影

除文艺座谈会之后的"文艺下乡"工作，还值得一提的是共产党干部洪彦霖①在清涧做的民俗调查研究（如图 3-2），其调研成果有《清涧婚姻习俗》《家户之间——清涧农村风习研究之一》《清涧的商业概况与贸易习俗》《清涧的农作习俗》等，多次发表在 1942 年和 1943 年的《解放日报》上。从这些调研文章中可以看出作者在对一个县进行多角度民俗调查的基础上，提出改革旧俗、提倡新俗的建议，体现出他将学术调研与现实社会的变革及问题紧密联系起来的工作旨趣。

图 3-2　洪彦霖《论调查研究》书影，
赵李娜拍摄。

① 洪彦霖（1918—1990）又名彦林，浙江瑞安人，1933 年初中毕业参加浙江省毕业会考。1937年赴延安陕北公学学习，次年加入中国共产党。历任华东局秘书处政务秘书、中宣部《宣传通讯》主编、上海《解放日报》编委、新闻出版处副处长、中科院社会情报室副主任、文化部国际文献研究所革命领导小组组长、中纪委政策落实办公室主任、中央文史研究馆馆员。著有《论调查研究》（1983 年，求实出版社）等。

（二）1950 年民间文艺搜集活动

1949 年 7 月 28 日民俗学家钟敬文发表《请多多地注意民间文艺》①，将民间文艺搜集整理视为建设中华人民共和国新文化的组成部分，从学术角度提升了民间文艺的社会价值。1950 年 3 月 29 日"中国民间文艺研究会"（1987 年改名"中国民间文艺家协会"，本书统简称"中国民协"）在北京成立，成立大会通过《中国民间文艺研究会章程》。章程第二条为"本会宗旨，在搜集、整理和研究中国民间的文学、艺术，增进对人民的文学艺术遗产的尊重和了解，并吸取和发扬它的优秀部分，批判和抛弃它的落后部分，使有助于新民主主义文化的建设"，第三条列出"本会的主要工作"。

甲、广泛的搜集我国现在及过去的一切民间文艺资料，运用科学的观点和方法加以整理和研究。

乙、刊行、展览或表演整理、研究的成绩，以帮助推动民间文艺的创作、改进与发展。

丙、举行学术性的座谈会及演讲会，进行关于民间文艺的专题报告及讨论。

丁、协助或发起有关民间文艺的保存、研究等活动。

以上成为中国民协一贯宗旨。1956 年开始的民族识别及全国少数民族社会历史调查工作开始后，民族学家、语言学家在民族地区搜集大量少数民族口承文学文本，其成果如《白族民间故事传说集》、彝族史诗《勒俄特依》《妈妈的女儿》、壮族民间故事《刘三姐》《百鸟衣》，由马学良搜集记录的苗族史诗《金银歌》《古枫歌》《蝴蝶歌》等，还有此前搜集出版的彝族《阿细民歌及其语言》②、撒尼叙事长诗《阿诗玛》等，这些作品大都首次经过调查搜集整理而以文本面世。民间文学研究家贾芝指出"从 1958 年秋天起，全国少数民族聚居较多的十六个省、区两年多的时间就陆续写出了二十余部少数民族文学史和文学概况的初稿；这些著作从无到有，都是在群众性的调查研究的基础上写

---

① 钟敬文：《请多多地注意民间文艺》，《文艺报》1949 年 7 月 28 日。
② 袁家骅：《阿细民歌及其语言》，科学出版社，1953。

出来的"①。

1958 年第一次全国民间文学工作者大会后开始对民间文学进行大规模搜集整理工作，并提出民间文学"全面搜集、重点整理、大力推广、加强研究"的十六字方针和"古今并重"的原则。在具体搜集记录方法上要求"应记明资料来源、地点、流传时期及流传的情况等"，"如系口头传授的唱词或故事等，应记明唱讲者的姓名、籍贯、经历、唱讲的环境等"，要求把生活中口承文化作为整体记录。这一时期的搜集整理调研工作由于政府倡导和直接支持，规模之大、参加人数之多、搜集范围之广史无前例。同时民间文学工作者根据搜集文本加以整理、再创作和发表，使《牛郎织女》《一幅壮锦》《刘三姐》《阿诗玛》等成为耳熟能详的民间文学作品，此后更据这些文本新编创作了戏剧、电影等人民群众喜闻乐见的文化产品。

在此次国家倡议的民间文学搜集调查工作中，1956—1957 年在学术界还展开了一场大讨论。总体来说此次讨论是针对搜集、整理、改写工作与民间文学的科学性、普及性之间的关系而言，开端是围绕选入人民教育出版社初级中学文学课本的《牛郎织女》展开，当时从事民间文艺工作的学者大都深入到此次讨论中②。

二、民族识别及少数民族历史文化调查研究

中华人民共和国成立初期还有一项工作涉及大规模的文化调研，这就是以民族识别为起点及先声，1956 年正式发展成为国家规模的少数民族历史文化大调查。可以说其是 1949 年之前中国现代人类学、民族学、社会学等学术的延续，也是中国共产党民族政策下文化调查的开端。

(一)先声：民族识别与文化调查

对于一个幅员辽阔、历史悠久的国家来说，正确认知民族问题至为关键。

---

① 贾芝：《谈各民族民间文学搜集整理问题》，《文学评论》1961 年第 4 期。
② 主要有李岳南、刘守华、刘魁立、董均伦、江源、巫瑞书、李星华、贾芝等人。毛巧晖《民间文学搜集整理七十年》，《民间文化论坛》2019 年第 6 期。

中华人民共和国成立之后，总体来说实践马克思主义民族理论，即将民族平等作为自己民族政策的基本原则①。但实际情况为在制定和实行这一政策时连政策对象都不明确，也就是说中国当时有哪些民族、有多少民族都不清楚，这一自辛亥革命时就已提出的问题到 1949 年仍未解决。② 中华人民共和国成立呼唤着民族认知及民族认同的清晰与明确，民族识别这一政治工作与学术工作摆到国家面前。从 1950 年开始中央访问团赴少数民族地区访问，任务之一是摸清少数民族族别情况。随后多民族各省对民族群体进行调研，中央人民政府民族事务委员会从 1953 年始也不断派出识别调查小组对相关民族予以确认和甄别。一开始中国民族政策倾向于以斯大林民族定义为借鉴理论，即"民族是人们在历史上形成的有共同语言、共同地域、共同经济生活以及表现于共同的民族文化特点上的共同心理素质这四个基本特征的稳定共同体"③，是当时条件下对民族最简明的科学概括④，对我国民族识别工作有极大启示。有斯大林相关理论也并非可一劳永逸。鉴于中国民族状况的复杂性及斯大林民族定义阐述的局限性，我国民族识别逐渐提出具有创新性质的根据⑤，"一是根据科学依据；二是民族意愿。科学依据，首先是理论根据，根据马克思主义关于民族问题的学说，特别是斯大林同志关于民族的界说。科学依据的第二个方面是事实根据。事实来源，主要有三：一是田野实际调查材料；二是对其历史传说和系谱作为历史文化参与分析，作为探索其来源的资料；其三是文献资料"。也就是说从中国各个民族的实际情况出发，为体现各个民族不分人口多少、居住地域大小、社会发展阶段和经济文化发展水平高低，只要是历史上形成的在经济生活、语言文字、文化特征、民族意识等方面具有

①　王希恩：《中国民族识别的依据》，《民族研究》2010 年第 5 期。

②　邓小平：《邓小平文选（第一卷）》，人民出版社，1994，第 170 页。

③　（苏）斯大林：《马克思主义和民族问题》，载《斯大林全集》第 11 卷，人民出版社，1955，第 286 页。

④　王红曼：《我国民族识别工作的理论依据和实践标准》，《西藏民族学院学报》哲学社会科学版，2000 年第 3 期。

⑤　王红曼：《我国民族识别工作的理论依据和实践标准》，《西藏民族学院学报》哲学社会科学版，2000 年第 3 期。

明显特点的稳定的共同体都能称为"民族"。在广泛深入调查研究基础上，将现实的特征与历史渊源结合起来，并考虑识别人们共同体的共同意愿以确定其族属。虽然 20 世纪 50 年代初期国家发起民族识别工作的第一要义为民族"自我认同"，也就是自愿报名原则，但在具体学术操作上民族历史文化遗产是很重要的考量成分，由此就有"全国少数民族历史文化调查"。它既是"民族识别"的重要部分，也是前一阶段理论起点的延伸实践。

(二)"民族的文化"：全国少数民族历史文化调查

在毛泽东和彭真两位国家领导人首倡下，"全国少数民族社会历史调查"开始了，相比于前一阶段"民族识别"而言，此次调查真正将文化作为重点。1956 年 6 月召开全国少数民族社会历史调查工作会议，邀请少数民族较多的省、自治区的领导同志和专家学者参加研究全国少数民族社会历史调查的组织、计划并草拟调查提纲。经过讨论"调查提纲里提出了两个内容，即社会性质与历史的调查"[1]，为此次调查指明方向。会议意见得到全国人大常委会党组和彭真的同意。由此明确调查工作由全国人民代表大会民族事务委员会主持，成立由刘格平、刘春和费孝通组成的调查领导小组，全国人民代表大会民族委员会成立调查办公室。由国家民委、中央民族学院协同工作，组织内蒙古、新疆、西藏、云南、贵州、四川、广西、广东 8 个调查组，抽调各类专家、学生等 200 多人参加，第一批调查 20 多个民族，整理出不同民族从原始社会末期到奴隶制社会、封建社会各个历史发展阶段的第一手资料约 1500 万字。

1958 年少数民族社会历史调查工作改由中国科学院哲学社会科学部(现中国社会科学院)民族研究所具体组织，调查工作继续展开，又新增甘肃等 8 个调查组共计 16 组，没派调查组的省由省民族事务委员会负责按照调查提纲提供所需材料。1964 年调查工作基本结束，但民族识别仍在继续。1956 开始的全国少数民族社会历史调查工作有以下特点。

---

① 李绍明、彭文斌：《西南少数民族社会历史调查——李绍明美国西雅图华盛顿大学讲座(二)》，《西南民族大学学报(人文社科版)》2010 年第 1 期。

第一，规模大，参与人员多，积累资料丰富，成果丰硕。

据不完全统计，调查组前后共写出调查材料 340 多种 2900 多万字；整理档案资料和文献摘录 100 多种，1500 多万字；还专门拍摄反映少数民族社会经济文化状况和风俗习惯的科学纪录片十几部；并且搜集了一批少数民族宝贵的历史文物。在调查基础上已确认的少数民族写出了《简史》《简志》或《简史、简志合编》初稿①共 57 本，为我国少数民族确认提供科学依据。这批材料翔实记录下各个民族的历史和现状，是非常可贵的一手资料。十一届三中全会以后，民族工作重新受到党和政府的重视。国家民族事务

图 3-3　全国少数民族社会历史调查成果之一《四川贵州彝族社会历史调查》书影

委员会从 1979 年开始，在原来社会历史调查的基础上，又发展成为编写《民族问题五种丛书》②。当年参加少数民族社会历史调查的同志，不少人又参加了编写工作。此套丛书共 403 部，近一亿字，已全部出版。

第二，此次调查是一次学术性、政治性和应用性并存的调研活动。

主要体现在民族院校学者、专家及师生的参与，使此次调查在民族学、人类学等基本理论下进行。民族院校当仁不让积极参与了这次调查的组织领

---

① 《中国民族自治地方概况》《各民族简史》《简志》并称为"三套丛书"，是 1958 年 6 月调查工作会议决议向国庆十周年献礼的重要内容，但在国庆十周年，一本成熟的书稿都没能拿出来（来自民族学家满都尔图的回忆，转引自王铭铭：《汉学人类学——西学"中国化"的历史问题》，载《王铭铭自选集》，广西师范大学出版社，2000 年，第 1-39 页）。

② 国家民族事务委员会《民族问题五种丛书》，是《中国少数民族》（1 种）、《中国少数民族简史丛书》（55 种）、《中国少数民族语言简志丛书》（6 卷）、《中国少数民族自治地方概况丛书》（155 种）、《中国少数民族社会历史调查资料丛刊》（147 种）的总称。

导，并参加提纲拟定。当时中央民族学院的费孝通、翁独健、夏康农、冯家昇等学者参加了全国少数民族社会历史调查的领导工作，西南民族学院的吴泽霖担任贵州少数民族社会历史调查组组长，中南民族学院的岑家梧担任广东少数民族社会历史调查工作组组长。就调查人员的学术身份归属来说，1958 年 8 月，中央民族学院、中国科学院民族研究所及其他单位组成一支475 人的少数民族社会历史调查队。1959 年 2 月中央民族学院抽调师生 135人分赴新疆、云南、贵州、四川、广西等民族地区，参加少数民族社会历史调查；其他民族学院师生也都参与到调查中①。由此保证了此次调研活动的基本学术性。有学者②指出此次大调查实质也是一种政治行为，调查组面貌完全是政府工作队状态，在这种组织原则下，调查活动里的个人自由受到忽视、集体写作方式压抑了研究者个人的思想等确实是存在的。

总之 1950 年开始民族识别中的文化调研以及其后的"全国少数民族社会历史调查"是在中国共产党民族政策理论下的文化调查活动。政治学、学术性是其基本属性，这在某种程度上也属于对民族文化资源调查后的利用，这一点应该明确。

【知识链接 3-1】

《民族问题五种丛书》③

《民族问题五种丛书》自 1958 年至 1991 年，历时 30 多年陆续出版发行完毕，是《中国少数民族》《中国少数民族简史丛书》《中国少数民族语言简志丛书》《中国少数民族自治地方概况丛书》《中国少数民族社会历史调查资料丛刊》的总称，共记录中国 55 个少数民族从起源至 21 世纪初的历史发展进程，涵

---

① 刘鹤、刘喜凤：《建国初期民族院校开展的社会调查述论》，《山西档案》2018 年第 3 期。

② 燕清：《中国民族学田野工作反思——以五六十年代民族大调查为例》，《民俗研究》2004 年第 2 期。

③ 殷洪：《〈民族问题五种丛书〉修订再版》，《光明日报》2010 年 01 月 20 日，http://www.cssn. cn/zt/zt＿xkzt/zt＿fxzt/fxzt＿zhdc/fxzt＿zhdc＿fzhg/fxzt＿zdc＿fzhg＿cgzs/201409/t20140924＿1340161. shtml。

盖了政治、经济、文化、社会等方面内容，荟萃了大量原始而鲜活的珍贵资料，是一部关于中国民族问题的大型综合性丛书，也是中国民族问题研究的重大项目和出版工程。中华人民共和国国家民族事务委员会从 2005 年开始对《民族问题五种丛书》进行修订再版。全国 20 个省、自治区民族工作部门和 155 个民族自治地方政府参与了组织工作，千余名历史学、民族学、人类学、语言学等方面的专家学者参与修订。

第二节　"文艺集成"与"抢救工程"：改革开放以来文化资源调研

十一届三中全会以后文化工作也全面恢复。这一时期以来由于改革开放、文化寻根、文化复兴、文化遗产保护等多重语境，党和政府、社会各界对传统的、民间的文化资源越加重视，各类文化资源调研都围绕"摸清家底""有序利用"等宗旨展开，其中编纂"中国民族民间文艺集成志书"（十套集成）与"文化遗产抢救工程"中的文化调查研究可谓瞩目之举。

一、"十套集成"：文化复兴语境下的民间文化资源调研

1979 年 7 月，中华人民共和国文化部等单位制定发布《关于收集整理民族民间文化艺术遗产的总体规划》《收集整理我国民族音乐遗产规划》；1980 年 3 月 20 日文化部、中国曲艺家协会联合发出《关于收集整理曲艺遗产及曲艺史料、资料的通知》，由此拉开中国民族民间文艺集成志书编纂工作的序幕。其后文化部、国家民委又先后与中国文学艺术界联合会有关协会联合发出编纂《中国民族民间舞蹈集成》(1981)、《中国戏曲志》(1983)、《中国歌谣集成》(1984)、《中国谚语集成》(1984)和《中国曲艺志》(1986)的通知。1986 年 5 月全国艺术学科规划领导小组组长周巍峙宣布接纳中国民间文学三套集成与其他七套艺术集成志书并列成为"十套文艺集成志书"，并向国家申报列入"国家

"七五计划"重点项目。至此由文化部牵头,以"全国艺术科学规划领导小组"为组织实施机构,在中共中央宣传部、文化部、中华人民共和国财政部、国家民委等部委支持指导下,中国文联有关协会,中国艺术研究院,全国各地文化厅(局)、艺术研究所、民间文艺家协会,各地(州市)、县文化馆,各乡镇文化站在领导小组的统一部署下,对民族民间文化的收集整理在全面普查、认真梳理、规范体例、逐级审定、统一出版、资料保存等各个环节展开,学界称之为"十大集成"工程。该工程历时 30 年,至 21 世纪初全面出版。每部丛书按行政区划分省立卷(香港、澳门在编,台湾卷暂缺),每省(直辖市、自治区)10 卷,共计 298 卷,约 4.5 亿字,收集相关资料逾 50 亿字(包括曲谱、图片)①。

"民间文艺十套集成"总体来说是一种文化资源集成图书的编辑工作,但其内容离不开搜集、征集、调查及普查工作,可以说调研是编辑的重要基础,而编辑同时也促进了更好的调查和寻找资料。

(一)民间文学"三套集成"及普查编纂

1978 年秋,中国民间文艺研究会(现中国民间文艺家协会,简称"民研会")作为恢复较早的文化研究学术团体,其首要任务就是拨乱反正、正本清源。《大力提倡民歌》《为藏族史〈格萨尔〉平反》《为孟姜女冤案平反》《"五四"前后歌谣学运动》《建立民俗学会及有关机构的倡议书》等文章,1979 年 3 月召开的学习周总理《在文艺工作座谈会和故事片创作会上的讲话》会议、5 月召开的"纪念五四运动 60 周年座谈会"、9—10 月间在北京召开的《全国少数民族民间歌手、民间诗人座谈会》,使人们从"文革"时期对于民间文化及传统文化的种种误解中解放出来,全国各地民间文艺家协会相继恢复或成立,民间文学和有关刊物也纷纷创刊,受到广大人民欢迎。民间文艺工作热潮空前高涨。

1981 年 12 月 29 日至 1982 年 1 月 2 日中国民间文艺研究会常务理事会扩大会议决定,在全国普查采录基础上编辑一套《中国民间故事集成》(如图 3-

---

① 李松:《从"十大集成"到国家民间文化基础资源数据库建设》,《中国文化报》2014 年 3 月 10 日第 4 版。

4)、中华人民共和国文化部、国家民族事务委员会和中国民族学研究会(中国民协前身)联合签发通知，标志着三套集成工作启动。此后成立以周扬为主编，以周巍峙(常务)、任英、林默涵、高占祥、钟敬文(常务)、贾芝、马学良为副总主编，由 56 人组成的全国编委会。

图 3-4　《中国民间故事集成·吉林卷》
(1992 年 11 月出版)书影

1986 年 5 月在北京市召开第三次集成工作会议，周巍峙宣布接纳中国民间文学三套集成与其他七套艺术集成并列成为"十套文艺集成志书"，并向国家申报列入"七五计划"重点项目。从此民间文学三套集成统归全国艺术科学规划领导小组及所属规划办公室领导，由中国民间文艺家协会具体组织实施和负责编审工作。

"三套集成"工作进程为从 1984 年 5 月 28 日开始到 1991 年首卷编选结束的这段时间，主要是制定规划、广泛宣传动员、组织队伍、进行普查、采选编选县卷本等工作。分别举办多次集成工作会议及学术研讨会，就采录和普查中遇到的问题进行讨论。2009 年 10 月民间文学三套集成全部出齐，据统计该项目丛书共计 90 卷，共 1.2 亿余字，另有地、县卷本 4000 多卷，总字数逾 40 亿[①]。全国有近 200 万人次直接参加了各地民间文学的普查和采录。它是在全国范围内进行普查、搜集基础上，按照"科学性、全面性、达标性"原则编辑出版，具有高度文学价值和历史价值的中国各个地区、各个民族民间故事、歌谣、谚语优秀作品的总集。2009 年中国民协编审、《中国歌谣集成》常务副主编张文先生撰文回顾三套集成在普查采录上的成绩，认为"通过搞民

---

① 刘洋：《纪念"中国民间文学三套集成"启动 30 周年座谈会在京召开》，《民间文化论坛》2014 年第 3 期。

间文学集成进行全国范围的普查、采录是对民间文学、民俗学、民间文化的一次广泛深入的宣传。上至有关部委领导，省委有关领导及文化厅（局）有关人员直到县委领导及有关人员和文化馆、站干部，民间歌手、故事家等，都提高了对民间文化的认识"，同时指出此次普查发动了本地土生土长的干部，他们作为当地群众中的一员，生活在当地的民间文学和民俗文化中，搞普查采录比外来人员有着得天独厚的方便条件，采录到的作品更加真实可靠。

（二）民间文艺七套集成的普查及编纂

1979 年 7 月 1 日文化部、中国音乐家协会联合发起颁发《收集整理我国民族音乐遗产规划》，要求全国各地启动工程，并全面详尽地对戏曲音乐、民族民间器乐曲、曲艺音乐和古琴曲等丰富民族民间音乐遗产进行有计划、有步骤和系统、全面地收集整理。文件对全国民族民间音乐遗产的蕴藏情况和特点做出分析，指出我国民间音乐文化绝大部分传承特点为口传心授，如不及时进行抢救和收集整理有失传危险。文件下发到全国各个省、市、自治区文化厅局和音协分会。中国音乐家协会为此成立专门机构——中国民族民间音乐集成编辑办公室，4 部音乐集成的全国编委会和总编辑部也随之成立并履行职责。

1.《中国民间歌曲集成》（主编吕骥）

1980 年 4 月 8 日—15 日文化部和中国音乐家协会中国民族音乐集成编辑办公室共同主持，在安徽芜湖举行编选工作座谈会。至 2008 年西藏卷、云南卷完成审稿工作，全国 30 个省、市、自治区卷本终于编完。此套集成凡 30 卷，共计约 5250 万字，收入精选的各个民族民歌 4 万余首，以及民歌演唱活动的精美照片近 2000 幅。该集成集中展示中华民族各个历史时期流传在田野市井并依靠口头传承方式代代相传的各个民族的民间歌曲，是被人民群众保存下来的民间文化的重要组成部分。每一卷书通过图片、文字、曲谱及民间歌手介绍等四个组成部分向读者展示本地区民族民间歌曲特有的风貌。

2.《中国戏曲音乐集成》（主编周巍峙）

《中国戏曲音乐集成》继承起步阶段，周巍峙、吕骥、李焕之、孙慎、冯光钰、王民基等，都为此付出过巨大的心血和劳动。在中国音乐家协会中国民族音乐集成编辑办公室的主持下，共举行了 4 次全国性会议，这些会议为戏曲音乐集成工作的推动打下了基础。1987年下半年源于中国音乐家协会编辑力量的短缺，该集成

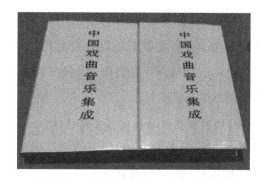

图 3-5　《中国戏曲音乐集成·福建卷》
(2003 年 1 月出版)书影

交由文化部艺术研究院戏曲研究所组织实施。集成至今已出版 30 卷，约 5400万字。共收入各个历史时期的优秀唱段 2 万余首，器乐曲牌和锣鼓曲将近 1万支，折子戏 200 余出，珍贵历史照片 2500 余幅，介绍的各个历史时期的演员、乐师、作曲者、理论研究者 4000 人。选辑了中国传统戏曲音乐的优秀遗产，也收入了中华人民共和国成立以来戏曲音乐革新创造的优秀成果。各个省卷按照统一的体例编纂，设有综述、图表、剧种音乐、人物介绍四大部分，下限至 1985 年。

3.《中国民族民间器乐曲集成》(主编李凌)

1984 年 3 月在河北省石家庄市举行第一次全国编辑工作座谈会。器乐曲集成所收的主要大类为各个民族民间传统器乐曲，其次是宗教音乐，还有在我国音乐文化中呈多样性文化形态和意义的祭祀音乐，包括了全国各个少数民族的原始宗教、萨满神调、东巴教音乐等。对历史上宫廷祭祀音乐中的祭孔音乐、民间巫傩祭祀音乐，也都做了辑录。明清宫廷音乐作为一个大部类，根据相关省、市资料和研究情况，也本着不肢解声乐和器乐音乐的原则完整地收入其中。出版 30 卷，5250 万字，并配有大量彩色和黑白照片，以及乐器形制图。

各卷比较全面系统、科学、深入细致地反映出 20 世纪中国各个省、自治区、直辖市传统的民族民间器乐文化遗产的分布情况、蕴含面貌和主要艺术

特色。本集成文字部分包括综述、各个乐类乐种述略、班社艺人简介、乐器简介等；曲谱部分每卷收有各地所特有的民间器乐曲、宗教音乐、祭祀音乐、宫廷音乐(元、明、清)各类曲目300～1000首(套)；部分卷本收有相关特色及珍贵的器乐历史资料。

4.《中国曲艺音乐集成》(主编孙慎)

曲艺音乐(又名说唱音乐)是以说、唱为手段状物写景、倾诉感情、表述故事、刻画人物的一种独特的艺术形式。它同民歌、戏曲音乐、民间器乐曲一样，是中华民族绚丽多彩的传统音乐文化的重要组成部分[①]。1984年5月文化部、中国音乐家协会、中国曲艺家协会在武汉召开第一次编辑会议，原中国音协主席吕骥、《中国曲艺音乐集成》(如图3-6)主编孙慎、中国曲艺家协会副主席罗扬等出席会议并讲话。此次会议制定了《〈中国曲艺音乐集成〉编辑工作方案》，从编辑方针、收集范围、录音录像、记谱择谱、概述注释、照片图标、地方卷的版本内容等方面对编辑工作做了详细的规定。1988年11月，中国曲艺音乐编辑部还出版发行了《〈中国曲艺音乐集成〉编辑手册文件及资料汇编》，用以指导编辑和调查工作。

2009年随着《中国曲艺集成》最后一卷《浙江卷》的出版，《中国曲艺集成》全部编纂完成，除了海南省因为没有独立的曲种而未立卷，全国其他省、市、自治区均有卷本出版，收录入卷的曲艺品种达450多种，去掉重复性曲种，截至2009年生存的300多个民间曲艺音乐品种都有收集。全套曲艺音乐集成共收录曲目唱腔选段约1500首(段)，图片约2000幅，入卷

图 3-6　《中国曲艺音乐集成·福建卷》
(2001 年出版)

---

① 孙慎：《〈中国曲艺音乐集成〉总序》，《音乐研究》1992年第3期。

艺人约千人①。

5.《中国民族民间舞蹈集成》(主编吴晓邦)

1981 年 9 月文化部、国家民委和中国舞蹈家协会联合向全国各个省、市、自治区发出通知，要全国各地共同写作完成《中国民族民间舞蹈集成》(如图 3-7)编纂出版任务。之前已在中国艺术研究院成立《中国民族民间舞蹈集成》编辑部，各地

图 3-7　《中国民族民间舞蹈集成·河南卷》(1993)

在国家通知发出之后，也都成立由有关领导、专家、学者组成的省、市、自治区编辑部。《中国民族民间舞蹈集成》的工作进度在十套集成中进度较快，截至 1991 年底全国已完成 15 个省终审卷，出版发行 5 个省(7 卷)，已走在其余九大集成前面。同时由于舞蹈艺术在表现形式上的视觉性等特征，录音录像保存非常必要。因此 1987 年 6 月 4 日至 10 日在江西九江召开了全国《中国民族民间舞蹈集成》录像、概论编写组研讨会。经过 20 多年的埋头苦干和前后 1 万多位作者的编写，2000 年 30 部省卷已全部出版。该套集成各个省卷按民族分别记录当地流传的民间舞蹈，下限至 1949 年。共有 41 册，约 4 500 万字，选入优秀舞蹈 2 078 个，并配有大量图片。

6.《中国戏曲志》(主编张庚)

在 1981 年中国艺术研究院戏曲研究所编纂出版《中国戏曲通史》后，戏曲史研究室负责人、戏曲史研究专家余从重新提出编辑出版《中国戏曲志》设想，得到时任副院长张庚等老一辈戏剧家的重视和支持。在广泛调研和征求意见基础上，调研组在余从和薛若琳主持下，拟订编辑出版《中国戏曲志》计划和编纂体例(草案)，得到中国艺术研究院和文化部领导的赞成和支持。1983 年

---

① 文城：《〈中国民间歌曲集成〉等四部集成编纂工作全部完成》，《中国艺术报》2009 年 7 月 17 日。

1月18日文化部、国家民族事务委员会、中国戏剧家协会联合发出正式发文。根据这一个文件中国艺术研究院成立了中国戏曲志编辑部。各个省、市、自治区文化厅局统一部署,陆续组成由本省戏曲专家和文化部门领导组成的省卷编委会、编辑部,许多地县文化局也成立编辑部、组。1990年5月—1999年7月,《中国戏曲志》各个地方卷陆续出版。1999年12月文化部民族民间文艺发展中心在北京人民大会堂召开《中国戏曲志》出版座谈会,何鲁丽、万国权、周巍峙及首都戏剧界、新闻界200多人出席这一盛事。《中国戏曲志》全书30卷,共3千万字,1.5万张彩色和黑白图片,记述戏曲起源至1982年两千多年中华戏曲文化的发展历史。其中记述各地各个民族戏曲剧种394个;并在数万个剧目中选择了5218个各具特色的代表性剧目开条,记述其作者、创作年代、故事情节、题材来源、首演单位、导演、音乐设计、舞台美术设计、主要演员、艺术特色、版本情况等。对各地戏曲的音乐、表演、舞台美术的发展历史、现状及特点也都进行了翔实记述,开条记述戏曲演出场所1832个,戏曲文物古迹730个,戏曲报刊专著1584种,戏曲逸闻传说979条,戏曲编剧、音乐设计、乐师、舞台美术设计、演员、理论家、活动家等传记4220条。每一卷还有大事年表、剧种表、机构、演出习俗、谚语口诀等。各卷都有附录,收录了各地有关戏曲的历史文献,中华人民共和国成立后历次戏曲会演、调演得奖名单等。这是一部全面系统反映中国各地、各民族戏曲历史和现实的大型丛书。

与其他集成志书相比,《中国戏曲志》的编辑工作从草创到全部出齐只花16年时间,总体工作迅速且有效,这有赖于从搜集资料开始重视调研的工作原则和总编辑部时刻把握动向,以学术为宗旨来促进修志的工作态度①。

7.《中国曲艺志》(主编罗杨)

《中国曲艺志》编辑工作从1986年启动,在十部志书中是最晚着手编辑的一部。当年2月文化部与国家民委、中国曲艺家协会联合下发《关于编辑出版

---

① 刘文峰:《〈中国戏曲志〉的资料价值、学术成就和对学科建设的影响》,《中华戏曲》2003年第1期。

〈中国曲艺志〉的通知》及《〈中国曲艺志〉编辑出版计划(草案)》《〈中国曲艺志〉地方卷体例(草案)》，完成时间为 1995 年前。

1987 年 11 月 5 日第一次全国曲艺集成编辑工作会议在长沙召开，来自全国 29 个省、市、自治区代表参加了会议，会议由中国曲艺家协会剧主席、《中国曲艺志》主编罗扬及总编辑部副主任蔡源莉主持。周巍峙专程从京赶来就内容范围、基本要求、编写原则、曲种分类、民族政策等做了重要讲话[1]。1987 年总编辑部出版发行《中国曲艺志编辑手册》《中国曲艺志通讯》，后又陆续下发各类指导性文件及相关资料[2]。经过 20 余年的普查及编纂工作，至 2009 年《中国曲艺志》出版 29 卷(海南不立卷、《台湾卷》暂缺)，平均每卷 100 万字左右，共约 2 千万字[3]，并配大量图片。每卷由综述、图表、志略、传记四大部类组成。"综述"以历史年代为序，依据翔实可靠的资料，记述各个地区各个民族的曲艺的历史和现状；"志略"尤为丰富，从曲种、曲目(书目)、音乐、表演、舞台美术、机构、演出场地、演出习俗、文物古迹、报刊专著、逸闻传说、谚语口诀等各个方面，分类记述了曲艺艺术丰富的内容。下限至 1985 年。

二、域外新风：1980 年以来的中外联合文化考察

改革开放初期中国政治环境日益宽松，为人文社会科学学术研究提供有益社会背景，也为各个学科与域外同行交流提供有利环境。中国改革开放的发展和成就使海外文化学者逐渐有重新认识中国、"发现中国"的学术动机。在此背景下，各个学科国际交流日益密切，为重新认识中国及社会文化，中国和域外同行曾组织大量的文化考察，其中较为瞩目的有中芬三江民间文学联合考察和中日江南农耕民俗考察。

---

[1] 大次旦：《〈中国曲艺志〉全国编辑工作会议在长沙召开》，《西藏艺术研究》1988 年第 1 期。

[2] 苗怀明：《说唱艺术类志书文献研究述略》，《民族艺术研究》2017 年第 3 期。

[3] 中华人民共和国文化与旅游部民族民间文艺发展中心数据为 2 千万字，吴文科在《论〈中国曲艺志集成〉编纂对曲艺学科建设的价值与意义》(《文化艺术研究》2008 年第 1 期)一文中认为此套集成"总计近 3000 万字"，为谨慎起见，从前说。

（一）中芬民间文学搜集与保管联合考察①

1985 年 2 月贾芝率中国民间文学代表团参加 28 日在赫尔辛基举行的芬兰民族史诗《卡勒瓦拉》出版 150 周年纪念大会。芬兰方面提议将民间文学列入中芬两国文化协定。劳里·航柯是联合国教育科学文化组织（United Nations Educational，Scientific and Cultural Organization，UNESCO）政府专家委员会主任，他在 1989 年 10 月参与联合国教科文组织制订《向会员国提出的〈保护民间创作建议案草案〉》中就"民间创作的定义"发言，"民间创作（或传统的民间文化）是指来自某一文化社区的全部创作，这些创作以传统为依据、由某一群体或一些个体所表达并被认为是符合社区期望的作为其文化或社会特性的表达形式；准则和价值通过模仿或其他方式口头相传。它的形式包括：语言、文学、音乐、舞蹈、游戏、神话、礼仪、习惯、手工艺、建筑艺术及其他艺术"。早在此之前航柯就对中国的民间文学成就很感兴趣，在学术理念上也与中国学界相近。1985 年 10 月劳里·航柯顺访北京，与中国民间文艺研究学家贾芝，以及刘锡诚、贺嘉、农冠品等进行会谈，就来年在中国广西南宁市和三江侗族自治县进行民间文学联合考察和学术交流达成协议，两国三方于 10 月 16 日通过《1986 年中芬学者联合进行民间文学考察及学术交流计划》。

航柯与中国方面联合主办这次民间文学的实地调查，指导思想为推介其学术理念，借以改进搜集和研究，培养中国青年民间文学工作者。在他看来中国民间文学资源丰富，但调查本身并不很符合学术的要求。其学术理念是要在做田野调查时坚持一个原则，即参与观察。在实际调查当中，航柯主要推介其田野作业观：调查者要跟讲述人打成一片，要进入到讲述人讲述（演唱）环境中去，讲述（唱）人讲述（演唱）时调查者不能提问题、不能当场翻

---

① 本节相关内容主要借鉴以下论著内容：刘锡诚《中芬民间文学联合考察之得失——中芬民间文学联合考察暨学术交流总结（1986 年 6 月）》，《中国民俗学网·民俗学专题·田野研究》，https：//www. chinesefolklore. org. cn/web/index. php？ Page＝1&NewsID＝12533；刘锡诚《似水流年忆往事——中芬三江民间文学联合调查纪事》，刘锡诚的博客·日志，2019 年 6 月 10 日，https：//www. chinesefolklore. org. cn/blog/？ uid-7681-action-viewspace-itemid-135511 ；张志勇《中芬三江民间文学考察文献移交中国民协》，《中国艺术报》，2019 年 5 月 24 日。

译等。

经多次磋商，此次联合考察由中国民间文艺研究会、芬兰文学协会（会同北欧民俗研究所、土尔库大学文化研究系民俗学和比较宗教学部）、中国广西民间文学研究会共同举办，秘书处则由中国方面组成，贾芝、乌丙安、刘锡诚等中国学者和航柯等芬兰学者共同培训从事搜集整理的中青年干部。这次联合考察的学术组织、科学方法、议题设计、作业方式等，具有很高的学术价值，至今仍值得借鉴①。

在三江侗族自治县首府古宜镇中芬双方关于此次考察会谈中，曾就这次联合考察和学术会议的成果的处理办法达成协议。规定中芬民间文学搜集保管学术研讨会的论文，由中国方面负责编辑出版中文本，由芬兰方面以中国民间文艺研究会提供的中文英译稿做基础，编辑出版英文本，并在出版后互相交流；中芬双方交换各自新摄制的录像资料，芬兰方面有义务向三江县人民政府赠送一部经过剪辑的录像；各自拍摄的照片资料互相提供目录和保存地点。

虽然刘锡诚认为此次联合考察主要分为学术交流及进点考察两段，但总体来说到广西当地进行的与考察有关的所有学术活动可分四阶段。

第一阶段是考察前培训。为保证在学术会议和实地考察中达到预期目的，于 1986 年 4 月 1 日—3 日在南宁市举办全体考察队员集训，采取专家授课方式，提高队员对考察意义的认识、增长队员对实地考察的了解。同时各个考察组根据各个考察点的实际情况，制定进点后的考察提纲。

第二阶段进行学术交流研讨。"中芬民间文学搜集保管学术研讨会"于 1986 年 4 月 6 日在南宁市西园饭店举行。大会宣读 25 篇学术论文（芬方 8 篇）。围绕民间文学普查与保护、民间文学实地考察方法、资料保管与档案制度、民间文学分类系统、对民间文学广泛兴趣、民间文学出版和利用 6 个专题进行。6 个专题既是我国民间文学工作所遇问题，也是当时国际上民间文学界普遍关心问题，考察让当时方兴未艾的"中国民间文学三套集成"工作及时

---

① 张志勇：《中芬三江民间文学考察文献移交中国民协》，《中国艺术报》2019 年 5 月 24 日。

吸纳了国际先进经验。

第三个阶段是联合考察。1986 年 4 月 7 日考察队队员乘车赴三江侗族自治县进行民间文学联合考察。8 日下午抵达三江县所在地古宜镇。中国方面分 3 组分别到林溪点、马安点和八江点进行田野考察。林溪点组长为乌丙安、杨通山；马安点组长为祁连休、马名超；八江点组长为兰鸿恩、张振犁。航柯等芬兰学者 5 人与贾芝等学者为第 4 组，该组未设具体考察点，根据考察计划在三个考察点范围内安排考察项目、流动考察。

这次考察采用较先进技术手段(包括录像、录音、摄影)和科学方法，记录活在群众口头的民间文学作品，观察研究民间文学作品在群众中活的形态和讲述人在讲述中的作用、特点，探讨民俗、风情、文化传统对民间文学形成、变化的影响，研究侗族传承与现代文明、其他民族传承之交融现象等，从而研究民间文学的规律与特点。县文化宣传部门提供 170 名左右有一定知名度故事手和歌手名单，队员在考察过程中又不局限于此，扩大线索并有新发现。如在调查歌手传承路线时发现了不少未在提供名单中的歌手，还发现了"故事之家"等传承空间；同时也发现某些故事手并非民间故事讲述者而是民间说书人。一些队员深入到村民中间，对当地少数民族民俗建筑如鼓楼、风雨桥、木楼等做了大量有价值调查。一些队员注意到歌手演唱"多耶"、弹"琵琶歌"时手抄汉字记侗音歌本，并对其来龙去脉做调查，摄有照片。还有队员根据侗家爱歌、爱讲故事的特点，对整个寨子乃至乡村文化背景做深入调查，发现一些值得研究的文化现象，诸如转世观念、鬼魂观念、文化断裂现象、机智人物故事中阶级对立不明显情况及鼓楼文化地位问题等。一些队员对侗族古"款词"做了详细采录工作并就其传承及影响进行深入调查。除以上考察外队员还在"三月三"花炮节当晚采访录制居住在古宜镇附近两个乡"六甲人"(当时尚未确认民族)十余名歌手的民歌演唱。4 月 14 日在县委党校校舍对来自榕江河等地的歌手及故事手进行考察采录。这使考察队员对林溪、八江、榕江河及六甲人情歌的不同特点有了新认识，同时发现三江县境内一些民间故事变异现象。

此次考察资料成果为搜集到的大量侗族民间文学及民俗资料，共计录音磁带 200 盘，磁带中 85% 以上都未曾采录整理过，此外有近千张黑白和彩色照片，队员调查报告、专题论文、采风日志 18 篇，还有 10 个小时录像带。这批资料成为侗族民间文学的第一批科学资料。这一批科学资料分别复制并保管在中央档案部门、自治区民族研究学会及三江文化馆，磁带由中国民族研究学会统一编号供全国研究侗族民间文学人员使用。这 3 套资料保存方式为初步形成中央与地方民间文学资料档案的网络提供借鉴。

第四阶段为资料整理及调查回访阶段。1986 年 11 月底中国民研会派王强、李路阳两人携带全部资料重返三江。此行有两个任务：一是组织当地干部将全部侗文资料翻译成汉文，二是拾遗补阙，甄别真伪，并对所有队员调查报告中的事实部分进行审核，为编辑《三江侗族民间文学》提供材料。同时成立了计划中的《三江侗族民间文学》编辑小组，刘锡诚任主编。

据王强回忆，他们在三江工作的第一步是磁带编码。带去磁带 127 盘，由县里抽调人员分 4 个组分头开始编码工作。第二步是组织记录翻译。为保证调查中记录来的文字资料的科学价值，要求一字不动忠实记录。要求汉字记侗音（国际音标），字对字、句对句翻译、意译。第三步是拾遗补阙并组织人员进行缮写。1986 年底李路阳回京汇报，王强继续在三江工作。1987 年 1 月由王强、杨通山审阅《三江侗族民间文学》定稿并携带全部磁带回京。3 月中芬民间文学联合考察特辑《中芬三江民间文学联合考察撷英》经刘锡诚终审，发表于中国民间文艺研究会机关刊物《民间文学》1987 年第 4 期。1987 年 2 月—8 月，由王强负责将全部磁带按汉语拼音字母缩写重新编码，加注必要的英文注解，共编码磁带 120 盘，上交中国民间文艺研究会资料室。另外《中芬民间文学搜集保管学术研讨会文集》（如图 3-8）由刘锡诚①主编，黄凤兰为责任编辑，由中国民间文艺出版社于 1987 年 12 月出版。

但此次调查存在以下问题。第一，考察规模较大，给管理和考察带来一些困难。因有外国学者所以只能住在招待所而不能与被采访者同吃同住交流

---

① 此论文集本为刘锡诚选编，发稿时他把编者改为中芬民间文学联合考察暨学术交流秘书处编。

感情，这使"参与观察"打了折扣。此外由于首次进行这样的联合考察，经验不足，组织工作显露出较大弱点。第二，考察中有队员对讲述环境不够重视，急切想知道被采录者所展演内容，故有时打断讲述而询问何意或问翻译，使得被采录者的演述情绪被破坏。

调查结束，航柯回国并向联合国教科文组织有关部门及负责人报告这次联合考察情况，在北欧民俗研究所刊物亲自撰文介绍，同时在该刊上发表了贾芝的论文《关于中国民间文学的搜集和整理》、刘锡诚的论文《民

图 3-8 《中芬民间文学搜集保管学术研讨会文集》

间文学普查中的几个问题的探讨》及部分照片。中国方面，除把所摄录像资料部分赠送给芬兰方面外，于 1987 年 12 月由中芬民间文学联合考察及学术交流秘书处编辑的、中国民间文艺出版社出版的前述的《中芬民间文学搜集保管学术研讨会文集》（中文本）一书。

此次实地调查在三江县三点六村寨进行。当时规定，调查采录来的材料和照片，个人不许留存，应全部提交中国民研会，当时这些材料交由王强和李路阳负责编辑出版。因种种原因一直没有编出。李路阳还再次去三江当地做调查并写成《广西傩文化探幽》出版。王强移民澳大利亚，带走所有材料，这批包含大量照片、报告、论文、作品及相关文件、书信的文献重达 20 千克。2019 年 5 月 21 日三江民间文学考察文献移交仪式暨座谈会在北京举行，王强将考察文献正式移交中国民间文艺家协会。2020 年 12 月 25 日由中国民间文艺家协会、社会科学文献出版社主办的《中芬三江民间文学联合考察文献汇编》发布会暨"民间文艺田野调查的历史与方法"研讨会在北京召开。

（二）中日江南民俗文化联合考察

1990 年中日民俗文化联合考察，中国民俗学会与日本国立历史民俗博物馆首次合作，组成调查团，进行中日南方稻作农耕民俗文化考察与研究。调

查目的是通过中日两国学者对中国江南稻作地带民俗的直接调查，与日本稻作农耕文化比较研究，探清中日两国文化关联。此计划由日本历史民俗博物馆民俗部坪井洋文、福田亚细男教授在访北京时向中国民俗学会提出，得到钟敬文的同意和支持。后因坪井洋文去世而由福田实施这一计划。考察分6个专题，时至今日，日本民俗学家对中国江南民俗的调查仍在继续，但总体上并无1990年初联合考察的集中程度与规模范围。

1990年3月开始中日两国民俗学者进行第一次联合考察，考察团一行9人，赴江、浙、沪等地进行江南农耕民俗文化调查。团长为福田亚细男，副团长是张紫晨。中方学者有刘铁梁、周星、白庚胜、何彬、巴莫曲布嫫、尹成奎、周正良、朱秋枫、陈勤建等。20多位中日民俗学家混合编组，在江苏常熟、浙江兰溪、丽水畲族地区，以及日本茨城、千叶、冲绳进行深入细致的农耕民俗文化考察。其中到日本的考察团分若干小组，详细询问当地各类民俗事项，还参观了该地区博物馆，周围村落、民居、古迹、祭祀场所和传统手工业作坊等①。

1992年八九月间中日民俗学者进行第二次联合考察②，中方中国民协副秘书长林相泰为团长，成员有陈德来、冯育楠、刘晔原、陈勤建、蒋水荣等。日方仍由福田为团长，成员有朝冈康二、小林忠雄、渡边欣雄、桥古英子、菅丰等。联合考察团先到宁波、温州农村考察，9月4日至桐乡。5日、6日分别由桐乡县文化局、文联、民间文艺工作者协会负责人陪同，到石门镇利民村罗家角进行调查。考察团至罗家角访问了既熟悉当地历史掌故、农史风俗又有一定口头表达能力的中老年农民，就农耕文化有关的民俗分4个小组进行座谈。桐乡考察后，民俗学者驱车去湖州。

从1990年3月开始在中国江南等地及日本进行民俗调查，日方福田亚细男以不同课题和经费支持，到2010年已经走过20年历程。在此期间进行多

①　魏之：《"中日农耕文化比较研究"第二次考察活动在日本进行》，《民俗研究》1991年第1期。

②　此次考察相关史实，主要借鉴张森生：《中日民俗学者联合考察江南农耕文化》，《杭州教育学院学报》1993年第1期一文。

次及多点调查，在此不赘述，仅举一例。就浙江丽水一地，中日考察团先后进行七次调查①。

第三节　21 世纪以来文化资源的普查与整理

21 世纪以来，我国文化资源普查进入新社会背景与学术语境。这一时期中国在经济建设上取得令世界瞩目的巨大成就，然大量优秀民间传统文化在经济转型社会变迁之际正经受全冲击，面临着逐渐消亡毁灭的困境。在此局面下，学术界人士、文化界人士呼吁抢救保护优秀民间文化，联合国教科文组织的《保护民间创作(或译为民间文化)建议案》(1989)、《人类口头和非物质代表作条例》(1998)及《保护非遗公约》(2003)等系列文件的颁布在中国也掀起文化遗产保护热潮，由此进入 21 世纪以来传承保护及有效利用等多种视域下文化遗产资源的再普查与整理活动，以各类"抢救工程"及"新集成""大系"等调查及编纂为其中规模较大者，这一时期的文化资源普查可说是 20 世纪"十套集成"的深化与后续，也是新形势下传统民间优秀文化遗产资源面临新挑战的学术行动回答。

一、遗产抢救保护：21 世纪以来文化资源再调查与利用

2004 年 4 月 8 日中华人民共和国文化部、财政部联合下发《关于实施中国民族民间文化保护工程的通知》，指出为进一步加强民族民间文化保护工作，继承和弘扬中华民族优秀文化传统，建设中国特色社会主义先进文化，决定在全国实施"中国民族民间文化保护工程"。保护对象主要是珍贵、濒危并具有历史价值的民族民间传统文化，包括：传统口述文学和语言文字；传统的戏剧、曲艺、音乐、舞蹈、美术、杂技等；传统的工艺美术和制作技艺；传统的礼仪、节日、庆典和体育活动等；与上述各项相关的代表性原始资料、

---

① 吴刚载：《中日民俗文化考察团在丽水纪事》，《丽水史志》2020 年第 2 期。

实物和场所；其他需要保护的特殊对象等。基本方式为对民族民间传统文化进行全面普查、确认、登记、立档。在真实记录的基础上进行整理、研究、出版，或以博物馆等妥善方式予以展示、保存。通过建立文化生态保护区、命名民族民间文化艺术之乡，对原生态文化保存较为完整并具有特殊价值和浓郁特色的文化区域，进行动态持续性保护。通过对传承人的资助扶持和鼓励，建立民族民间文化传承机制。对优秀的民族民间文化进行宣传、弘扬和振兴。与此同时制定《中国民间民族文化保护工程实施方案》。

（一）先声：民间文化遗产抢救工程

"中国民间文化遗产抢救工程"是进入 21 世纪以后由中国民间文艺家协会发起并实施的大型民间文化工程。此项工程始于 2001 年 4 月中国民协第五次会员代表大会换届以后。2001 年 1 月 23 日，在北京师范大学"中国民俗学学科建设及人才培养"专题研讨会上，冯骥才首次公开提出，应该做保护民族文化根脉的工作，对中国民间文化遗产进行全面的地毯式普查、编辑、整理和保护。这一理念随即得到百余名专家学者响应，这些专家学者在《抢救民间文化遗产呼吁书》上联合签名以示支持，由此这一浩大工程序幕开启。2001 年中国民协在京主席团成员讨论实施方案，随即将这项工程推入实战状态，多次召开会议研究，起草十余种报告，多次组织调查，赴全国 16 个省市采样调研听取意见。冯骥才等人多次向中宣部等领导汇报。从中央到文化部、中国文联对此项工程都给予高度关注与有力支持。全国哲学社会科学规划办 2002 年010 号文件将"中国民间文化遗产抢救工程"列为社科基金特别委托项目，并拨付第一笔启动资金。

2003 年 1 月，文化部将"中国民间文化遗产抢救工程"列为国家重点文化建设项目"中国民族民间文化保护工程"子项目，成立工程领导小组和专家委员会，冯骥才担当领导小组副组长和专家委员会主任，白庚胜为领导小组成员及专家委员会委员。2003 年 3 月中国民间文化遗产抢救工程工作会议确定"首批实施省、自治区、直辖市和首批实施全国性专项名单"，2004 年 3 月抢救工程中期推进会确定了"第二批实施省自治区直辖市名单"。在此期间冯骥才主编出版《中国民间文化遗产抢救工程普查手册》，收入各类指导性学术文章，同时还有相关"常用名词解释"20条，各类专题普查调查提纲、表格与范本。《中国民间文化遗产抢救工程普查手册》对此次抢救工程中文化遗产资源的普查、搜集、整理和编纂都提出指导性意见与要求。

【阅读材料 3-1】

《中国民间文化遗产抢救工程实施方案》节选

一、中国民间文化遗产抢救工程项目性质

1. 为中国民族民间文化遗产保护工程的组成部分或子项目；

2. 为国家社科基金特别委托项目。

......

四、工程进度、时间的初步规划

整个工程为期 10 年。分为两个阶段，每个阶段 5 年。

1. 2003 年 4 月—2007 年 4 月，第一阶段。

本阶段工作与成果：

(1)全国县级民间文化遗产普查及民俗志丛书编纂结束，并陆续出版；

(2)中国民间美术集成各系列普查基本完成，开展各卷、册编纂工作并陆续出版；

(3)民间文学叙史诗与叙事长诗专项调查及编纂工作结束；

(4)"中国民间文学三套集成"县卷本的补充调查及编纂工作结束。

......

2. 2007 年 4 月—2012 年 4 月，第二阶段。

本阶段工作内容与成果：

(1)陆续完成《中国民俗分布地图集》的编纂出版工作；

(2)陆续完成《中国民间美术分布地图集》的编纂出版工作；

(3)陆续完成《中国民俗》电视系列专题；

(4)陆续完成《中国民间叙事长诗集成》的编纂出版工作；

（5）陆续完成《中国史诗集成》的编纂出版工作；

（6）陆续完成《中国民俗志》（以县为卷本）的出版工作；

（7）陆续完成《中国民俗图录》的编纂出版工作；

（8）陆续完成"中国民间文学三套集成"县卷本的编纂出版工作；

（9）完成各地普查资料的档案化、数字化管理保存与保护工作。

五、抢救工程的若干工作原则

1. 普查原则

（1）坚持普查范围的全面性，以县为实施单位，以村落为调查单元，全面普查，系统记录；

（2）坚持普查方式的科学性，以《普查手册》为规范统一的要求、科学统一的方法、科学统一的格式进行民间文化遗产（民俗、民间美术、民间文学、民间艺术）的调查；

（3）坚持普查手段的综合性，对同一事项进行民间文化的综合调查，并以文字记录、摄影记录、摄像记录同步开展，立体记录。

……

3. 资料整理与管理原则

（1）科学分类。按照统一规范，科学分类，系统整理。

（2）全面登记。对所获普查、调查资料全面登记、归档，并尽可能予以数字化、数据化存录。

（3）精心保护。对所有资料加以精心保护和爱惜，使之长远永久地得到保存和保护。

中国民间文化遗产抢救工程于 2003 年 2 月正式在北京人民大会堂隆重启动实施。此后历时十多年的努力，获得系列文化成果，产生了广泛的社会影响。2011 年 11 月 5 日在天津大学"硕果如花——中国木板年画国际论坛"上，冯骥才宣告"非遗后时代"开始，标志着这一伟大工程阶段性的终止，此后转入非物质文化遗产（以下简称"非遗"）保护、传承和发展以及传统村落保护的新时代。2015年《中国民间文化遗产抢救工程档案：2001—2011. 文献卷：2卷》正式出版，书中选取了有关于民间文化遗产的普查活动及其成果，也注意摘取这一工程实施期间由于民间文化遗产的普查而产生的文化资源利用等系列讨论。

(二)升格：非物质文化遗产保护运动

1989年11月联合国教科文组织第25届大会通过《保护民间创作(或译为民间文化)建议案》(以下简称《建议案》)。要求各个会员国采取法律手段和一切必要措施，对那些容易受到世界全球化影响的遗产进行必要的鉴别、维护、传播和宣传；并向人们指出有大量口头遗产正面临消失的危险，急需告诫有关当局及这些遗产拥有者，使他们知道这些遗产的重要价值并知道如何去保护。文件发布之后，教科文秘书处根据《建议案》精神不断提出活动方案，如非物质遗产的动员、清查、抢救、宣传和维护行动等。教科文组织执行委员会第142次会议通过决议为建立"人间活宝"(又译作"人类生动宝库")系统制订工作指南，同时总干事要求各个会员国建立本国的"人间活宝"系统，进行抢救"国宝级"民间艺人活动，其起始工作当然是普查。

中国非遗保护运动普查工作最初以"中国民族民间文化保护工程"形式拉开序幕。2004年4月8日文化部、财政部发布《关于实施中国民族民间文化保护工程的通知》，提出"为贯彻落实党的十六大和十六届三中全会精神、实践'三个代表'重要思想，进一步加强民族民间文化保护工作，继承和弘扬中华民族优秀传统文化，建设有中国特色的社会主义先进文化，文化部、财政部决定在全国实施中国民族民间文化保护工程"。指出指导原则为"政府主导，社会参与，统筹规划，分步实施"，具体内容为"全面普查，摸清家底，突出重点，抓紧抢救"。还颁布特为此制定的《中国民族民间文化保护工程实施方案》(以下简称《方案》)，《方案》中提到在主要实施内容中具体包括全面普查、摸清家底，建立分级保护制度、体系及名录，建立民间传承人(传承单位)认定和培训机制，建立文化生态保护区，建立民间文化艺术之乡相关工作内容，合理开发民间文化资源以融入现代生活，普及民间文化保护知识，建立保护工作机制及建立专业队伍等 9 大方面，在 2004—2008 年第一期工作任务中也有与此相应内容的呈现。

2005 年 5 月，《中国民族民间文化保护工程普查工作手册》（以下简称《手册》）（如图3-9）正式出版。当年 5 月 18 日—20 日，在"国家级非物质文化遗产代表作申报工作培训班"上，《手册》向全国 31 个省市区保护工作者发放。翻开这本《手册》可清晰感知之前的"中国民族民间文化保护工程"已"具象"转化为一个崭新时髦名词"非物质文化遗产"。在《手册》第 I 部分"保护与普查概说"中，对于第（四）条问题"非物质文化遗产保护工作与民族民间文化保护工程是什么关系"的回答是，"中国民族民间文化保护工程是我国非物质文

图 3-9　《中国民族民间文化保护工程普查工作手册》书影

化遗产保护工作的重要组成部分"。《手册》列出了民间文化、民间美术、民间音乐、民间舞蹈、戏曲、曲艺、民间杂技、民间手工艺、生产商贸习俗、消费习俗、人生礼俗、岁时节令、民间信仰、民间知识、游艺、传统体育与竞技共 15 个类目民间文化事象。第一次结合现代科学技术制定了较为标准规范的分类代码，并根据各个门类不同特点分别介绍了各自的具体调查方法、制定了细致的调查提纲和调查表格，对于普查成果也提了切实可行的保管办法。《手册》还结合"保护工程"深入开展建立国家级非物质文化遗产代表作工作，为确立代表作名录实际操作提供科学工作思路与方法。《手册》推出以后，陆续收到各地基层保护工作者的良好反映，各界充分肯定其指导价值和科学性、实用性，并表示这本工具书对保证普查工作的科学性和规范性操作具有宝贵指导意义。同时不少地方保护工作者也提出，有了指南性工具书之后要使普查工作真正保证质量，还需有关部门结合《手册》组织专家深入具体指导。因此中国民族民间文化保护工程国家中心受文化部委托，有计划组织各门类有

关专家到各地开展针对性培训与指导。2007年《中国民族民间文化保护工程普查手册》修订版《中国非物质文化遗产普查手册》正式出版。修订后的《手册》，将原单独印行的《国家级非物质文化遗产代表作申报书参考范本》合并在内，以供各地在进行非物质文化遗产申报工作时借鉴。此外新版的《中国非物质文化遗产普查手册》还根据国务院公布的"第一批国家级非物质文化遗产名录"，在非物质文化遗产调查提纲中继民间文学、民间美术、民间音乐等门类之后加入了传统医药的调查提纲。通过补充修订，本书对正在全国普遍开展的非物质文化遗产项目普查工作起到更加有效的指导作用。

经过一系列准备，国家确定了"非物质文化遗产"普查工作重点、原则、对象、方法，2005—2009年间开展全面系统、深入细致的全国性非物质文化遗产普查工作。截至2010年"据不完全统计，各地共同如普查经费约8亿元，全国文化系统参与普查22万余人次，社会参与人员277万余人，召开普查座谈会7.1万余次，走访民间艺人115万余人次，收集珍贵实物和资料约29万件，普查文字记录量达996万字，录音记录23.4万小时，摄像机录18.3万小时，拍摄图片477.4万余张，汇编普查资料14.2万余册，非物质文化遗产资源总量97万余项"①。通过系统规模普查活动，新发现一些珍贵非遗项目，基本掌握全国非物质文化遗产的文化生境、区域分布、类型类别、数量质量、存在问题、濒危状况等，并对一些非遗及传承人进行音像录制、口述史记录、数字化载录等资料保存和内容、形式的保护，开启数据库建设工作②。这是21世纪前十年我国进行非遗普查活动最直接的成果体现。同时依丰富普查资料，中国的非遗传承保护工作还在构建名录体系、实施分级保护制度、传承人队伍建设、创新传承机制等方面取得理论进展及制度进展，之前"中国民间文化遗产抢救工程"成果所收录的诸如"民间艺术之乡""杰出传承人认定"以及各类非遗图书编纂，也都与此时期非遗普查活动在具体对象、普查人员等方

①　康保成主编：《中国非物质文化遗产保护发展报告（2011）》，社会科学文献出版社，2001，第6页。

②　安学斌：《21世纪前20年非物质文化遗产保护的中国理念、实践与经验》，《民俗研究》2020年第1期。

面有所重合。同时因有丰富资料资源和普查经验，在具体传承创新方面，积极探索实践，构建多样化保护模式，以及科学利用、创造性转化，以助力经济社会发展等。

三、"新集成时代"：影像数字化语境下民间文化普查整理

21 世纪前十年时间由于"中国民间文化遗产抢救工程""非物质文化遗产保护"等民族民间文化资源抢救保护工作开展，全国相关文化资源采集工作者调查、搜集、整理大量民族传统文化资源资料，为其存续、传承、保护及利用奠定坚实的资料基础。但同时广大工作者也清醒地认识到相比于已经出版成册的各类"集成"类图书资料，尚有大量资源仍未得到完全普查，资料也未得到完备整理，随着时代发展，这些民族文化资源越来越濒危，需投入更多精力、人力和物力去进行更为完善的调查记录。21 世纪以来，各种记录技术的迅猛发展给予普查工作更先进、更优越的采录手段，在 2010 年之后的"抢救工程""非遗保护运动"的调查记录工作逐渐以影像化和数字化为主存录方式，进入数字化背景下民族文化资源普查及整理的"新集成时代"。

（一）《中国节日志》及《中国史诗百部工程》

《中国节日志》与《中国史诗百部工程》两部民间文化调查与记录工程，都是由中华人民共和国文化与旅游部民间文艺发展中心统筹并执行，由全国哲学社会科学基金特别委托的文艺志书编修项目，可说是"十套集成"的继续与深化。

1.《中国节日志》情况

民族民间文艺发展中心自 2006 年开展《中国节日志》项目的试点工作。2009 年该项目经全国哲学社会科学规划办公室批准，为国家社科基金特别委托项目、国家出版基金资助项目、"十二五"国家重点图书出版规划项目，是由国家首次发起的全国范围的代表性传统节日调查、记录及编纂活动，旨在对中国传统节日的历史及现状进行准确真实全面的记录。在项目题名中，"节日"主要指中国各个民族、各个地区民间传统节日、庆典、集会等，具有群众

性、周期性及相对稳定内容与程式的特殊节日。项目由以下子项目形式组成。

一是预计编辑出版 200 卷册文本形式的专题"节日志"丛书，全部内容约 6000 万字，截至 2018 年 1 月已出版 50 部。

二是除此套丛书外还将拍摄百部节日影像纪录片。2005 年开始试点，2010 年开始在全国展开招标实施，自从此时每年都在上半年发布"中国节日影像志"招标通知，通知会告知当年预计立项的组数、每组经费（一般为每部 15 万元），并附有《中国节日影像志项目管理办法》《中国节日影像志体例》等招标文件，可以说是影像志项目组进行调查和拍摄工作的重要参考。截至 2020 年 1 月 15 日"中国节日影像志"已立项 172 个①。2019 年该项目已拍摄 160 余个节日，积累超过 3000 小时的一手节日影像资源②。同时根据已结项成片质量来看，因有民俗学、人类学、民族学等专家学者作为课题组人员，"影像志"保持着较高水准。如此项目系列的多部影片获得业界认可，具一定学术传播影响力。如 2015 年 3 月 26 日至 3 月 28 日亚洲研究学会（Association for Asian Studies）主办的国际电影展在芝加哥开幕，中国节日影像志成果之一《献牲》作为受邀影片展映。2017 年 10 月 21 日中国民族学学会影视人类学分会年会在复旦大学举办，会议期间组织第二届影视人类学"学会奖"评选。文化部民族民间文艺发展中心从"中国节日影像志"和《中国史诗百部工程》子课题成果中精心挑选 19 部成果影片参加评选。此次"学会奖"入围 36 部影片，"中心"选送的 6 部影片位居获奖名单之列，分别为《卯节》《七圣庙》《妙峰山》《祖鲁》《北湾祭事》及《魂归何处》。"中国节日影像志"再次获得学术界高度认可。

建成"中国节日文化数据库"是中国节日志项目的最终目标。在文化部民族民间文艺发展中心网站上可见此部分预计目标为"运用数据库技术，对我国图、文、音像等各种类型的节日文化资源进行数字化管理保存、使用发布。

---

① 民族民间：《2020 年度"中国节日影像志"子课题招标通知》，文化和旅游部民族民间文艺发展中心网站，http://www.cefla.org/detail/list? id=867。

② 许雪莲：《差异求真：中国节日影像志和中国史诗影像志的理念与实践》，《民族学刊》2019 年第 5 期。

包括中国节日志项目产生的各类资源和中国重要历史文献中关于节日的记述资料。"①目前尚未建成。

2.《中国史诗百部工程》情况

《中国史诗百部工程》是中国历史上第一次对传统史诗进行全面收集整理的重大工程。项目旨在抢救我国濒危史诗资源，对活态演述传统进行摄录，采用高质量影音技术手段，全面记录史诗传承发展状态。内容为史诗本体及其演述传统，包括创世史诗、迁徙史诗、英雄史诗及复合型史诗等。最终通过影音摄制、文本整理、数据库方式记录 100 组艺人演述史诗，形成影音、资料集、数据库成果，预计文字量可达 700 万字、影像素材达 1500 小时。该项目于 2009 年被列为国家社科基金特别委托项目，后被全国哲学社会科学规划办公室列为国家社科基金重大委托项目，负责单位为文化部民族民间文艺发展中心。2014 年 11 月 3 日《中国史诗百部工程》编委会在北京正式成立，编委会成员均为来自高等院校、科研院所相关领域的相关学者和专家。该工程自 2009 年开始，以每项 15 万元形式每年招标一次，截至 2020 年 1 月 15 日已委托设立 84 个项目。截至 2019 年已经进行了 70 余个史诗拍摄，涉及经典英雄史诗与首次发现的民族史诗，累计素材超 1000 小时。

（二）非物质文化遗产传承人抢救性记录工作

截至 2015 年 1 月底文化部公布 4 批共 1986 名国家级非物质文化遗产项目代表性传承人，其中已有 235 人离世。在世国家级非遗项目代表性传承人中超过 70 周岁的已占 50% 以上。在此情况下，2015 年文化部发布《关于开展国家级非物质文化遗产代表性传承人抢救性记录工作的通知》（以下简称《通知》）。《通知》提到根据《文化部"十二五"时期文化改革发展规划》从 2015 年开始全面实施国家级非遗代表性传承人抢救性记录工作，记录对象是"所有国家级非物质文化遗产代表性传承人，优先记录年满 70 周岁以上的、不满 70 周岁但体弱多病的国家级代表性传承人"；多次强调和提示此次抢救性记录工作

---

① http：//www.cefla.org/detail/list? id＝294。

要充分采用数字多媒体等现代信息技术手段及整理其成果要纳入各个省（区、市）非物质文化遗产数据库。《通知》还附一万余字《国家级非物质文化遗产代表性传承人抢救性记录工作规范（试行稿）》（以下简称《工作规范》），此规范正文1万多字，由记录准备工作、记录工作、整理编辑、验收几大环节组成，其中"记录工作"对传承人口述、传承人项目实践活动和传承人传承教学三方面内容采集进行初步指导，除规范正文外还附《传承人基本信息登记表》《传承人口述访谈问题》等16项指导清单以供采集记录工作具体开展。国家级非遗代表性传承人抢救性记录工作全面展开。

"十二五"期间文化部对318名国家级代表性传承人实施抢救性记录。2016年文化部对2013年度试点支持50位代表性传承人抢救性记录进行会审，对工作中形成经验、存在问题等进行分析总结。结合《工作规范》下发一年来各地在执行中发现的问题，委托国家图书馆中国记忆项目中心起草《国家级非物质文化遗产代表性传承人抢救性记录工程操作指南》（以下简称《操作指南》），对《工作规范》进行延伸、扩展与细化，除评估验收等工作操作规范外最重要的是对《工作规范》中文献收集、文献使用、文献整理等前期准备工作细化指导，以便具体操作人员结合项目实际情况收集前期记录文献，避免重复记录。新增了知识储备、工作方案设计、传承人访谈技巧、传承人教学内容与量化要求等业务分析与指导；并根据一年来各地开展抢救性记录工程出现的实际问题予以说明。同时，此次《工作规范》还增加了记录成果使用内容，方便各地在记录工作完成后开展后续成果利用。2016年8月29日—9月2日文化部非物质文化遗产司在国家图书馆举办国家级非遗代表性传承人抢救性记录工作培训班，对象主要是各地非遗保护机构的一线工作者及抢救性记录的执行团队成员。为科学有效推进抢救性记录工作，秉持"从工作实际出发，以多学科视角"原则，培训班邀请国家非遗保护工作专家委员会10位有不同学科背景的专家学者授课，2017年此次培训讲稿被集结为《国家级非物质文化遗产代表性传承人抢救性记录十讲》出版。

自国家级非遗代表性传承人抢救性记录工作开展以来，各地按照有关标准规范认真组织记录工作，取得阶段性成果。为在抢救性记录成果验收工作中贯彻统一的评价标准，文化部非物质文化遗产司委托国家图书馆"中国记忆"项目中心对 2015 年部署的抢救性记录项目成果验收开展培训。2017 年 9 月 10 日—13 日抢救性记录验收工作培训班在北京举办，各个省（区、市）文化厅（局）抢救性记录验收工作负责人、专家组成员、省级非遗保护中心抢救性记录负责人等 150 余人参加了培训①。此次培训主要包括统筹部署抢救性记录验收及各类指标评判标准讨论等内容。

2018 年 7 月 9 日，"年华易老，技·忆永存——国家级非物质文化遗产代表性传承人抢救性记录工作成果展映月"在国家图书馆举行。此次展映包括主题交流活动、优秀成果推介活动、纪录片展映及主题展览等，是我国首次举办的国家级非遗代表性传承人专题影展，共 25 部非遗纪录片参展②。当日还举行了优秀成果推介会等活动，共同探讨如何更好开展抢救性记录工作，总结抢救性记录工作的学术要求和工作方法等，探索成果的保存与利用，为后续记录工作带来新启示。

（三）中国影像方志

1997 年李铁映就曾呼吁要充分利用现代科技成果和手段提高志书质量、开拓志书新领域，为志书资源保存和传播提供信息化和影像化方向，但由于当时信息与影像技术匮乏，我国方志资源运用并未达到数字化效果。21 世纪以来，数字影像技术迅速发展，我国文化纪录片事业逐渐壮大，方志影像化实现有了现实环境。2010 年中国地方志小组办公室组织创作 10 集《方志中国》，获极大社会反响，随后各地由政府和各类机构拍摄地方影像志如雨后春笋般显现，诸如此类工作尝试都为方志影像化大型纪录片建立了良好开端。2015 年国务院办公厅制定并发布《全国地方志事业发展规划纲要（2015—2020

---

① 中华人民共和国文化与旅游部非物质文化遗产司（编辑）：《国家级非物质文化遗产代表性传承人抢救性记录验收工作培训班在京举办》，中华人民共和国文旅部网站，https：//www. mct. gov. cn/whzx/bnsj/fwzwhycs/201711/t20171115_765231. htm

② 央广网：《国家级非遗代表性传承人抢救性记录工作成果首次发布》，https：//baijiahao. baidu. com/s? id=1603974251732496689&wfr=spider&for=pc。

年)》，指出要在与时俱进中推动理论创新、制度创新、管理创新和方法创新。在此背景下，2015 年中央电视台科教频道决定打破自古以来用文字记载县志的传统方式，开创一种以电视纪录县志的新方法，以镜头为笔墨，为中国所有县(包括县级市)撰写百科全书。2017 年 5 月由中宣部负责组织实施、央视负责拍摄的国家级大型系列纪录片《中国影像方志》在中央电视台科教频道播出。此系列纪录片遵循"以局部展示整体、以地方表达终不过时，从而为时代讴歌，为人民立传"的创作原则，在梳理大量史籍资料、亲自实地考察的基础上进行拍摄，对传统文字方志进行立体而精巧的影视呈现。《中国影像方志》系列纪录片计划在全国每个县和县级市各拍 1 集，每集 40 分钟，摄制 2300集以上，截至 2021 年 12 月 3 日，该系列纪录片共在央视科教频道首播 831集，目前仍在更新中。

(四)中国口头文学遗产数字化工程①

2009 年冯骥才在抽看中国民协资料室保存的口头文学资料后建议启动数字化工程，通过数字转化实现对这些资料的再抢救和永久存储。此后在罗杨和向云驹领导下，中国民协立即组织大量人力逐一登记协会所藏全部口头文学资料(包括但不限于"三套集成")。经一个多月奋战整理出两大本目录，粗略估计 8 亿多字。2010 年两会期间，冯骥才将相关资料、报告、方案带到会上研究并考虑立项工作。不久数字化工程得到文化部批准并资助其进入实际实施阶段。预期数字化工程的具体内容包括：①将中国民协现存口头文学资料县卷本按民间文学科学分类编排、扫描、录入，继续在全国征集留存在各地基层文化机构和个人手中的口头文学资料；②按照我国 56 个民族编排各个民族民间文学资料库，每个民族资料库包括该民族口头文学各个类别；③设计科学、简便检索体系与功能，运用当前最先进检索技术，使中国口头文学遗产普查资料实现多种检索功能，方便使用和网上传播；④适时将普查资料

---

① 本小节主要借鉴中国民间文艺家协会的侯仰军先生文章《数字化的民间文化长城 手掌上的"民间四库全书"——中国口头文学遗产数字化工程综述》(《民间文化论坛》2014 年第 5 期)的相关内容写就，特此说明。

中民间故事部分进行研究和主题分类。

　　2010 年 12 月 30 日中国文学艺术界联合会、文化部、中国民协在北京人民大会堂正式启动中国口头文学遗产数字化工程，计划用 4 年时间打造数字化中国民间文化长城。其后中国民间文艺家协会与汉王科技股份有限公司就项目达成合作意向，双方签订合作协议正式展开合作。项目总量为 5166 本 8.9 亿字图书经数据加工后灌装到数据库软件系统中，最终形成一套完整的数字图书馆系统。具体包括扫描的图像文件、文本文件、PDF 文件、检索系统等，最终成果初步商定为五套光盘和一个硬盘存储器。

　　2014 年 2 月 28 日"中国口头文学遗产数字化工程（一期）成功演示会"在北京召开。自 2010 年启动以来，历经 3 年艰辛，一期工程圆满完成预定目标：录入中国口头文学遗产资料 4905 本，8.878 亿字，形成三种数据格式；制作检索发布系统软件；对神话、传说、民间故事、民间歌谣、史诗、民间长诗、谚语、谜语、歇后语、民间说唱、民间小戏等 11 类口头文学作品进行一级分类，计神话 8 085 篇，传说 111 666 篇，民间故事 160 373 篇，民间歌谣 272 917篇，史诗 1 424 篇，民间长诗 2 248 篇，谚语 518 660 条，谜语 21 331条，歇后语 64 555 条，民间小戏 850 篇，民间说唱 2 891 篇，总计 1 165 000篇（条）；用 Flash 动画形式概括中国民间文艺工作者百年来对口头文学遗产挖掘、整理的历程；完成数据库文档多种形式备份；按国家图书馆标准对 4 905册图书进行分类整理；对建设过程中的资料进行了整理归档。

（五）中国民间文学大系

　　2017 年 1 月中共中央印发《关于实施中华优秀传统文化传承发展工程的意见》（以下简称《意见》），"重点任务"之一为"保护传承文化遗产"，提到"实施中华民族音乐传承出版工程、中国民间文学大系出版工程"。中国民间文学大系出版工程（以下简称大系出版工程）由中国文联负责组织实施，是中华优秀传统文化传承发展工程的重点项目之一，也是中国民间文学遗产抢救保护与传承的民心工程。这一工程的主要任务是"以客观、科学、理性的态度，收集整理民间口头文学作品及理论方面的原创文献，编纂出版《大系》大型文库，完善中国口头文学遗产数据库，为中华民族保留珍贵鲜活的民间文化记忆。在编纂同时，开展一系列以中国民间文学为主题的社会宣传活动，促进全社会共同参与民间文学的发掘、传播、保护，形成全社会热爱、传承优秀传统民间文学的热潮，形成德在民间、艺在民间、文在民间的共识，推动民间文学知识普及与对外交流传播"。

大系出版工程的工作内容是汇集全国各地民间文艺领域上千名专家、学者，计划用 8 年时间对民间文学的 12 个门类进行搜集整理、编纂出版，要求"既要深入田间地头调查搜集采集第一手资料，又要坐在书斋静下心来进行归纳整理研究"①。工程于 2018 年正式启动。2019 年 12 月 5 日《中国民间文学大系》(如图 3-10)首批示范卷成果由中国文联出版社正式出版，此次推出神话、史诗、传说、故事、歌谣、长诗、说唱、小戏、谚语、谜语、俗语、理论等 12 大门类共计 1200 多万字。首批成果发布标志着该工程进入新阶段。

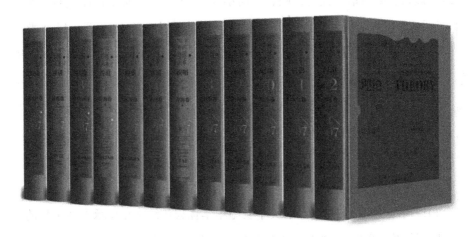

图 3-10 《中国民间文学大系》样书

【课后习题】

寻找《中国影像方志》中有关于你家乡或你感兴趣城市的相关部分，仔细

---

① 中国文学艺术界联合会、中国民间文艺家协会：《〈中国民间文学大系〉总序》，《文艺报》2020年 4 月 27 日第 6 版。

揣摩其叙事结构与呈现内容，结合个人对此城市的认知和经历，写作一篇文化批评式观后感。

第四章　文化资源调查的步骤与方法

　　近年来越来越多文化资源被政府和企业提升到新高度，要想在文化产业领域夺得一席之地，必然离不开对资源的保护与利用。与经济商业领域调查一样，任何文化资源市场化、产业化、社会化操作实践的前提都是要对文化资源进行细致调查，即"摸清家底"。

第一节　文化资源调查步骤

一、文化资源调查缘起类型

　　文化资源调查从出发点来说可分为学术型及应用型，虽然理论上来说应是学术和应用兼而有之，但在项目实施过程中还是应从其具体来源中定位调查特性。此前应对文化资源调查的场景进行预设，从而确定调研缘起，这是所有调查的起步和源头。

　　以学术型为主的文化资源调查研究的主体主要是高校、科研院所等学者及相关专业研究者等。如学者自身有兴趣对某地或某处文化资源进行研究调查，有些甚至以纵向课题经费作为支撑来进行调查，学术理论性强。还有一类是高校文化产业等相关专业学生作为课堂补充进行的社会实践性质的调研，这类调研也属于学术性定位文化资源调研。总之这类文化资源调研主要从学术理论出发，验证现有文献或者学术研究对于某地或某处的假设或文字呈现，是自由度较高的文化资源调研，由于其主要面向学术性，因此在最后调研报告撰写时可为学术性较强论文而不考虑所谓的应用类策略建议，或即使有策略建议部分，重点亦不在此。

与学术型文化资源调研相比，应用型文化资源调研更重视"策略建议"部分，因为这类文化调研的一般出发点即是学者由于要做一个应用型较强的文化资源项目，而对具体地点或情况进行调查。这类情况大致有以下几种类型。

第一类主要是政府官方牵头对某地文化资源进行调查工作。在这一类典型个案中，较为大型的有全国三次文物普查，还有 1980 年以来民间文艺"十套集成"调查、21 世纪以来"中国民间文化遗产抢救工程"等，诸如此类都属于国家层面的文化资源普查类调查活动，但根据调查专题，还有一类是各级地方政府对于所辖属地区文化资源情况的摸底式普查，可说是以上国家级文化普查的地方版。两者初衷基本上都是"摸清家底"后以保护为主的文化工作。如 2015 年南京地铁五号线因为沿途有 183 处文物点，涉及国家级文物保护单位 3 处，选线规划上报国家文物局后被"暂否"，并要求南京对所报选线规划设计方案和"文物影响评估报告"进行补充和修改。当然也有一些地方政府，其目标是开发利用，如改革开放到 1990 年多地对于历史建筑、历史村镇街区等进行的调研，还有近年来各地对于红色文化资源的调查，其目的就比单纯"保护"更向前一步，转向规划利用层面。这些调研多由政府组织学者或委托文化传播类服务公司完成。如南京市人民政府近年来委托多家科研单位进行的当地红色文化资源调查规划。2018 年 6 月 28 日由南京市规委办组织召开《南京市红色文化资源保护与利用专项规划》专家评审会。与会专家一致认为本规划为南京市首个针对红色文化资源保护和利用的专项规划，调研分析基础扎实、工作思路清晰、技术路线可行，准确把握了当前南京红色文化资源价值特色与保护利用现实问题，规划建立了南京红色文化资源保护利用总体框架，提出市域总体保护结构与资源点分类分级的保护措施，通过通则控制与图则控制结合较好实现红色文化资源保护与展示利用，具有一定前瞻性[①]。

第二类应用型文化资源调查是由企业牵头的文化资源的调查工作，这类调研总体来说注重文化的现实经济价值，其主要路径是在摸清某地或者某处文化资源的具体类型、表现等及对一些（潜在或明显）客户人群进行文化需求市场调研后以期对某种文化资源进行开发利用。

二、文化资源调查的基本步骤

文化资源调查是一种对目的性和操作性都有着清晰要求的调研方式，应严格以社会调查方法（包括人类学、民族学等相关学科）为基础框架，在具体实践操作中应该借鉴人类学（包括民族学、地理学等）田野工作实施原则，同时具有文化产业等专业特有的针对性与实践特色。基本步骤包括调查前学术准备和物质准备、进入调查点、调查过程中注意事项以及调查过后资料整理和撰写等，这里主要介绍从决定调查到调查结束的系列动态行为过程。

（一）调查前学术准备

调查前学术准备最重要的环节为调查对象选择、方案撰写及调查学术工具的准备。

首先，调查对象选择是研究者在进入所要调查问题的前站。文化资源调查对象是指那些存在的、有证可考且具有文化元素的事物。根据不同的分类体系和调查要求，文化资源调查对象略有区别，采用不同划分标准就会产生不同外延分类。具体来说根据调查要求确定调查对象，而且这一步可在"方案撰写"部分通盘考虑。

其次，方案撰写是调查之前学术准备的重要环节。民族学家和文化人类学者何星亮先生认为"调查方案是整个调查工作的行为纲领，它是一个全盘考虑、总体性的计划。调查方案必须体现田野调查的基本原理，同时也要考虑研究各阶段的目的、人物以及各阶段之间的联结。调查方案越详细、越周密，对调查的各个阶段可能出现的问题考虑越慎重，实行起来就会越顺利"。就像

[①] http://www.naupd.com/news/166.html.

如今在旅行之前，大部分人都要从网络上翻查各种旅行攻略以确定旅行线路一样，文化资源调查前的方案撰写用俗语来说就是"调查旅行线路"的具体细致版。由于所要进入的调查地点的情况各异，一般来说文化资源方案应包括以下内容，如调查时间和地点，需要调查事项以及调查工具具体运用等。在撰写调查方案过程中，由于要进行查找资料、思考问题和小组讨论等学术行为，对自己所要研究的问题会有更清晰的认识，可以说在调查前撰写方案有百利而无一害。具体来说调查方案应包括如下方面。

(1)说明调查课题名称和调查目的。为什么要采用这个名称和选择这个问题？是基础调查还是应用研究？有何学术价值和现实意义？要达到什么目的？要解决或者说明哪些问题？系列问题思考以及成为文字特别有助于调研顺利进行，这一部分相当于调查方案的"导言"部分。

(2)调查内容和对象确定。具体调查什么内容，调研范围多大？综合调查还是专题调查，要调查哪些项目，研究对象有哪几类，收集哪几个方面资料，对资料精确性和系统性有何要求？主要解决哪些问题？分几个子课题？主要调查对象是什么？调查分几个阶段？每个阶段完成哪些调查内容？最终成果如何，是研究报告还是出版学术专著等？

(3)确定调查方法。文化资源调查的具体方法有观察、访谈和问卷等，前两者属于质性防范，后者属于量化研究。具体来说分析资料方法有定性法、定量法、因果分析法、因素分析法、趋势分析法等。对于在调研中主要采取哪种方法，是否需要借助电子设备录像、录音、拍照等，主要采用哪些方法分析，都必须在方案中说明。当然在具体研究时也可以做多一些，可根据实际情况增减甚至变换研究手段。在具体调研行为中应随机应变，但一般来说在写调研方案时应想好研究方法，以避免进入调查地点之后因研究方法变动而出现手忙脚乱的情况。

(4)建立调查研究理论和假设，这是文化资源调查真正的学术出发点。当调查类别属于应用类项目调查时似乎不需要考虑这个问题。但当调查类别属于学术研究型调查时必须"带着问题意识"去调查，即问题出发点是什么？上文已述及文化资源调研有学术型和应用型，学术型基本都有对问题的对应假设，不论是验证原有文献中的情况，还是调研者基于自己思考，都可称为假设。应用型文化资源调查的假设一般很明确，就是要摸清楚某地或某处的文化情况，以确定如何去开发或者利用它们。

(5)确定调查地点和调查时间。大部分文化资源调查在项目实行之初就已确定调查的大致范围甚至地点，调查者还需进一步知悉调查地点的实际具体情况，比如如何到达该地点，运用何种线路和交通工具，时间安排如何等。现代的网络平台资源和高科技智慧查询为调查地点的路线选择和时间安排提了便利的物质条件。当然也需提前联系调查当地的接待人来询问调查时空等问题，避免空跑等现象。文化资源调研很多都会涉及节日展演等方面，调研者应根据实际情况做好调研时间规划。

(6)设置调查人员分工及各自责任。文化调研大都由两人以上实施，这就牵涉分工合作问题，分工一般由调研小组负责人设定，当然也有调查成员自身主动请缨等情况，但不论如何都应该责任明确、具体到个案，同时注意有效分工及搭配问题。大型文化资源调研必须分若干子课题，每个子课题由经验较丰富的研究人员负责。小型文化调研应责任到人，尤其是在调研过程中如录音、拍照、文字记录、摄像等记录工作的落实到人对于调研资料的保存具有重要意义，是调研过程的重要环节。

(7)测算和估计调研所需经费。调研经费主要包括调研人员差旅费、协作人员的劳务费、翻译费、课题资料费、印刷费、资料搜集和处理费、赠送被调查人员礼品费等。要根据课题总预算来做出合理安排和规划，有时也要根据本单位报销制度进行测算填表。

(8)列述所需调研器材。现代文化资源调研，除纸笔等传统记录工具以外，大都用录音录像设备、照相设备、计算机等，这些器材在方案中也须详细说明，这也有工作清单的意义，以便调研出发之前检视学术工具，避免遗漏。

上所述调查方案的撰写不仅仅是所谓"写"，更是为将来所要进行的调查工作进行预设、预判等方方面面学术准备工作。在此过程中同时要做的有文献资料搜集整理、调查人员分工、与调查地点当地政府或"报道人"联系、物质准备如自身行李和到当地调研时的礼品礼物等，具有调查前总体学术清单性质，因此撰写好调查方案对于调查顺利进行具先导意义。

(二)进入调查地点及注意事项

在撰写好调研方案、准备好必要学术工具如问卷或设备之后，正式调研应开始了。在进入调研地点前还需对自己调研旅程中的物质生活准备进行检查审视，如必要的药品和衣物等。在做好一系列准备后就可以进入调查地点了。

1. 如何进入调研地点

此处"进入调研地点"指寻找调研地点当地支持以便逐渐进入调研环境和熟悉当地语境。一般来说寻求当地支持可包括寻求政府(官方)支持及当地居住人的支持。政府(官方)支持较好理解，在调研之前与当地各级政府联系，以获得它们的支持和帮助。具体来说可通过熟人介绍，也可通过正式渠道与当地政府提前联系，到了当地之后要到政府部门报到，出发前应该带上表明自己身份的证件，如工作证、学生证等，还应带上介绍信。在到达调研地点与当地政府取得联系之后，可以根据实际情况安排调研进程。有的地方政府会派车、派人陪同调研组进入调研地点，有的会与所要调研的社区或者村落进行进一步对接或沟通，总之对于这些内容应在出发之前有心理准备。对于长时调研来说，当地政府不一定天天陪着去调研，在当地找"报道人"最合适不过。"报道人"是人类学田野调研工作特有术语，意思是可以帮助调研人员进入社区、熟悉环境的当地人和中介人。"报道人"可以是当地政府帮助找寻，也可是调研人员事先通过学术或私人关系辗转联系，总之他们大都是熟悉当地环境的当地人。在文化调研中，报道人大多是当地乡贤或有名望的、热心当地文化的人士。在调研过程中可帮助调研者找寻调研访谈对象、参与观察场景、解释当地人的话语和思想，甚至可帮助安排食宿，可以说好"报道人"是文化调研过程中重要因素，有报道人帮助比调研人自己进入地点盲目调研好得多。有的调研人员在调研过程中与"报道人"建立了良好的友谊和密切关系，即使返回之后还继续联系，为自己后续调研补充相关资料提供便利。

2. 调查阶段：从"生"到"熟"再到"生"

文化资源调查过程可以说是从"生"到"熟"，再到"生"的学术过程。这里的"生"是说进入调研地点时大多数调研人员对于调研地文化大都较为陌生。在调研时慢慢熟悉当地的各类环境和文化语境，这就是"熟"。再到"生"，意思是在调研时要时刻有学术这根弦，让研究者从理论化、学术化视角审视所要调研对象及情况，最后在撰写调研报告和研究论文时也需要有较学术化和理论化的输出和表述，这就是一系列"生熟"循环。对于初次调查来说，需注意以下几个方面问题才能保证调研顺利无虞。

首先，熟悉环境，了解民俗。在进入调研地点前应稍微查询一下文献，对当地自然地理环境和社会人文环境进行全面了解。在调研时应对当地一般社交礼仪和民俗风情有所熟悉和了解，尽量入乡随俗，尊重当地人。特别是在民族地区有一些风俗或禁忌，应是重点了解的调研辅助知识。俗语云"礼多人不怪"。此"礼"包括行为礼仪和物质礼物，行为礼仪是需要遵守当地的民风民俗，物质礼物是说如果要入户调查，需适当带点礼品礼物，以示尊重和友好之意。礼品可根据调研地情况做具体安排。在调查时还需做到彬彬有礼、整洁大方、谈吐文雅。对当地人的诸如"你们到我们这里来干什么"等问询一般可以如实回答，如"我们是为了写有关于你们社区（村落、部落等）的一本书，与你们相邻的某某社区已经有这样的一本书了"云云，诸如此类较为易懂以及提升文化自豪感和自信心的话语，当地人听后一般都会积极配合，调研者也不至于因说谎话而陷入伦理困境。但如果是一般性浅描概览式调查，对于不涉及调查关系的当地人的询问，可一律用"我们是来旅游的"等话语应对。

其次，仔细观察，严谨调研。在文化调研时通常会用到问卷调查、参与观察、访谈等研究方法，三者其实都要涉及与人也就是调研当地居民或者想要调研群体交流。参与观察是人类学田野调查的重要方式，通常文化资源调研虽不似人类学田野调查那样一定要深入参与调研对象文化生活，但是一定程度的深刻观察是必要的，调研者在观察时不要只看表面和表象，要多看到背后的文化深意与文化背景。访谈可以说也是文化调研时常用的收集资料手段，虽然大都"言为心声"，但也有"言不由衷"的时候，这也提醒我们在访谈时采取一定的技巧和方式（详见本章第二节相关部分），同时观察周围环境和注意社会语境，这样才能获得调研的真实效果。

图 4-1　《如何做田野笔记》书影

再次，勤于记录，勤于整理。在调研过程中，记录非常重要，用纸笔、录音、摄影、录像设备来记录可达到事半功倍的效果。但也不要以为当天调研时用了这些材料进行记录，一天就圆满了。最重要的是每天完成调查后的田野笔记整理（如图 4-1）。就像一些时间管理工作指南提出的那样，每天整理不仅意味着对当天的回顾，也有助于对明天的继续调研进行计划。在文化资源调查研究中有很多是质性研究，还有很多时候需对调研地人的情感和想法等进行深入了解，因此调研者在调研时亲身感受的和所思所想的这些不易当场记录的部分，反倒在每天田野结束时可细致撰写，调研笔记成为当天调研完成后必不可少的最后一项事项。文化人类学家和民族学家的调研笔记以"田野笔记"著称，这种笔记也成为学者展示自己田野生活和学术感悟的重要学术载体，从最经典的马林诺夫斯基田野日记开始，百年来已产出不少著名作品。从文化研究者的调研笔记中，可感受到在正式调查报告和研究论著学术及知识生产背后的资料基础。

最后，多次调研，多点调查。前述文化资源调研是质性研究占很大比重的调研类别，不论是对一个区域进行调研还是对某个地点进行调研，都可多次进入地点，进行数次观察，以获得完整和准确的信息。为了达到更为真实和完整的调研目的,多点调查也可以。如中国台湾历史人类学家王明珂先生在对羌族的历史记忆与文化认同进行研究时,因为一些现实因素的考虑,就采取了"移动的多点田野"的调查方式,得到意想不到收获和助益①。

(三)调查完毕:返回与研究

一个阶段文化调研结束后就可以返程了。返程之前应跟报道人和当地熟人甚至当地政府打声招呼,告知自己要返程并且感谢他们在调研期间的帮助,还可以约定下次前来调研时间,留下联系方式。

返回原住地后需及时整理调研资料,写成调研报告和研究论文。有时为获得更准确的学术效果,很多研究者还采取不断"重访"自己调查点的方式进行资料补充。"重访"在人类学田野调研中较为常见,如费孝通先生几十年间多次重访《江村经济》中的田野点"江村"(今江苏省吴县开弦弓村)。还有研究者对前辈调研地点的文化变迁进行追踪,如在庄孔韶主编的《时空穿行:中国乡村人类学世纪回访》(如图4-2)中就有对20世纪8个著名田野点人类学的再研究,涉及至少9位人类学先行者和9位新人回访成

图4-2 《时空穿行:中国乡村人类学世纪回访》书影

果,代表了1980年以来人类学重访热潮,促进了乡村人类学的继续创新与反思。不论是研究者自己回访曾经调研过的地点,还是后续研究回访追踪,都是学术延续与再生产,最终目标都是更完整认识所要调研地点的文化真相与变迁进程。除了"回访"还有与调研地民众的"对话",即"来自田野的回音",

---

① 饶佳荣、王子恺:《专访王明珂:为何选择多点移动的田野调查》《澎湃新闻》2016年6月30日,https://cul.qq.com/a/20160630/032822.htm。

这也是文化调查研究不可或缺的成果。这种"对话"意味着学术自觉意识整体出现，是来自 1970 年以来西方文化人类学的"写文化"田野思潮及由此而派生的对马林诺夫斯基文化人类学调研"经典民族志"的反思与延伸，即所谓"实验民族志"。它以如何撰写民族志作为研究对象和实践对象，逐渐生发四种修辞策略：对话、话语、合作文本和超现实主义。"对话文本、话语文本"共同点是将研究重点集中于人类学家和报道人之间的对话上，从而展示"民族志知识是如何产生的"这一认识论问题。"合作文本"指由报道人和人类学家共同创作文本。在传统经典民族志中，报道人为人类学家提供信息，人类学家进行概括文饰，报道人只是"事实"的一个组成部分，无独立声音，其声音被人类学家滥用，"生命"被概括成人类学家的"事实"。合作文本的突出特征是文本编织者运用类似音乐复调形式，让不同"声音"、观点在民族志文本中平行展开[1]。不论是对话文本还是合作文都关注研究者所去调研地点的当地人的发声与思想，而将其作为文本直接呈现于文化人类学特有的调研报告上及论著形式的民族志上，比马林诺夫斯基的科学经典民族志范式更多复调性和更多样呈现。

　　即便是一些人文社会学科的研究者也经常会出现这样一种思想和观点，尽量以"自然科学"式的理性与科学面貌呈现自己的研究文本，研究者尽量隐匿背后，可在论著前阐明自己的调研时空和具体经历，但在正文呈现中尽量保持研究者"不出现"的上帝视角。笔者所在文化产业管理专业的学生由于在本科学习中经常修习管理学、经济学等非人文类课程，逐渐形成上述的研究意识与思想，这样的学术出发点反倒"不科学"。文化产业管理专业的本科毕业论文五花八门，但主要以管理学、产业经济学、文化学等学科为研究主题。举例来说：如该专业学生的毕业论文写关于文化产业企业经济情况相关问题，需采用产业经济学相关理论支撑；如果毕业论文写某些文化企业内部管理问题，势必以管理学作为理论支撑。以上两类研究涉及的调研学术行为少，不作为本书讨论对象。但是如果研究诸如汉服、游戏中的神话、文化消费、

---

[1]　李立：《解读"实验民族志"》，《广西民族研究》2006 年第 1 期。

书院教育机构等现代经济社会中的文化现象，恐怕还是需要从文化学等相关学科中寻找理论支撑，特别是研究某地的上述文化现象，必要之时应亲自去调研，感知现场、获得一手资料才是诚实学问之法。有一名本科生，某年毕业论文主题为现代书院教育，可能是因为学科本位不太明确等，该生将论文写成类似于教育史的研究文章。在答辩时，老师一致判定论文需大修改，并建议将论文重点放在现代书院教育是"怎样将国学文化经济化"这一主题，笔者与该名学生沟通后得知她毕业实习是在南京一家书院打了三个月工，于是笔者建议她将自己在这个书院的亲身观察和经历作为素材，编织回应上述答辩老师建议的主题，且告知她如何设置论文问题出发点。该学生只记得一些老师说写文章尽量不要出现，却没有明晰"学术原则"适用场合，因此出现了全部以"科学""理性"原则来对待所有学术专题研究的"一招鲜"后果。

正如"实验民族志"所提倡的那样，为更为真实体现学术成果，调研者不仅将调研过程中真实发生过的与调研主题有关的经历写进报告或论著中，而且势必不能避免研究者自身在文本中"出场"与"呈现"。还有调研者将已发表论著给调研所在地民众看，这就是"来自田野的回音"。早在 1920—1930 年，博厄斯的一名学生，即美国黑人作家、民俗学家佐拉·尼尔·赫斯顿（Zora Neale Hurston，1891—1960）已尝试此法。1927 年 2 月博厄斯为赫斯顿安排一份奖学金，让她到南方去进行 6 个月的民俗调查，任务是去搜集记录非洲裔美国人民间故事、歌曲、舞蹈、习俗、迷信、老瞎话（old lies）、笑话和游戏等，经过 1927—1932 年的前后几次田野调研，赫斯顿最后出版了民俗学民族志著作《骡子与人》。其呈现方式显然与马林诺夫斯基和博厄斯所倡导的科学民族志书写要求相抵触[①]。这本书是赫斯顿将几次南方田野调查的成果整合在一起的民族志作品，它不是枯燥的调研报告或故事材料的简单分类与堆砌，而是以小说式写法来呈现作者搜集故事的过程，充满了对话和场景描写。读者看到的也不再是传统民族志所要求的"病理学家对尸体的解剖，而是一直观

---

① 孙艳艳：《佐拉·尼尔·赫斯顿的"实验民族志"书写》，《民间文化论坛》2017 年第 1 期。

察到以为助产士参与了民俗学婴儿的诞生的过程"①。这是文化调研者在调研
文本中呈现自己的较早案例。

当然也有文化调研者与调研点民众积
极互动的情况。2015 年 10 月，北京大学
中文系教授陈泳超的《背过身去的大娘
娘——地方民间传说生息的动力学研究》
（如图 4-3）出版。此书将传说当作在地方
生活世界中持续发生作用的一套话语体
系，通过对山西洪洞（tóng）县一个非常悠
久的信仰活动"接姑姑迎娘娘"中关于娘娘
（娥皇、女英）的身世传说持续 8 年、进行
多次田野调查，来理解和分析地方民间传
说与人群的各种实际关联，由此探讨永远
处于变动中的地方传说并非只是文学层面
的精神活动，而是由人群的不同现实诉求
直接推动。此书出版后，作者托人将书带

图 4-3　《背过身去的大娘娘——地方
民间传说生息的动力学研究》书影

给山西洪洞当地的一些居民，并在 2017 年农历三月当地"接姑姑"活动举行期
间回田野点，询问居民读后感，得到最多的回馈是"没读"，就是读了也主要
是从书中找自己的化名，看两页就结束了，作者认为这是因为学术著作对当
地多数人的日常生活并没有什么实际意义，但"有一点是共同的，当我问起书
中对他们本人以及周围之人的书写是否真实、有没有歪曲或误解时，得到的
答复都是：很真实，没有误解！不少人认为拙作并列各种说法但基本不加评
论的态度是对的，是'实事求是咧'"②。当然也并不是所有人都持这一态度。
其中当地一位文化精英山西洪洞历山舜庙修复委员会罗兴振老人，就在读了

①　程锡麟：《赫斯顿研究》，上海外语教育出版社，2005，第 235 页。
②　陈泳超：《理智、情感与信仰的田野对流——兼覆罗兴振来信》，《民族文学研究》2019 年第 1
期。

此书后给陈老师写回信，提出一些问题，这封信后经罗老同意被陈泳超发表在民间文学权威刊物《民族文学研究》上，同期还有陈老师针对这封信的一些感想及给罗老的回信《理智、情感与信仰的田野对流——兼覆罗兴振来信》。对于两位学者争论的具体内容，由于篇幅关系在此不赘述，仅在此引用陈泳超文中一句话："最后，我还有一个特别的请求：您的这封信其实涉及了民间文化界许多学术和伦理的命题，具有很高的价值。我给一二学术同道看后，他们都建议将之公开发表出来，并组织一些学者围绕此信进行一次针对性的学术讨论。您是否同意我们将此信公之于众呢？"从中可以看到，学者在进行文化资源调查研究时，尊重调研地民众情感的学术态度。更需说明的是因此次"田野回音"，《民族文学研究》同期（2019 年第 1 期）还刊登了其他学者的讨论文章，显示"陈—罗学术之争"背后田野调研民族志呈现后与当地人复调性对话和"田野回音"的学术魅力与增长点。有时对于严谨的人文社会科学研究者来说，调研完毕并不真正意味着研究的结束，反倒有可能是学术生产的继续或"新开端"。调研后研究文本呈现"对话文本""合作文本"等复调性，"来自田野的回音"及其学术争论，都是上述论点的最好说明。

第二节　文化资源调查的主要方法

从整体性质来看，文化资源调查其实属于社会调查，采用的也是社会调查常用的方式，一般来说不外乎问卷调查、参与观察、各类访谈等。在调研中，最重要的就是到达现场，这种在现场调查获得研究资料的方式在广义上称为"田野调查"。

一、田野调查：文化调查的主要方式

田野调研又叫实地调查或现场研究，是大多数人文社会学科的经典调查方法，它以观察和访谈为主要搜集资料方式，属质性研究，但也并不排除问卷调查等量化研究的存在。博厄斯可以说是较早系统运用田野调查的人类学家，他不但创制运用当地语言调研印第安部落文化资源的学科观念，且有意识地培养自己学生参与土著部落的文化情况调研。真正奠定人类学田野工作原则基础的是著名人类学家马林诺夫斯基（Malinowski, Bronislaw Kaspar, 1884—1942）。1915 年 9 月 1 日到 1917 年 5 月他独自在新几内亚南部诸岛从事研究，并率先学习土著语言以方便调查。这场调查以发现当地岛屿上互惠行为"库拉圈"著名，其作《西太平洋上的航海者》也成为人类学历史上首次使用"科学"理念田野方法的作品。马氏创制的田野方法奠定了人类学田野方法规则的基础，由于费孝通等人与马氏之间是师承关系，田野调查也逐渐被介绍到中国并为《江村经济》所实践。虽在 1940—1950 年遭受普里查德、特纳等人的"曼彻斯特学派"过程论冲击，以及 1980 年的詹姆斯·克利福德、乔治·E. 马库斯等人《写文化》等民族志诗学与政治学的反思，然马氏科学田野方法或实验室田野法仍为世界现代人类学所继承，如今此类工作原则仍被采用，成为人类学社区田野作业范式。田野调查是在被调查民族小社区居住，通过"参与观察"与"深度访谈"两种方法交互使用或同时使用，了解、认识当地居民的生活方式和行为方式，研究其文化全貌，熟悉当地居民伦理道德、价值观念及心理特征等。

文化资源田野调查主要体现在对文化现象的观察上，大多数属当地民俗习惯和生活方式的调查研究。田野调查法要尊重民众创造性，遵循全面性、代表性和真实性的指导原则。通过观察人们的行为、态度和情感，辅以与受访者交流，系统地记录人、物体或者事件的行为模式。成功田野调查可以全面完整获知当地文化资源存量信息，当地人对某类或者某些文化资源的接受度和文化自觉等情感，保护或者开发该类文化资源时当地人以及拟推行市场接受者对此文化资源的接受度等。与人类学田野调查稍有不同的是，文化资源田野调查一般来说目的较明确，地域也有限定，相同的是对于当地人的文化现象及其情感都可以采用质性研究中较有特色的参与观察方法、各类访谈方法，有时还需在此基础上填写一些文化表格，从而将质性研究转化为量化研究，达到知晓某地文化事项存量及状态的目的。有时在田野中也需问卷调查，可以说文化资源田野调查是一种多样的综合调查方式，体现全面、严谨和奏效的工作态度。

二、问卷调查

问卷调查法也称问卷法，它是调查者运用统一设计的问卷，向选取的被调查对象了解情况或征询意见的调查方法。研究者将所要研究的问题编制成问题表格，以邮寄、当面作答、网络平台作答或追踪访问等方式填答，从而了解被调查者对某一现象或问题的看法和意见。问卷法的运用关键在于编制问卷、选择样本、放发问卷和结果分析。

(一)问卷编制及样本选择

问卷编制之前一般需要进行一些探索性工作，也就是说先摸底，熟悉和了解调研对象基本情况。做这种探索性工作，最常见的方式是问卷设计者亲自进行一段时间的非标准化访问，围绕所要研究问题，以随便、自然、融洽的方式同各种各样对象交谈，提出与问卷相关的问题，看他们如何回答，情况如何。通过探索性前导可避免在设计问卷时出现含糊或难以回答的问题，也可避免设计出不符合客观实际的问题。

下面可以进入设计问卷阶段。设计一般要涉及问卷初稿、试用问卷和修改问卷，以及定稿、印刷(或提交网络平台)等过程。问卷初稿是根据调查研究的理论假设和命题，设计一整套变项和指标，从而形成一整套问题系统。初稿写好后，必须先进行实验性调查并用问卷方法检查其是否科学和实用。这一步在问卷设计中至关重要。

检验问卷初稿可用客观检验法和主观评价法。前者是将问卷初稿打印数十份之后在调查对象总体中选择对象进行试问卷，用这些问卷对其进行调查。最后认真检查和分析试调查结果，从中发现问题及缺陷并进行修改。检查和分析标准主要看回复率、有效率、填写错误、填答不全等方面情况：回复率如低于50％说明问卷设计有问题，回复率高也不说明没有问题，有效率亦需考察。有效率是计算扣除各种废卷后的回复率，这比单纯回复率更能反映问卷初稿的质量。回收废卷越多，说明被调查者填答完整就越少，意味着在问卷初稿中毛病可能较多。填写错误一般有填答错误和填答方式错误。填答不全的情况主要有问卷中某些相关联问题普遍未做回答，或从某个问题开始，后面部分的问题都没有回答。对以上问题要仔细检查并在分析其原因后加以改进。

选择对象是问卷调查的重要环节。对于特定区域内文化资源调查来说，一般可以用抽样选择，如在该区域随机抽取居民或相关人士，或用网络问卷平台方式。另也可据所要调查范围把一定空间范围内的人员或者相关人员作为调研对象，采用人户调研方法向每一户居民发放问卷。放发问卷时需要考虑回复率和有效率等问题，并以此来对调查对象的问卷放发数进行预计测算。

（二）问卷设计注意事项

问题是问卷的重要部分，要求含义清晰、简单易懂，对问卷中问题语言的表达和提问方式一般有以下要求。

（1）问卷语言要尽量简单。无论是问题还是答案，都要尽可能设计得简单明了、通俗易懂，避免抽象复杂概念或专业术语。

（2）问题陈述尽量简短。问题陈述越长越易出现模糊不清之处，影响回答者理解。因此问题陈述要尽量简短、清晰，能够快速阅读理解，方便回答问卷。

（3）问题避免存在歧义。问题应具体明确，避免在一个问题中同时询问两个或多个问题，出现理解偏差。

（4）问题不应带有倾向性。问题提出不能对回答者产生某种诱导性，如引用或列举权威的语言，抑或采用具有价值的判断，尽量保持提问立场中性。

（5）避免使用否定形式提问。鉴于人的习惯思维定式，回答者不习惯否定式提问，通常会漏掉问题中的否定词或对问题陈述产生误解，所以不要使用否定式提问方式。

（6）问题不应超出回答者知识范围。不同群体有不同知识水平及结构，所有问题应确保在相应群体知识范围内，不要超出其知识能力，让回答者无从下手。

（7）不要直接询问敏感问题。当涉及个人隐私或敏感性问题时，人们会有本能的自我防卫心理，可能产生较高拒答率。在操作类似问题时应采取某种间接询问方式，言语保持委婉。

除此还应控制问题的数量和顺序。问题数量取决于调查内容、样本性质、分析方法、人力财力、时间等各种因素。一般而言，问题不宜过多，问卷不宜太长，最好控制在 20 分钟内，最多不超过 30 分钟，以免被调查者产生厌倦情绪和畏难情绪。

还需要指出问题前后顺序与相互联系也会影响被调查者回答，从而影响调查顺利进行。一般应将简单易答、能引起被调查者兴趣的问题放在前面，复杂难答、易引起紧张和有顾及的问题放在后面。先问行为方面的问题，后问态度、意见、看法方面的问题。个人背景资料一般放在结尾，若无敏感性问题亦可放在开头。若设计有开放式问题，应放在问卷最后。

三、参与观察

参与观察（participant observation）是人类学研究最常使用的方法，指当研究者深入到观察对象的社会生活背景中，使自身成为其中各种活动一员时所进行的体察感悟。研究者能够获得研究对象所处社会的文化现象的感性认识，并深入文化内部理解其内涵，从大量现象中概括研究对象的主要特征[1]。在参与观察中，研究者和观察对象于自然情境下一同工作、生活，在长期接触和直接互动中观察研究对象的言行。从操作层面说，参与观察是一种非结构性观察，即预先并没有具体理论建设。正因如此，这种观察才具有开放、灵活的特点。研究者在此过程中带着问题到实地，寻求资料和规律性、理论性解答，之后可根据研究问题和情景不同，反复调整观察的目标、内容和领域，在资料搜集过程中形成概括和方法论。研究者与对象之间的关系较灵活，在

---

[1] 王积超：《人类学研究方法》，中国人民大学出版社，2014，第 81 页。

过程中融入、参与双方的决策和互动。参与观察的优点之一是研究者能完全参与实际生活从而获得观察对象大量生动具体的感性认识，还能公开咨询任何想了解的问题，搜集其他方法难以得到的资料。与其他研究方法相比，参与观察较少将研究者自身观点和看法强加于研究对象，因此能够获得较真实的社会现实。总体来看，参与观察对以下情况较为适用。

第一，当有关社会现象很少被人了解时，相比其他研究方法参与观察可保证研究者较为顺利地进入研究现场，获得相对"真实"信息，同时对当地人生活打搅也较少。如文化人类学家和民族学者在进入一些少数民族或边境地区，了解当地与信仰、宗教有关文化事象时，为不打扰当地人生活多采用参与观察进行调研。

第二，当研究者需要了解事情连续性、关联性及背景脉络时，可运用以参与观察为主的方式耐心仔细观察，获得整体框架信息。

第三，当研究者（以及一般公众）看到"事实"与当事人所陈述内容存在明显差异，或"局外人"与"局内人"对同一事物看法很不相同时，可采用参与观察法来了解当事人或局内人的意义建构及行为互动方式。

第四，当研究者需要对社会现象进行深入个案调查，且这些个案在时空上允许研究者进行一定时间参与观察时。通过参与观察，研究者可将对象放入当时当地社会文化情境之中，对事件发生过程及社会成员之间的行为互动关系获得较为直接和全面了解。

第五，当对不能够或不需要进行语言交流的研究对象进行调查时，如对婴儿或聋哑人的研究，无法使用语言；对处于不同文化背景中的对象进行研究，双方可能语言不通。此时尽管由于语言缺失而削减了信息丰富性，但相较于其他方法，参与观察具有一定优势。

第六，当研究者希望发现新观点、建构"扎根理论"时。由于参与观察允许研究者采取开放、灵活的理论建构方式，根据搜集的原始材料，研究者可调整和重新定义自己的研究，通过解释循环不断地修订观点，直至形成基本理论。

第七，对其他研究方法起辅助作用，比如在访谈之前进行预备性观察，可以使访谈内容更加有针对性。

参与观察法也有缺点，这就是获得的资料往往缺乏信度（可靠性）。由于非结构性、灵活的程序与描述性资料，难以对研究结果进行重复论证。参与观察在很大程度上依赖观察者的综合素质，考验其敏感性、理解力和解释力。如在《如何做田野笔记》一书中作者就列举了分别出自三个学生之手的田野笔记片段，其主要内容都是描述人们如何通过三个洛杉矶超市快速收银通道情况，从其具体描述中仍可以看到不同观察者在不同视角下撰写出不同的田野文本。随着体验过程的推进，研究受到主观情感的影响会增大，因而在分析解释行为及社会现象时丧失敏锐性与客观性的可能性也就增加。这是研究者在进行参与观察时应注意的问题。

四、各类访谈

访谈是一种最为古老和普遍的搜集资料方式，它是研究者通过交谈从访谈对象那里搜集并建构第一手资料的研究方法。访谈过程是访谈者和被访谈者面对面社会互动的过程，访谈资料是该过程产物。

访谈可以分为结构式访谈与无结构式访谈、直接访谈与间接访谈、个别访谈与集体访谈等类型，以上这些访谈方式在文化资源调查中都有应用。特别是个人口述史，为近年来非物质文化遗产等传统民间文化资源保护抢救工作普查所用，其成为一个新的学术增长点。

（一）常见访谈概述

1. 结构式访谈与无结构式访谈

根据对访谈过程的控制程度分类访谈分为结构式访谈与无结构式访谈。结构式访谈是一种对访谈过程高度控制的访谈，研究者对访谈方向和访谈过程起主导作用，按照事先设计的、具有固定结构的统一问卷进行访谈。在这种访谈中，选择访谈对象的标准和方法、访谈问题和顺序以及记录方式都经过标准化。访谈对象一般采用概率抽样选取，所有调查员都必须按照之前设计的统一问卷进行发问，不能随意对问题做解释。结构式访谈的最大特点在于访谈结果便于量化，能够对其进行统计分析。同时还能够控制调查过程，最大限度地降低来自被调查者的误解，提高结果的信度。在文化资源调查中，较典型的结构访谈可能就是"文化表格"。这是文化人类学、民族学、民俗学等领域学者都较为熟悉的一种访谈提纲式记录。这些领域学者在对一个社区或者限定区域的文化事象进行调查时，为获得该区域完整的文化信息会采用"文化表格"。如博尔尼女士在《民俗学手册》中所列民俗学调查所需表格，社会学家吴文藻在《文化表格》论文中对文化人类学田野调查文化事象列表说明。日本民俗学之父柳田国男从 1934 年开始计划和指导其国青年民俗学者进行为期三年的全国规模民俗调查"山村调查"，民俗调查表格功不可没。

无结构式访谈又称"深度访谈"，是一种半控制或无控制访谈。与结构式访谈相比它并不依据事先设计的问卷、顺序和表格，访谈者与访谈对象围绕一定题目进行较为自由的交谈。在这样形式访谈中，访谈者能通过深入细致的交谈获得生动定性资料，并通过访谈者的主观分析归纳出结论。无结构式访谈的最大特点在于较强的灵活性使得访谈双方的主动性和创造性能够得到充分发挥，获得深入、丰富的定性资料。如个人口述史等就是近年来历史学、文化学等相关学科较为推崇的一种深度访谈方式。

2. 直接访谈与间接访谈

根据访谈中访谈者与访谈对象的交流对象分类，访谈又可分为直接访谈与间接访谈。直接访谈是指访谈者与访谈对象进行面对面交谈或者直接看到对方的访谈方式。在直接访谈中，访谈者能够看到访谈对象的表情和动作，对情绪过程、精神状态尤其是语言与表情、肢体之间关系有较准确判断。现代信息技术迅速发展的今天，很多领域尤其新闻传播领域已开始运用超越物理距离的直接访谈，通过画面连线的方式进行访谈，如在电视访谈节目上经常看到的画面连线访谈等就属于此类。

间接访谈是指访谈者与访谈对象事先进行约定，通过电话进行交谈的访谈方式。间接访谈有利于解决因距离、时间等问题形成的障碍，还能避免面对面带来的紧张、尴尬，或是满足访谈对象拒绝当面访谈的要求。如经常在电视新闻节目中看到的电话连线就属于间接访谈。但对于文化资源调查来说，如要涉及研究的重要概念或复杂问题，访谈者最好还是想办法进行直接访谈。

3. 个别访谈与集体访谈

根据一次被访谈的人数分类，访谈可分为个别访谈与集体访谈。个别访谈通常只有一名访谈者和一名受访者，二人就相关问题进行交谈。由于访谈对象唯一，受访者能够获得来自访谈者较多的个人关注，有更多机会与访谈者交流，交谈话题会更为深入，交流气氛也更为轻松。

集体访谈是将若干受访者集中并就研究问题进行讨论的方式。不仅有访谈者和受访者之间的互动，还有不同受访者之间的互动。它能通过相互交流、争论，对某一概念和问题进行集体性建构。集体访谈还能为访谈者提供一个观察受访者集体互动行为的条件。在营销学、管理学、新闻学等领域较为常见的"焦点小组"其实就属于集体访谈。

个别访谈和集体访谈可以结合使用，从而提高研究结果的丰富性和可靠性。

(二)一种特殊的文化访谈方式：个人口述史①

1. 口述史：从历史学到文化学

承接"新史学运动"余绪，随改革开放以来海外学术理论传入，中国史学界从逐渐隐去宏大叙事及革命话语到"草根阶层"社会史研究的异军突起②，个人生活史、口述史在史学界渐为新风。如陈映芳主编的《棚户区：记忆中的生活史》③、行龙的《在村庄与国家之间——劳动模范李顺达的个人生活史》④等论著，皆为 21 世纪中国史学界个人生活史研究代表。历史学注重时间性、客

① 赵李娜：《关注日常生活与个体实践的学术转向："技术与民俗"诸议题实质蠡析》，《民间文化论坛》2021 年第 3 期。

② 戴建兵、张志永：《个人生活史：当代中国史研究的重要增长点》，《河北学刊》2015 年第 1期。

③ 陈映芳主编：《棚户区：记忆中的生活史》，上海古籍出版社，2006 年。

④ 行龙：《在村庄与国家之间——劳动模范李顺达的个人生活史》，《山西大学学报(哲学社会科学版)》2007 年 3 期。

观性、群像性，口述方法注重个体，因此口述史成为一种基于传统文献史学的不同研究方式。相邻学科学者也逐渐发现其价值意义。尤其人类学、民俗学等本身就注重调查、访谈与观察等方法诸学科，由于与口述史的天然方法论契合，因而能很快对接并运用于研究实践。最典型者为冯骥才领衔为非遗传承人做口述研究实践，其中《中国木版年画传承人口述史丛书》为重要成果。他是最早运用口述方法的民间文化学者，2004年就出版描写普通中国人"文革"心灵历程的口述史《一百个人的十年》①。从"文革"口述到木版年画传承人口述，虽都以口述为主要方法，两者初衷实有差异。前者通过普通人口述试图寻找或补充历史细节或真相，指向为"历史的"，呈现群像；后者真正关注到个体生活历程，"以忠于传承人的口述真实为工作原则"，努力为每个传承人建立完整个人文化档案，因此文字整理"只是理清顺序与头绪，剪去与遗产本身无关的枝蔓，决不添加任何虚构的细节。同时，注重口述者个人的语言特点，保持口述的现场感及口述者的个性气质，以使文本具有传承人的生命性"②。口述史在民俗学中完成在地化学术转换，即从"口述史"到"个人（个体）口述史"转变。

从史学"口述史"到民俗学、非遗学等文化学科之"个人口述史"，二者差异值得探讨。史学脱胎而出的"口述史"初衷为尽可能呈现客观真实、群像历史"最大公约数"，走"征史"之路。如对具体事件，不论每个人说什么，研究者都要将口述材料作为历史文本资料，或取其最可信或互相征实，寻口述材料和历史记载中被反复证实之言，成可靠历史文本。为追求客观，一开始有不公布受访者姓名的惯例，一方面为保护受访人隐私，另暗含历史研究追求客观、群像之旨归，也就是"普通人由生活中的历史诉说转型到文本世界的历史叙述"③。虽后来一些口述史著作也列受访者姓名，如定宜庄的《最后的记忆——十六位旗人妇女的口述历史》（中国广播电视出版社，1999，书影如图

① 冯骥才：《一百个人的十年》，时代文艺出版社，2004。
② 冯骥才：《中国木版年画传承人口述史丛书·总序：年画艺人的口头记忆》，天津大学出版社，2011。
③ 钱茂伟：《公众史学视野下的口述史性质及意义》，《学习与探索》2016年第1期。

· 125 ·

4-4)，卢敦基主编的《永康手艺人口述史》（2012），但可看出已并非对历史时期或事件的追寻，而是对一类特征群体个人记忆的探索，即从"史"到"人"的转变。历史学者左玉河曾比较人类学与历史学口述访谈方法的不同之处，认为前者基于学科"中立立场"，历史学家则将口述访谈作为搜集、整理口述史料方法而抱定"求真"目的[①]。这也是民俗学口述研究和历史学口述研究最大的不同，民俗学口述访谈除应口述者之求或出于隐私考虑对姓名做匿名处理，彰显其名形式已数见不鲜，预示近年来民俗学"个体实践"转向的反思与诉求。如王均霞曾指出当今民俗学研究普遍

图 4-4 　《最后的记忆——十六位旗人妇女的口述历史》书影

存在问题之一是作为独立个体的实践者的个体性和复杂性被约化和均质化，"使得'民'在现有研究的位置有着明显的游移性与模糊性"[②]。她引用高丙中观点重申民俗学应将民看作"可以清晰表达出来的个人，活生生的人"，强调他们是主动者，有思想也有行为，会抗争也会合作，提倡研究者还应回头将有积极行动的个人作为研究的出发点与落脚点。其他青年学者也多少有相似观点[③]。

　　由此可知口述史从历史学到文化学（文化资源调查）最大区别在于历史学是取历史真相或者接近真相的最大公约数。文化资源调查中的口述史是个人和历史时代的结合，以个人经历、实践及其中的情感和感受为主，取最大公倍数，在此凸显个体主体。

---

① 　左玉河：《多维度推进的中国口述历史》，《浙江学刊》2018 年第 3 期。
② 　王均霞：《"以女性民俗实践者为中心的情境研究"探索》，《民俗研究》2016 年第 2 期。
③ 　黄静华：《生活叙事："敞开"和"共情"的民俗研究》，《民族艺术》2018 年第 2 期。

2. 文化调查口述史方法：以传承人口述访谈为例

2016 年 12 月国家社会科学基金重大项目"中国木版年画数据库建设及口述史方法论再研究"结项成果《传承人口述史方法论研究》出版。此书聚焦"传承人口述史"这一汇聚人类学、遗产学、历史学等诸多学科的全新概念，着重讨论口述史研究中的传承人、传承人的文化记忆与口述传统、传承人口述史的特征、传承人口述史访谈方法研究、传承人口述史书写方法研究等问题，是中国乃至非物质文化遗产领域中的第一部方法论专著①。

此书实际属于"抢救工程"期间中国木版年画传承人口述史项目再研究与理论深化，工程进行期间中国民协曾出版《中国民间文化杰出传承人丛书》，对中国民间文化杰出传承人进行全面访谈。2016 年 8 月底至 9 月初文化部非遗司在北京国家图书馆举办了国家级非遗代表性传承人抢救性记录工程培训班，同期下发《国家级非物质文化遗产代表性传承人抢救性记录工程操作指南》(以下简称《操作指南》)。传承人抢救工程于 2017 年开始，此工程着眼于对 70 岁以上的传承人进行影像化口述访谈，如今已初具规模。可以说传承人抢救性记录工程的阶段性胜利与成绩，与《操作指南》及培训等工作密不可分。以下摘取《操作指南》中对传承人口述史进行采录时的工作原则，作为文化资源调查中传承人口述史的参照提纲。

第一章　资源建设

1. 记录准备

1.1　团队组建

……

1.2　知识准备

工作团队组建完毕后，应集中时间针对即将拍摄的传承人和非遗项目做好充分的知识准备。

学术准备：非遗学、影像人类学、口述史学、影音档案学等相关学科的基本知识和工作方法。

---

① 路浩：《传承人口述史方法论研究》，《民间文化论坛》2018 年第 5 期。

非遗项目基本情况：熟悉传承人所属项目的历史源流、发展变迁及传承情况。

传承人基本情况：掌握传承人相关的资料和信息，初步编制传承人年表和传承谱系表。

社会习俗与文化背景：了解项目所处的社会历史习俗与文化背景（包括民族、语言、宗教、习俗、禁忌、重大社会历史事件等）。

【附录Ⅱ：学术准备】

附件3：传承人信息表

1.3　设备准备

⋯⋯

1.5　与传承人建立良好的工作关系

国家级代表性传承人是杰出的文化实践者和创造者，也拥有对文化和非物质文化遗产的阐释权，在记录工作中他们应得到充分的尊重，成为工作过程和成果呈现的核心人物。

工作团队应通过一次或多次拜访，对整体项目的内容与目的，与传承人进行详尽沟通，力求使传承人理解抢救性记录工程的诉求，争取传承人的认同与配合。工作方案需请传承人审阅，并根据传承人的意见进行修改，修改后请传承人确认。与传承人沟通过程中，需遵循以下三点原则（与传承人权利保护相关的具体问题，见第三章第二部分）。

知情同意原则	使传承人全面了解该记录工作的内容和目的，在征得传承人同意后，方可开展工作。
不伤害原则	记录工作不得直接或间接侵犯传承人或其他相关人员隐私或其他权益。
有利原则	有利于传承人；有利于该项目的传承；有利于非遗保护工作。

在与传承人充分沟通并取得其对抢救性记录工程的理解和认同后，应请传承人签署《文献采集、收藏与使用协议》。

2　文献收集

2.1　文献收集内容

有关传承人的所有文献资料，均在调查收集之列。

……

3　抢救性采集

此项工作的性质是采用录像、录音、照相等方式进行的关于国家级传承人的文献建设和档案保存工作，以抢救为主，兼顾研究与传播的需要。

记录工程应以学术为导向，首先要保证学术研究及非遗传承的需要……

在文献收集工作结束后，应先进行口述史访谈，之后可同时穿插进行项目实践及传承教学的记录工作。如有时令性要求或遇突发事件，可改变记录工作顺序。

……

3.1　传承人口述

在对传承人进行口述史访谈时，采访人是工作团队的核心，访谈的质量很大程度上依赖于采访人的素质、经验和技巧。因此，一方面需要慎重考虑采访人（学术专员）的人选，另一方面也需要采访人做好充分的准备。

3.1.1　问题设计

访谈问题是访谈提纲的具体化，是围绕访谈提纲中的核心问题设计拓展的具体问题。访谈问题设计不应拘泥于特定形式，也无须事无巨细、面面俱到，但应重点突出，逻辑清晰，层次分明，概念明确，细化具体，由浅入深。

建议访谈问题以其年表为访谈主体脉络，将其中重大事件、关键人物及重要作品等设为时间节点，即一个个小的主题，围绕这些小主题，有针对性地设计出一系列具体的问题。

设计问题时，应使用开放式、启发性、具体化的问题，避免笼统、抽象、含糊的问题；避免使用仅以"是""对"等简单词句即可回答的问题。

【附录Ⅲ：传承人口述史访谈问题（供参考）】

3.1.2　访谈技巧

访谈不是机械地将事先列出的具体问题转换成口头提问，而是需要采访人在做好充分准备的前提下，通过不断地调动受访人回答问题的积极性，与受访人深入交谈。交谈中，不仅要获得丰富的信息，并对信息的有效性做出判断，还要发现新的有价值的信息点并加以追问，从而对问题获得更深入的了解。这就要求采访人不仅要有丰富的知识准备，还要掌握相应的访谈技巧。

(1)进入访谈

正式访谈的开始，可以是寒暄式的，甚至即兴的，但要避免轻率，这些问题被称为"热身问题"——这些问题不仅是情绪情感上的预热，也是"头脑"或"思维"的预热，这些问题把握着整个访谈的方向，是整个访谈顺利进行的保障。这一阶段切忌提复杂问题、敏感问题。

(2)提问

要始终保持中立态度，避免使用带有倾向性或诱导性的语句；把握主题和方向，尽量按照时间顺序或事件发展的脉络提问，避免用生硬或不相干的问题影响或干扰受访人的思路；使用简单明确的语言，避免使用"先进""落后""保守""高级""低级"等带有感情色彩的词语；注意语气和节奏，避免审问式或压迫式以及过于直率的提问。

(3)倾听

提问和倾听是获取信息的最重要手段，只有学会倾听才能更好地进行提问。倾听要求尽量将注意力集中到受访人回答的内容上，而不是只专注于自己的访谈步骤上。积极的倾听者可以根据受访人的回答随时调整问题，发现之前忽略或遗漏的重要信息点，从而加以回避、修正和追问。应使用合适的表情、语言或肢体语言，给受访人以认可和鼓励。

(4)追问

在不破坏受访人情绪或干扰其思路的前提下，发现新的信息点，遇到不懂、模糊或者不清楚的问题，如事件、关键人物，以及年代、人名、地名或其他专有名词，要追问。

(5)控制

控制一方面是采访人的自我控制，一方面是对访谈局面和节奏的控制。访谈中既可以用提问来控制，也可以用表情与动作来控制，但无论哪种方式，都要避免过度，避免用生硬的方式打断或干扰受访人，引起不悦或者其他不必要的情绪波动，导致整个访谈中断或失败。

3.1.3　访谈流程

设备调试：口述史访谈正式开始之前，工作团队应高效完成访谈环境布置及摄像、录音、灯光等设备的调试。

伦理声明：在首次口述史访谈开始之前，采访人和受访人应分别宣读伦理声明，并全程录像、录音。

【附件10：伦理声明】

访谈开始：每次访谈开始，采访人应首先报出以下信息，即本次访谈的时间、地点、采访人姓名、受访人姓名、第几次访谈。

倾听追问：访谈过程中，采访人应本着"倾听与追问"的原则，掌握访谈的节奏、话题的走向与整体访谈时间。

签授权书：访谈全部结束后，采访人或项目负责人应请受访人签署著作权授权书。

★对于伦理声明，受访人如全文宣读确有困难，可在保证其完整知情的前提下，简化伦理声明的宣读流程，仅以录像、录音记录其口述"我已完整阅读《伦理声明》，并同意其中的各项条款"即可。

3.1.4　采集要求

......

......

【课后习题】

阅读马林诺夫斯基的《西太平洋上的航海者》，按照学术论文格式，写一篇不少于3000字的读书报告。

第五章 区域文化资源调研的理论视角

文化资源调研归根结底是对特定生活空间内文化资源展开有目的的全面梳理过程，换言之以一定地域范围为基础形成的居民区，如自然村、行政村或城镇社区等，特别是具有悠久历史的传统古村落（镇）①是文化资源调研得以有效推进的重点对象。虽以特定居民区为对象的文化资源调研并不能代表更大区域文化资源的完整样貌，但从"点"到"线"再到"面"的作业模式恰是摸清家底的行动基础。区域文化资源仍需注意调研视角问题，对此我们可从整体性、分类法及相对论三个互为关联的思路加以探查。

第一节 整体性：区域文化资源调研的主导思想

文化资源调研当以具体族群及其生活空间为主体，唯有个案积累方能更清晰把握特定区域内文化资源的类型构成和存续状态，并由此为地方经济发展奠定材料基础。然而，不论是文化资源的调研和整理还是文化资源的分类和利用，首先要注意的便是特定区域内究竟有哪些文化资源，即从整体性视角出发加以全面梳理。

---

① 冯骥才：《古村落是中国最大文化遗产》，《洛阳日报》2008 年 6 月 16 日，A15 版：文化·搜索。

一、"整体性"调研思想发源

不同地区拥有的文化资源不同，这是区域社会发展的基本特征。尽管不能简单将构成社会整体的区域社会视为前者微缩形态，但"麻雀虽小五脏俱全"，而区域社会之文化资源的产生与发展无不是由区域居民共同创造、享用及传承的。因此，即便在跨文化比较中区域文化资源是具有差异且突显集体"个性"的集体行为表征，但对特定生活区中的居民来说不论学术研究如何区分或建构区域文化资源类型体系，都不影响当地居民对其生活空间内文化资源的整体性感知。任何文化资源都是以适应其创造者生产生活之需要产生的，故其衰亡、存续、重塑乃至新生都是社会发展的正常运行状态，而这恰是区域文化资源之于区域民众整体性的直接反映。正因如此整体性视域下的区域文化资源调研不仅是工作原则，也是这一工作的主导思想。

在当代人文社会科学的发展中，"整体性"作为一种具有主导性的思路已在诸多学科中得到实践，甚至还被应用于自然科学领域，特别是那些与人类生产生活直接相关的科目，如地理学、环境学及生态学等。然需要注意"整体性"思想提出并非一蹴而就，而是经历相当漫长的学科博弈才得以确定的原则。换言之"整体性"思想的出现与学科壁垒被打破密不可分，跨学科研究恰是面对日渐复杂社会并解答或解决相关社会问题的必然选择。有学者指出研究法差异体现着不同学科特色，但任何学科都不应该画地为牢。伴随着学术范式转换，不同学科之间方法渗透日益频繁。[1]"整体性"思想提出及应用还与部分学科单向研究瓶颈日益严峻不无关联，这也为跨学科研究逐渐扩大并成熟奠定基础。

二、法国"年鉴学派"的"整体性"思想与社会史研究

"整体性"思想在社会科学领域应用相对较多。早在 1930 年法国"年鉴学派"就践行社会学田野研究方法，影响并带动大批社会史学者步入"整体性"研

---

① 小田：《社会史的"整体性"与"田野工作"》，《江海学刊》2004 年第 3 期。

究之路。"年鉴学派"宣称整体性是社会史最根本的特征，只有作为整体而存在的才是历史，就其(社会史)定义而言历史就是整个社会的历史，而所谓整体性最基本的含义应当是从传统上关注精英人物思想和行为政治史，转而重视普通民众生活状态，因只有后者构成社会的绝大多数，是名副其实的历史主体①。社会史研究的"整体性"转向是以对象(人群)为核心的：从"官史"移至"民史"，即以"眼光向下"视角关注普通民众生活状态。

【知识链接 5-1】

"年鉴学派"

年鉴学派有二。一是 19 世纪末 20 世纪初在法国社会学人类学学派，因著名社会学家爱米尔·涂尔干在 1896 年创办的《社会学年鉴》而得名。另一既此处所谓"年鉴学派"，又称"安娜学派"(Annales School)，乃法国史学流派，因吕西安·费弗尔(Lucien Febvre，1878.7.22—1956.9.11)和马克·布洛赫(Marc Bloch，1886.7.6—1944.6.16)在 1929 年初创办的《经济社会史年鉴》(后屡经更名，并于 1946 年定名为《经济·社会·文化年鉴》)得名。

在"整体性"转向彻底发生前，"民史"并非未得传统史学重视，这在马克思主义史学研究中最为突出。然因资料匮乏，故其进展缓慢，成果也不甚突出。此外文字在初级群体中的有限地位大大减少了文献在社群内部的产生机会，以文献为生命的历史学家即使想让普通民众走上历史舞台的中心，也不免生出"巧妇难为无米之炊"之叹②。再者历史本身的复杂多元性使其不应只有一种声音，但在历史上能够掌握话语霸权的总是官方和有特权者，他们将自己的声音凌驾、笼罩于其他声音上，让人们以为只有他们才能构成历史。由于他们关注的基本上都是政治权力斗争，所纂文献便为一系列政治制度兴废和权力交替纪录和集成，这些也便成为传统史学研究的主流，即"史学研究的

---

① 小田：《社会史的"整体性"与"田野工作"》，《江海学刊》2004 年第 3 期。
② 小田：《社会史的"整体性"与"田野工作"》，《江海学刊》2004 年第 3 期。

依据始终是由这些人记录的文献"。[①]普通百姓在社会史研究中的缺位或边缘化也同古典文献的编纂倾向分不开。为了解决"向下看"问题，"口述史"愈发成为当代史学所倚重的方法。

三、人类学（民族学）田野作业"整体性视角"

作为社会发展历程得以整体呈现的一个重要研究方法，"口述史"虽不能在言语和书写中真正实现这一目标，但在弥补既往社会史研究对普通民众生活状态缺失方面发挥显著记述功能。从"年鉴学派"社会学研究中逐步兴起的"口述史"方法带有强烈田野作业背景，田野作业又是人类学（民

图 5-1　"年鉴学派"代表巨著《十五至十八世纪的物质文明、经济和资本主义》（费尔南·布罗代尔）

族学）和民俗学等所必备的科研技能。尽管在后续发展中"口述史"与"田野作业"区别越来越明显[②]，但这依然无法将后者从前者中完全剥离。更重要的是整体性作为一种认知论为人类学（民族学）和民俗学等所强调。[③]在庄孔韶主编的《人类学通论》中，整体性（holism）又被译为"全貌论"或"全貌观"，而"整体性视角"（the holistic perspective）被界定为"对某一文化进行全貌性的深入研究"。具体而言，人类学对某一文化的田野研究是：试图给出一个全貌的观点并且做局内的（insight）观察。如人类学家要了解一个社会的经济和政治组织，须知此社会的宗教、婚姻及继嗣制度，甚至语言、技术、艺术、儿童养育及

---

①　定宜庄：《最后的记忆——十六位旗人的妇女的口述历史》，中国广播电视出版社，1999，第5页。

②　对于"口述史"与"田野作业"的联系和区别，此不赘。参见胡洁：《口述史与田野访谈：梳理与比较》，《南京社会科学》2020 年第 6 期。

③　庄孔韶：《宗教人类学研究的两个整体性原理》，《青海民族研究》2015 年第 1 期。

自然环境等方面知识。全貌观就是从社会、文化角度和生物、生理角度分析问题，既关注现时问题，也关照历史因素。总之把人类及其所赖以生存的社会当作一个整体来研究。过去单个人类学家尝试全貌式研究，所以在田野中既做体质测量又做社会组织调查与分析。现在情况已发生很大变化，每个人都有所专长：或从事体质研究，或从事文化研究，全能的人类学家是不易的。现在人类学并没有放弃全貌观努力，国内外一些大学和研究所的人类学家正在和相邻学科的学者真诚合作和共享资源，训练学生时也都有通盘考虑，以求学术研究兼顾和实现全貌论的长久实践。①

这一阐述表明人类学整体性是从被调研对象内部出发，把任意文化表现形式即社会环境及其所依存的自然环境作为关系整体加以勘察的学术范式。进一步讲"整体性"还反映"田野作业"的社会性和多元性，即人类学以民族文化为主要研究对象，它关注的不是文化的某一局部而是文化的整体。作为某一民族，民族志无疑是对该民族社会的全貌描述。同时在整体研究中，人类学者遇到的是复杂的多元的系统工程。田野工作不能再满足于单一民族志资料收集，且这种多元性要求田野工作必须与其他学科保持密切横向联系。② 由此可见当代人类学整体性既注重被调查者及其生活区域的全面记述，也突显与社会史研究一致的跨学科性。不过任何一种"整体"研究都是相对的，即便通过全貌观可得出一种社会解读，但其基础仍建立在对特定生活区域的个案调查。

四、民俗志书写的"标志性文化统领式"

田野作业也是民俗学重要研究方法之一。但民俗学发展史表明具有单一面向的事象研究至今都是这一学科所倚重的视角，只是近年学术探索在转向"事件"研究基础上，步入民众日常生活领域，并由此催生一门具有强烈哲学意味的分支学科——实践民俗学。除此之外虽在资料学建设方面民俗学也极重视整体性呈现，但从现有民俗志来看，基于特定区域的民俗书写多以各个

① 庄孔韶：《人类学通论》，山西教育出版社，2002，第13-14页。
② 庄孔韶：《人类学通论》，山西教育出版社，2002，第251页。

民俗事象的彼此独立为准绳，而对事象间关联关注不够，这与人类学（民族学）所追求的"整体性"思想具有显著差异。不过作为一门独立学科，民俗学"整体性"自我表述也在不断深化，且在事象之关联性探索上做出积极努力。如刘铁梁基于对传统民俗志写作方式的反思在 2005 年提出了"标志性文化统领式的民俗志写作"新方法（如图 5-2）。他认为传统体例民俗志对民俗事象分类写作，存在着将作为整体并具有互释性的生活文化割裂的倾向，细言之对社会生活的整体性认知需要在比较宏观层面上就一般历史问题与现状问题进行调查，而对具体事象认知需在村落、家户层面进

图 5-2　使用"标志性统领文化"
理念写就的民俗志《中国民俗文
志·北京·门头沟区卷》

行调查，二者结合只能等到调查后在案头工作中才能完成。但是不应忽略民俗现象之间的关联和互释性，其中某些事象还特别具有体现地方社会生活整体特征的象征意味。因此在调查过程中有必要在生活整体视野下充分理解每一个具事象的社会性动机和文化性创意。[①] 由此对区域民俗事象的关联性认知和互释性认知是理解社会生活整体的基础，而在整体视域下区域民俗观照则是发现具有引领地方社会生活特定民俗事象的途径。

　　何谓"标志性文化"，其确定标准有哪些？刘铁梁指出，"在地方民俗文化中，某些事象显得特别重要和饶有深意，体现出当地民众生存发展的适应与创造能力，也证实着当地民众与外部世界交往的经历，因而成为群体自我认同，并展示于外人的事象"即标志性文化。而书写出揭示地方文化特征的民俗志线索，则"是对于一个地方或群体文化的具象概括，一般是从民众生活层面

---

　　① 刘铁梁：《"标志性文化统领式"民俗志的理论与实践》，《北京师范大学学报（社会科学版）》2005 年第 6 期。

筛选出一个实际存在的体现这个地方文化特征或者反映文化中诸多关系的事象"。"标志性文化"确定需满足三个基本条件。

第一，能够反映这个地方特殊的历史进程，能够反映这里的民众对于自己民族、国家乃至人类文化所做出的特殊贡献；第二，能够体现一个地方民众的集体性格、共同气质，具有薪尽火传的内在生命力；第三，这一文化事象的内涵比较丰富，深刻地联系着一个地方社会中广大民众的生活方式，所以对于它的理解往往也需要联系当地其他诸多的文化现象。

因此标志性文化不是对地方文化整体特征的抽象判断，而要求我们能找到代表这个地方文化整体和特性的具体文化现象，故其可是有形事物，也可是无形创作或表演[1]，前者如重庆大足石刻、陕西兵马俑、四川三星堆遗址等，后者如史诗演述传统、歌圩空间、传统技艺、庙会仪式等。经典民族志重点记述地方文化，如马林诺夫斯基的《西太平洋上的航海者》中的"库拉"交换制度[2]、普理查德的《努尔人》中的"牛"[3]及格尔茨的《文化的解释》中的巴厘人"斗鸡"[4]等也具有标志性特征。不过标志性文化在一个地方或群体文化中不只有一个，凡能够表达文化特征或反映文化关系、秩序、逻辑的具体现象、事物及符号都具有标志性意义。[5]

作为一种调研理念，整体性在民俗学中的应用并不突出，除上述"标志性文化统领式的民俗志写作"外，另一个民俗学表征则是理论思辨，这于艺术民俗研究较为突出。如耿波与张士闪认为在艺术批评史上传统艺术批评模式提供了艺术批评的整体化倾向，却存在整体性缺憾，艺术民俗批评注目艺术现象在社会生活整体中的功能结构与意义生成，从考察艺术现象对社会生活整

---

[1] 刘铁梁：《"标志性文化统领式"民俗志的理论与实践》，《北京师范大学学报（社会科学版）》2005年第6期。

[2] （英）马林诺夫斯基：《西太平洋上的航海者——美拉尼西亚新几内亚群岛土著人之事业及冒险活动的报告》，弓秀英译，商务印书馆，2016年。

[3] （英）E. E. 埃文思-普里查德：《努尔人——对一个尼罗特人群生活方式和政治制度的描述（修订本）》，褚建芳译，商务印书馆，2014年。

[4] （美）克利福德·格尔茨：《文化的解释》，纳日碧力戈等译，上海人民出版社，1999年。

[5] 刘铁梁：《标志性文化与昆仑文化》，载《昆仑文化新谈》，陕西旅游出版社，2004，第49页。

体的参与入手展开批评活动，实现真正整体批评。由此表明民俗学整体性调研思想尽管与社会史研究、人类学等具有一定相似性，但这种同样或更重视日常生活的田野作业方式及由此形成的民俗志作品依然是以民俗事象本身为对象的学术成果，因而是具有排他性、整体性的实践。

五、物质文化遗产"整体性"保护

如果说上述"整体性"调研思想还多停留在理论层面，那么针对文化遗产保护的"整体性"则基本展现于实践领域。整体性原则在文化遗产领域提出最早是针对以文物古迹为代表的物质文化遗产。从 1899 年和 1907 年两部《海牙公约》到 1935 年通过的"关于保护艺术和科技机关以及历史纪念物"的《华盛顿公约》开始，国际社会对此类文化遗产的关注已持续 100 余年。人们希求通过国际合作在任何情况下都能有效保护这些人类智慧结晶[①]，联合国教科文组织于 1972 年颁布的《保护世界文化和自然遗产公约》则是最具代表性的国际法文书。作为文化遗产保护重要原则之一，"整体性"虽在 20 世纪以来的国际社会常被提及，并被纳入各类国际公约（宪章）或建议案，但这一具有强烈实操性的保护思想早在 19 世纪中前期既已为不少西方学者所论述。

1832 年美国画家乔治·卡特琳（George Catlin）面对西部大开发对自然环境与印第安文化生态的破坏，甚为忧心。1872 年世界第一个国家公园美国黄石国家公园建立，体现了自然环境与文化遗产相统一的整体性保护观念。[②] 英国学者威廉·莫里斯（William Morris）1877 年为"古建筑保护协会"起草的《古建筑保护协会宣言》则更突显了"整体性"保护原则的重要性。他指出一座建筑既有躯体又包括思想、生活方式、宗教等建筑灵魂，而从表面达到与过去相似的效果的"修旧如旧"却损失了古建筑的部分历史或生命，且破坏了古建筑

---

① 教科文组织相继出台《关于发生武装冲突时保护文化财产的公约》(1954)、《关于保护景观和遗址的风貌与特性的建议》(1962)、《关于保护受到公共或私人工程危害的文化财产的建议》(1968)、《关于禁止和防止非法进出口文化财产和非法转让其所有权的方法的公约》(1970)及《关于文化财产国际交流的建议》(1976)等。

② 苑利、顾军：《文化遗产报告：世界文化遗产保护运动的理论与实践》，学苑出版社，2006，第 74-75 页。

所在地历史，为历史留下空白。①

进入 20 世纪，"整体性"保护原则在文化遗产领域也为国际法所确认。1931 年雅典召开第一届"历史纪念物建筑师与技师国际会议"，通过涉及建筑遗址与周边环境需整体保护的《关于历史性纪念物修复的雅典宪章》。1933 年由国际现代建筑协会拟定的《雅典宪章》(Charter of Athens)表达了城市发展规划对古建筑"整体性"保护要求，并提出"有历史价值的古建筑均应妥善保护，不可加以破坏"，"在所有可能条件下，将所有干路避免穿行古建筑区，并使交通不增加拥挤，亦不使妨碍城市有转机的新发展"。② 1964 年第二届"历史纪念物建筑师与技师国际会议"通过的《国际古迹保护与修复宪章》(《威尼斯宪章》)，不仅对《雅典宪章》做重新审视和全面阐述，且被视为文化遗产整体性保护原则的里程碑文件。具体来说《威尼斯宪章》对整体性原则的阐述分保护、修复、发掘和出版四个方面，以保护与修复两方面内容阐述最多，也是整体性原则最核心内容。在保护部分该宪章强调古迹遗址与环境的整体依存关系，"历史古迹的概念不仅包括单个建筑，而且包括能从中找出一种独特的文明、一种有意义的发展或一个历史事件见证的城市或乡村环境"。因此"古迹的保护包含对一定规模环境的保护"。修复部分强调对古迹遗址修复要尊重原始材料和确凿文献，补足缺失部分，须保持整体和谐一致。《威尼斯宪章》思想在此后的《关于历史地区的保护及其当代作用的建议》(《内罗毕建议》)《马丘比丘宪章》《佛罗伦萨宪章》《保护历史城镇与城区宪章》《关于原真性的奈良文件》《汉城宣言——亚洲历史城镇和地区的旅游业》等都有体现。③

2005 年国际古迹遗址理事会第 15 届大会通过《西安宣言》强调，有必要采取适当措施应对由于生活方式、农业、发展、旅游或大规模天灾人祸所引起的城市、景观和遗产线路急剧或累积的改变；有必要承认、保护和延续遗产建筑物或遗址及其周边环境的有意义的存在，以减少上述进程对文化遗产的

---

① 王巨山：《非物质文化遗产概论》，学苑出版社，2012，第 197 页。
② 国际现代建筑协会：《雅典宪章》，清华大学建筑系译，《城市发展研究》2007 年第 5 期。
③ 国际现代建筑协会：《雅典宪章》，清华大学建筑系译，《城市发展研究》2007 年第 5 期。

真实性、意义、价值、整体性和多样性所构成的威胁。这种意识也内含于《关于文化遗产地的阐释与展示宪章》和《2015 西安宣言》等国际文书。因此有学者认为，整体性原则内容可清晰归为两方面：一是遗址、古迹与周边环境依存关系，周边环境对体现文化价值、特征和内涵具有重要作用，称为整体性保护原则的"环境观"；二是保护遗址、古迹在资料内容上完整，修复时与遗产整体保持和谐一致，称为整体性原则的"内容观"。以上两方面是古迹遗址整体性保护基本要求。对形态、内涵相对固定的古迹遗址，整体性原则"内容观"较易把握，不会出现太多费解；对于"环境观"则需要了解具体的遗产项目通过文献记录和档案，以及近景与远景的分析，得出古迹遗址与自然环境和人文环境的依存程度。①

物质文化遗产"整体性"保护原则突显以物质文化遗产本身为核心的实践路径，"内容观"则反映物质文化遗产本身信息完整性，"环境观"所呈现的非物质文化遗产保护因素则多以辅助性角色出现，具显著附属性，这恰是界定"保护范围"时需超越物质文化遗产本身所占地理空间的原因所在。针对物质文化遗产保护的"整体性"理念也在传统古村落保护中得以应用，随着非遗保护运动兴起，传统古村落价值认定标准也走过了从片面保护到整体关照的思辨过程，即从保护古村落建筑民居和自然景观到民俗文化和民间活态传承保护，从注重村落物质文化遗存和自然文化遗产到非物质文化遗产的综合村落文化空间和文化生态系统的整体保护。②

六、非物质文化遗产的"整体性"保护

非物质文化遗产与物质文化遗产是具有内在联系的两类文化遗产，但较后者"可见物"和"历史性"特征，前者关注各类"可见物"得以创造的过程。这一过程不是历史的而是现实的。"过程"之于非遗是可见的，其生命形式却是

---

① 王巨山：《非物质文化遗产概论》，学苑出版社，2012，第199页。
② 王小明：《传统村落价值认定与整体性保护的实践和思考》，《西南民族大学学报（人文社会科学版）》2013 年第 2 期。

不同于物质文化遗产"养护"模式的活态传承。此外物质文化遗产本身无法突破其所在地域空间而于他处存在，所以对它们的价值判断极为注重本真性（authenticity）。非遗可借助人员流动于共时性扩布中为其创造者之外的人群所接受，并在历时性传承中实现再造，因而并不存在本真性。就此而论，非遗保护的"整体性"原则不仅包含物质文化遗产本体保护的实践模式，更需在此基础上处理"人"的关系。

从教科文组织 2003 年颁布的《保护非物质文化遗产公约》对非遗的定义，既可看到与整体性保护密切相关的表述。

"非物质文化遗产"，指被各个社区、群体，有时是个人，视为其文化遗产组成部分的各种社会实践、观念表述、表现形式、知识、技能以及相关的工具、实物、手工艺品和文化场所。这种非物质文化遗产世代相传，在各个社区和群体适应周围环境以及与自然和历史的互动中，被不断地再创造，为这些社区和群体提供认同感和持续感，从而增强对文化多样性和人类创造力的尊重。在本公约中，只考虑符合现有国际人权的文书文件，各个社区、群体和个人之间相互尊重的需要和顺应可持续发展的非物质文化遗产。

由此可知，整体保护的三大要素即非遗本体、传承人群（社区、群体和个人）及相关环境（自然环境和人文社会环境）。在非遗概念传入我国之初，整体性原则即在我国非物质文化遗产保护各个领域达成共识。刘魁立较早阐述整体性保护原则的内涵及其对非遗保护工作的重要意义。他认为在保护和抢救非遗过程中，应贯穿整体性原则：既要保护文化事象本身，也要保护它的生命之源；既要重视文化的过去时形态，也要关注其现时形态和发展；既要重视文化价值观及其产生背景和环境，又要整合和协调各个方面关系及其利益诉求；还要尊重文化共享者的价值认同和文化认同等。这是做好民族民间文化保护和抢救工作的重要保证。[①] 这一阐述不仅直接回应了上述非遗定义，且对理解并持续深化整体性保护原则具实际指导意义。目前非遗整体性在我国已取得不少成绩，如有学者认为完成"整体性"在观念和学术上的梳理和认知、

---

① 刘魁立：《非物质文化遗产及其保护的整体性原则》，《广西师范学院学报》2004 年第 4 期。

非遗保护被纳入公共文化服务体系并实行整体性保护实践等。[①]

虽然非遗保护是一项政府工作且具有强烈实践性，但整体性原则在保护中的应用则同物质文化遗产极为相似，即以其他文化表现形式及其生存环境做辅助，为该代表性项目服务。尽管有不少学者在讨论非物质文化遗产与"遗产化"的关系[②]，亦有学者对文化"等级化"[③]做出反思，但不可否认非遗作为活态传承的人为创造，几乎都以大众日常生活为依托，因而"遗产化"只是定位保护对象的一种标签，而非将之视为束之高阁的文物。就此而论，源自日常生活的非物质文化遗产都是普通民众为适应生存所需而创造的精神与物质相统一的客观实在，故而不存在等级。设立"国家级—省级—市级—县级"保护体系[④]的根本目的是便于分级管理，所以"级别"只是一种具有同等社义务而不含权利的名誉。不过受现行管理体制以及普通民众对身份地位固化认知的影响，"等级化"在文化领域依然客观存在且需警惕。所以非遗"整体性"保护原则理应摒除"遗产化"和"等级化"带来的负面影响或不利影响，转向在活态和平等的日常生活理念中维系其存续力。

---

① 有删改。韩成艳：《非物质文化遗产保护的"整体性"理念与实践：基于宁波案例的讨论》，《西北民族研究》2016 年第 3 期。

② 对此，可参见王霄冰：《民俗文化的遗产化、本真性和传承主体问题——以浙江衢州"九华立春祭"为中心的考察》，《民俗研究》2012 年第 6 期；王杰文：《"遗产化"与后现代生活世界——基于民俗学立场的批判与反思》，《民俗研究》2016 年第 4 期；（德）克里斯托弗·布鲁曼：《文化遗产与"遗产化"的批判性观照》，吴秀杰译，《民族艺术》2017 年第 1 期；（摩洛哥）艾哈迈德·斯昆惕：《非物质文化遗产及其遗产化反思》，马千里译，《民族文学研究》2017 年第 4 期；彭牧：《非物质文化遗产的当下性：时间与民俗传统的遗产化》，《民族文学研究》2018 年第 4 期；等等。

③ 如杨利慧：《新文化等级化·传承与创新——中国非物质文化遗产保护的成就与挑战以及韩国在未来国际合作中的角色》，《民间文化论坛》2016 年第 2 期；赵慧君：《文化遗产等级体系：生成中的价值认知与理解困境》，《中原文化研究》2020 年第 2 期；等等。

④ 各界有一种错误意识，即认为列入联合国教科文组织"人类非物质文化遗产代表作名录""急需的保护非物质文化遗产名录"及"最能体现《公约》原则和目标的计划、项目和活动（优秀实践名册）"项目具有"世界级"性质。

【知识链接 5-2】

文化生态保护区

"文化生态保护区"是我国非物质文化遗产保护工作中最具创造性的文化实践,可谓是"四级名录"外一个具有综合性和统一性的特别"名录"。其重心是对特定区域内不同级别之非物质文化遗产代表性项目的整体保护和系统保护。

2007年6月9日闽南文化生态保护实验区经文化部批准设立,标志着我国文化遗产保护进入整体与活态相统一的新阶段。2010年2月10日文化部印发《关于加强国家级文化生态保护区建设的意见》(以下简称《指导意见》),"国家级文化生态保护区"界定为"以保护非物质文化遗产为核心,对历史文化积淀丰厚、存续状态良好,具有重要价值和鲜明特色的文化形态进行整体性保护,并经文化部批准设立的特定区域"。2011年1月19日文化部办公厅印发《关于加强国家级文化生态保护区总体规划编制工作的通知》,并对编制依据和文本提纲做了规定。2011年6月1日《中华人民共和国非物质文化遗产法》正式施行,其第三章第二十六条规定,"对非物质文化遗产代表性项目集中、特色鲜明、形式和内涵保持完整的特定区域,当地文化主管部门可以制定专项保护规划,报经本级人民政府批准后,实行区域性整体保护。确定对非物质文化遗产实行区域性整体保护,应当尊重当地居民的意愿,并保护属于非物质文化遗产组成部分的实物和场所,避免遭受破坏",指出"实行区域性整体保护涉及非物质文化遗产集中的村镇或者街区空间规划的,应当由当地城乡规划主管部门依据相关法规制定专项保护规划"。

2018年12月10日文旅部颁布《国家级文化生态保护区管理办法》(以下简称《管理办法》)则从法规层面对"文化生态保护区"的概念、申报、设立、建设以及管理等做了详细规定。在此《管理办法》中,"文化生态保护区"的概念沿用了上述《指导意见》的表述。截至2020年6月经文旅部批准设立的国家级文化生态保护区7个和文化生态保护试验区17个。随着国家级文化生态保护区设立，地方保护区也紧随其后，云南省和贵州省相对较早实施。上述《管理办法》施行后，地方法规也相继出台①，为我国文化生态保护区的体系化（国家级—省级—市级—县级）建设奠定了制度基础。

法国年鉴学派的社会史研究、人类学等的田野作业模式及文化遗产保护方法虽在整体性认知、阐述及应用方面有一定差异，但都体现了一个核心要素即"向下看"的日常生活。整体性原则的最终目的就是用于理解并完善复杂的人与人、人与社会、人与自然的关系，并由此为人类可持续发展奠定文化资本。之所以将"整体性"原则作为区域文化资源调研的主导思想，不仅因作为文化资源的各类文化表现形式都是从人们日常生活中孕育而出的适应性创造，更在于这些文化表现形式在日常生活中均非各自独立，相反它们彼此关联则是维系特定区域日常生活得以正常运行的关键。此外并非所有文化表现形式都能成为可资利用的资源，但如何在特定区域内确定文化表现形式资源属性和位次，就必须从整体性视角把握这一空间的文化资源分布状态。如此方能在分类、筛选及开发过程中，使具体文化表现形式成为地方标志性文化并使之经济效益最大化。

第二节　分类法：区域文化资源调研的实施原则

在整体性思想指导下，文化资源在特定区域中的分布状况要全面把握，但作为日常生活的外在表现形式，文化资源亦于彼此关联中折射出错综复杂的社会属性。因此文化资源的开发利用不仅要在归总基础上给予清晰分类，还应于重要性层次建构中区分不同地域同类文化表现形式的特殊性，从而为

① 如《甘肃省级文化生态保护区管理办法》（2019年4月1日）、《安徽省级文化生态保护区管理暂行办法》（2019年10月31日）、《辽宁省省级文化生态保护区设立及管理办法》（2019年11月1日）、《江西省省级文化生态保护区管理办法》（2019年11月21日），以及《广东省省级文化生态保护区的管理办法》（2020年5月29日）等。

避免同质竞争或审美疲劳带来的负面效应奠定实践基础。

分类(classification)作为一个较宽泛的学术用语，即指整理材料的过程以及将材料归组和归类(classes)的概念；而类型学(typology)是指一种较为特殊的过程，以此从经验上得到可检验单位即类型(type)，并由此"作为未来研究的基础"，美国考古学家阿尔伯特·斯波尔丁(A. Spaulding)认为从分类到类型是发现特征组合的过程，而非分类者的武断做法，且一种类型如要有用，就必须不限于分类系统的一个范畴：一种类型是两种以上特征彼此非随机出现的结果，即"一种特征的存在可以预示其他特征的存在和缺失。类型的概念意味着在两个以上特征之间存在就其本身而言富有意义的关系，远非一般不同特征的存在"。① 然而尽管分类的目的是对既定对象群区分及归类，但分类标准的确定会因分类者或对象群不同产生相应模式。因此分类是相对的而不是绝对的。

目前文化分类体系极为多样，但文化调研的目的不仅在于梳理特定区域文化表现形式的关联性，还要使其在提振地方经济中发挥作用。不过越趋细化的分类模式在适应学术研究时，不见得有利于相关方对后续活动的把握，毕竟任何区域文化资源都有限。据此认为尽管现有文化分类可指导认识区域文化资源存在样态，但这些文化资源并不能立即被用于开发。考察文化资源的基本属性、地域特征及时代形势不仅是有效发挥其经济功能的前提，也是本书基于实践效果对分类体系加以应用的基础。

一、定位属性：有形与无形的对立统一

日常生活虽是文化资源得以生成并存续的时空复合体，且在人们适应社会变迁的过程中不断创造新文化资源，但这并不代表不同地区所有拥有的文化资源都类型均质，相反其差异十分显著。这种基于生存需要而造就的社会现象，并不会影响人们借助文化类型认知社会结构、解读人类思想、辨析区

---

① （美）帕蒂·乔·沃森(Patty Jo Watson)、斯蒂芬·勒布朗(Steven A. LaBlanc)、查尔斯·雷德曼(Charles L. Redman)：《分类与类型学》，陈淳译，《南方文物》2012年第4期。

域特征及创造集体财富。

其实不论以何种标准建立文化资源分类体系，其构成元素文化表现形式本身都不可能超越"有形"和"无形"两大基本属性。因此定位被调研文化资源的基本属性即有形或无形，无疑是分类以及展开后续工作的基础。在地方经济的发展中，区分文化资源基本属性对认清并有效开发本地文化资源具有决定性作用。不过并非所有人文创造或与人类生产生活发生密切关联的自然存在都可被认定为文化资源，而目前为人们所重视的可利用的文化资源大多已被纳入遗产行列，特别是非物质文化遗产。虽然王巨山认为以文化遗产为代表的概念赋予遗产更多内涵，将其从私有财产范畴替身到社会和人类共同财富范畴，但从非遗概念可知，"遗产"在某种程度上依然保有一定私人属性。只是相较于有形物质文化遗产，无形非物质文化遗产表现更为突出，特别是那些所谓"家传手艺"。

从现有国际文书来看，遗产类型也在逐渐丰富，对此可从《保护世界文化和自然遗产公约》(1972)到《保护非物质文化遗产公约》(2003)发展中获知。作为前者的延伸，"世界记忆遗产"也于1992年启动。此外，由联合国粮食及农业组织(Food and Agriculture Drganization of the United Nations，FAO)设立的"全球重要农业文化遗产"项目于2002年成立。鉴于此，或可在宏观层面将文化资源的类型。

这一分类体系并不封闭，相反还具有包容性和开放性。换言之不论有形遗产还是无形遗产、不论物质文化遗产还是非遗，乃至复合性农业文化遗产，均未将源自日常生活的各类文化表现形式框定于这一体系，而仅是提供一种基于共性特征建立的宏观参照系统，在此基础上可根据特定文化表现形式的实际存续状态加以归类。此外在这一体系中每种类型间都具有一定关联性，而其所反映的社会事实并不是一种类型包含另一种类型而是相互涵盖，即不存在单一属性文化表现形式，只是较突出外显特征易于为人们所观察并作为分类标准。不过由于确定区域文化资源类型的最终目的是为地方经济发展服务，而相较于物质文化遗产的空间确定性和数量有限性，非物质文化遗产分类则显得更为复杂。

在《保护非物质文化遗产公约》层面，除图 5-4 所确定的五大领域外，非物质文化遗产类型划分并未得到细化，这恰为各个缔约国在申报"人类非物质文化遗产代表作名录""急需保护的非物质文化遗产名录"或"最能体现《公约》原则和目标的计划、项目和活动"（优秀实践名册）时定性相关项目赋予较大自决空间。这正是"包容性"和"开放性"的直接体现。虽然在国际合作方面有必要按照国际标准行事，但区域文化资源调研的经济实践依然要立足地方社会。因此清晰把握我国有形和无形两类遗产法定分类原则及体系，是有序开展相关盈利活动或非营利活动的核心所在。在进一步阐述我国非物质文化遗产法定分类体系之前，有必要对我国物质文化遗产类型做一简要说明。

根据《中华人民共和国文物保护法》(2017)、《国务院关于加强文化遗产保护的通知》(2005)及《中华人民共和国水下文物保护管理条例》(2011)等法律法规可知我国物质文化遗产可分三类，即不可移动文物、可移动文物及历史文化名城（街区、村镇）。具体而言不可移动文物可粗略"分为地上文物和地下文物两类"，且"包括古遗址、古墓葬、古建筑、石窟寺、石刻、壁画、近代现代重要史迹及代表性建筑等"；可移动文物包含"历史上各时代的重要实物、艺术品、文献、手稿、图书资料等"，保护单位以博物馆、纪念馆、图书馆或民间收藏为主。目前对可移动文物的通用分类法"有质地分类法、时代分类法、区域分类法、功能分类法、属性分类法、来源分类法等"。此外在我国还有一类相对特殊文物，即"在建筑式样、分布均匀或与环境景色结合方面具有突出普遍价值的历史文化名城（街区、村镇）"。[①]

特需注意上述可移动文物、不可移动文物及历史文化名城（街区、村镇）在我国被划定为四级（国家级—省级—市级—县级）。国家级文物又有两种，即珍贵文物和一般文物，前者又可界分为三等（国家一级、二级和三级文物）。其实物质文化遗产的分类均是由相关领域专家定性的，这一相对明晰分类体系无疑能指导合理把握有形文化资源的地方存续状态。

---

① 王巨山：《非物质文化遗产概论》，学苑出版社，2012，第60页。

非物质文化遗产在我国定性与分类不仅晚于物质文化遗产，还与教科文组织 1998 年颁布的《宣布人类口头和非物质遗产代表作条例》及 2001 年公布的首批"人类口头和非物质遗产代表作"密切相关。面对这一新概念，我国政学两界均展开深度研究[①]。

然而直至 2005 年 3 月 26 日才在国务院办公厅颁发的《关于加强我国非物质文化遗产保护工作的意见》(以下简称《工作意见》)及附录《国家级非物质文化遗产代表作申报评定暂行办法》中得以定性，即从法规角度给定非物质文化遗产概念以及具有类型性"领域"。同年 12 月 22 日国务院颁发的《关于加强文化遗产保护的通知》(以下简称《保护通知》)，对非物质文化遗产的概念阐述及其分类体系的建构基本沿用前一法规的表述，但仍表现出一定差异。[②] 在此期间由中国民族民间文化保护工程国家中心编纂的《中国民族民间文化保护工程普查工作手册》(以下简称《普查手册》)出版。该手册基于我国非遗保护实践，将非遗类别扩展到 15(16)类并制定《非物质文化遗产分类代码表》。

2006 年 5 月 20 日国务院公布《第一批国家级非物质文化遗产名录》，将 518 个项目划分为 10 大类[③]；2008 年 6 月 7 日公布《第二批国家级非物质文化遗产名录和第一批国家级非物质文化遗产扩展项目名录》，虽继续使用 10 分法，但部分类别名称及其所涵盖的范围发生一定变化。此后，"四级名录"均

[①]　在学界较早出版涉及非物质文化遗产分类研究成果的为向云驹《人类口头和非物质遗产》，宁夏人民教育出版社，2004 年）。此外王文章 2006 年出版《非物质文化遗产概论》(文化艺术出版社)不仅集中了其参与非物质文化遗产保护工作的学术思考，也对后续工作(包含立法工作)具一定参考意义。

[②]　《关于加强我国非物质文化遗产保护工作的意见》规定："非物质文化遗产是各族人民世代相承、与群众生活密切相关的各种传统文化表现形式和文化空间"，而其所附《关于加强文化遗产保护的通知》"第二条"将非物质文化遗产定义为"各族人民世代相承的、与群众生活密切相关的各种传统文化表现形式(如民俗活动、表演艺术、传统知识和技能，以及与之相关的器具、实物、手工制品等)和文化空间"，其"第三条"则将非物质文化遗产分为两大类，即"(1)传统的文化表现形式，如民俗活动、表演艺术、传统知识和技能等；(2)文化空间，即定期举行传统文化活动或集中展现传统文化表现形式的场所，兼具空间性和时间性"，其范围则被界定为六大领域。《关于加强文化遗产保护的通知》将非物质文化遗产界定为"各种以非物质形态存在的与群众生活密切相关、世代相承的传统文化表现形式，包括口头传统、传统表演艺术、民俗活动和礼仪与节庆、有关自然界和宇宙的民间传统知识和实践、传统手工艺技能等以及与上述传统文化表现形式相关的文化空间"。

[③]　对"第一批国家级非遗名录"的 10 分法以及相关分类代码表制定原则的理论说明，可参见王文章的《非物质文化遗产概论》。不过王文章对非物质文化遗产的分类体系亦有自我见解(如表 5-3)。

以后者为标准加以编制(如表5-1)。2011年2月25日《中华人民共和国非物质文化遗产法》(以下简称《非遗法》)通过并于同年6月1日施行①。在这部《非遗法》中非物质文化遗产被划分为与《工作意见》和《保护通知》等量却又有明显差异的6大领域(如表5-1),这种差异从更高一级法律层面确立了非物质文化遗产的主体内容。

表 5-1　我国非物质文化遗产基本领域

		《工作意见》(2005 年)	《保护通知》(2005 年)	《非遗法》(2011 年)②
1	传统的文化表现形式	口头传统,包括作为文化载体的语言	口头传统	传统口头文学以及作为其载体的语言
2		传统表演艺术	传统表演艺术	传统美术、书法、音乐、舞蹈、戏剧、曲艺和杂技
3		民俗活动、礼仪、节庆	民俗活动、礼仪与节庆	传统技艺、医药和历法
4		有关自然界和宇宙的民间传统知识和实践	有关自然界和宇宙的民间传统知识和实践	传统礼仪、节庆等民俗
5		传统手工艺技能	传统手工艺技能等	传统体育和游艺
6	文化空间	与上述表现形式相关的文化空间	与上述传统文化表现形式相关的文化空间	其他非物质文化遗产

不过在《保护非物质文化遗产公约》中除认定的五大领域外,针对与非遗具有密切关联的物质文化遗产并未给予说明,但我国《非遗法》第二条在六大领域之后明确指出,"属于非物质文化遗产组成部分的实物和场所,凡属文物

---

① 有关《中华人民共和国非物质文化遗产法》修订历程见孟令法:《中国文化遗产保护政策的历史演进》,《遗产(第一辑)》,南京大学出版社,2019 年,第 111-135 页。非物质文化遗产概念在《非遗法》第一章总则·第二条中被规定为:"本法所称非物质文化遗产,是指各族人民世代相传并视为其文化遗产组成部分的各种传统文化表现形式,以及与传统文化表现形式相关的实物和场所。"

② 《非遗法》中六大领域的具体所指,可参见全国人大常委会法制工作委员会行政法室:《中华人民共和国非物质文化遗产法释义及实用指南》,中国民主法制出版社,2011 年。此不赘述。

的，适用《中华人民共和国文物保护法》的有关规定"。在某种程度上实现了二者的统一。

从表5-1、5-2及脚注所引法条可知我国针对非物质文化遗产的概念及类型的划分是发展的。虽然《非遗法》从行政实践角度确立我国非遗保护工作最高行为准则，但较早制定并颁行的下位法并未废止，因而在某种程度上也能给予理解并划分非物质文化遗产以指导。不过这些较之《保护非物质文化遗产公约》的简短概念阐述，在突显我国文化特性基础上并未脱离前者大框架，而六大领域界定也可与前者五大领域相对应，只是"文化空间"这一领域在我国早期国家制定法中得以单列。然而同《工作意见》《保护通知》《保护非物质文化遗产公约》对非物质文化遗产领域表述相对一致不同，《非遗法》所界定的六大领域表现得更细化且具本土性。

表5-2　"非物质文化遗产名录"与王文章《概论》类别对应表

	2006《国家名录》	2008《国家名录》		王文章《概论》（2006 年）
			1	语言（民族语言、方言）
1	民间文学	民间文学	2	民间文学
2	民间音乐	传统音乐	3	传统音乐
3	民间舞蹈	传统舞蹈	4	传统舞蹈
4	传统戏剧	传统戏剧	5	传统戏剧
5	曲艺	曲艺	6	曲艺
6	杂技与竞技	传统体育、游艺与杂技	7	杂技
			8	传统武术、体育与竞技
7	民间美术	传统美术	9	民间美术、工艺美术
8	传统手工技艺	传统技艺	10	传统手工艺及其工艺技术
9	传统医药	传统医药	11	传统医学和药学
10	民俗	民俗	12	民俗
			13	文化空间

不论国际法还是国内法律法规，非遗领域或其类型均是仅具指导性的宏观表述，因而给予更大类别选择的"自主权"。此外法律文本对非遗归类相对宽泛，不论是王文章还是向云驹均在追求类别具体化，《普查手册》中的《非物质文化遗产分类代码表》不仅把非遗划分为 16 类，且在每类下又细分出 3 至 9 个次级类别，因而其对区域文化资源的分类乃至后续利用或更具参照意义。与前述三种更趋小众（前两者的使用者或多在学界，后一种或多为文化行政机关工作人员）分类表现相比，为"四级名录"确定 10 大分类的适用人群或更广阔，毕竟任意一级非物质文化遗产代表作项目申报还是要为相关"社区、群体和个人"所"事先知情同意"。换言之"社区、群体和个人"具有选择既定非遗代表作项目类别自主权，而这恰与物质文化遗产类别须经专家评定所不同。因此对区域文化资源的分类也应在此基础上给予判定，但区域文化遗产调研目的性极强，故而是否要"知情同意"仍应据实而定。

二、发现特征：跨区域的共时性比较

无形分类体系和有形分类体系并不绝对，它虽因人而异，但以共性特征作为分类原则和学理依据是基础。所谓"物以类聚，人以群分"，不过同类之内并非无差异。毕竟考察事物外在属性较于考察内在意涵要容易得多，而前者恰是展开文化分类所仰赖的主要依据。毫无疑问，对区域文化资源调研及分类具显著目的性，推动地方经济可持续发展则是众多目的中的核心之一。常言道"十里不同风，五里不同俗"，哪怕比邻而居，两户人家也会产生不同文化表现形式，更何况是具有明显地理界限的村镇社区。

从存续形态来看，物质文化遗产可辨识度要高于非遗可辨识度。其原因就在于以专家为评定主体的物质文化遗产在很多情况下都是地点固定且独一无二的。现已进入"世界遗产名录"的文化遗产、文化景观遗产、自然与文化双遗产以及自然遗产中，多地联合申报某一类遗产的现象十分常见，且不独为我国所有，在其他国家也有表现。然这些在"遗产"概念下被归并为一类的自然奇观或人为创造，不论所在地域还是形成年代，乃至材料形制以及族群关系等，都可见足以独立存在之物质文化遗产的差异。因此当将视野置于有形区域文化资源时，其地方性特征则是极易发现的。

物质文化遗产的地理确定性虽在区域文化调研中具显著直观性，但这非说它们在助力地方发展的过程中就可以随意开发或利用。由于"文化和自然遗产"均在漫长地质运动和社会变迁中逐步形成并遗存后世，因此其不仅生命力脆弱、数量有限，且从未摆脱诸如政权更迭、环境污染、自然灾害、武装冲突、旅游开发或城市建设等外在因素的威胁，因此不论是否被列入国际、国家或地方的哪种遗产名录，此类具有普遍历史价值、艺术价值或科学价值的物质存在一旦被发现并为专家所确认，首先应施保护之策，而非简单着眼于知识传递，更不能仅重经济利益。

如今物质文化遗产依然在不断地被"发现"，但作为特定区域中的人文遗存或自然创造，其赖以归类的因素则是极易确定的。不过物质文化遗产资源的属性决定其不只是为经济而生，相反唯有在"精心呵护"下方能发挥其所具有的历史价值、艺术价值或科学价值。非物质文化遗产虽与物质文化遗产存在一定关联，但前者重心在相关产品（或作品）得以形成的过程中，因而对非物质文化遗产的保护首先要关注其"过程"表达。在论及非物质文化遗产的特征时，很多学者都会谈及民族性和地域性，但这并不能认定所有非遗都是为特定群体所独立创造并传承。相反某些集体行为的产生与发展有外来因素的影响，而这恰反映了人口流动及相关族群间的交流、交往及交融，如川渝"妈祖信俗"源于清初响应"湖广填四川"的福建移民，由此相较于沿海地区海神形象，内陆妈祖却是团结移民的精神象征。

这种由时空引起的文化变异很难产生区域资源竞争，但区域文化资源的形成也非纯粹历史产物，而将跨区域采借或基于地方发展而输送的文化资源视为本土传统应特别注意。与物质文化遗产相对直观的地方性特征相比，包括非物资文化遗产在内的无形人文资源，其独特性是很难仅于划定地理范畴的居民区内被勘察出来的。

正如上文所言，近在咫尺的村镇间也会存在同类文化资源的内部差异，因此通过比较同类文化资源以发现彼此个性的调研方式，是有效助力地方知识经济发展的基本途径。然而现有文化产业类著作和相关课程对跨文化比较的重视程度远没有对文化元素提取并加以应用的重视程度高。因此如要厘清特定区域文化资源独特性，还应发展比较文化学。此外区域文化资源调研不仅耗时费力，其成果还需专业筛选，为尽快完成相关发展目标，部分地区采取了"移植嫁接"法，即模仿其他地区相对易于利用的文化表现形式。如调查发现闽浙畲族景区或政府主办节日活动中流行"竹竿舞"并非其传统文化的组成部分，而是 1980 年以后才在浙南畲族聚居区经济转型中移植的具有同宗共祖关系的苗瑶娱乐方式。为凸显畲族文化在全域旅游中的作用，2017 年由浙江省美术家协会引入景宁畲族自治县的农民画在后续宣传中变成"畲族民间绘画"，但畲族社会从未发现有绘画传统。[①] 这种做法不仅抢占了本土文化进入资源开发的契机，更削弱了畲族文化可见度和真实性。

类似上述采借式行为亦在其他民族和地区中存在，在古村镇建筑外立面改造或整体重建中表现得相对突出，特别是大量使用徽派建筑风格的景区和村落不断涌现。此外还有不少以"文旅融合"为发展目标的老街或古镇将采自他处的传统建筑元素杂糅于本地建筑外立面设计。前者如重庆涞滩古镇新民居、浙江景宁畲族自治县城区建筑、四川威远县四方村等；后者如重庆黄角垭和巴南区鱼洞老街、浙江文成县培头畲族村等。更有很多地区为发展具有地方特色或民族特色的文化旅游项目大兴土木，形成许多具夸张色彩的仿古建筑群，如蚩尤九黎城、恩施土司城、天下第一水司楼、文博宫、荣国府、鸠兹古镇、八仙过海景区等。除少数影视城外，很多此类景区已失初成时辉煌之象，如启封故园景区、黎侯古城、汉街（江苏沛县）、白鹿原民俗文化村及凤凰古镇等。虽不能轻易否定这些以建筑为主体的旅游景区提振地方经济的作用，但这些极度放大地方特色或民族特色的做法显然为带臆造性的面子工程，已不再适宜当今"求真"的旅游新思潮。

---

① 孟令法：《发展与反思：农民画命名方式的民族走向与扩大趋势——以"畲族民间绘画"为例》，载张丹、季中扬主编：《中国农民画南京论坛论文选》，江苏凤凰文艺出版社，2018，第 146-159 页。

考察上述现象可见并非地方居民不了解本地文化资源存续状况，而是开发者未能在"文旅融合"中整体看待区域文化资源的构成样态，更未在跨区域比较中发现本地个性。再有任何当代旅游项目都以经济为先，甚至只是地产项目的组成部分，其内部居民几乎都是通过招商引资进入本地的"外地商家"，没有"生活性"的景区又何以真正反映本土文化特征？另外不少地区以政府主导"旅游公司"统一管理此类旅游景区。故纵然本地居民能于此从事经营活动或表演活动，但按点上下班的他们已带有员工性质。此外在 1950 年的"社会主义改造"中，很多古村镇或古街区的民房由私房变为公房，从而使不少原居民无法借由自己的房屋参与当代文旅活动，而那些依然属于"私房"的建筑也很难得到政府部门改建的关照。外来者主人姿态与原居民客居形象何以有效彰显本地文化特色？这或许正反映了"外地本地化，本地外地化"文旅发展模式。

【知识链接 5-3】

比较文化学

比较文化学(comparative culturology)是运用比较方法探讨和研究两种或多种文化之异同的学科。产生于 1960 年，进入 70 年代以后，日本学术界开始正式使用"比较文化学"一词。欧美很多大学亦开始设立比较文化学课程。比较文化学的研究内容有 3 个方面。①对比研究。对比研究包括四个方面：对各个文化圈边民和现存文化圈的数量做出概述；比较各种文化特点，找出在构成一种文化的各种文化要素中显示出来的、作为区别于他文化体的唯一的和基本的特点；在整个人类文化中，各种文化处于同等的地位；站在跨文化立场上对一定文化现象进行比较，探讨各种文化之间的相互对应和相互反应。②交流研究。交流研究涉及四个方面：对多种文化体之间的相互接触做概述；分析比较由于相互接触而引起的各个文化体在形态和特征上的不同变化；探讨某一文化体中的某些文化要素和文化事象向其他文化体的传播；阐明同一区域内新文化对旧文化的取代规律。③整体研究。整体研究包括两个方面：对包含着诸多文化体的文化总体的现状和本质做出实证性的和思辨性的解释；对各个文化体存在的意义做出实证性的和思辨性的解释。对这些内容的研究所应遵循的方法论现在仍处于探讨中，其中基本问题是确立所比较对象的共同前提。比较文化学有历史比较法与类型比较法两种主要形式。前者多在研究文化特质的分布以及文化史重建等工作中采用，它有时可把范围限制得很窄（如在一种文化之内），有时又把范围延伸得很广（如两大洲间）。后者则需和比较、分类与通则化等工作一起进行，同时还需建立起一般法则与规律，以标示文化现象的变化幅度。近年，类型比较法发展成为"交叉文化研究法"，即从世界各地不同民族搜集文化资料中抽样，进行统计分析，以寻求世界性的通则，代表机构是耶鲁大学人类关系研究所中设立的交叉文化调查处。在 G. P. 摩多克(G. P. Murdock)领导下搜集了数百个当代社会及原始人类社会有关地理、社会、文化等方面的资料，依地区及科目建立分类档案，以后又发展为"人类关系区域档案处"。[①]

区域文化资源在不同群体或地区中存在部分相对一致的外在表现形式，但作为这些文化表现形式得以外显承载主体的个体乃至集体从来不同。人们为适应生存环境而创造于某一地区再经迁移而进入另一地区的文化资源，特别是以非物质文化遗产为代表的无形文化资源，即便外在表现形式有相似之处也无法彻底掩盖其内在差异。虽然如今区域文化资源利用模式已超出景区建设本身，但以各类景区为依托的文化资源呈现模式，如非遗展演、文创产品销售及地方特产经营等表现出极为显著的同质化特征。商贸行为是各类文旅项目的重心所在，但作为生产生活场域的村镇文化传统也因之改变。那些原本即为区域民众进行生活物资交换的老街区或集镇，则在有限空间改造或扩大中打破甚至背离区域生活日常状态。因此如若考察区域文化资源特征，必定要回归区域民众及其日常生活。

其实在现有区域文化研究中，较大地理范围文化类型早已存在，除以地

① 张广照、吴其同主编：《当代西方新兴学科词典》，吉林人民出版社，2003年，第16-17页。

区简称为代表的文化区，如巴蜀、关陇、潮汕、吴越、中原、湖湘、邹鲁及河洛等的文化，还有以大江大河为代表的流域文化，如三江源、清水江、乌江、闽江、瓯江、辽河及大运河等的文化。除此之外还有更大范围的文化圈概念，如汉字文化圈、伊斯兰文化圈、拉丁文化圈、印度文化圈及东正教文化圈等。很显然这些文化类型的界定均在整体性视域下依据这一区域最为显著的共有特征划分出来，或可在具体居民区间发现相似文化表现形式，但并不代表其所含文化完全相同。不过本书所谓"区域"即以地理界限相对明确，且人员构成不甚复杂的居民生活区为主，如区县特别是村镇。在这类空间中不论是文化资源调研活动，还是跨区域文化资源比较研究，都较易开展。更重要的是现有文化资源利用状况也指出，对基层文化资源提取是全域文旅开发或地方文创产品设计的核心内容。

虽然区域文化资源特征可通过以下步骤获取，即首先对区域文化资源展开整体性调查，其次对所得文化资源进行分类深描，再次由近及远地把握周边文化资源的基本状况，最后分析不同区域同类文化资源的外在表现形式和内在社会文化史意涵。但不可否认区域文化资源调研无疑是从日常生活出发的，而作为一种常见社会现象，文化资源的同质化利用（非科研）则是摒弃特定区域之居民日常生活引起的。因此通过同类文化资源比较而来的地方文化个性也应体现日常生活性。总之从区域文化资源特征出发是避免同质化利用结果的有效手段。

三、确立形式：历时性发展的阶段选择

并非所有区域文化资源都可被溯源，但这并不代表每项被记录在案的区域文化资源都是"无本之木"。相反大量区域文化资源都可据典籍文献和田野调查中获取的各类民间资料[1]，综合勘察其在特定历史时期及此后的发展状况。随着考古技术推陈出新，不仅各类遗址遗迹及相关出土文物的产生年代

---

[1]　前者如官修史志、诸子论集、宗教经典及文人笔记等，后者如口述记忆、石刻碑文、宗族谱牒及科仪唱本等。

可大致确定，而且现今依然保存较为完好的地上古建筑或器物等，在上述各类文献基础上其始建时期或可更为明晰地被考证出来。从文化资源属性看，相较于前述有形文化资源产生时代有章可循，无形文化资源虽在某种程度上亦可得到一定发源信息，但作为一种缺乏本真性的"社区、群体，有时是个人"生产生活的实践，其确切起始时间为适应时代变迁时产生的变异因素所模糊。这并不影响无形文化资源在区域社会生活中的多元实践。区域文化资源调研也应注重历时性表征的现实呈现。

在日常生活中，人们面对瞬息万变的生存环境，总有趋利避害的选择心理，不论是因战争抑或灾疫而选择，还是因民众自主决定抑或他者迫使而选择，都说明这些为调查者所获取的区域文化资源均是特定时代产物。不同行为主体在当代文化资源的开发中，不一定要利用某一具体事项"整体"，相反从中截取某一时段或时间节点的文化表现形式是极为普遍的社会现象。鉴于此在区域文化资源调研中，亦需特别关注此类既存现象的观察与描述。

因物质文化资源有具体的外在表现形态及可加考证的形成年代，故其开发利用也多以物质文化本身的可考年代及其在该年代的基本特征为对象予以展示。作为经考古发现确定的古代遗址遗迹及各类地下文物，地方社会通常就地建筑博物馆加以保护并由此对外开放。

此外在大力发展文旅融合时代背景下，以村镇为主体的基层旅游开发对象则为展示村落历史及自我生活文化，多会借助既有或新建相关公共空间，营造具有一定官方色彩的民俗博物馆，如以废弃村小学为空间主体的浙江坪垟岗畲族村民俗博物馆、以村中明清古建筑为基础的山东王丕庄民俗博物馆及以北伐将领张冲祖屋为依托的重庆凉水村良公祠民俗博物馆等。虽然民俗文物多以日常生产生活用具为主要展陈对象，但其在村镇对外展示、文化保护及民众教育中所发挥的辅助作用不可忽视。再如某些在历史上曾作为某一区域地理标志却早已灭失或因现代城市建设而被迫迁址的古建筑，在现代旅游转向当代旅游新业态的过程中依据某一时期的建筑样貌而被重建或新建，较典型的如四大名楼中的鹳雀楼、黄鹤楼、滕王阁及雷峰塔等[①]。不少传统古村落也在旅游发展中开始重建古建筑，甚至还有大规模古民居异地迁建，如广东莲塘村重建康乐祠、清湾书室及太史第[②]，由县境内不同时空之古民居迁建重组而成的浙江鸡鸣山民居苑[③]，以及湖北凤凰山古民居复建群[④]等。

对物质文化遗产保护"重建""复建"及"迁建"等均不应被允许。一般认为"重建"有广义和狭义两种理解。广义包括修复、再建或复建等，指对物质实体或某种支配性非物质价值已灭失的文物古迹进行物质性再造；狭义则可参见 2002 年版《中国古迹遗址保护准则》附"汉语—英语词汇表"中"重建"（reconstruction）释义，即"以现存遗物及档案资料为依据，重新建造建筑物恢复其原状；其含义与'再建''复建'不同。'再建''复建'均为一种不允许的干预手段，因此没有列入《准则》"。其实 1964 年的《保护文物建筑及历史地段的国际宪章》第十五条对"重建"做出明确规定[⑤]，这恰是世界文化遗产认定作为核心原则"真实性"的来源。1985 年加入《保护世界文化和自然遗产公约》以来，"真实性"和"禁止重建"均为我国法律法规所收录，"迁建"作为单列项则受一定限制。然而不论是 2017 年修正的《中华人民共和国文物保护法》，还是 2015 年修订的《中国文物古迹保护准则》都没有上述国际文书严苛，特别是对

---

① 黄鹤楼 1981 年移建以清代"同治楼"为原型设计；滕王阁 1989 年重建完成，据梁思成和莫宗江 1942 年绘《重建滕王阁计划草图》建设；雷峰塔 2002 年重建竣工，采用南宋初年重修时的形制及风格。

② 林晓平：《禅城莲塘村：昔日"艇来艇往"今朝"国际气质"》，《佛山日报》2010 年 8 月 24 日。

③ 单颖文：《古建筑"异地迁建"的爱与痛》，《文汇报》2013 年 6 月 9 日第 7 版。

④ Zwydysg：《宜昌最大的古建筑复建群》，东湖社区，2012 年 6 月 14 日。

⑤ 《保护文物建筑及历史地段的国际宪章》（《威尼斯宪章》）第十五条规定："遗址必须予以保存，并且必须采取必要措施，永久地保存和保护建筑风貌及其所发现的物品。此外，必须采取一切方法促进对古迹的了解，使它得以再现而不曲解其意。然而对任何重建都应事先予以制止，只允许重修，也就是说，把现存但已解体的部分重新组合。所用黏结材料应永远可以辨别，并应尽量少用，只需确保古迹的保护和其形状的恢复之用便可。"

不可移动文物"迁建"有相对"宽松"表述①。

虽然"重建"行为多来自地方政府，但亦有乡民自发组织情况，而借此改善的经济生活则多为当地居民所接受。故在面对这一既成或正发生的社会现象，乃至调研中发现尚未进入开发者视野的物质文化遗产时，需以避免主观评判或给予开发建议的态度对其加以客观描述。

在分类视域下，物质文化资源呈现模式较易观察，且突显以展示为主的开发利用手段。虽同为区域民众生产生活文化表现形式，但以非遗为代表的无形文化资源却与因地理环境而相对一致并有限有形文化资源不同，前者更趋多样且复杂。而当将视角聚焦于个体家庭时，就连同一民俗事象在近邻间的表现都有差异。尽管无法以个人乃至家庭为单位对区域文化资源展开理想性整体调研，但这并非说每一项区域文化资源都能完整呈现于日常生活，尤其是部分已在地方旅游开发中给予片段截取的非遗展演。因此在区域文化资源调研中，也应注意这种对具体文化表现形式某一时段的舞台化转换。

作为进入田野调研前的一种系统理论，对文化资源分类方法掌握是有效梳理区域文化资源的基本技能。当首次进入调研区域时，目之所及的非物质文化资源很可能是以琐碎日常生活为主的习惯性行为，但那些艺术性较为突出的文化资源不仅可在特定节日活动中予以系列呈现，也可在地方政府特殊安排下演绎于他者视野。如由景宁县申报的"畲族祭祀仪式"2005 年入选浙江省首批非遗名录，该县两个重要畲族社区东弄村和上寮村则在县民宗局主持下于 2012 年在村中分别营建"功德堂"和"奏名学法堂"，以供当地村民向外来

---

① 《中华人民共和国文物保护法》(2017 年修订)第二章"不可移动文物"二十条规定："无法实施原址保护，必须迁移异地保护或者拆除的，应当报省、自治区、直辖市人民政府批准；迁移或者拆除省级文物保护单位的，批准前须征得国务院文物行政部门同意。全国重点文物保护单位不得拆除；需要迁移的，须由省、自治区、直辖市人民政府报国务院批准。依照前款规定拆除的国有不可移动文物中具有收藏价值的壁画、雕塑、建筑构件等，由文物行政部门指定的文物收藏单位收藏。"《中国文物古迹保护准则》(2015 年据 2002 年国际古迹遗址理事会中国国家委员会制定的《中国古迹遗址保护准则》修订)第四章"保护措施"第 29 条则规定："迁建：是经过特殊批准的个别的工程，必须严格控制。迁建必须具有充分的理由，不允许仅为了旅游观光而实施此类工程。迁建必须经过专家委员会论证，依法审批后方可实施。必须取得并保留全部原状资料，详细记录迁建的全过程 。"

游客表演"做功德"（丧葬）和"传师学师"（入教）中最富观赏性的片段。后者还将每年农历七月初三定名为"奏名传法节"。然而上述两个仪式的正常举行均需"三天三夜"，大小步骤近100节，怎能在有限的舞台中得以完整展演？面对这一为大部分村民所认可的演绎行为，在调研中不仅要记录其完整进程，也要注重描述该仪式被截取片段的现实演绎情况。

诸如此类社会现象并不鲜见，且在我国旅游开发早期阶段已有端倪，如"天天泼水节"。更重要的是原本较神圣的集体活动也逐渐转向极具娱乐性的大众行为，而这不仅集中表现于传统节日，还有以"畲族祭祀仪式"为代表的民间信仰。如今旅游开发早就成为区域文化资源得以有效利用的核心领域。正如上文所言，我国1980年开展的"民间文艺"普查不仅"为后来的非物质文化遗产保护及其立法工作积累了丰富的素材"[①]，也为兴起于90年代的"民俗旅游"持续发展奠定了资源基础。

可以说自1997年国务院发布《传统工艺美术保护条例》到2005年国务院办公厅出台《关于加强我国非物质文化遗产保护工作的意见》及至2011年正式实施《中华人民共和国非物质文化遗产法》，均涉及生产性保护概念。而商务部和文化部联合印发的《关于加强老字号非物质文化遗产保护工作的通知》（2007年2月12日）与文化部2012年发布的《关于加强非物质文化生产性保护的指导意见》则明确了"生产性"保护对非遗传承的重要性。此外如《中国杂技艺术振兴规划（2011—2015）》《中国传统工艺振兴计划》《曲艺传承发展计划》及鉴于《关于实施中华优秀传统文化传承发展工程的意见》确立的"实施中国经典民间故事动漫创作工程"等专文，也助力了"生产性"保护。随着精准扶贫推进，《关于实施乡村振兴战略的意见》《乡村振兴战略规划（2018—2022）》《关于促进乡村旅游可持续发展的指导意见》《关于大力振兴贫困地区传统工艺助力精准扶贫的通知》以及《关于支持设立非遗扶贫就业工作坊的通知》等政策文件，进一步为非遗开发利用提供了政策保障。

从上述法律法规及部门规章可知，非物质文化遗产在助力"文化复兴"和

---

① 黎宏河：《十年辛苦不寻常——〈非物质文化遗产发〉出台记》，《中国文化报》2011年6月8日。

"扶贫攻坚"过程中，基本都以极具展演特征或能创造实体商品文化表现形式为主。固然舞台演艺和创意产品可在不同商业领域增进地方经济收入，但区域文化资源在开发利用中的国家认定则突显对具体类型的选择。不过这种使用模式并非全然展现特定文化资源全貌，特别是那些以旅游为依托的民俗事象则更突显一种碎片化，如不少景区导游在引导游客观览景点时只会演述"那几首民歌"，以婚庆为代表的村落旅游展演项目也仅是整个仪礼过程中最富娱乐性或参与性的片段。毫无疑问这种形式并不利于地方文化资源整体性传承传播，但以即时性观览为目的的项目建构也是较合理的演绎选择。面对此种文化表现形式，相关调研成果也应将之纳入其本体辅助内加以单独记述，这样方能更全面呈现特定无形文化资源样貌。

除上述针对单一文化资源某一环节截取利用外，还有一种融合某一特定时期之行为展演模式，这种行为展演模式在官办乃至民办大型祭典中表现最为明显，如改革开放后各地相继复兴的各类文化始祖或英雄"祭典"等，还有各地一些岁时节日春冬祭典，以及进入我国各级非遗名录的"祭祖习俗"等民间活动，多少都在仪式展现表演中借用了明清"官祭"仪轨。

任何区域文化资源都是历时性发展的人为产物，而其在现实生活中的外在形式和内在意涵都是"社区、群体，有时是个人"选择的结果。因此在区域文化资源调研中有必要从历时性角度勘察每一文化事象在社会变迁中可追溯的各种变异形式，哪怕是早已抽离日常生活的进入舞台展演的片段，或通过模仿古代行为而在当代生活中予以呈现的各类文化事象，这些都应给予同等观照。归类意识作为一种先验逻辑，是基于理性认知区域历史和区域生活的前提。作为一种建构活动，分类体系形成不仅会受目的影响，也会因标准差异而有不同。因此分类只是逻辑理性的相对表现，而非绝对结果。总之区域文化资源分类有赖于整体性原则下区域文化资源的梳理，而已被分类的区域文化资源仍需在跨文化比较中勘察同类文化资源的地方个性。此外，从单一文化事象历时性进程中选定的阶段性文化表现形式，也非日常生活的简单分立，作为区域民众对外展示的一种演绎行为，其是另一种需要特殊关注的行为模式。

第三节　相对论：区域文化资源调研的基础依据

区域文化资源调研并不是没有章法的"全"记述，相反在整体性思想指导下"摸清家底"，是认清区域文化资源构成，以为后续工作奠定相对完整且可资借鉴或筛选的材料基础。区域文化资源调研的目的虽有一定多元性，但每项调研活动的开展必然围绕某一特定目标进行，且多以提振地方经济为重点。因此基于整体性思想认知区域文化资源的过程，以及由此确定文化资源类型，也是发现区域社会生活之特殊性的过程。

一、生活文化呈现的"选择"与"时序"

区域文化资源调研是针对具有"资源"属性即能够在后续活动中得以充分利用的各类文化形式，包括有形文化资源和无形文化资源两大类。以物质文化遗产为代表的有形文化资源，特别是地上文物及已被发掘出土的地（水）下遗址、墓葬或其他具有历史价值、科学价值及艺术价值的人类创造物，多是可测定年代且具空间限定性的物质存在。而以日常生活为依托的非物质文化遗产即便无法与可见之物截然分离，但以"过程"而非最终"产品或艺术品"为保护对象的各类文化表现形式，是难以追溯起源且与异地同类文化表现形式具可比性（传播关系）的集体行为模式，其实某些有形文化资源又何尝不具有外来因素，只是作为一种人类文化遗存，其数量有限性及其所呈现的特定时期历史价值独特性相对单一而已。

物质文化遗产资源属性已为区域展示经济发展带来便利。不过纵然部分物质遗存从未与当地居民发生直接关联，但原本与周边民众生活密不可分的物质创造在"遗产化"时代语境中，渐趋为"保护"之名强化成缺乏"生命"的"真物"。如 1999 年被列入《世界遗产名录》的重庆"大足石刻"在近 20 年的行政保护中被完全"圈禁"，显著弱化了周边居民的日常信仰活动。2014 年入选第四批《国家级非物质文化遗产代表性项目名录》的"宝顶架香庙会",也在当地政府介入下发展成限制人流的表演"香会节"。固然有学者认为所有"遗产"都是"活态"的,但就目前保护模式来说,"活态"多指称于非物质文化遗产。

对调研者而言,区域民众的日常生活可谓处处蕴含文化资源性,但在区域民众自身看来一切正常行为的出现与发展都是为适应基本生产生活所需的集体创造或个体创造。固然可将区域民众的一日三餐纳入文化资源行列加以记录,从而开发成所谓"地方菜"或"农家菜",也可将他们的农耕生产活动描述在册,并由此艺术化为舞台表演或体验项目。然相较于此类与区域民众之生存休戚与共的文化表现形式,那些以此为基础产生并传承后世的节俗庆典、宗教信仰、手工技艺、曲艺戏剧、体育竞技及民间文学等,虽在区域民众日常生活中具有极其重要的社会功能,但这并不是说它们就是不可或缺的文化表现形式。相反随着社会分工一再细化,上述文化表现形式技能性一面逐渐成为少数居民所掌握甚至垄断的财富积累手段。因此职业选择也是一种文化选择,后者在当代社会的资源性表现则是应重点调研的对象。

正是士、农、工、商等不同阶层的文化选择,才造就了区域文化资源的地方多样性,但限于地理空间固定性以及自然资源差异性,这种多样性又表现出文化资源类型有限性。民间俗语"靠山吃山靠水吃水""一方水土养育一方人"及"五里不同风十里不同俗"恰是这种社会特征的直接反映。正如上文所言非物质文化遗产资源化选择已在政策层面得到确认,而"选择"作为区域文化资源得以在地方社会有效传承的前提之一,也会随着时代发展而在特定人群中发生职业转移,特别是那些不能匹敌于工业化生产的传统手工艺。然以"项目"为保护主体的非物质文化遗产已非日常生活实践的实际表达,生产性保护则从经济领域使之凸显于日常生活之外,并逐渐走向"工艺品"甚至"奢侈品"行列。不过对借此获取生活资源的从艺者或销售者来说,非物质文化遗产资源化则在其生活中发挥极为积极作用。尽管区域文化资源调研强调整体性视角,但有限调研时间、特定调研目的及生活文化选择性彰显则使调研活动具体化,而对调研对象选择性记述也是调研者须注重的调研方法,故整体性也具相对特征。

在现实生活中并非所有区域文化表现形式都时刻呈现于人们行为规范，特别是那些具有时序性的文化表现形式，如节日节气或祭祀仪典。很显然这种以时序为基础构建的文化表现形式是年度循环往复的个性化存在，即以同一时间节点或固定时段举行的重复性集体行为或个体行为，纵然存在一定传播（外来——自主借鉴或被迫接受——涵化或同化）因素，但其区域性存在亦是独立开展的兼具物质和精神的复合性文化资源类型，如曾经引发深度讨论的我国"端午节"和韩国"端午祭"就是典型案例。在我国内部，不同地区不同族群的相同节日也有差异，如南方少数民族中普遍传承的"三月三"歌节等。不可否认越来越多的节日节气甚至具有强烈神圣性的祭祀仪典已在区域旅游经济发展中打破原有时间性，其文化空间也随之发生极大变化。不过这些非物质性文化表现形式在适应"展示行为"过程中也并非为其创造者、共享者及传承者所一致认同，相反不少区域民众为维系特定文化表现形式的"生活性"，而仅将该文化表现形式的某些构成部分加以"舞台化"或"产业化"。如浙江景宁上寮村畲族"传师学师"表演就和真正"入教礼"不同，这不仅表现于片段截取，更突显于演绎空间与时长。

其实任何生活文化都受制于时间和空间，而那些突破时序及其既定文化空间的表现模式，在很大程度上是脱离相关社区、群体，甚至个人核心权益的他者操作。从现有调查可知"他者"包括地方政府及其相关文化机构，但更多的是与前者建立友好合作关系的投资者。在区域文化资源利用中，利益最大化是资本投入方所关注的核心内容，因而打破时序以使被选择文化表现形式为其创造者、共享者及传承者甚至外来者持续演绎，并由此获取可供分配并能满足不同行动方的经济效益则是重要手段。鉴于此当进入一个已处于文化资源利用中的区域进行文化资源调研时，我们看到的时序性文化表现形式很可能并非其全貌、原貌。更重要的是即便所进入特定区域尚未开始利用文化资源，而那些具有时序性的文化表现形式也并非能全面观察到的，除非能在该时序性文化表现形式所举行"真正"时空中尽力做到深描。因此区域文化资源时序性表现也是相关调研活动必须注重的相对性原则之一。

生活文化的物质性和非物质性是人类基于生存所生成的两类行为实践，而人们在适应社会发展与自然变迁过程中会自主选择或被迫选择。换言之没有"永恒的"区域文化资源，故选择性可谓文化资源得以存续的一大特征。另外在日常生活中众多文化资源并非"天天泼水节"般"展示品"，相反其是具有时序性年度循环的客观实在。总之区域文化资源调研虽以整体性思想为指导，但不同类型生活文化的实存状态决定了调研实践需在相对性眼光中展开。

二、区域文化资源价值的"高"与"低"

区域文化之所以被利益相关方认定为"资源"，根本原因在于地方社会的当代发展不仅需要农业和工业等基础产业做支撑，而且随着人们物质生活水平的逐步提高，人们对精神生活的追求也愈发高涨。习总书记在党的十九大报告中强调，新时代中国社会主要矛盾已由"人民日益增长的物质文化需要同落后的社会生产之间的矛盾"转化为"人民日益增长的美好生活需要和不平衡不充分的发展之间的矛盾"。正因如此在大力推进城市化过程中，不论城市原有文化表现形式，还是经城市化而发生空间属性转变的农村或城郊文化表现形式，乃至依然为乡民传承的文化表现形式，均可成为利益相关方用以提振地方经济、发展区域精神文明的重要资源。然在定位区域文化的资源属性时，类型划分则决定了其可利用程度的位次或言所具开发价值的"高"与"低"。

虽然上文从政策角度已明确了那些具有演绎性和技能性的文化表现形式具有较高文化资源属性，但这并非说其他类型文化表现形式如信俗仪典、口传文学、地方性知识及未被认定为遗产的文化空间等就缺乏社会意义，相反同那些突显经济功能的文化资源类型相比更具精神效应。因此此处价值的"高""低"只基于类型划分作出的文化资源可利用程度或可开发程度判断，非区域文化资源本身价值认定，即便同类文化资源在不同地区也会因区域发展需要而表现出不同人为取向。更重要的是文化没有高低优劣之分的价值意向早为世人所公认，人类学"文化相对论"学派已对此给予较明确阐述。①

文化表现形式虽有不同，但其本质一致，都是人们为适应生存所需在社会实践中形成的。所以每一类文化表现形式都是独立的，其实质价值体系无法比较。即便对不同文化价值及其所起作用进行研究，也仅是一种估价。总之文化相对论学派强调一切文化都有其生存的价值，人类学研究就是要对各种不同文化及其价值加以肯定和尊重，并以寻找、了解和协调为目的，而不是以毁坏与自己不同的文化为代价，换取所谓文明。不过需注意文化相对论并非全盘肯定特定族群中所有习俗惯制和现实行为而不对其加以分辨，相反只告诫调研者，如要真正认识人类不同文化，就必须把每种文化放到其所在社会背景中加以考察。过分（极端）强调"相对"，也是违反科学原则的。其实于此所谓区域文化资源价值的"高"与"低"，乃是在调研基础上以筛选为前提给予的"应用"定性，并不是在给区域文化划分等级，相反只是出于考虑地方社会（要）使用哪些文化资源方能更容易扩大影响力或辐射力，从而实现地方社会全面发展。

从现实可操作层面出发，区域文化资源调研活动开展虽需整体性思想做指导，但着重可利用率或可开发度的文化资源类型认知，实际调研实践却很难"面面俱到"，故区域文化资源调研相对性表征也就显而易见。不过这非是说进入调研工作就无须观照可利用率或可开发度较低的文化表现形式，相反以可利用率或可开发度为标准对区域文化资源做出的降序记述或升序记述虽带有一定主观判断色彩，但仍不失全面呈现区域文化资源的整体原则。何谓区域文化资源的可利用率或可开发度？这是一个基于经济效益提出的区域发展理念，即区域文化表现形式在地方经济发展中是否可得利用或开发，其利用程度或开发程度则可从"全面/整体""部分/选择"和"不能/摒弃"三个角度加以确认。可利用率或可开发度较高的区域文化资源多以上述演艺类和技艺类文化表现形式为主，它们本就是特定"社区、群体，有时是个人"为了生存（获

---

① Herskovits, M. J., Herskovits, F. edt. *Cultural Relativism: Perspectives in Cultural Pluralism*. Vancouver: Vintage Books, 1972.

取经济利益）所创造的。与此相较，那些突显精神属性的民间信仰、知识体系或口传文学等则表现出相对较低的经济效益，故其利用或开发在某种程度上需借助某种手段加以转化，然这是否会影响此类文化表现形式的基本特质，亦需特别注意。

基于资源属性开展的区域文化调研已不再是纯粹学术行为，而是具显著经济目的、带有一定应用指向的工作实践。据此而言，之所以提出"相对论"这一调研思想，根本原因在于调研工作的目的及文化事象在地方发展中的不同功能，决定了相关区域文化资源在被其创造者、共享者及传承者乃至其他利益相关方利用或开发时的外向可见度，而对此类区域文化表现形式的抓取，较之其他文化表现形式相对容易。更重要的是于日常生产生活中形成的各类文化表现形式丰富多样，固然可在整体性原则指导下尽可能全面梳理区域文化资源并合理分类，但"挂一漏万"不可避免，而限于既定调研目的以及有限调研时间和精力，"避轻就重"择要式记述无损区域文化资源的整体性。总之，作为区域文化资源调研之基础依据的相对论与整体性指导思想并不矛盾，且是相互协调的一组调研理念。

三、当代文旅融合发展的"点"与"面"

在开展区域文化资源调研过程中必须意识到，被调研对象（具体区域）并不一定是没任何"改变"的"原始"状态。相反随着时代发展及经济社会转型，从城市到乡村无不在本土文化资源发现及开发利用中变换曾经的生产生活方式。这表现在第一产业和第二产业逐渐成为第三产业（特别服务类行业）的辅助，以文化旅游为核心的产业链条则逐渐成为后者主体。因此基于"资源"获得而展开有目的的区域文化资源调研活动或许只是"甲方"因发展现状（问题）而交由"乙方"所从事的"补充性"或"纠正性"、集体性或个体性行为。可以说这种既已存在且不断更新的文化资源开发利用模式，自1980年开始就已在我国铺开。

不可否认任何地区的自我发展都不可能做到"全面"，即便追求"全面"发展也只能是循序渐进，甚至形成间断性"弃旧换新"模式。因此区域文化资源调研者虽需主动关注地方社会之文化表现形式整体性，但针对地方生活的文化记述无疑会受到特定调研目的的限制，故相对性也是整体性的一个重要侧面。

随着"城市化""新农村建设""乡村振兴""非遗扶贫"等各项国家政策推进，同质化文旅融合发展模式进入21世纪后虽有一定改善，但总体上还有进一步突破空间。早在20世纪80年代早期，以农业为主体的"一村一品"产业建设给地方社会特别是广大农村带来具有针对性的经济发展契机，也逐渐于时下文旅融合中得以实际运用。从现有研究可知我国在农业部（现农业农村部）主导推动下于2005年11月正式开启"一村一品"建设，具有借鉴日本农村经济发展模式印记。[①] 一般认为这种基于特定农产品种植构建起来的微观经济发展模式，是在一定区域范围内以村落为单位，按照国内外市场需要充分发挥本地资源优势，并通过大力推进规模化、标准化、品牌化及市场化建设，使一个（或几个）村拥有一个（或几个）市场潜力大、区域特色明显及附加值高的主导产品和产业。在我国农业上，"一村一品"建设已取得较显著成绩，而在文化上，"一村一品"建设也在近年有长足发展。

"一村一品"多由政府主导。正如松平守彦所言："当今之时虽被称为'地方时代'，但地方行政工作，大部分仍是与中央政府各部门和经济界打交道。"[②]因而特定村落在"一村一品"建设上的文化选择最初多由地方政府自主调研（有时也会同村民等利益相关方协商）决定。以安徽芜湖湾沚为例：在发展全域文化旅游以及建设文明村镇的过程中，以镇内主要村落为依托，形成"乡贤文化"桃园村、"三苏文化"百花村、"孝德文化"新丰村及"民俗文化"三元村等系列特色村落。又如浙江诸暨借助"文化礼堂"建设契机对市内各个村落做文化定位，如十里坪村以"西路乱弹"为主题建成戏曲文化村、白门下村以私塾文化和龙灯文化为基础打造乡愁记忆村，洋湖村则在深度挖掘"绍兴老酒洋湖坛"基础上构筑起陶艺文化村等。云南禄丰县围绕"文化乐民、文化育民、文化富民"思路，建成以大箐村苗族滚锅舞、花箐村彝族火把节、仓底村彝族

---

① 秦富、张敏、钟钰等：《我国"一村一品"发展理论与实践》，中国农业出版社，2010，第5页。

② （日）松平守彦：《一村一品运动》，王翙译，河北人民出版社，1985，第1页。

大刀舞、几湾子村"六月六"彝族情人节和中村乡傈园村叽啦赛装节等为代表的特色文旅村。

其实区域社会发展至今都未改变针对性即区位优势策略，故此进行文化资源调研也不可避免出现"优势"选择。然而不论是既成"一村一品"，还是有待建设的基层乡村或社区，都不可能做到唯一是从。展示或演绎的区域文化资源仅类似于非遗代表性项目的一个或几个经由集体或个体创造的文化事象，它(们)从日常生活脱颖而出并被放大后，依然要回归当地民众日常生活，只不过作为一种舞台或艺术化行为模式，为当地居民所利用。毫无疑问任何区域文化表现形式都不孤立存在，即便它(们)在地方社会经济发展过程中被筛选出来，也无法彻底隔离于真实日常生活。正如上文"标志性文化"理论阐述区域文化资源调研的整体性指导思想时所言，新民俗志重点书写的特定文化表现形式，是能集中反映地方历史并引领民众日常生活的集体行为实践。不过"标志性文化"社会特征并非孤立自为，而能将其他生活文化系统联结为一体的现实功能则是其得以被认定为地方代表的本质属性。因此文化"一村一品"建构并不简单等同于农作物"一村一品"种植，前者需带动本地其他文化表现形式共同发展。

日常生活多样性固然反映区域文化资源多样性，但并非所有源自日常生活的文化表现形式都可作为资源加以利用或开发。那些被人为突显资源性的文化表现形式纵然不能再等同于日常生活，却发挥着连接其他生活文化的本质功能。无论面对何种地方社会，区域文化资源调研所依据相对性原则也必然要同整体性思想相统一。亦即作为区域文化资源的调研者在实际调研工作中，既要认清重点与一般的关系，又要明确核心与辅助的联系，即以系统性眼光把握整体性与相对论的辩证统一性。唯有如此方能充分发挥不同类型的集体制造或个体创造的社会作用，不论是经济的、物质的，还是思想的、精神的。如今，社会与人共同参与全面发展已不再是显见矛盾，文化属性多元化发展带给社会与人更多的相互促进渠道。

辩证地看待文化的资源属性，也是正确认识文化在融入以旅游为重心的实用领域的基本思路，而基层社会以"点"代"面"的文化资源利用或开发路径，突显了不同类型之文化表现形式之于特定区域的对外区分度。同质化地方发展是我国乃至世界文化资源利用或开发的共有问题，"一村一品"由第一产业转向第三产业的跨越性融通，相对有效避开了单一发展模式在不同地区并发带来的审美疲劳或嫁接失效。总之，基于整体性视角做出的区域文化资源梳理，经由类型划分后的历时性阶段选择和共时性区域比较而确定的文化表现形式，并非孤立存在的行为实践，而只是一种体现相对论的地方发展模式。

四、文化资源调研目的的"聚"与"散"

区域文化资源调研目的的确定性能直接影响采取何种调研视角对目标区域展开调研并由此写作调研报告，而这恰是本书多次述及调研目的的根本原因。一般来说，区域文化资源调研目的有学术研究目的、资源开发目的与知识普及目的。

学术研究目的是基于科学研究目的而展开调研活动，它以全面把握区域社会之文化资源为前提，透过不同文化资源在现实生活中的具体表现及彼此间关联性，梳理地方社会的发展历程、发展现状的问题，为地方社会发展提供未来思路，是具有理论预设的调研过程。完成此类调研的多是从事科研工作的集体（机构）或个人——可由其他部门委托，也可由本单位或个体自主决定。因而该目的具有显著分散性。资源开发目的是以区域文化资源利用为前提，以相关学科理论为指导开展的调研工作，需在充分认识特定区域内所拥有文化资源及其类型基础上，对所获文化资源做出筛选。该目的的聚合性较为突出。此类调研活动多来自地方社会（基层政府）或相关企事业单位自为或委托，特别是文化主管部门、文创企业或文化类社会组织等，而其完成主体可是地方社会（基层政府）内部成员（个体或集体），也可是受委托相关机构（高校、科研院所或其他组织机构）成员（个体或集体）。知识普及目的性质的调查是以地方文化知识的内部传承与外部传播为核心的调研活动，与资源开发目的的来源和完成主体一致，但缺乏学术研究理论面向，只注重区域文化资源描述的知识呈现模式。①

就以上三种调研目的来说，关注点虽有差异，但不可否认三者在具体调研活动中不可避免地存在一定交叉。之所以出现这种现象根本原因不仅在于目的本身不同，更在于某些主观原因和客观原因的束缚。前者主要体现在调研者群体或个体所掌握相关理论和方法以及对所调研区域了解（包括对当地方言掌握）程度，后者除调研时间限制外更在于调研经费及调研团队组建问题，调研区域所在地自然地理条件和人为社会条件也是使三种调研目的产生交叉的重要影响因素。尽管如此之多内外因素会将区域文化资源调研活动引向相对性原则，但唯有保持整体性思想才能更清晰发现区域社会发展状态。

区域文化资源调研者虽带着相应目的前往指定区域从事调研活动，但这一活动发出者特别是委托主体，对调研针对性是有明确要求的。换言之，尽管学术研究目的是通过对区域文化资源整体观照抽绎相关理论或方法论，但对区域社会发展的直接作用相对较弱。更重要的是，在学术视野下，区域文化资源是以同等地位进入理论框架，因而对区域社会发展的指导缺乏聚焦性。知识普及目的也需在整体性思想指导下展开调研活动，并由此尽可能全面通过文字（有时还辅以图像、声音或影像）记述区域文化资源，但与学术研究目的对区域社会发展的直接指导性不同，其分散性主要体现于区域文化资源文本生成过程，却不影响资源在内部传承和外部传播上的聚焦性。因此，知识普及目的是处于分散性与聚焦性之间的一种状态。可以说资源开发目的是最具针对性的一种调研目的，尽管它有赖于整体观照下的区域文化资源筛选，但这种筛选行为恰是源自地方发展之本质需要的文化聚焦。此外这一目的下的整体观照并不一定是"普查式"，或仅为某一或某些最易抓取的早已于区域日常生活得以展现的文化表现形式。

总体来说，三种调研目的的"聚""散"属性确定主要来自三个方面：①区域文化资源调研目的的发出者和承接（执行）者对实际调研活动是否具有明确要求；②调研目的对于区域社会发展指导意义是否聚焦；③区域文化资源调

---

① 需注意知识普及性的文化资源描述并不特别注重细节，但需观照该文化资源的整体呈现。

研成果对理论创建和应用实践的作用是彼此分立还是相互结合。以浙江省文成县黄坦镇培头民族村经济发展为例，或能更清晰看到上述三种调研目的交叉性及其"聚""散"属性转换。

培头村是由三个畲族自然村和四个汉族自然村构成的行政村，毗邻温州市最大水源地珊溪水库和飞云江上游。为响应政府涵养水源、产业转型号召，在乡贤钟金莲和钟维宗夫妇带领下，该村于2009年开始转向以青钱柳(茶叶)种植为主的"一村一品"新产业。[①] 在等待青钱柳长成过程中，"三月三"传统歌节成为村落经济多元增长的重要开发对象。在浙江师范大学王逍教授于2010年进驻此地前，培头民族村两大支柱产业尚未出现较大起色。王逍本是带着全面调研培头民族村的畲族文化及发展史的个人目的前来，调研逐步深入及应村民之请而使其成为该村进一步经济发展的智囊中坚。她不仅为青钱柳茶叶提供更多销路，也为民宿装修提供材料采购意见，更为该村物质文化遗产钟氏祠堂和"八兄弟老屋"修缮改造制订可行性方案。本书作者之一孟令法于2012年进入该村，本为硕士学位论文进行田野作业，后也为村落文化对外彰显提供智力支持，特别在村落博物馆建设、"三月三"歌节文艺活动丰富、钟氏先民钟正芳"抗阻考"事迹文献(嘉庆《学政全书》)的寻找[②]等文化资源利用活动中提供相应智力支持。

文成县和黄坦镇有关领导来村参与相关活动并与王逍、孟令法交流，两位学者对该村发展的作用也愈加放大。时任浙江省委书记的夏宝龙同志还在2014年4月10日来此进行考察。此后两位学者还助力培头民族村成功申报浙江省(2017)第一批省级传统古村落和3A级(2018)景区村庄。于此期间他们还应村委之邀在钟氏祠堂中为村民普及村落历史、名人事迹及民俗文化等。

虽然最初调研目的有所转移，但这并未根本影响学术使命。2015年王逍

---

① 孟令法、马伊超：《现代乡贤与山居畲民的经济发展——以文成县黄坦镇培头畲族村为例》，《宁德师范学院学报(哲学社会科学版)》2017年第3期。

② 孟令法：《畲民科举中的"盘瓠"影响——以清乾道时期(1775—1847)浙闽官私文献为考察核心》，《贵州民族大学学报(哲学社会科学版)》2017年第3期。

教授著作出版①即是这一学术过程典型成果。总体而言，三种区域文化资源调研目的在上述案例中皆有体现，且表现出一定闭环模式。①村民的自主发展为资源开发目的，且一直持续至今；②王逍与孟令法的最初调研目的为学术研究；③随着调研深入，两位学者的调研目的加入资源开发和知识普及目的，且两者相互融合，为学术研究目的提供了更深层契机；④2015年后村落经济发展趋于稳定，两位学者回归学术研究目的；⑤为稳固培头民族村各项发展成果及新项目开发(如2018年钟正芳石像在村中落成等)，学者依然为该村提供智力支持，但也有关注该村发展的学术目的(如孟令法读博期间多次来此调研)，故此资源开发和学术研究相结合。不论是村民自主发展还是两位研究者学术调研，几乎都没有外力推动，在双方深度沟通及基层政府介入下，学者成为地方居民与政府机关对区域文化资源调研的直接委托对象，学术研究也在这种互动中有了新发展，但归根结底还是他们自己本职工作。

区域文化资源调研目的在某种程度上虽是确定的，但随着调研工作开展，单一目的也可交叠于其他目的。而不同调研目的叠加是否能改变原初目的，尤其是学术研究目的，不仅有赖于调研者对相关目的的合理协调，更有其他外在因素影响，特别是委托型区域文化资源调研。因此不论是分散性调研目的，还是聚焦性调研目的，都是发现区域社会发展状态并由此带动区域文化"创造性转化和创新性发展"的重要手段。总之，对区域文化资源调研整体性指导思想的把握是认识地方社会的基础，对区域文化资源的合理分类是各个利益相关方有效开发或研究的前提，而区域文化资源存续状态及调研目的差异则决定了每种调研实践的相对性特征。

【课后习题】

1. 文化资源调查的"整体观"如何体现？

2. 如果对家乡的文化资源进行调查，需要做哪些准备？需要采用哪些调查方法？

---

① 王逍：《超越大山：浙南培头村钟姓畲族社会经济文化变迁》，中国社会科学出版社，2015。

第六章　各类文化资源调研方法概述

田野调查是研究开始，对研究对象进行详细有效的田野调查有助于研究顺利展开。研究者问题意识很重要，不同的问题意识会产生不一样的田野关注点。而调查充满着不确定性，进入田野前每个研究者都会预设问题，以期在田野中对其进行重点关注且得到顺利解决，但在更多情况下田野实际状况会推翻预设问题。无论预设问题是什么，都是针对特定类别田野对象进行。掌握田野对象特点对进入田野会非常有利。即使预设问题切入口很小，也需要对田野对象整体进行把握。因此本章基本按照教材绪论部分对于文化资源现有类型的分类方法，对各类文化资源调查进行理论要点关注与案例实践说明。

第一节　文化资源调研要点

总体来说，调研文化资源目标导向为"开发利用"。在进行过程中关注"多元行动"和"双重属性"是调研的指导宗旨。

一、多元行动者

在文化资源的调研中很容易忽略其主体性，尤其是在文化遗产的调研中，调研者很容易只看到"物"看不到"人"。也有些情况是，调查者注意到了"人"但是只看到了遗产持有方，比如在非物质文化遗产调研中，调研者很多时候会把注意力只放在"代表性传承人"上。实际上，文化资源存在着多重主体，在调研中至少要关注到下述层面。首先，所有主体，即在其被资源化前，在日常生活领域中该文化事象的主体，需要注意的是所有主体也并不是一成不变的。其次，行动主体，即资源化的过程由谁来主导、谁在执行，有时候行动主体和所有主体基本一致，但更多的时候所有主体和行动主体有很大差异。最后，在文化成为文化资源后，谁又是使用主体、消费主体。基于文化资源是由多重主体共同完成的文化资源化行动，关注多重主体，是文化资源调研的重要部分。

二、双重属性

文化资源兼具精神与物质双重属性，文化资源根据存在性质可以分为物质文化资源和非物质文化资源，调研者很容易在对物质性文化资源进行调研的过程中忽略其非物质属性，也会在对非物质文化资源进行调研时忽略其物质属性。实际上，对任何概念进行分类的目的都是便于把握对象和对之展开相关调查研究，而不是对其进行泾渭分明的割裂。文化资源具有其独特精神内核，是社会心理、社会意识、社会关系乃至社会需求的反映。文化资源本就是复杂多元主体有意识制造的产物和有目的使用的对象，文化资源的制造过程本身也体现了精神特质。同时，文化资源又有其物质载体，资源化后的文化也有其物质性的呈现。文化资源有双重属性，即物质的文化资源有其非物质属性，非物质的文化资源也有其物质属性。在调研过程中，不可只关注其中的一种属性，应该做全方位的细致调查与研究。

三、开发利用

文化资源的开发是指在主体为达成社会目的、经济目的、政治目的对文化资源所采取的一系列技术手段与相应措施。如前所述，在文化资源开发的过程中会有多方主体介入采取多种措施和系列行动，这些行动者的复杂行动形成一个"行动网"。文化资源开发后，也会产生一系列的影响和收益。简而言之，文化资源开发就是对文化资源进行包装使其成为符合开发者目的的产品的过程即文化产业化过程。在文化资源的调研尤其是各类遗产的调研中最容易忽视开发和利用，调研者容易先入为主地认为要保证遗产的原真性或者遗产在相关保护措施下具有原真性，即当下调研者看到的是遗产的本来状态，因而忽视对文化资源开发利用的调查。实际上，"资源"本身内含着"开发"，我们应当在调研过程中关注开发的措施、开发的路径、开发利用的呈现状态，即应当对开发和利用的过程和结果给予关注。

第二节　世界遗产体系

不同国际组织和机构对遗产的定义、阐释及关注的遗产类别各不相同。世界上很多国家和地区都有自己的遗产保护体系，也有很多地方正在努力建设本国或本地区的遗产保护系统。当前世界上最具权威性的遗产管理机构当属联合国教科文组织，最权威的关于遗产的定义和阐释体现在 1972 年的《保护世界文化与自然遗产公约》（以下简称"1972 年公约"）及 2003 年的《保护非物质文化遗产公约》（以下简称"2003 年公约"）中。这两份公约及其相关文件共同构建了当今世界遗产体系中最重要最具影响力的部分，对世界遗产观和遗产保护理念都产生巨大影响，即使是没成为缔约国的国家也深受影响。本节从这两份公约诞生来介绍世界遗产体系中最具影响力部分的形成，以及不同类别遗产的共同特点和调研中应注意的共同问题。

一、世界遗产体系的诞生

本部分从 1972 年公约及 2003 年公约源头追溯至公约出台，以便简单了解人类遗产保护体系的形成。

(一)《保护自然与文化遗产公约》

1972 年公约有文化和自然两个源头。从文化源头看，它发端于 18 世纪末 19 世纪初上半叶的文化遗产运动，当时法国、日本都急于通过国家遗产来增进国民认同感，分别开展了轰轰烈烈的遗产保护运动，立法保护各自国家遗产。1972 年公约的自然源头肇始于 19 世纪 30—70 年代，当时的美国自然之美是引发国民自豪感的重要工具。1872 年美国开辟第一个国家公园黄石国家公园，1916 年国家公园管理局创立，使黄石公园有了定位和监管。公园管理局理念是将自然遗产和文化遗产进行综合管理，这一理念对 1972 年公约有很大影响。1970 年联合国教科文组织启动"人与生物圈计划"，直接影响了 1972 年公约关于自然的保护。很多其他国家也在国家范围内进行遗产保护。上述遗产保护都属于国家遗产的保护范畴。20 世纪中期"努比亚遗址国际保护运动"将遗产保护理念由国家推向世界，直接促成"世界遗产"理念诞生。[①]

1964 年埃及政府决定重修阿斯旺大坝，努比亚遗址面临着沉湖危机。1959 年阿拉伯联合共和国政府向教科文组织提出请求国际社会帮助以挽救努比亚遗址，51 个国家做出响应。来自 24 个国家的考古专家对该地域进行联合勘察，从 1960 年起，20 年间开展 40 多次大规模抢救活动，经过协同努力，22 座庙宇全部转移至安全地带。这是文化遗产学界第一次国际联合救援保护行动，此后许多其他遗产所属国都向教科文组织发出求援申请。努比亚遗址国际保护运动开启了遗产保护国际协作模式，此次运动亦开创了公共遗产理念及遗产共同价值理念，也确立了教科文组织在世界遗产保护中的主导地位。1972 年在瑞典举办的关于人居环境的政府间会议上，《世界文化和自然遗产保护公约》诞生，后在教科文组织第 17 届大会上正式通过。结合公约诞生的自然源头，1972 年公约从一开始就确定了文化遗产与自然遗产共同保护的理念，这一具有远见卓识的理念诞生后也有一系列操作困难。

(二)《保护非物质文化遗产公约》

不同于先在国家层面产生及开展保护，后推向世界的文化遗产与自然遗

---

① 李春霞：《遗产：起源与规则》，云南教育出版社，2008，第 11-39 页。

产术语，"非物质文化遗产"这一术语从"体现主权国家之间博弈和共谋的国际公约中诞生"①。以 1973 年玻利维亚政府保护民俗提案为起始点②，保护民俗开始进入教科文组织视野。1984 到 1987 年间该组织组成工作组负责撰写《保护非物质遗产行动规划书》（*Plan of Action for Safeguarding the Non-physical Heritage*）。此间使用的专业术语是"无形遗产"（non-physical heritage）③。与此同时，组织撰写《专家团对非物质遗产定义的咨询报告》（Consultation of Experts to Define the Non-Physical Heritage），前期专家有大卫·唐纳维（David Dunaway）和埃森·巴列克西（Asen Balikci），后期劳里·航柯也加入撰写组。撰写组中的两位民俗学家使最后定义呈现出明显的民俗学偏向。④修订后的该定义进入和非遗保护直接相关的第一个国际性文件，即联合国教科文组织 1989 年出台的《保护民间创作建议案》（*the Recommendation on the Safeguarding of Traditional Culture and Folklore*，以下简称《建议案》）。在该建议案中没有使用非物质遗产而直接使用传统文化和民俗（traditional culture and folklore）这一表述。可能是出于对版权的强调，中文译为"民间创作"⑤。在《建议案》中保护对象虽然使用"传统文化"和"民俗"两个关键词，但其实质性内容和工作展开具体框架都落在民俗（folklore）上⑥。《建议案》定义"民间创作（或传统的民间文化）是指来自某一文化社区的全部创作，这些创作以传统为依据、由某一群体或一些个体所表达并被认为是符合社区期望的作为其文化和社会特性的表达形式；准则和价值通过模仿或其他方式口头相传。形式包括：语言、文学、音乐、舞蹈、游戏、神话、礼仪、

---

①　宋俊华：《非物质文化遗产研究的学科化思考》，《重庆文理学院学报（社会科学版）》2009 年第 4 期。

②　玻利维亚政府向世界知识产权组织（Word Intellectual Property Organization，WIPO）提交了该提案，后委托给教科文组织。

③　为区别非物质文化遗产此处译作"无形遗产"。

④　李春霞：《遗产：起源与规则》，云南教育出版社，2008，第 126 页。

⑤　安德明：《非物质文化遗产保护：民俗学的两难选择》，《河南社会科学》2008 年第 1 期。

⑥　巴莫曲布嫫：《非物质文化遗产：从概念到实践》，《民族艺术》2008 年第 1 期。

习惯、手工艺、建筑术及其他艺术"。①为规避"民俗"在一些国家的"价值判断"内涵，1998 年教科文组织借鉴日本"无形文化遗产"（intangible heritage properties）术语，通过《宣布人类口头与非物质遗产代表作》（*the Proclamation of Masterpieces of the Oral and Intangible Heritage of Humanity*），在"口头与非物质遗产"定义中沿用了《建议案》中的民俗定义，"只是加入了一个强调'无形'概念的'文化空间'和'传统的传播和信息形式'"②。

1999 年教科文组织与史密森尼学会（Simthsonian Institution）在华盛顿联合举办名为"1989 建议案全球评估：地方授权与国际合作"（A Global Assessment of the 1989 Recommendation：Local Empowerment and International Cooperation）的会议，对 1989 年建议案从术语和定义到保护主体再到保护方法等方面进行全方位反思。此次会议直接影响到 2001 年《人类口头与无形遗产代表作申报文件准备指南》（以下简称《指南》）（*Guide for the Presentation of Candidature Files*）的制定。正是从这一《指南》开始，非物质文化遗产定义、包含内容与工作方法等较 1989 年建议案产生了本质性扭转。2002 年教科文组织出台《保护非物质文化遗产公约（草案）》，在 2003 年教科文组织第 32 次大会上，《保护非物质文化遗产公约》得以通过。最后给出的"非物质文化遗产"定义是开放性的，从定义看很难把握其具体含义，非遗保护具体工作也难以在此开放性概念下展开。"非物质文化遗产"是什么，具体涵盖什么样的内容，需要结合公约中对非遗包含的五个方面内容的说明才能有清楚认识。

---

① 'Folklore'(or traditional and popular culture) is the totality of tradition-based creations of a cultural community, expressed by a group or individuals and recognized as reflecting the expectations of a community in so far as they reflect its cultural and social identity; its standards and values are transmitted oraaly, by imitation or by other means. Its forms are, among others, language, literature, music, dance, games, mythology, rituals, customs, handicrafts, architecture and other arts.

② 李春霞：《遗产：起源与规则》，云南教育出版社，2008，第 136 页。

二、如何理解"遗产"

从最初的保护文化遗产和自然遗产发展至今，世界遗产体系形成世界文化遗产、世界自然遗产、世界文化与自然双遗产、世界非物质文化遗产的基础格局。遗产范围不断扩大，现包括：非物质文化遗产、文化遗产、自然遗产、文化与自然混合遗产，以及发展出的亚型——文化景观、历史城镇和城镇中心、遗产运河、遗产线路等概念。遗产概念还会继续扩展，且随着认识推进和遗产保护实践发展，未来也可能会有其他类型遗产加入。

就遗产保护时间来看，从最初对历史遗迹的保护发展到对近代遗产保护，直到当前"现代遗产"（modern heritage）也纳入保护范畴。现代遗产又被称为20世纪遗产（20th century heritage），目前还没有明确定义，但一般指20世纪出现的人类杰出创造。对现代遗产进行保护的目的是将其作为"人类献给未来的礼物"。

第一项入选《世界遗产名录》的现代遗产是悉尼歌剧院。该歌剧院位于悉尼市北部，修建时间为1959—1971年。1981年歌剧院第一次申报世界文化遗产，世界遗产委员会当时以尚"无法证明其自身具有杰出价值"为由予以拒绝。这一申请引发了遗产保护领域对"现代遗产保护"的探讨。1986年国际古迹遗址理事会（ICOMOS）向世界遗产委员会提交"现代建筑申报世界遗产"报告。在2007年第31届世界遗产大会上，悉尼歌剧院入选《世界遗产名录》，当时其设计师约恩·乌松（Jørn Utzon）尚在世。这一历程激发世界上很多国家对现代遗产的保护，也代表着"遗产"定义的变迁。

由此可知，世界遗产理念发生着如下变化。首先，1972年公约中包括的遗产类型不断增加，不断有新的遗产类型被识别。其次，从保护有形遗产发展到保护"非物质文化遗产"，遗产保护对象存在状态发生扩展。最后，从保护"历史"存在到保护"现代"存在，遗产保护时间范围也在不断扩大。遗产观念中内含的"传统"与"现代"，"物质"与"非物质"二元思维被逐渐击碎。什么是遗产？我们应当如何认识遗产？或可用简单一句话表述：遗产是人们基于当下的认识和需求所选择的，认为有价值有必要带给未来的事物。

三、遗产共有特点及调研注意事项

世界遗产体系是有生命力的体系，是不断发生变化的，自然不可只根据公约中的定义将其固化。虽然我们用分类方式认识遗产、保护遗产，但是遗产本身不可割裂，调研中要关注遗产中复杂主体性呈现，现代遗产调查和研究都倾向于对遗产制造过程的关注和探究。

(一)体系的"变化发展性"

人类对事物的认知受到很多因素影响。随时代和社会变迁，遗产理念也会发生变化，认识会不断革新。世界遗产体系是一个有生命的体系，其生命力最直接体现就是《实施〈保护世界文化与自然遗产公约〉的操作指南》(以下简称《操作指南》)及《实施〈保护非物质文化遗产公约〉的业务指南》(以下简称《业务指南》)的定期更新。若仅参照1972年及2003年公约可能无法具体理解遗产究竟是什么、包含什么、具体保护工作该如何展开，《操作指南》和《业务指南》提供了更加具体和详尽的信息。梳理不同版本《操作指南》和《业务指南》，可发现遗产认知变化。现在世界遗产包含种类越来越丰富，未来也会有新变化发生。

【知识链接 6-1】

什么是《操作指南》和《业务指南》

公约是具有国际法效力的文件，在国际法中，公约的相关定义是闭合性的，以反映其法律、技术和伦理层面的一惯性。由于各个方面限制，1972年公约中的定义和2003年公约中的定义有其局限性，多年来通过《操作指南》和《业务指南》对相关公约进行着概念革新和理论推进。

《操作指南》及《业务指南》作为缔约国开展具体工作设立的相应程序旨在具体推进公约在缔约国的实施并为开展具体工作(如列入名录、保护保存、国际援助、调动国家和国际支持)设置相应的程序，是有生命力的文件，是对

《公约》的进一步阐释及其变化的具体呈现，操作指南定期修订以反映世界遗产委员会的最新决策。操作指南是抽象的公约和具体保护工作之间的链接，是各个缔约国开展保护工作的重要参考，通过操作指南定期修订以矫正公约实施法则及内在意义。[①]《操作指南》不断修订，可以看出"文化遗产"和"非物质文化遗产"概念和范畴发生的变化。

《保护世界文化和自然遗产公约》诞生于 1972 年，至 2019 年 7 月已评选出 1121 项世界遗产，拥有 193 个缔约国，成为当前缔约国最多的国际公约，中国 1985 年加入该公约成为其第 89 个缔约国。从 1977 年在第一届世界遗产大会上通过第一版《操作指南》至今历经 30 多次修订，内容扩充十余倍，增加了 15 个附件。《保护非物质文化遗产公约》诞生于 2003 年，至 2018 年 5 月已有 178 个缔约国。中国于 2004 年加入该公约成为第 6 个缔约国。《业务指南》于 2008 年公约缔约国大会第二届大会通过，之后每两年修订一次，至今已修订 5 次，增加了一半的内容。在不断定期修订中，《操作指南》及《业务指南》作为抽象的公约精神的具体实施方针及公约变化的晴雨计，反映着世界文化与自然遗产及非物质文化遗产的内涵和外延的变化。

(二)过程的"制造性"

"遗产"是一种文化实践，遗产展现不仅仅是此时此刻的呈现，也不是遗产名录中的介绍，更不是申遗成功那刻的永久保存。遗产的存在不是标本，而具有过程性。遗产在申请、登录、保护及利用过程中被制造，这也就意味着在调研过程中不仅要看到遗产当下的呈现，了解其过去状态，更重要的是对遗产何以成为今日状态，即遗产如何从过去走到现在做出详细调研。不仅如此，更要将注意力从某种遗产"是什么"转移到"为什么"，即这种遗产"为何呈现出当下的状态"和"怎么样发展"，即遗产未来规划和发展趋势。遗产是在多个层面上被多元行动者共同制造的，调研不能以固化眼光看待遗产，应注

---

① 史晨暄：《世界遗产"突出的普遍价值"评价标准的演变》，博士学位论文，清华大学建筑学院，2008，第 45 页。

重其"过程"的调查和研究。

(三)作为文化整体的"不可割裂性"

遗产是不可割裂的文化整体存在。这种不可割裂性首先是遗产与其环境不可割裂。背景包含历史、地理、文化三方面，文化遗产的调查、研究、分析和判断必须基于其存在背景进行。在调查研究中对文化背景的调查是重要且必要的。其地理背景的不可割裂性体现在虽然一些类型的遗产宣称具有普世价值，但任何遗产都有其属国、属地，如果将其割裂地理归属进行研究难免产生偏差。文化遗产与其历史的不可割裂性表现在，遗产在成为遗产之前的状态，在成为遗产之后的发展历史都需给予关注。这些方面共同构成遗产的背景。

遗产的分类及保护方式与当时社会、政治环境以及对遗产的认知等因素有关，事实上遗产的物质性和非物质性也不可割裂。"文化遗产"也有其非物质的一面，如云冈石窟有很多动人的传说。"文化与自然混合遗产"本身既具有文化遗产的特质也具有自然遗产的特质，且兼具非物质的特质，例如泰山是世界文化与自然混合遗产，同时泰山传说也是中国国家级非遗。非物质文化遗产也具有其物质属性，一种传统手工艺是非遗，其制作产品也可能同时是文化遗产。所有遗产类别都无法彻底割裂和绝对区分。这意味着在对任何一种遗产进行调研过程中都不可以只关注某一方面或某几个方面的内容，全面考察同时有所侧重才是正确方式。

(四)政策引导下的文化实践

官方遗产是政策引领下的文化实践。教科文组织遗产体系及实践方式有一些弊端，需实践工作者在工作中发现并提出问题，也需要科研工作者不断探究。获得世界遗产头衔不仅带给遗产归属地极大荣誉，还会带来非常大的经济效益。世界遗产无异于一块文化资源的奖牌，是文化资源开发利用的底牌。世界文化遗产在全球铺开成为旅行坐标。非物质文化遗产也成为手工艺品、食品、戏曲、舞蹈最响亮的广告语。因此想要申报各级各类遗产的各地政府、社区、群体及个人都会详细研读遗产申报规则，竭尽全力完成某项文化资源申报工作。中国近些年来的"遗产热"正是在政策引领下的文化实践浪潮。

基于上述原因，在具体调研中对各级各地政策的了解就非常重要。一些研究者在调查研究过程中只将田野对象做简单分类，不去做政策梳理就开始田野作业，此种方式极不恰当，极易产生误读。如本章第四节案例"杨炯出巡"祭祀仪式调研，有调研者在"非遗主体"相关叙述中认为只有"传承人"在传承该项目。如果详细了解过传承人申报制度就会知道，传承人只是担负名录项目传承责任，在特定领域内具有代表性并在一定区域内具有较大影响的传承者，实际传承主体远远不只是传承人。在遗产研究中，对官方相关政策的全面梳理非常关键。

第三节　文化遗产及混合遗产调研方法

本节主要内容是文化遗产与混合遗产的调研。初步介绍当前1972年公约所囊括的遗产类别及其特点，并就如何在调研中具体把握物质性遗产主体性、完整性及价值属性做出说明，最后以"云冈石窟保护现状"作为实操案例。

一、文化与自然遗产定义及变化

在1972年公约遗产类目中，除去"自然遗产"，都属于文化资源。本部分同样呈现"自然遗产"的定义，因为"文化与自然双重遗产"（又称作"混合遗产"或"文化与自然混合遗产"）要同时部分满足或完全满足"文化遗产"和"自然遗产"的定义。通过1972年公约及当前最新版本的《操作指南（2019）》中的相关定义，可初步了解本部分调研的类别、内容及变化。

（一）1972年公约中关于"文化遗产"及"自然遗产"的定义

第一条　下列各项应列为"文化遗产"：

古迹：从历史、艺术或科学角度看具有突出的普遍价值的建筑物、碑雕和碑画，具有考古性质的成分或构造物、铭文、窟洞以及景观的联合体；

建筑群：从历史、艺术或科学角度看在建筑式样、分布均匀或与环境景色结合方面具有突出的普遍价值的单立或连接的建筑群；

遗址：从历史、审美、人种学或人类学角度看具有突出的普遍价值的人类工程或自然与人的联合工程以及包括有考古地址的区域。

第二条　下列各项应列为"自然遗产"：

从审美或科学角度看具有突出的普遍价值的由物质和生物结构或这类结构群组成的自然景观；

从科学或保护角度看具有突出的普遍价值的地质和地文结构以及明确划为受到威胁的动物和植物生境区；

从科学、保存或自然美角度看具有突出的普遍价值的天然名胜或明确划分的自然区域。

(二)最新版本《操作指南》中的其他遗产类目定义①

随着社会、政治、实践、认知等变化，遗产类目识别工作一直在推进，《操作指南》修订反映着世界遗产所涵盖内容持续变化。1972年公约中遗产包括文化遗产与自然遗产，后又加入文化与自然双遗产。1984布宜诺斯艾利斯举办委员会第八届会议讨论了同年在巴黎召开的"历史名镇专家议事会"结论，之后1987年在《操作指南》中加入"历史城镇和城镇中心"。1992年世界遗产委员会第16次会议批准将"文化景观"纳入《操作指南》。1993年汤加里罗公园成为第一个进入世界遗产名录的"文化景观"。之后"遗产运河"和"遗产线路"也出现在《操作指南》中。世界遗产范围不断扩大，现包括文化遗产、自然遗产、文化与自然混合遗产，且包括几种特殊的文化与自然遗产类型，即文化景观、历史城镇和城镇中心、遗产运河、遗产线路。未来，遗产概念还会继续扩展。虽至今未有明确定义，但2007年"现代遗产"出现在《世界遗产名录》中，2010年"负面遗产"开始出现在《世界遗产名录》中。未来，在《操作指南》中也可能会纳入其他遗产类型。

文化与自然双重遗产

---

① 本部分内容源自中国古迹遗址保护协会译制的《实施〈世界遗产公约〉操作指南》2019年版，附件3：特定类型遗产列入《世界遗产名录》指南，本部分只选取其中关系上述4类遗产的定义部分。

只有同时部分满足或完全满足《公约》第 1 条和第 2 条关于文化和自然遗产定义的遗产才能认为是"文化与自然双重遗产"。

文化景观

文化景观属于文化遗产，正如《公约》第一条所述，它们是"人类与大自然的共同杰作"。文化景观见证了人类社会和居住地在自然限制和/或自然环境的影响下随着时间的推移而产生的进化，也展示了社会、经济和文化外部和内部的拓展力量。

……

文化景观主要可以被分为以下三类：

（1）最易识别的一种是明确定义的人类刻意设计及创造的景观。其中包含出于美学原因建造的园林和公园景观，它们经常（但不总是）与宗教或其他纪念性建筑物或建筑群相结合。

（2）第二种是有机演进的景观。它们产生于最初始的一种社会、经济、行政以及宗教需要，并通过与周围自然环境的相联系或相适应而扩展到目前的形式。这种景观反映了其形式和重要组成部分的进化过程。它们又可分为两类：

●残遗（或化石）景观，它代表过去某一时间内已经完成的进化过程，它的结束或为突发的和渐进式的。然而，它的显著特点在实物上清晰可见。

●另外一种是持续性景观，它在当今社会与传统生活的密切交融中持续扮演着一种积极的社会角色，演变过程仍在进行中，而同时，它又是历史演变发展的重要物证。

（3）最后一种景观是关联性文化景观。将这一景观列入《世界遗产名录》是因为这类景观体现了强烈的与自然因素、宗教、艺术或文化的关联，而不仅是实体的文化物证，后者对它来说并不重要，甚至是可以缺失的。

历史城镇和城镇中心

符合《世界遗产名录》申请条件的城区包括下列三种：

（1）无人居住但却保留了依然如故的考古证据的城镇，这些城镇一般符合真实性的评价标准且保护状况相对易于控制；

（2）尚有人居住的历史城镇，这些城镇在社会经济和文化的变化中不断发展并将持续发展，这种情况致使对它们真实性的评估更加困难，保护政策存在的问题也较多；

（3）20世纪的新镇，矛盾的是这类城镇与上述两种城镇都有相似之处：一方面它最初的城市组织结构仍清晰可见，其历史真实性不容置疑，另一方面它的未来是不明确的，因为它的发展基本是不可控的。

遗产运河

运河是人类兴建的水路。从历史或技术角度看，运河本质上或作为这种文化遗产类型的一个特例都可能具有突出的普遍价值。历史运河可以被看作一个文物古迹，一种线性文化景观的决定性特征，或是一个复杂的文化景观中的一个组成部分。

遗产线路

遗产线路的概念丰富多彩，它提供了一种有效的构架，使相互理解、多种历史观的共存及和平文化能在其中发挥作用。

遗产线路由各种有形的要素构成，这些要素的文化意义来自跨国界和跨地区的交流和多维对话，说明了沿这条线路上展开的运动在时空上的交流互动。

二、文化遗产与混合遗产调研注意点

真实性、完整性及价值属性是在对1972年公约囊括遗产类别的调研中应当关注的重要方面。这三个方面都非常抽象，难以把握，本节将这三个抽象属性进行具体化描述，调研者可参照实施调研。但也不应囿于本部分提的内容，要在具体调研中积极发现问题，寻求更好的调研方法。

（一）主体性

主体性可能是遗产中最复杂、最难以厘清的一个问题，在相关调研中非常难以把握。1972年公约囊括的遗产类目呈现状况更加复杂。在1972年公约中"遗产"被认为具有"普世价值",对"全人类来说都是无价之宝",但遗产事实上又有自己的归属国,在遗产母国中也有所属地区甚至所属机构等。1972年公约囊括的遗产类目在主体性方面有复杂多样的状况,引入"3R 权属(The 3R's)"概念或可帮助调研者理出头绪,"在遗产研究中,人类财产或者文化财产的所属问题被概括为'3R 权属':所属权、接近权和继承权(rights of ownership,rights of access,rights of inheritance)"①,调研者可据此对调研对象进行初步把握。

(二)真实性

真实性也被译作原真性、本真性。将这一概念引入文化遗产领域的是在1964 年 5 月第二届历史古迹建筑师和技师国际会议上通过的《威尼斯宪章》,《威尼斯宪章》首次提出文化遗产保护"真实性"含义,即将文化遗产"真实、完整地传承下去"。1994 年 12 月世界遗产委员会在日本奈良召开会议,通过《关于真实性的奈良文件》(以下简称"奈良文件"),肯定了真实性是定义、评估、监控世界遗产的一项基本原则,并在世界范围内达成共识。真实性原则是要保护原生的、本来的、真实的遗产,保护它遗存的全部历史文化信息。这为物质文化遗产保护和修复提供了重要参考原则。然而真实性有着复杂的词义,其本身具有自反性,在其意义范围内包含着不协调、相互矛盾的方面,思想边界模糊不清,另外不同文化对原真性的理解也存在差异。

鉴于"真实性"的复杂性和重要性,为对文化资源更好进行调研,可参考《操作指南》中关于真实性评估的条文。该指南提出所申报遗产的文化价值应当在下列特征上真实可信:"外形和设计;材料和实质;用途和功能;传统,技术和管理体系;位置和环境;语言和其他形式的非物质遗产;精神和感觉;其他内外因素。"②其中精神和感觉如在社区中保持传统和文化连续性、传统文化的认同性等,虽然较抽象但非常重要。"信息来源"指所有物质、书面、口

---

① 彭兆荣:《文化遗产学十讲》,云南教育出版社,2012,第 11 页。
② 联合国教育、科学与文化组织、保护世界文化自然遗产的政府间委员:《实施〈保护自然与文化遗产公约〉操作指南》2009,第 17-18 页。

头和图形等方面的信息，有助于更好理解遗产。上述为田野作业"真实性"要求调研提供了具体操作指引。

(三)完整性

在遗产调研过程中要注重其完整性。完整性至少包括下面几个方面。第一，本体完整性，本体完整性是对该遗产本身进行详尽调研，包括遗产艺术特色、结构特征、特点价值等。第二，历史完整性，历史完整性是对遗产历经时代、历史地形地貌、历史空间等方面进行调研。第三，遗产的空间完整性。遗产的空间完整性是说所调研空间要足够大，可以涵盖遗产全部风貌和特征体现。第四，遗产的生境完整性。遗产的生境完整性是和遗产相关的非物质因素，如习俗、史诗、神话、传说、故事、笑话、营造技巧等方面内容，皆可在调研范畴中。第五，开发完整性。开发完整性是该遗产以什么方式进行着怎样的开发。以1972年公约囊括的遗产为对象进行调研，应当至少在上述方面保证田野对象的完整性。

(四)价值属性

遗产价值并非先天存在，而是人们赋予和建构的。虽然遗产具有很多固有属性，但这些属性在人类赋予价值前是中立的。人类基于自身观点、想法赋予遗产价值，而观念本身又由时代、社会等决定，所以说遗产价值是变化的。遗产的价值也是多重性的，不仅具有历时性、艺术性、科学性也具有社会性。衡量遗产价值的统一标准并不存在，遗产价值之间不可比较、不可通约。遗产价值也非常易于改变，不同机构不同人进行不同解读，呈现出的可能是不同的价值。保护在某种程度上也在改变遗产价值，从遗产的诸多价值中选择出当时、当下认为重要的价值对其进行保护，在某种程度上也是对另一些价值的破坏和对价值的再阐释及改变。①

遗产价值复杂且抽象。这样会为调研过程中的实际操作带来困扰，使调研者无从下手。李春霞、彭兆荣借鉴斯特布勒的遗产价值等式——"遗产的总价值＝使用价值(直接＋间接)＋存在价值＋机会价值＋遗赠价值"表述遗产价

---

① 关于遗产价值的复杂性在玛尔塔·德拉托瑞、张亮的《遗产保护的价值问题》(《遗产》2020年第1期)中有详细讨论。

值的内容，并形成遗产价值图谱（如图 6-1）[①]，为调研者提供了参考。在调研中可从三个方面入手对遗产价值进行考量。首先是使用价值，使用价值包括直接使用价值和间接使用价值。直接使用价值包括产生直接收益的部分，如经济收入，税收，遗产作为居住或商务等空间，以及在如旅游、休闲、娱乐等经济活动中的使用；间接使用价值可从社区形象、环境质量、现资产稳定的价格、社会活动以及美感等方面考量。其次是机会价值，机会价值指保存未来不可知的直接用途和间接用途的机会。再次是非使用价值，非使用价值包括存在价值和其他使用价值。存在价值指内在价值、认同感、独特性及重要性等方面；其他非使用价值包括遗赠价值和历史遗产。上述价值的具体阐释在为田野调研提供操作便利的同时也必须说明，任何分类都只是为让读者更加简单、直接认识难以把握的对象，而非在实践中被分类限制。遗产价值的复杂性需要反复探讨和持续研究。

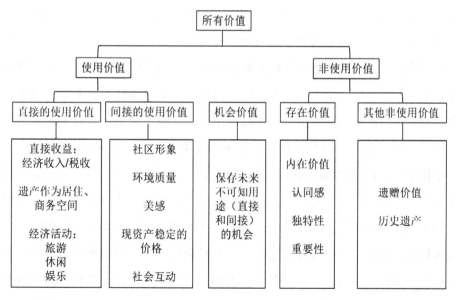

图 6-1　李春霞、彭兆荣绘制《遗产价值图谱》

---

① 李春霞、彭兆荣：《从滇越铁路看遗产的"遗产化"》，《云南民族大学学报（哲学社会科学版）》2009 年第 1 期。

三、案例：云冈石窟保护现状调查研究

本节以世界文化遗产云冈石窟保护现状调研过程，介绍如何在调研中把握遗产的真实性、完整性以及价值属性。基于遗产完整性，不仅要对遗产主体进行关注，也要对其历史上相关部分进行了解，这些部分可能会激发后续研究中问题的产生，也会对全面了解文化遗产有帮助。本案例以鹿野苑石窟为例说明在文化遗产调研中，如何对其进行把握。此外也要对其管理方法进行详尽调查，遗产管理的理念、方式和实施状态是文化资源调查中需要关注的重要问题。同时文化资源利用方式的调查也不可或缺。

(一)田野点简介

大同古称"平城"，历史上一度是华北地区政治、经济、文化中心，是历朝历代的军事重镇，也是北魏王朝首都。五胡十六国时期拓跋珪从内蒙古盛乐迁都平城。随着北魏统一北方，各地民众开始迁来。移民带来佛教信仰。北魏统治者为体现各个民族和谐共处，将佛教奉为国教，试图将其作为缓和民族矛盾的手段。当时著名高僧昙曜说服拓跋濬"礼佛如礼帝"，建造昙曜五窟，成为云冈石窟一期工程。五窟中的佛像造型是在印度造像基础上调整面部比例和嘴角弧度，特意塑造成更接近中国皇家帝王风范，同时也符合当时北魏人审美。这是云冈石窟造像佛像中国化的开始。从公元460到494年，昙曜用34年时间在平城西武周山南麓营造出一个佛国世界。现大同西郊武周山南麓东西绵延一公里的山崖，开凿有252个窟龛、5.1万尊佛像，最大佛像高达17米，最小仅几厘米。这是中国第一个规模巨大的石窟群，多种雕塑造像风格共存云冈，是中国石窟艺术实现全石化的起点，也是佛教艺术发展史上的重要转折点。云冈石窟造像气势宏伟，内容丰富多彩，堪称古代中国石刻艺术典范和古代雕刻艺术宝库。2001年12月14日云冈石窟被联合国教科文组织列入世界遗产名录。

(二)调研内容及进程

调研首先要对文化遗产保护的主体部分云冈石窟进行文献分析和实地考

察，云冈石窟可分三期工程。

早期工程：作为云冈石窟第一期工程的昙曜五窟，开凿于公元 460 到 465 年。五个石窟中央的五尊 13.8～15.5 米的巨大佛像依次代表着北魏建国初期的五位帝王，平面为马蹄形穹隆顶，外壁满雕千佛。主要造像为三世佛，佛像高大、面相丰圆、高鼻深目、双肩齐挺，显示出劲健、浑厚、质朴的造像作风。其雕刻技艺继承并发展了汉代的优秀传统，吸收并融合了古印度犍陀罗、秣菟罗艺术精华，创造出独特艺术风格。

中期石窟：开凿于公元 471—494 年。第 1、2 窟、未完成的第 3 窟，还有第 5～13 窟都是这一时期石窟。中期是云冈石窟的鼎盛阶段，也是北魏政局最稳定、经济最繁荣时期。北魏举全国之力聚集国内技艺顶级工匠，修凿中期石窟，历经 40 年至迁都前大造像全部完成。造像内容多样化且产生很多新题材，洞窟造型也较前期有所改变，方形或长方形巨多，一些洞窟中心有塔座出现。

晚期石窟：从 494 年到 524 年。这一时期北魏迁都洛阳，皇家造像停止，被佛教浸染至深的大同，在民间开始盛行造像。从达官显贵到平民百姓都开始在云冈开凿石窟，形制较小。主要位于 20 窟西面，其余地方也有小龛出现。这一时期造像受汉化改革影响，开始变得"秀骨清像"，这一特点对中国后期石窟寺造像产生影响（如图 6-2）。

图 6-2　晚期石窟，马伊超拍摄

"从《水经注》记录开始到北朝、唐朝以来，与云冈石窟相关的记录上都叙述了云冈石窟的范围'延绵 30 公里'。云冈石窟包括鹿野苑、焦山、吴官屯等诸多石窟，可以说与'云冈石窟'一起在平城时期佛教石窟中有着重要地位"①。

---

　　① 梁银景：《平城地区北魏小石窟群的分期与云冈之关系》，《2005 年云冈国际学术研讨会论文集（研究卷）》2005 年第 19 页。

当前"云冈石窟"调研大多将注意力集中在石窟景区，对历史记载中"绵延30公里"的云冈石窟缺乏整体性把握，相关调研尤其是对其现状的调研非常少。在这种情况下，实地调查和分析就显得尤其重要。因篇幅所限，现以鹿野苑石窟为例简单说明在整体性调查方针指引下，如何切入对行政权力介入较少文化资源的其他部分做初期调研。

鹿野苑石窟位于大同市西北约10公里雷公山脉北端大石崖背沟北山崖面，东南距小石寺村1.5公里，南距安家村北魏城垣遗迹4公里。该石窟在1980年7月进行文物普查时被发现，初命名为小石寺石窟。1987年李治国、刘建军对该石窟进行了考察、清理和测绘。石窟东西长30米，洞窟11个。从石窟地理位置、形制、造像特征等方面结合历史文献分析，应为北魏平城鹿野苑石窟。鹿野苑石窟为北魏献文帝所建，石窟从东至西11个洞窟中的第六窟为造像窟，现存一佛二菩萨，外侧二力士。

20世纪后期当地信众筹资在鹿野苑石窟南面修建小庙一座，这庙便是鹿野苑寺的前身。1999年由住持演荣主持开始鹿野苑寺主殿和配殿的修建，至今已有二十多年。经过将近二十多年营建，如今卢野苑寺呈现出全新面貌。

在遗产管理方面，云冈石窟设立了缓冲区保护景区景观的完整性，控制建筑高度和建筑体制，周边煤矿停止运作。大同市委市政府投入大额资金完成"云冈石窟周边环境治理工程"，云冈石窟就此增加了10倍游览面积，在保证石窟石刻主体原真性基础上，使游览更具趣味性和客观性。

新增加部分有食货街，食货街主要售卖特色饮食和非遗相关产品。在食货街餐饮售卖店可以买到刀削面、烧卖等地方特色食物，还可参观山西传统特产老陈醋的制作工艺流程，大同煤雕、云冈石雕、代京木雕、云冈绢人、广灵剪纸、灵丘银器等非物质文化遗产项目入驻食货街。

景区新增区域还设演艺中心，游客可以观赏魏碑书法表演、云冈乐舞表演、皮影戏等一系列演出。灵岩寺在不破坏石窟风貌、保护石窟的同时，使云冈石窟游览更具客观性，再现了郦道元《水经注》中所描绘"山堂水殿、烟寺相望"的景象。改造后的云冈石窟从硬件设置到旅游服务，都在国内达到领先水平。

　　不仅是硬件建设，景区服务也开始规范化管理。整个景区员工管理采取终身培训制，以保障服务理念更新和服务质量不断提高。景区倡导"人人都是形象大使"理念，所有员工各司其职，但又打破工种界限共担其职，各类问题可及时得到上报和解决。验票、检票、租借讲解器等活动要求在规定时间内完成，给游客带来更好的体验，讲解服务不得少于 90 分钟，使游客在细致观赏中产生更好的体验。

　　在文化遗产得到科学保护的同时，大同市合理利用文化资源促进城市发展。将云冈石窟规划纳入整个大同的旅游路线建设和城市建设，以达到整个城市旅游文化一体化效果。2000 年开始举办的"中国·大同云冈国际文化旅游节"，以云冈石窟和恒山为中心，组织了 19 条游玩线路。旅游节当天大同地区大部分景点免费开放。第一届旅游节招商总额达到 8 亿，之后逐年增加。2011 年云冈石窟景区被山西省命名为"文化产业示范基地"。

第四节　非物质文化遗产调研方法

　　本节先概括介绍 2003 年公约所囊括的遗产类别，并就如何在调研中具体把握非物质文化遗产的主体性、变化性、物质性、培育性做出说明。最后以"'杨炯出巡'祭祀仪式"作为实操案例。

一、非物质文化遗产定义及发展

　　在亚洲，韩国和日本在加入 2003 年公约前已经有系统的非遗保护体系和相关的法律建设。在中国，非遗保护是一个外来理念。我国从 1998 年的《宣布人类口头与非物质文化遗产代表作》开始关注"非物质文化遗产"，2001 年昆曲入选"人类口头与非物质文化遗产代表作名录"，2002 年在中央美术学院举办"中国高等院校首届非物质文化遗产教育教学研讨会"。2004 年中国成为

2003 年公约缔约国。首先从 2003 年公约相关部分入手，了解什么是非物质文化遗产。

第二条：定义①

（一）"非物质文化遗产"，指被各社区、群体，有时是个人，视为其文化遗产组成部分的各种社会实践、观念表述、表现形式、知识、技能以及相关的工具、实物、手工艺品和文化场所。这种非物质文化遗产世代相传，在各社区和群体适应周围环境以及与自然和历史的互动中，被不断地再创造，为这些社区和群体提供认同感和持续感，从而增强对文化多样性和人类创造力的尊重。在本公约中，只考虑符合现有的国际人权文件，各社区、群体和个人之间相互尊重的需要和顺应可持续发展的非物质文化遗产。

（二）按上述第（一）项的定义，"非物质文化遗产"包括以下方面：

1. 口头传统和表现形式，包括作为非物质文化遗产媒介的语言；

2. 表演艺术；

3. 社会实践、仪式、节庆活动；

4. 有关自然界和宇宙的知识和实践；

5. 传统手工艺。

（三）"保护"指确保非物质文化遗产生命力的各种措施，包括这种遗产各个方面的确认、立档、研究、保存、保护、宣传、弘扬、传承（特别是通过正规和非正规教育）和振兴。

（四）"缔约国"指受本公约约束且本公约在它们之间也通用的国家。

（五）本公约经必要修改对根据第三十三条所述之条件成为其缔约方之领土也适用。在此意义上，"缔约国"亦指这些领土。

非遗概念在 21 世纪遗产热潮中迅速推广。联合国教科文组织作为非遗保护引导者，逐渐构建完整的非物质文化遗产保护系统，在非遗保护理念普及、

---

① 《保护非物质文化遗产公约（2003）》。

清单收录、传承教育、国际援助、制定法律和国际合作等各个方面起到积极推动作用且成效巨大。教科文组织期望在此过程中达成其保护文化多样性的目的，推进可持续发展。中国加入《非物质文化遗产保护公约》以来，非遗保护引起社会各界广泛关注和通力配合。在注重文化自觉和致力提升文化自信的今日中国，"非遗"概念迅速推广，非遗保护得到高度重视并且积累了大量"中国经验"，中国的非遗研究也在不断推进中积累丰厚成果。

2018 年文化部与国家旅游局重新整合组建文化和旅游部，原隶属于文化部的非物质文化遗产司归入文化和旅游部之下。文化和旅游部组建不是简单的部门合并和功能叠加，而是部门职能的联合与融合。新"非遗司"主要负责推动非遗保护、传承、普及、弘扬和振兴，具体"拟订非物质文化遗产保护政策和规划并组织实施。组织开展非物质文化遗产保护工作。指导非物质文化遗产调查、记录、确认和建立名录。组织非物质文化遗产研究、宣传和传播工作"[①]。文旅融合为非遗传承发展及成果共享创造了新机遇。新时期中国非遗保护实践有重大调整和转向。文旅部组建后第 1 号部令就是《国家级生态保护区管理办法》(以下简称《办法》)，这一办法针对《中华人民共和国非物质文化遗产法》保障实施而提出，目标是加强非遗区域性和整体性保护。《办法》正式出台前，2007 年中国已设立第一个国家级文化生态保护实验区，建立一批国家级、省级生态保护区，积累了宝贵的经验。文化生态保护区是我国特色的非遗保护制度，成为非遗保护的探索和创举。

二、非物质文化遗产调研关注点

主体性、变化性、物质性、培育性是非物质文化遗产调研中常易忽视又非常重要的方面。在非遗调研中对这几个方面的忽略会直接影响调研结果和效果。本部分主要内容涉及这几个方面的重要性及其在调研中的实际操作。

---

① 中共中央办公厅、国务院办公厅：《文化和旅游部职能配置、内设机构和人员编制规定》，2018 年 7 月 30 日，http：//www. gov. cn/zhengce/2018-09/10/content_5320818. htm。

(一)主体性

主体性问题在非遗保护中呈现出复杂状况，虽然其他遗产类型也和人相关，但是非物质文化遗产更多地和人牵系一起，拥有更加复杂的主体性。首先是所有者。2003 年公约的非遗定义可看到对非遗主体的描述是"社区、群体有时是个人"，由于中国有非遗代表性传承人认定四级体系，调研者很容易把非遗主体简化为"代表性传承人"，而将社区、群体和其他个人排除在研究视野外。也有一些调研者关注"社区"但忽略群体和个人，在非遗研究中也常常出现把主体简单表述为"社区"的情况。这种简化非常危险。在非遗调研中不要仅仅关注被认定的"代表性传承人"，而要对其所有者"社区、群体有时是个人"给予同样的关注。除去所有者，还要关注其他行动主体，亦即非遗保护的参与者，如学者、官员、企业家、文化员等。行动主体和非遗的保护及发展密切相关，非遗是在政策引领下，在多元行动者的复杂行动中共同制造的。

(二)变化性

和"变化性"相关的对非遗的第一个误读是，非遗具有"原真性＼真实性"。由于受文化遗产保护理念中对真实性＼原真性的强调的影响，作为新兴概念的非物质文化遗产保护也被想当然地注入了真实性＼原真性的内含。这一误区产生了调研中的"真实性＼原真性陷阱"，调研者通常对非物质文化遗产有"真实性＼原真假设"，想当然认为在保护措施介入之前的非遗为其真实＼原真状态，从而保护措施介入前的形态变化。事实上在 2003 年公约保护理念中并没有"真实性＼原真性"要求，非物质文化遗产一直随着社会背景和时代环境处于变动、变化和变迁中。

和"变化性"有关的对非遗的第二个误读是，进入各级各地名录会引起非遗的"固定化"。2005 年国务院办公厅在《国务院办公厅关于加强我国非物质文化遗产保护工作的意见》(国办发〔2005〕18 号)第二条"建立名录体系，逐步形成有中国特色的非物质文化遗产保护制度"中规定："建立非物质文化遗产代表作名录体系。要通过制定评审标准并经过科学认定，建立国家级和省、市、县级非物质文化遗产代表作名录体系。国家级非物质文化遗产代表作名录由国务院批准公布。省、市、县级非物质文化遗产代表作名录由同级政府批准公布，并报上一级政府备案。"[①]事实上，自一个项目从日常生活的诸多文化事象中被选择开始，"遗产化"过程就一直存在。在调研中不仅要关注进入名录后的非物质文化遗产变化，也要关注其进入名录前的呈现状态，更要关注其在各级名录间的流转状态。

【知识链接 6-2】

遗产化[②]

"遗产化"是一个遗产的命名过程，是将历史上存在的一些具有重大价值或突出价值的文化遗迹或遗存等，经过官方或权威机构评定，列入遗产名录进行保护的过程。遗产的生产即为遗产化，是一项遗产被选择出来，经过重重论证、申报，最后列入遗产名录的全过程，涉及遗产的价值认定、遗产的管理与保护、遗产对于地方社会的影响等。在托丽娜·露兰斯基（Tolina Loulanski）看来，遗产具有两个层面的意义：一方面，遗产是为了了解文化与地景，保留人们所需的归属感与认同感，并传承到下一代；另一方面遗产是一种经过试验后的遗产工业，为了商业目的，对过去进行开发与操控。因此今天所说的遗产不仅是一个价值实体，也是一项社会实践，更是一个具有鲜明话语特征的权力化的资本符号，是社会再生产的产物，遗产理论之一的资本说即为例证。它将遗产的资本属性分为两个部分：文化资本与经济资本，而利用遗产的资本属性来满足各类群体的需要——谋求利益即为遗产的再生产。

美国民俗学家芭芭拉·科森布莱特·吉姆布莱特把"遗产化"过程称为"元文化的运作(metacultural operations)"。在她看来尊重、珍视、保存并最终视

---

① 中华人民共和国中央人民政府、国务院办公厅：《国务院办公厅关于加强我国非物质文化遗产保护工作的意见（国办发〔2005〕18 号）》。http：//www. gov. cn/zwgk/2005-08/15/content _ 21681. htm，访问时间：2020 年 5 月 7 日 20 时。

② 材料第一自然段源自何银春、梁越、曾斌丹：《遗产化进程中遗产认同的内涵及形成路径——以世界遗产永顺老司城为例》，《热带地理》2019 年第 5 期；第二自然段源自王杰文：《"遗产化"与后现代生活世界——基于民俗学立场的批判与反思》，《民俗研究》2016 年第 4 期。

为"遗产"的实践活动是一种"元层次（metalevel）"的文化创造过程，即把一种原本是日常生活"惯习（habitus）"的东西从惯常的视角中充分地剥离出来，开始反思性地凝视它，并从中剔取出某些片段，赋予它以特殊的价值。换句话说"遗产化"的文化实践乃是一种基于"现在的"需要而创造性地挑选、命名、重组"过去的"文化资源的创造性活动。在这里"历史"真的成了一个任人打扮的小姑娘。不同的主体基于当下与未来的不同需要总是会选择与重组不同历史时期的不同的文化元素，并竭力赋予其"真正的遗产"的地位，并试图使这一"真正的遗产"在当下的日常生活中产生想望的影响。

（三）物质性

提及非物质文化遗产，人们的关注点往往在"非物质"上，然而如一切的遗产都是"非物质"的一样，我们也可认为一切遗产都是"物质"的。非物质文化遗产也要依附于物质载体得以呈现。这就是文化遗产的无形和有形的统一。如传统手工技艺的产品"手工艺品"，乐器演奏中的"乐器"以及民俗信仰活动中的"服饰、衣着及道具"，信仰活动的"场所"，烹饪技法用到的"器具"等。非物质遗产的物质性其实直接关系到它的"资源化"问题。在调研中要重视对非物质文化遗产物质层面的考察。

（四）培育性

2016 年 UNESCO 的《实施〈保护非物质文化遗产公约〉业务指南》出现"包容性经济发展"条文，包括三方面内容："创收和可持续生活""生产性就业和体面工作"及"非物质文化遗产对旅游业的影响"。2017 年中共中央办公厅、国务院办公厅印发《关于实施中华优秀传统文化传承发展工程的意见》，决定实施传统工艺振兴计划、戏曲振兴工程等。文化和旅游部提出"非遗＋扶贫"实践方式，从"设立非遗扶贫就业工坊、组织开展传统工艺培训、发展提升传统工艺产品、扩大传统工艺产品销售渠道"四个方面开展工作。为"构建中华优秀传统文化传承体系，加强文化遗产保护，振兴传统工艺"在"十三五"规划中颁布了《中国传统工艺振兴计划》（以下简称《计划》），为增强文化自信、培养工匠精神、实现精准扶贫于 2017 年颁布建立"国家传统工艺振兴目录",该目录是《计划》提出的主要任务之一,"旨在选取并重点支持一批具备传承基础和生产规模、有发展前景、有助于带动就业的传统工艺项目,推动形成可推广的经验案例,带动全国范围内传统工艺的发展和振兴"。无论从教科文组织层面还是从中国国家层面都开始指向性明确的非遗开发进程,非遗和商业的关系越来越紧密。我国开始了非遗培育阶段,以期以文化遗产带动国民经济发展。

三、案例:"杨炯出巡"祭祀仪式

"杨炯出巡"祭祀仪式是浙江衢州盈川村一带民俗活动。本部分通过具体案例调研说明在非遗调研中如何应对其相对物质文化遗产更为复杂的主体性,怎样规避此类文化资源调研中原真性陷阱,以非物质文化遗产调研中不能忽视的物质部分。通过具体案例呈现,了解如何在规避"原真性"陷阱提示下,调查及梳理仪式状态的变化,不仅关注某一次仪式及其在某个名录中的呈现状态,更要关注其在层级名录间流转的状态及其进入名录前的状态。

(一)田野点及对象介绍

"'杨炯出巡'祭祀仪式"是浙江省省级非物质文化遗产,是浙江省衢州市盈川村一带习俗。盈川村一带为始置于唐如意元年(692)的盈川县旧址,被誉为"初唐四杰"之一的杨炯是盈川第一任县令。当地传说他在任期间爱民如子,恰遇县治三年大旱、颗粒无收,杨炯跳入盈川潭祈雨后天降甘霖。百姓为感其恩德,置城隍庙拜其为城隍神,以城隍庙为中心形成当地的城隍信俗。每年六月初一举行的"杨炯出巡"祭祀仪式是城隍信俗的一部分,发展至今已有1300 多年历史。据传杨炯出巡时所过之处飞鸟会吃掉蝗虫,作物丰收,当地民众在这一天祈祝风调雨顺、健康平安。仪式前三天或更早,村民就开始准备工作,蒸馒头、预备祭品、准备土炮等,最重要的准备工作在仪式前一天进行。这天下午主事会和执事一起将杨炯造像请下祭祀台,为其沐浴更衣后再将造像请入轿。六月初一当天早上,在主事带领下,巡游队伍和在城隍庙帮忙的民众进行早拜。早拜结束后，主事、执事和仪仗队组成的巡游队伍将轿子抬出，鸣锣开道开始巡游，途径 16 个村 28 个站点，即山外村、樟树山村、上余村、东山边村、赵庄村、金钩桥村、园里村、犁头山村、航头村、段家村，到大田畈村。仪式时间长，巡游地域广，在当地有较大影响。本案例以盈川村为主要田野点、以巡游途径村落为辐射对此非物质文化遗产展开调研。

(二) 调研过程及内容

"'杨炯出巡'祭祀仪式"于 2006 年 12 月进入衢州市市级非遗代表作名录，2007 年 1 月进入衢江区非遗代表作名录，同年 6 月入选浙江省第二批非物质文化遗产名录。从文献资料和田野资料来看，围绕以城隍庙为中心形成的"城隍信俗"主要包括民俗活动，如每年农历四月二十二和八月二十城隍庙附近举办的大型庙会，庙会上来自衢州、金华甚至浙江省其他地区的信众都会前来祭拜杨炯，杨炯祠准备斋饭宴请香客，并请戏班唱戏。正月十五杨炯祠会抬杨炯塑像去村民家里上门送福。每月初一、十五也会开庙门接受信众祭拜。是什么事件促成在城隍信俗囊括的多项规模形制类似的文化资源中，"'杨炯出巡'祭祀仪式"脱颖而出进入非遗名录？抛开非遗进入名录前具有稳定性和原真性的偏见，将目光放在更长时间线中对这一事象进行调研。

2001 年元旦，衢州市市长和衢江区委书记到盈川城隍庙视察时指出要发扬古城文化，将古城文化和名人宣扬光大。在此号召和中共衢州市衢江区委宣传部、浙江省衢州市档案馆的合作下，徐庭和开始了《古城盈川与名人杨炯》一书的主编工作，该书于 2006 年 3 月完稿。书中关于城隍俗信的描述如下。"每逢农历每月初一、十五前来祭拜杨炯的四方男女陆续不断，特别是每年农历四月二十二、六月初一、八月二十、九月二十九更是热闹非凡，从四面八方前来赶集的人成群结队，数千人来来往往，挤得水泄不通，香火缭绕，烛光普照，默默寄托着对这位父母官的深切怀念之情。六月初一，是杨炯出巡的日子，随行人员前呼后拥、锣鼓喧天、彩旗飘舞、'回避肃静'四块大牌及大刀、戟、枪、皇辇车等随后，紧接着是四个人抬着杨炯在坐的大轿巡游各村，祈求风调雨顺，国泰民安，安居乐业"。[1] 可以看出在 2006 年关于杨炯信俗的描述中，有多项民俗活动居于同等地位。关于这一点从对当地民众的访谈、杨炯祠墙上张贴的佛讯中都可印证。那么在规模不相上下的这些活动中，是什么机缘让杨炯出巡仪式引起格外关注？

在 2005 年衢江区发布的通知《三管齐下打造特色廉政文化》中，第二条内容是"着力提升重点文物保护单位杨炯祠的廉政文化功能。位于高家镇盈川村的杨炯祠，在 1998 年被县人民政府、县文化局授予重点文物保护单位。杨炯（650—693，陕西华阴人）与王勃、卢照邻、骆宾王并称初唐四杰。692 年任盈川县令。693 年[2]杨炯跳入盈川潭为民求雨的故事在民间广为流传。区纪委将就进一步提升其廉政文化功能进行深入研讨，努力将杨炯祠打造成有衢江特色的廉政教育基地"。同时，2003 年浙江省被确定为我国首批 10 个民族民间文化保护工程试点。这项工程从 2004 年开始实施，同年我国加入《保护非物质文化遗产公约》，衢州市衢江区在 2005 年末开始非物质文化遗产普查。在打造廉政基地和非物质文化遗产普查的双重指导下，搜集到的和杨炯相关的民间故事（如表 6-1）、传说，全部都是廉政爱民的传说。

表 6-1　2005 年非物质文化遗产普查搜集到的民间故事

故事		
杨炯智斗竹刺史	杨炯捐献九龙塘	杨炯劈山治水得双盈
杨炯怒杖地头蛇	杨炯投井	杨炯深夜借粮度荒
杨炯严惩贪官	明月满川	贼爷爷碰着城隍爷
杨炯与学士椅	城隍庙里的观音像	余绍宋为杨炯平反

在上述情况下，城隍俗信由于"'杨炯出巡'祭祀仪式"与廉政有很大相关

---

① 徐庭和：《古城盈川与名人杨炯》，天马出版有限公司，2006，第 13 页。
② 编者按：杨炯卒年一直是学界较有争议的部分，具体可见蔡静波：《杨炯卒所"盈川"考》，《中国历史地理论丛》2005 年第 2 期，而在衢江区发布的这项通知中明确说明"杨炯 693 年跳入盈川潭为民求雨"在民间广为流传，而"跳入盈川潭"这一说法确实为民间传说，尚无史书记载。

性引起格外注意,又由于该仪式前期在不断呼吁与倡议下已进行细致调研、资料积累,整理发掘工作也更翔实,衢江区 2006 年申请"'杨炯出巡'祭祀仪式"列入市级名录,同年该仪式入选衢州市市级非物质文化遗产代表作名录。

再来关注"'杨炯出巡'祭祀仪式"中"物质性"的呈现。在 2006 年,作为市级非物质文化遗产的巡游队伍,参与民众的服饰较为杂乱(如图 6-3)。2007 年被认定为省级非物质文化遗产后,巡游队伍统一穿上了白衬衫(如图 6-4)。2012 年"'杨炯出巡'祭祀仪式"想申请国家级非物质文化遗产,众多媒体前来拍摄,衢江区经过研讨后决定让巡游队伍换成有"历史特色"的统一着装(如图6-5)。2017 年队伍服饰再次发生变化,除杨炯塑像外的巡游道具,如大开罗、长号、唢呐、小锣鼓等乐器;长木柄兵器(大砍刀、竹叶枪、方天画戟、混元锤)、红底木牌("肃静""回避""七品""正堂");大花轿、黄罗伞、掌扇、长条拱旗、花边绣龙旗、香炉、烛台等也越来越多、越来越精美(如图 6-6)。

由于外地来观礼的民众越来越多,原本仪式的这一天并没有市集,从 2016 年开始渐渐出现市集,售卖当地特色物品和民族工艺品。2017 年开始在杨炯祠外出现舞台,祭拜民众可观看文艺表演以及和杨炯相关的戏剧表演。盈川也围绕杨炯开始了一系列基础设施建设等非遗培育,已达经济及教育等目的。

图 6-3　2006 巡游队伍,金一媚拍摄

图 6-4　2007 巡游队伍,金一媚拍摄

图 6-5　2012 巡游队伍，马伊超拍摄　　　　图 6-6　2017 巡游队伍，金一媚拍摄

在该仪式由市级非物质文化遗产再到省级非物质文化遗产逐级申报过程中，这一文化资源不断地被表象。祭祀活动在各级名录的登录过程中出现了如下变化：服饰不断华丽化，在申报表述中仪式举行时间、杨炯以身殉职地点等信息逐渐趋于准确化，仪式出巡队伍逐渐整齐化、规范化，原本在口头传说中拥有各种异文的表述也逐渐统一化。通过该案例可看出对非物质文化遗产类进行文化资源调研，不能局限于一次活动或者一个时段，也不应当先入为主认为在保护措施介入前该事象具有原真状态。应当把眼光放在相对较长时段，对非物质文化遗产资源进行详细调研。在上述非遗制造过程中，有各个机构参与所引发的变化，也有参与群体、社区参与引发的变化，当然也有个人参与所引发的变化。如 2017 年服饰发生变化的原因是，工作人员 A（基于田野伦理对姓名做模糊化处理）2016 年到山东参观祭孔仪式，受到祭孔仪式服饰的启发，到金华定做一系列服饰。这也告诉我们在调研中也要关注个体的作用。综上，一项文化资源调研不仅需调研者整体掌握调研技巧和调研方式，还应对与该项文化资源相关的方方面面引起足够注意，这样才能顺利完成。

第五节　创新型文化资源调研方法

创新型文化资源历史较短，在调研中会面临基础资料匮乏的状况，在这样的状况下，调研者应怎样获取信息、挖掘资料以使田野调查顺利进行。下面以"上海市中产阶级鲜切花消费文化"作为实操案例进行讲解。

一、什么是创新型文化资源

"创新型文化资源"，即主体有意识创造的当前民众生活中的新文化资源，没有明显的和传统文脉的关联性，作为新兴事象已在民众生活中发生着影响，且持续地创造出物质财富或精神财富。现下，创新型文化资源已充斥于日常生活，且持续地对民众物质生活及精神生活产生影响。如广场舞已成为中老年群体积极参与的活动，甚至越来越多的青年也加入广场舞队伍，不仅有为编排动作舞曲的团队、为广场舞专门设计生产统一服饰，还有新闻媒体的报道等，广场舞成为热门的创新型文化资源并影响着市民的闲暇生活（如图 6-7）。新兴文化事项已不知不觉中浸入日常生活。

图 6-7　台州市市民广场，马伊超拍摄

二、创新型文化资源调查要点

在对创新型文化资源进行调研时，需要全面获取灰色文献，对此类文献梳理将有助于田野开展。在调研中要重视创新型文化资源的多方行动者，尤其是发起者。参与观察是田野调查的基本方法，在所有类型的文化资源调查中都适用，在创新型文化资源中格外重要。下面对这些方法的具体操作做详细叙述。

（一）信息主要来源：灰色文献

文献分析作为基础研究方法，包括学术文本的文献综述、历史文献梳理和灰色文献（grey literature）搜集整理（如图 6-8）。有学者认为灰色文献是由各级政府、学术界、商业和工业等以印刷和电子形式生产的，但不受商业出版

图 6-8　灰色文献搜集

商控制的文献资料。在其他例子中还包括手册，背景文件，书籍和小册子，新闻稿，组织或机构的报告，各种公共记录、会议记录等。[①] 这些不经商业出版只在行业内部或相关人群中共享的灰色文献，在创新型文化资源调查中可起关键作用。当然这些文献的梳理和搜集对任何文化资源调研来说都很重要，在本节中强调是因为作为新兴的文化资源，创新型文化资源的历史文献和相

---

① Harrison，S. 2019，'*The Safeguarding of Intangible Cultural Heritage in England：A Comparative Exploration*'，PHD，Nottingham Trent University，Nottingham.

关研究比其他类型资源都少，因此在此类资源调研中，文献资料主要来源于灰色文献。对相关公司、集团、各级政府相关网页的资料分析和相关 app、公众号文献的分析也有助于调研更好地展开。简而言之，要在田野调研中最大限度穷尽资料。

(二)对发起者的关注

对任何文化资源调研来说，对行动者关注很重要。在创新型文化资源的调研中必须关注在创新型文化资源制造、宣传、推动、消费过程中，什么人以及什么机构或什么组织在发挥着作用。其中尤为关键的是对"发起者"的追溯和关注，即是谁和为什么开始将此事物当做文化资源。这样做的原因不仅是相对其他类型的文化资源来说，对创新型文化资源的发起者进行追溯更容易。即使追溯是徒劳的，这个过程也会有更大的社会、文化构图呈现在调研者面前。而这个社会和文化构图，对理解和研究创新型文化资源来说至关重要。不仅如此，对发起者的追问还与对资源化方式的关注紧密相关。对发起者的关注可了解到是谁因为什么启动了这一进程，对资源化方式的关注则有助于了解资源化的具体呈现。

(三)参与观察的重要性

创新型文化资源的文献资料和研究积累都相对较少，这也就更加凸显了参与观察的重要性，让自己以更加近距离的方式去体验创新型文化资源，以及它带给自己和其他受众的影响。要在进行细致了解基础上进入田野，进行访谈、半结构访谈、结构访谈等，从具体参与与实践中获取信息。文献资料和研究成果少既是劣势也是优势，为调研者提供了更大空间去观察发现和独立思考问题。参与观察作为田野调研中的重要方法，在创新型文化资源的田野作业中尤为重要。

三、案例：上海市都市生活中的鲜切花文化[①]

中国鲜切花消费远低于发达国家，上海却呈现区域性消费高峰，甚至超过很多发达国家。上海市鲜花产销链通过消费符号制造将鲜切花消费植入民众消费观，鲜切花已成为上海民众生活中的创新型文化资源。这一文化现象在都市民众生活中发生着系列变革：从对生活装饰的消费到对生活方式消费的转变，较节庆消费而言日常消费增势迅猛，对鲜切花的关注也从寓意转移到了审美。在上述过程中，鲜切花成为都市生活的"共同体"标识，都市民众将鲜切花当作大自然表征物并借助其接近自然，也通过鲜切花的选择和插制彰显着自己的独特品位。本部分通过对上海市中产阶级鲜切花消费的调研来详述在实际操作中如何把握创新型文化资源：怎样在调研中获取灰色文献；在调研中当如何关注创新型文化资源的多方行动者，尤其是发起者；怎样通过参与观察把握调研对象。

（一）提出问题与文献整理

上海市鲜切花消费调研发起者因为同时关注当今"生活革命"语境下大都市中产阶级群体的生活变化，以及上海在中国独树一帜的鲜切花消费能力，从而注意到"作为一个受西方生活方式影响较大的城市，上海也形成自己鲜切花消费传统"，由此提出"这一文化资源怎样生成，呈现出当代都市生活怎样的文化消费特征？"等问题，因此选取上海鲜切花消费的主体人群即"中产阶级人士"为切入点，对作为文化现象的上海鲜切花消费进行历史追溯与共时关注。

为回答以上问题，本节主要运用了文献资料法和田野调查法。除了常规的文献资料如历史文献、官方统计数据、各类前人研究等基础文献，更注重通过对灰色文献分析如花卉种植汇报、会议录音、行业收益报告、行业计划、

[①]　本部分内容主要基于马伊超、徐赣丽：《品味生活：上海市中产阶级鲜切花消费》，《哈尔滨工业大学学报（社会科学版）》2019 年第 4 期一文，由本书主编赵李娜对其进行田野基本情况的介绍与编排。

行业产销形势分析报告、档案馆原始资料、鲜花售卖 App 及网站资料等梳理出上海鲜切花消费发展历程。

(二)田野点、调查过程及发现

在进行详细文献梳理和发起者及其他行动者追溯后，细致的参与观察是必要的。要浸润在田野中，体验创新类文化遗产，与受众和行动者进行对话，从生活中获取信息，以更加细致的方式感知田野对象。在厘清历史脉络和当今趋势之后，笔者通过一定的田野调查论证"上海市鲜切花消费的转变"，通过对巨鹿路和常熟路 11 家花店的田野调查，依次论证了"消费意图——从生活装饰到生活方式""消费时间——从节庆到日常""消费关注点——从寓意到审美"三个方面消费变化。

具体采用多点辐射与定点观察结合的方式，对位于上海市中心黄浦区巨鹿路、长乐路一带花店进行田野调查，并在长乐路×花店(基于田野伦理进行模糊化处理)进行为期 15 天的定点田野调查。之所以选择如上田野点，是因为从空间上看巨鹿路和长乐路位于上海市法租界，地处都市繁华地段，周边聚集中高档写字楼、中高档住宅区，是中产阶级聚集区域。从时间上看，客流体现出明显"时间的规训"，也可说明主要对象是中产阶级。当然在具体田野调研实施中，还需辅访谈进一步验证。通过参与观察上海市中产阶级生活中的鲜切花文化，在售卖模式、消费时间和消费关注点三个方面有所发现。

首先，通过多点田野的参与观察调研者发现：随着消费方式变革，中产阶级对服务要求越来越高也愈青睐体验式消费。为迎合消费者，花店在单一零售式贩卖基础上，增加了越来越多的服务。鲜切花消费模式日渐变得多元化，"花店＋"的出现意味着生活方式消费的形成，顾客从单一鲜切花消费渐渐融合各种因素，形成以生活方式为主体的综合性消费事象。对现有模式，店主们表示，"想开一家有温度的花店""比起单纯地卖花更想和顾客一起享受生活""我读大学时是学艺术的，所以想向顾客提供一种艺术的自然的氛围，其实更想传达一种生活方式，可以慢下来去享受自然和生活，不是整天只能埋头加班"。

图 6-9　巨鹿路花店①，马伊超拍摄　　　　图 6-10　巨鹿路花店②，马伊超拍摄

通过对巨鹿路及常熟路 11 家花店多点式田野调查，发现中产阶级聚居区常见的花店经营模式是在传统售贩式花店基础上加入"咖啡/茶""书/摄影""花艺表演/教学"等元素中的一项或几项。×花店就是集"传统花店"＋"花艺教学"于一体的"花店＋"模式花店。周末闲暇时间在鲜花簇拥里疏解疲劳，已成为很多都市白领的选择：跟着花艺师学习花艺、和植物进行更加近距离的接触、感受自然的芬芳气息。在写字楼里对着电脑工作一周后，或约三五好友或一个人静坐在店里边喝咖啡边欣赏花艺表演，度过惬意周末时光；在满是花草的自然氛围里，阅读一本喜欢的著作……这些都能使远离自然、整天伏案工作的都市中产的精神和身体上的疲乏和压力得以释放。花店通过花艺教授和生活模式介入培养了一批固定的鲜花消费群体。中产阶级对"花店＋"的选择体现对鲜切花的消费已从单纯对"生活装饰"的选择渐过渡到对"生活方式"的选择。

　　其次，鲜切花消费按消费目的区分主要分为礼物性消费、仪式性消费、日常性消费三种。2003 年之前鲜切花消费以礼物性消费和仪式性消费为主。近年来，上海市民鲜切花消费正在悄然发生转变。虽然消费高峰仍在情人节、

---

　① 此花店并非×花店。

　② 此花店并非×花店。

七夕节、母亲节、教师节等节日，但节庆鲜切花消费在消费总额的占比逐渐减小。2003 年之前上海市年节鲜切花消费在节日前三天和节日后三天会呈现小高峰，到 2017 年这个小高峰已延长到节前七天与节后七天。在节庆消费依然是鲜切花消费高峰情况下，日常消费增长明显。呈现出节庆消费平稳增长、日常消费迅猛增长态势。从顾客工作日入店消费时间也可明显看出，这一态势符合中产阶级工作时间节律，鲜花消费已进入其生活日常，这一节律在休息日被明显打破也更加证明这一问题（如表 6-2）。

表 6-2　顾客时段及交易次数

	入店时段	交易次数	总计
工作日	9：00—11：30	6	92
	11：30—13：30	30	
	13：30—17：00	12	
	17：00—22：00	44	
休息日	9：00—11：30	5	69
	10：30—22：00	64	

在田野调查观察到的 161 次交易中，礼物性消费 34 次，仪式性消费 6 次，日常性消费有 121 次之多，其中用来作为办公室陈设的 57 次，作为家居摆设的 38 次，有 26 次交易顾客同时购买了用于办公室陈设和家居摆设的鲜切花（如表 6-3）。可见顾客购买鲜花主要用于日常装点和美化所处环境。鲜切花日常消费勃兴使许多生产企业的销售重心开始向日常销售转移，鲜切花在这些企业中从节时供应逐渐变成周年供应。上海市鲜切花常日消费在总消费额中的占比逐年增长、鲜切花常日消费契合白领工作时间节律等，都说明鲜切花消费已进入中产阶级的日常生活，购花成为符合上海市中产阶级生活节律的日常消费行为。

表 6-3　鲜切花消费目的

性质		交易次数
礼物性消费		34
仪式性消费		6
日常性消费	办公室陈设	57
	家居摆设	38
	办公室陈设＋家居摆设	26

注：15 天内共交易 161 次，其中有 26 次交易顾客同时购买了办公室陈设和家居摆设鲜切花。

改革开放之后到 21 世纪初，上海花店常规装饰都有花语墙，即使没有花语墙，也有一本花语手册供顾客查阅。伴随着"消费革命"、民众整体审美水准提升、生活方式多样化需求以及个性尊重和彰显，花店装修渐渐开始突出店主个人的审美品位，简约风、豪华欧式风、质朴工业风的花店在上海市随处可见，不仅店面的装修不再出现花语墙，店内也不再有花语手册，以半个月的田野调研结果来看，进店的 161 位顾客，无一问及花语。比起花语，入店消费的顾客更想知道的是如何养花的专业问题，如"需要多长时间换一次水？""换水时要注意什么问题？""花期是多长时间？""这种花的产地是哪里？""这个花是什么品种的？""我们家墙面的颜色是绿色的，什么颜色更搭些？""我们家的装修是中式的，怎样可以搭出中式的感觉？"等。

对花语不再重视的可能原因有：随着基础性花卉知识的普及，鲜切花基本花语已被中产阶级熟知；当鲜切花消费从礼物性消费、仪式性消费占主导地位过渡到日常消费，鲜切花消费逐渐从礼物交换的符号转变为空间装饰的符号，消费者对颜色、品种的个性化追求逐渐取代了对含义的追求。这样的变化也促使鲜切花的消费市场越来越向个性化、多样化转变。上海早期的鲜切花主要是蜡梅、天竺葵、桃花、梅花、桂花、菊花和牡丹等传统品种，当时龙华桃花、豫园菊花、法华梅花和牡丹、半淞园桂花、杨思玫瑰等，都是市民争相购买的佳种名花。① 这些品种也就是从野生采摘过渡到种植培育的种类，但这些品种在当代上海都市消费者中逐渐发生了变化。调研得知，原先花店销售量最大的品种为玫瑰、康乃馨、满天星、百合等，而现在越来越倾向于特殊品种的花卉，人工培育的新品种、进口鲜切花都很受青睐。X 花店广受消费者欢迎的品种有黑色郁金香/马蹄莲/洋桔梗、普蒂亚花、木百合、针垫花、佛塔花等。这样的变化与购花者收入水平的提高、鲜切花消费水准的提升、个性化需求以及鲜切花消费趋向于日常消费后个人审美得以凸显有关。鲜切花的消费已经发生了一系列的转变，"花店＋"为中产阶级提供了一种生活方式，鲜切花消费中日常消费比重逐年增大，区别于之前对寓意的关注，当今中产阶级更注重鲜切花的品种和颜色。

第六节　创旧型文化资源调研方法

创旧型文化资源调研的关注点应在于，行动者怎样将文脉中的"旧"文化元素或者文化事象通过选择、唤起，以及表象化的操作打造成创旧型文化资源。本节以"台儿庄古城的重建"作为实操案例。

一、什么是创旧型文化资源

"创旧"一词由经济学家于光远提出后在各个领域被越来越多使用，体现着于光远对"新""旧"的辩证思考："新""旧"互相包含，无法绝对区分，时空不同也会造就"新""旧"相对性。在创生类文化资源探讨中，我们将"创旧"类文化资源界定为，从中华文脉中寻找可资借鉴或可供运用的文化元素，以此为基础创生出的新文化资源。这种文化资源试图与该元素过去的意义发生联系或产生新关系，以此达到物质目的或精神目的。创旧的主要形式有两种："引旧入新"和"拟旧造新"。"引旧入新"文化资源是，行动者从传统文脉中汲

---

① 俞俊杰：《上海县西洋花卉发展史》，硕士学位论文，上海交通大学，2010，第6页。

取某种或某几种"旧"文化元素，并将之用于新文化创意，行动者和受众都没有想营造出"旧"的氛围，但杂糅了旧文化元素之后呈现出新旧交融的体验。"拟旧造新"即此种新文化资源试图让受众认为它是"旧"的，虽然大家都知道它是"新"的，但也都知道这一文化资源想让人产生怀旧之感，且受众消费这种文化资源的原因也是它像"旧"的。当前各种古镇的修建或根据历史图址进行的古城复建等都属"拟旧造新"。在创旧型文化资源调研中要特别注重对"过程"的调查，即行动者根据现在的需求从过去选择了何种对之进行表象化操作，其间记忆①发生了何种重构，通过这些表象化的操作想要构建怎样的叙事以及何种集体记忆。

二、创旧型文化资源调研要点

在创旧型文化资源的调研中，要注意的是创旧型文化汲取的"旧"元素，这个"旧"元素在创旧型文化资源中有着怎样的象征性，发挥着什么功能，在此过程中想要给创旧型文化资源的受众构建怎样的记忆。在调研中有下述几个需要注意的事项。

(一)重视"旧"事象

创旧类文化资源的最大特点是新旧杂糅。因为此类文化资源是新生事物，所以很容易忽略其中"旧"的部分，对"引旧入新"类的文化资源来说尤其如此。调研者习惯于将目光集中在创旧类文化资源的当下呈现上，最需要提醒的是在调研中一定要非常重视对"旧"文化事象或者"旧"文化元素的了解，关注它们在原先语境中的状态。通过档案、文史资料等途径，对"旧"文化事象或文化元素进行深入了解。只有这样，才能在田野中发现，创旧型文化资源对传

---

①　主编按：记忆理论作为近年来学术界最热门的理论研究词汇之一，以"社会记忆""集体记忆""文化记忆""神话记忆""地方记忆""记忆场"等为关键中心词，在文学、社会学、心理学、历史学、人类学、文化遗产学等诸多学科获得理论阐发与个案经验，其中对于文化资源中的"记忆"利用也有相当多应用实践与理论表述，这不仅体现在"世界记忆遗产"这样的全球文化政策话语表述，更在于在文化遗产资源保护传承运动中，各个地方将"集体记忆""文化记忆"等作为地方文化资源加以利用，及其由此而来的研究。

统文化事象做出了怎样的选择,有着怎样的规划,想要通过什么"旧"来呈现出怎样的"新"。

(二)重视"表象化过程"

在创旧型文化资源调查中,对建构过程的关注和分析非常重要。具体来说,通过创旧想要达成什么目的以及这个目的的达成方式,经过了怎样的过程、使用了什么方式将旧有的文化或者元素构建成创旧型文化资源,这些都是调研的出发点和重点内容。这个过程需要通过"新""旧"对比之后对"新"做出拆解,并以此来了解其建构过程和符号意义。在过程调研中,重要的信息获取渠道有:对相关人员进行访谈;向负责部门得到许可查阅会议记录、相关文件等;网络也是重要的信息搜集渠道,通过搜索引擎可以获取大量信息,各级各类政府网站、文化公司网站、旅游公司网站等都是获取信息的通道。

(三)关注"呈现效果"

田野调查的重点在于了解创旧型文化资源通过创旧达到何种"实际呈现效果"。物质类创旧型文化资源构建了何种文化内核,打造怎样的传说、故事,构建什么样的意义叙事。非物质类创旧型文化实践产生出怎样的物质载体,这些物质载体又有着什么呈现。关注"实际呈现效果"的同时也要关注"理想呈现效果","理想呈现效果"的资料来源可以是导游词、说明书、布告、传单、广告等。通过导游词可直观了解一座"新古城"想构建怎样的记忆,通过说明书、宣传语可获知创作者纳入传统文化元素想要做出的意义表达,通过广告可直接读出这种时下的新文化资源想要给受众提供什么样的消费点。关注创旧型文化资源的最终呈现,可与相关"旧"事象结合讨论,以发现问题进行研究。

三、案例:台儿庄古城的重建[①]

在台儿庄战役胜利 70 周年之际,枣庄市人民政府宣布进行台儿庄古城复

---

① 本部分内容基于王明远在台儿庄进行的田野调研,详见王明远:《台儿庄古城的重建:记忆重构、公共记忆与国家话语》,《民俗研究》2016 年第 1 期。

建。在台儿庄古城复建中通过"拟旧造新"的方式从历史文脉中选取元素对其进行表象化操作，构建了新的台儿庄故事。在重建过程中，作为创旧型文化资源的"台儿庄古城"使用了哪些"旧"元素，这些"旧"元素有着怎样的象征性、发挥着什么功能、构成怎样"新"的叙事是我们在对作为创旧型文化资源的台儿庄古城进行调研时关注的重要问题。下面通过对台儿庄古城这一创旧型文化资源具体调研的实施过程进行展示，在具体案例中呈现创旧型文化资源的调研方法。在具体案例中呈现如何对创旧型文化资源的"过程"展开调查，在此过程中行动者根据现在的需求从过去选择了什么样的"旧"文化元素或者文化事象通过唤起及表象化的操作后打造当前的台儿庄古城，以及这一创旧型文化资源在当前的利用方式。

(一)田野点简介

台儿庄古城位于山东省南部枣庄市台儿庄区，地处京杭大运河中段，被称为"山东南大门"和"徐州门户"，战略位置重要。台儿庄形成于汉，发展于元，繁荣于明清。1938 年爆发"台儿庄战役"使该地作为英雄城市声名远扬，被誉为"中华民族扬威不屈之地"，但在战火中台儿庄变为废墟。2008 年 4 月 8 日台儿庄战役胜利 70 周年之际枣庄市人民政府宣布启动台儿庄古城复建，2013 年 8 月备受社会关注的古城重建项目历时四年全面竣工。如今古城占地 2 平方公里，有 11 个功能分区、8 大景区和 29 个景点，是中国国内规模最大的古城。

(二)调研过程实施

王明远对台儿庄古城重建进行了调研，主要资料来源为历史文献、官方网站、会议录音以及导游词等。在调研中他发现台儿庄重建的现存物质遗留是新河道、古河道和留下战争痕迹的民居等，于是着重探寻台儿庄重建的行动者从台儿庄历史和现状中选择哪些"旧"文化事象及文化元素进行表象化，准备赋予这些被选择的"旧"文化事象、文化元素以怎样意义。通过系列文献搜集整理和田野观察他发现，首先行动者从县志中发现一些宫宇、庙堂和官署等建筑名称，计划将这些建筑进行复建。之后调查者又梳理出行动者从台儿庄历史和地理要素中抽绎出来并在重建中对其进行表象的"过去事件"和"文化元素"。台儿庄毁于二战战场，因战争声名远播，有"大战故地"这一古城定位；因在台儿庄战役中国共合作取得伟大胜利，所以"两岸交流基地"也被选择成另一个重要定位。明万历年间，京杭大运河徐州段多次因黄河发生淤塞，故开凿的韩庄运河（又称为"泇运河"）从微山湖东南段韩庄出口流经台儿庄直通邳州，通航后水流通畅，避免了因黄河引发淤塞导致的京杭大运河交通阻断，因此成为山东段的京杭大运河在清朝至今的主要通道，故此"运河古城"也成为台儿庄重建的重要定位。

对"旧"事象进行详细梳理后，王明远开始探究这些被选择的"事件""事象"和"元素"的表象化过程及方式。首先，他对设计方选择、设计理念，再到设计计划制订进行全方位了解。以"留古、复古、承古、用古"设计理念作为框架，考察"旧"事象在台儿庄古城的具体实施。具体如何留下了为数不多的老建筑，怎样根据传说故事恢复了旧有建筑，甚至是按照想象创建了新的建筑等，在对物质层面建构"过程"进行详细调研后，关注了文化内核建构。通过调查发现台儿庄利用很多战争元素营造"大战故地"定位，如悬挂照片、展示发掘出的武器以及围绕留有弹孔的民居营建战争遗址公园等，在古城宣传中也一直强调其与波兰首都华沙同属世界上仅有的两座因第二次世界大战毁坏而重建的城市。其次，作为"两岸交流基地"的定位，古城将标志两岸交流写作的"泰和楼"建设成台儿庄古城的标志性建筑，在泰和楼的设计中运用各种元素来赋予其意义和加固情感。再次，为营造"运河古城"，台儿庄重建了世家大院、码头、武馆、镖局、会馆、驿站等建筑，且为营造运河带来文化交流实感，在台儿庄复建过程中，建筑融汇了八大建筑风格。最后，为注入民俗内核，创制了系列传说、故事，并且请来艺人在古城内进行民间艺术展示。

复建后的台儿庄形成以运河为轴线，融合8大建筑风格，拥有29个景点的中国最大古城。古城至今斩获国内外多项旅游大奖，成为齐鲁新文化地标。通过对台儿庄复建相关"旧"文化元素、其表象过程及复建结果进行详细调查，王明远对台儿庄古城这一创旧型文化资源的制造进行分析。他研究的问题是"台儿庄古城的重建"，调研在此被完整地完成。但是若研究对象是"创旧型文化资源台儿庄古城"，调研还需涉及另一个重要问题，即创旧型文化资源的利用。

作者在调查中观察发现，台儿庄古城通过各种方式进行文化资源利用。如通过搜集印章方式增加游览乐趣及游览面积；古城内可乘坐游船游览，船上有船娘讲解和唱歌，通过不同游览方式的提供增进游览体验；通过售卖鱼食让游客投喂等方式增加游览兴趣；游客可在"泰山行宫"内系福带、请福牌、系平安锁，也可供莲花灯等。古城内还有一条酒吧街，酒吧街内有各种风格酒吧，通过多种文化呈现吸引不同游客。古城内众多战争遗址和展览，提供优质爱国主义教育资源。台儿庄古城内还有多种民间艺术表演，较著名者为"打铁花"（如图 6-11），这一从春秋战国时期开始流传至今，主要流传地域在河南、山西一带的民间传统的烟火也在台儿庄上演。

图 6-11　台儿庄古城打铁花表演，马伊超拍摄

在浅描浏览中作者还发现古城内还有很多文创、非遗、民族商品展示及售卖区。"谢裕大茶行"是一座木雕茶楼，据说由经京杭大运河到台儿庄经商的浙江茶商沈绮于雍正十年建造，原建筑毁于战火，现复建后作为茶艺文化展示及售卖区。道升酒坊是一座可以酿酒、喝酒同时售酒的运河文化馆，馆内展有中国酒器，也展示传统的酿酒工艺，同时售卖各类文创产品。台儿庄

的"非物质文化遗产博览园"包含了展览、交易、会展、娱乐等功能，同时售卖各种非物质文化遗产相关产品。台儿庄古城建设发展至今，形成为游客提供"衣食住行游购娱教育"的综合性文化资源集合体。

四、文化资源数字化状态调查：一个特殊案例

在"创旧型文化资源"中有一类较特殊的形式，这就是在现代数字信息技术浪潮影响之下的一些传统文化资源。这也是近年来人文社科领域甚为关注的"数字人文"话题，虽然这一话题的理论性阐述越来越多，但目力所及先有成果多集中于理论观照，对于具体某一类型的文化资源或其元素"数字化"后状态和效果的田野调查较为鲜见，由此特选取上海红色场馆资源数字化调查作为田野个案①，介绍如何获知传统文化资源数字化现状及效应。

(一)问题来源与框架思路

调查者问题意识来源于近年来"人文数字"新形势下学界对于红色场馆资源数字化开发利用的系统性研究的缺失。由此选取上海红色场馆作为个案，为解决"当今上海红色场馆文化资源开发利用的数字化程度究竟如何？效果怎样"这一基本问题。具体来说又可延伸为以下内容：上海红色场馆在发掘开发利用自身红色资源文化时，利用了怎样的数字化形式手段？呈现方式如何？效果及功效如何？在传播红色文化时的效应如何？等。要为以上问题提供框架性研究思路，除了将博物馆学、传播学、文化资源学相关理论及研究实践作为资料源泉，更需因议题特殊性重新搭建特有思考框架。此"特殊性"是指以上海红色场馆为研究对象的系统论著几乎没有，系统探讨其数字化开发利用也鲜少面世，因此"上海红色场馆"+"数字化"这一限定议题须有较合理并清晰之逻辑脉络去厘清其现状。

(二)思路延伸与调查过程

在以上思考基础上，作者决定回归议题本源，即重新审视研究对象"红色

---

① 赵李娜：《交互、沉浸与内化：上海红色场馆文化资源数字化开发利用现状调查》，《荆楚学刊》2021 年第 6 期。

场馆"，在通过梳理场馆将其中所蕴含的红色资源展示给公众的过程中，究竟在哪些环节会较多运用数字媒介技术？试将自己作为普通参观者则很易获知，"知晓某个红色场馆，生发参观兴趣→去现场参观，了解红色事迹，获得震撼或感动→离开之后，对其红色文化有持续记忆感动并内化于心"，这一系列认知实践行为可谓是大多数公众了解某项红色资源的常见路径，也是红色资源入脑入心的基本轨辙。在这一系列实践行为中，作为重要传播主体的馆方，有可能运用哪些数字媒介技术将以上实践环节实现"数字化"？仔细缕析即可知文章主要框架。

第一，若要受众知晓某个红色场馆并生发参观意愿，必然需要借助互联网和各种数字媒体平台宣传本场馆，这也可谓是红色场馆及红色资源"数字化"表达呈现的第一步。具体来说，主要关注场馆方对传统官网、官微、公众号的运营组织情况，并以官微为例探知其大众传播效应，同时关注短视频网站等新兴媒体以及各个场馆近两年来的热门直播事件，为上海红色场馆跨媒体传播勾勒整体图画。

第二，观众来到场馆参观（也有线上观展），得以知晓红色故事、感受红色精神，陈展数字化是本文的第二个重要内容。具体要关注数字化信息内容在展现红色故事时的某一展项中，与实物展品相比呈现出怎样的角色身份，即是作为展项的主要内容还是辅助内容？观众"观看"效果如何？是无兴趣地被动观看，还是有兴趣地主动观看、主动获知以及主动互动？这些都应该通过参与观察、各类访谈形式以及叙事文本分析达成研究效果。

第三，观众参观完红色场馆如何能继续感受红色文化？文创衍生品起到重要作用。"红色场馆文创衍生品"指基于该场馆红色资源所设计创作的系列文化消费娱乐产品，从展现形式可大致分为实物类衍生品和虚拟类衍生品。其中虚拟类衍生品主要是基于本馆所创作的影视剧、动画、游戏等，其展示传播在当今首要依赖数字化及传媒技术平台，因此要使其具有天然的数字化身份。实物类文创品主要将红色元素融于日常生活用品，其"数字化"因素看似没有虚拟文创品那样浓厚，然如今文创品设计中数字技术的运用愈加增多，且文创用品网络售卖也是数字化传播消费热点。"文创衍生品数字化"作为第三部分核心内容，主要通过网络调查与统计、问卷调查、参与观察、各类访谈等方式探知所选点红色场馆中文创衍生品的数字化情况以及对传扬红色文化及内化于心的功效与影响。

2020年9—12月，作者先带领本校文化产业管理专业学生共90余人，以分组形式对沪上若干红色资源进行基础调研，选点采取教师引导与学生自行选点相结合方式。首先教师提供参考文件《上海红色文化地图》(2018)等权威文件引导学生选点，并提示主要关注红色场馆陈展、传播度、文创产品等方面的情况，在教学双方合作下对17处红色资源相关地点进行了共计35次调查研究。2021年1—7月缩小关注范围，对其中数字化情况进行精准调研。这些红色场馆的跨媒体宣传、现场陈展以及文创衍生品的数字化程度是本次调研关注的重点。

【课后习题】

选取你所在地(家乡或学校所在地)的一项非物质文化遗产项目，调查其保护开发利用情况，具体要求如下。

一、主要内容：调研计划撰写

1. 选取自己家乡所在地(也可为就学所在地)的一项非物质文化遗产项目进行文献阅读等前期研究，最后完成一份不少于三千字的虚拟调研计划。

2. 关注重点：该非物质文化遗产的历史及传承保护现状；发现其哲学与审美价值；探寻在所在地历史遗产开发利用中的应用等。

3. 调研计划书格式如"二、调研计划主要格式"。

二、调研计划书主要格式

(一)题目：可以选择如下格式

1. 某某地某某非遗某某传承保护现状调查。

2. 某某非遗应用于文化遗产(旅游)保护开发情况调查。

3. 可以自拟题目，要求与内容相关、切题即可。

(二)具体格式要求

1. 前言(背景)。

2. 调研目的。

3. 调研内容。

4. 调研对象及选点(抽样等)。

5. 调查方法。

6. 调研计划及安排(暑假)。

7. 调研经费预算。

三、调研计划书格式示例(相关要求请仔细看页下注及文批注)

题目：某某地某某非遗某某传承保护现状调查①

某某非遗应用于文化遗产(旅游)保护开发情况调查

某某班　姓名　学号：12345②

一、前言③

正文部分为小四或者五号宋体，另起一段空两格。

如需二、三级标题，可以用如下方式。

第一种：

一、④

(一)⑤

1.

(1)

第二种：

一、

1.1

---

① 黑体，加粗，小三，居中，全文行间距为1.2～1.4之间，可根据一、二级小标题适当空行。

② 楷体，加粗，五号，居中。

③ 顶格，黑体，小四，加粗。

④ 顶格，黑体，小四，加粗。

⑤ 以下二、三、四级标题皆为空两格，宋体，小四，加粗。

1.1.1

(1)

此段主要介绍所要调研对象的基本情况以及研究者进行调查研究的问题意识，即此类项目的简要情况、前人对这项非遗的调研情况的简要回顾(此处特别需要注意相关学术成果都应有出处，即用页下注表示，页下注形式一般用中文期刊引用格式，其示例见本项页下注①①、注②②)，以及你所拟的调研此项目的出发点是什么。

二、调研目的

正文部分。

三、调研内容

正文。

四、调研对象及地点

正文。

五、调研方法

正文。

六、调研计划及安排

正文。

七、调研经费预算

正文。

---

① 中文期刊注释示例：赵李娜：《中国乡愁文化的历史脉络与现实依归》，《云南师范大学学报（哲学社会科学版)》2019 年第 3 期。

② 赵李娜：《上海石库门生活习俗》，中州古籍出版社，2017，第 123 页。

第七章　文化资源调研报告写作

文化资源调研并非"走马观花"式随意观看，也非带有一定学术倾向的"采风"。因不同工作目的产生的调研成果也不只是口头汇报，相反以文字为主体（现常辅以图像，有时还会利用虚拟技术影音等载体）形成文化资源调研报告，既是对这一调研实践过程的阶段性总结，又是对相应调研目的得以完成的实物性证明。此外这种经由系统梳理产生的调研报告，不仅是相关部门或机构对特定工作进行的档案建构，还是发现调研缺陷及展开后续工作的重要指南。文化资源调研报告是文化资源调研活动的知识归纳，是记述区域生活文化现状并为其未来发展提供文化辅助的有力手段。文化资源调研报告如何书写？需要注意哪些事项？我们可从文化资源调研报告的性质与类型、写作资料及写作基准三个方面加以说明。

第一节　文化资源调研报告的性质与类型

在文化资源调研的过程中所面对的调研对象（生活空间）可谓差异显著，但调研目的有限性（学术研究目的、资源开发目的及知识普及目的），则为文化资源调研报告的性质和类型奠定了学理基础。

一、文化资源调研报告的性质

虽然文化资源调研报告属性会因调研目的不同而出现一定差异，但报告特征可从其本身的文本属性和内容予以探查。

(一)文本属性角度的调研报告性质

就文本属性来看，文化资源调研报告的特征主要集中在以下四个与调研目的相一致层面。

1. 学术性

学术性是基于纯粹科研取向而于文化资源调研报告的文本层面产生的一种基本性质，此类调研报告主要集中在以学术研究目的为主体的文化资源调研成果中。在此类文化资源调研报告写作过程中，调研者的学理意识极为明确且持久。不仅会在某一或某几个理论指导下，发现并为解决相关文化发展问题提出理论建树，更有在系统叙写调查所得的基础上重点追求理论建构，以为其他区域之同类社会现象的解读提供参照。然而不论是在既有理论的依托下写作的调研报告，还是以文化资源本身为论据对某一或某几个观点做出的理论抽绎，虽然都重视对被调查对象的细节描述，但问题评析和理论阐释是报告行文之话语理性得以彰显的根本。也就是说调研报告不仅在语词角度是理论化的，更在写作目的及结论层面是为提出理论或方法论的范式。前者是文化资源调研报告学术性的外在表现，后者则是其内部意涵。

2. 应用性

应用性是指以资源开发目的而向特定委托单位所提交调研成果的基本属性。写作这类调研报告时虽有一定的学术性，在某种程度上也极为注重区域文化资源的整体呈现，但不可否认的是学术目的在调研过程中获取的区域文化资源并非都能用于委托单位的开发目的，故而重点记述某一或某几个被筛选而出的且被人为排序的区域文化资源，方是此类调研报告的显著特征。这种以区域文化资源"筛选"和"排序"为基础的写作文化资源调研报告，对理论的依赖和创建并非主要，相反对被书写对象的可利用之处或可开发之处的描述、分析及判断是其核心要求。需要明确的是尽管某些区域文化资源极富利用价值或开发价值，但极易遭受非自然外力的破坏，特别是物质文化遗产中的远古遗址遗迹和木结构古建筑，以及那些处于濒危状态或具有固特属性的非物质文化遗产，如人生仪礼、祭祀仪典及民间信俗等。因此，拥有相关鉴别能力并在调研报告中明确其需以保护为主、开发为辅（甚至不予开发），则是对调研者的基本要求。

3. 普及性

普及性是以地方性知识的内部传承和外部传播为目的展开文化资源调研，并由此写作之调研报告所具有的性质。随着区域社会整体发展，不仅学术界、教育界开始关注地方文化在青年一代中的传承问题以及对外展现地方文化多样性的方式，政府部门也深切认识到区域文化对地方社会的治理效果及保持地方可持续发展的重要作用。因此要借助自身力量或对外委托等形式对区域文化进行整体调研并书写，从而形成具有介绍性的地方文化读本。其实，由此类调研报告升华的地方性知识普及读物以中小学校本教材为代表，如《乡土信阳》[1]《沂蒙文化》[2]《爱我苗乡》[3]《繁台春晓：走进开封 传承文明》[4]以及《福建畲族文化读本》[5]等。此外，还有一些针对具体文化事象编写的校本教材，如《南孔文化》[6]《巾帼英雄 冼夫人文化传承》[7]及《千年乞巧情 神秘女儿梦：姜席中学乞巧民俗文化校本教材》[8]等。从本质上讲，此类通俗读物虽同学术性调研报告一样注重整体呈现地方文化，但其在公开出版或内部印行过程中，也会出于"宣教"需要而对相关知识进行筛选。就普及性调研报告行文来说，

---

[1]　无棣县信阳镇小学编：《乡土信阳（第三辑）》，信阳小学（编印），2013。

[2]　宋玉良主编：《沂蒙文化》，济南：山东教育出版社，2014。

[3]　姜昌文主编：《爱我苗乡：新桥底西苗族传统文化乡土校本教材》，云南教育出版社，2015。

[4]　谢钰主编：《繁台春晓：走进开封 传承文明》，开封市禹王台小学（编印），2016。

[5]　李建民主编：《福建畲族文化读本》，海峡文艺出版社，2018。

[6]　徐建平、章浙中主编：《南孔文化》，浙江大学出版社，2004。

[7]　广东省茂名市滨海新区教育管理办公室编：《巾帼英雄　冼夫人文化传承》，黑龙江人民出版社，2014。

[8]　姜席镇初级中学编：《千年乞巧情 神秘女儿梦：姜席中学乞巧民俗文化校本教材》，三秦出版社，2015。

其在抛弃理论的同时，以极为通俗的语言对区域文化事象的主体内容加以描述，此外还注重视觉感受，从而辅以大量图片。

4. 资料性

资料性是一切类型文化资源调研报告所共有的一种基本属性。由于在调研报告写作中，调研者对被调研对象的呈现一般都需以较直接话语记述，哪怕是在偏重学术探讨的调研报告中，针对被调研对象行文也多为描述性。正因如此，文化资源调研报告也就成为地方性知识重要的存储载体，从而为他者了解特定区域的基本文化状况提供了不可多得的参考资料。总体来说，作为一种资料性文本，文化资源调研报告也是地方文化传承的有效手段。

（二）文本内容角度的调研报告性质

文本内容体现了调研报告的行文模式和用语特点，其特征主要表现在如下几个方面。

1. 真实性与针对性

调研报告所反映内容必须是调研结果的真实反映。换言之报告所记述的被调研对象乃调研者所获各类资料的系统呈现，而非道听途说、东拼西凑的间接表达。在调查报告中，不仅人、事及物要真实，相关事件的时间、地点、过程及各种细节也不能有半点浮夸和虚假。不可否认调研报告的目的是直接服务现实工作，如学术研究、资源开发知识普及等，这要求调研者对区域文化之发展现状展开系统调查并将结果形成书面报告，从而引起相关方重视，或成为决策主要参考。因此针对性是调查报告的关键，针对性越强价值也就愈大。

2. 叙述性与客观性

调研报告的重点是叙写调查所得材料和结果，同时从中得出结论和意见，这决定了要以叙述为主，即以描述性语言呈现被调研对象的现实状况。具体而言调研报告的主要内容是叙述事实、说明情况，在此基础上进行必要的分析综合，而无须完整地论证说理过程。其实不论是基于何种目的写作调研报告，其所记述被调研对象即特定区域内不同类型的文化资源首先是描述性话语。纵在行文中不可避免会使用一些理论话语，但其主体也应站在主位(当地人)的角度加以呈现，而非基于客位(调研者)角度给予主观臆断。

3. 社会性与时效性

任何调研活动都是以特定社会及其生活文化为对象展开的，而由此形成的调研报告从不同侧面反映了区域社会发展现状。作为一种典型经验文本，调研报告对区域社会的整体发展具有积极指导功能，特别是在地方经济转型和精神文明建设方面的作用更为直接。毫无疑问调研报告是服务于现实工作的，而由此产生的时效性不仅取决于调研活动基本时间属性，其对象更是存续于当下的。尽管调研报告不像新闻那样紧迫，但也必须针对现实且迫切的社会发展问题做出说明。即便是考查既往事件，也应立足今天生活需要。

4. 体系性与规律性

体系性又可称为逻辑性，指调研报告离不开事实材料，但并非所获各类材料的机械堆砌，而是对核实无误的数据和事实进行严密逻辑论证，探明事物发展变化原因，预测事物发展变化趋势，提示事物发展变化本质，从而得出科学结论。此外调研报告写作不仅有赖于对所得资料系统的梳理，也必依靠对经济社会发展基本规律的掌握和对接。换言之，唯有将调研目的及由此获得的相关资料置于社会发展的整体视域中勘察，方能发现何种区域文化资源真正符合社会发展规律，并由此带动区域社会物质文明和精神文明可持续发展。

5. 整体性和典型性

调研活动应从整体性角度把握地方社会对区域文化资源的持有状况。全面呈现相关区域文化资源，则是相关调研报告特别是针对学术研究目的和知识普及目的写作的文本的基本要求。然而不同类型文化资源的报告呈现，却不宜真正给予具有"等同"效果的话语表述。具体而言，调研报告所反映内容，无论是经验的还是问题的都应具有一定典型性。也就是说调研报告要能起到以局部反映全局或以"点"带"面"的作用。据此而论报告所反映的区域文化状况如果只是缺乏典型意义的孤立事例，则很难对相关工作起到指导意义。

在《反对本本主义》中，毛泽东明确提出"没有调查就没有发言权"的著名论断。有学者指出"调查研究是从实际出发的中心一环，是尊重客观规律、发挥主观能动性的典型形式。调查研究既是'从物到感觉和思想'的唯物主义认识路线的具体体现，也是发挥人的主观能动性把握客观规律的具体途径，因此是一切从实际出发的根本方法"，而"调查研究大致包括'调查'和'研究'两个环节。'调查'就是在科学的世界观和方法论的指导下，深入实际，努力全面把握客观情况；'研究'就是对调查所获取的客观情况，运用科学的世界观和方法论进行分析综合、抽象概括，从'事'中求'是'，认识事物的本质和规律。调查和研究是同一认识过程的两方面，二者相辅相成，缺一不可"。① 调研报告是一种强调说明性的文体，是直接反映某一社会问题、事件或某个方面情况的重要文本。而进行调查研究的目的，从根本上讲就是掌握实际情况，并以实事求是的态度将所获各类资料体系化呈现，从而有助于制定和执行正确的方针政策，树立先进典型，批判错误倾向，进而使各项工作沿着正确方向前进。

二、文化资源调研报告的类型

同文化资源的分类一样，基于文化资源调研工作形成报告也可根据调查对象、范围、具体内容以及阅读对象的不同标准加以区分。虽然调研工作目的有限，但相应报告类型却具有一定多样性。根据现有写作实践文化资源调研报告可依据"文本对象""文本目的"及"文本载体"作出多重分类。

(一)文本对象

文本对象是指出现在文化资源调研报告中的被调研对象，有时以综合形式呈现，有时以专题形式呈现。

根据文本对象的呈现形式，文化资源调研报告分为综合性调研报告和专题性调研报告。

(1)综合性调研报告亦称概况调研报告，即对调查对象基本情况和发展变

---

① 中共中央宣传部理论局编：《马克思主义哲学十讲》，学习出版社，2013，第30页。

化过程做出比较全面、系统及完整的记述和研究。这类调研报告注重分析区域文化资源的存续状态，研究有共性的社会问题，提出具有普遍意义的改善建议。一般来说，综合调查报告具有如下特征：一是对调研对象的基本情况进行整体描述，其内容所涉范围较泛，包括一个地区所有类型的文化资源，因而其所依据的资料较为丰富，且覆盖面大、指导性强；二是对调查对象发展变化情况做纵横两方面的介绍；三是通过一条既定逻辑主线链接庞杂调研材料，使整篇报告形神合一，达到清楚说明调查对象及相关社会问题的目的，各类综合性民俗志、风俗志和民族志即带有此种特征，如《海州民俗志》①《畲族：福建罗源县八井村调查》②及《水族风俗志》③等。

　　(2)专题性调研报告是围绕某一特定事物、问题或问题的某些侧面而撰写的调研报告。这类调研报告的特点是内容较专一、问题较集中、篇幅一般较短，所依据调研材料不仅不及综合性调研报告广，反映问题也不如综合性调研报告普遍，但能够帮助有关部门及时了解和处理现实生活中急需解决的具体问题。就文化资源调研报告而言，多以某一文化资源或某类文化资源的发展状况为记述主体。如《民俗宗教的复合形态——"西塞神舟会"调查报告》④以湖北黄石西塞山区道士洑村所举行系列信俗活动为对象，揭示这一国家级非物质文化遗产的文化价值和社会功用；《青州井塘村居住民俗调查报告》以山东省青州市五里镇井塘村居住民俗为调查对象，详细呈现该村民居发展历史、地方特性及可利用价值⑤；《碛口古渡水陆交通运输民俗调查报告》则以山西省吕梁市临县碛口镇古渡口为对象，探讨交通运输民俗的历史变迁及其对地方旅游发展的作用；"中国民间文艺十套集成"也属此类。除此之外某些以某一文化事象为研究对象形成的具有描述性的学术专著，也带有专题性调研报告特征。

---

①　刘兆元：《海州民俗志》，江苏文艺出版社，1991。

②　石奕龙、张实主编：《畲族：福建罗源县八井村调查》，云南大学出版社，2005 年。

③　罗春寒：《水族风俗志》，上海锦绣文章出版集团，2016 年。

④　宋颖：《民俗宗教的复合形态——"西塞神舟会"调查报告》，《民间文化论坛》2007 年第 2 期。

⑤　曲洪祎：《青州井塘村居住民俗调查报告》，《民俗研究》2004 年第 1 期。

(二)文本目的

将文本目的作为文化资源调研报告的分类依据，其本质乃是从文化资源调研报告本身的实际功用出发做出的文本划分，这一分类标准的提出则同文化资源调研目的本身相一致。不过，文化调研目的的确定性和有限性并不代表由此形成的调研报告就是单一的，相反基于相同调研目的写作的文化资源调研报告，也会因不同学者之学科背景和写作倾向的不同产生一定差异。

1. 学术型

学术型文化资源调研报告是根据学术研究目的而写作的调研报告类型，以揭示特定区域之文化现象的本质及其发展规律为主要目的。这类调研报告主要通过对现实问题的调查和研究，以对客观社会现象或问题做出理性分析、判断或说明，为相关工作有序开展提供理论指导和实践依托。因此学术型文化资源调研报告的最大特点是不论是行文结构还是语言风格乃至对材料的选择和使用，都体现写作者相对缜密的逻辑思维及其对理论建构的强烈追求。虽然文化资源调研报告的目的是明确的，但它不一定会受到相关委托主体对文本规范的束缚，而那些由个人自主发起的调研活动则更具自由性，而由此形成的调研报告也更趋个性化。就现有学术型调研报告来看，其所采用的写作模式大体可归纳为三种，即民族志、民俗志以及札记和日记。

(1)民族志。民族志历史或可追溯至古希腊时期[①]，但作为一种科学研究方法则出现于 19 世纪末 20 世纪初，定型与发展则有赖人类学以参与观察为主的实地研究(field research)策略。[②] 民族志的英文表述为"ethnography"。词根"ethno"来自希腊文"ethnos"，意指"一群人""一个民(种)族"或"一个文化群体"；"graphy"则具有绘图或画像之意。因此 ethnography 可理解为"人类画像"且是同一族群"行为方向或日常生活"的整体成像。简言之民族志是一种以详细、全面描述方法研究被调查对象各个方面形态和特征的田野报告，特点

[①] (美)诺曼·K. 邓津、伊冯娜·S. 林肯主编：《定性研究(第 1 卷)：方法论基础》，重庆大学出版社，2007，第 3 页。

[②] 有关民族志的发展历程可参见高丙中：《民族志发展的三个时代》，《广西民族学院学报(哲学社会科学版)》2006 年第 3 期。

是以描述、记事的手法为主体，以展现被调研对象的整体特征或相关活动全过程，从而向人们勾画特定社区及其人群文化图景。就民族志形成过程来说，其可由以下步骤构成：确定报道人→访谈报道人→民族志记录→描述性问题（领域分析）→结构性总问题（分类分析）→对照性问题（成分分析）→文化主题分析→民族志写作。不过民族志文本大多是对异文化的文学性记述，因而不可避免会产生理解误差甚至偏见，故《写文化》①和《写文化之后》②的意义也跃然纸上。

（2）民俗志。作为"中国民俗学派"理论体系重要组成部分，民俗志是一个典型的本土概念。1997 年钟敬文指出民俗学者应具备"民俗学方面的民俗志知识"，民俗志即为"关于民俗事象的记录"。③ 不过结合 1980 年他对"民族志"的使用可知，"民俗志的概念与民族志的概念之间有着一定的渊源关系"，甚至可以推知"民俗志是一个从民族志引申出来的概念"。④ 其实具有民俗志性质的著作在我国古已有之⑤，然而即便时下出版"民俗志"也与"记录民俗学"的理想追求差距很大。对此王杰文认为民俗志写作应有三点原则：①要尽量明确民俗志记录的时空维度；②要尽量明确各类民俗事象之间的内在联系；③在一定调查基础上绘制民俗地图。⑥ 如今学界对民俗志和民族志的异同仍有争论，但这一出于学科本位提出的文化写作模式的确开拓了民俗学的应用视野。不过如从民俗志和民族志要记述对象来看，前者主要观照民俗本身因而所涉对象范畴小于民族志的，后者除记述民俗还会将其他文化事象乃至人之体质和

---

① Clifford J. & Marcus G. edt. *Writing Culture：The Poetics and Politics of Ethnography*. Berkelery：University of California Press，1986.

② James A.，Hockey J. & Dawson A. edt. *After WritingCulture：Epistemology and Praxis in Contemporary Anthropology*. London & New York：Routledge，1997.

③ 钟敬文：《民间文化讲演集》，广西民族出版社，1998，第 28 页。

④ 王杰文：《反思民俗志——关于钟敬文先生的"记录民俗学"》，《西北民族研究》2004 年第 1 期。

⑤ 如"二十四史"和"地方志"中的"食货志"和"风俗志"，以及部分文人笔记，如东汉应劭的《风俗通义》、唐陈元靓的《岁时广记》、宋孟元老的《东京梦华录》、明冯梦龙的《山歌》、清李光庭的《乡言解颐》等。

⑥ 王杰文：《反思民俗志——关于钟敬文先生的"记录民俗学"》，《西北民族研究》2004 年第 1 期。

自然资源等纳入文本。此外民族志更为注重特定区域的整体呈现，因而对同类文化事象的横向比较，就不如仅关注一个方面的民俗志便利。

(3)札记和日记。札记和日记是两个极为常见的文体，在田野调研报告写作中也有一定传统。所谓札记一般认为是读书时摘记要点、心得体会及见闻的单篇短文，内容以纪实为主，可涉及历史掌故、遗文遗事、人物短论、文字考证及读书杂记等。日记则是每天或经常把个人所经历的人、事、物记录下来，包括由个人活动引发的思考或感受等。其实不论何种形式调研活动，都不可能是即时性的，一般都会持续一段时间。在此期间调研者会与不同受访对象交流，且会阅读不同类型资料。更重要的是每天调研都应是有计划、有组织的，故在完成调研后将所见所闻所思所想按序记录，是后续工作(报告写作)得以顺利开展的必备条件。不可否认札记或日记中的思考会有非理性色彩，但与正式报告中的相关表述相比，并非不可取，或许它更能全面反映调研时的真实状态。因此将田野调查札记或日记视为一种具有文学属性的学术产品也逐渐为部分学者所认可，马林诺夫斯基的《一本严格意义上的日记》[①]即是典型。

2. 文学型

基于田野调查为写作的叙事性作品常称"田野报告小说"。董晓萍指出"人文科学是需要描述的，因为它的科学基础正在于描述"，而"描述的胜境之一是田野报告小说"，即"田野工作者采用文学描写的轻松笔调，采用小说的文艺体裁，在田野调查点的社会生活和人物活动的范畴内，组织和撰写田野资料。与一般文艺作品不同的是，这类小说还包括田野注释、广泛的书目摘要和神话传说故事的重要部分的摘要。它的手法是文学的，但它的性质是学术化的描述。它通过这种描述，把人文科学的理论、方法和成果推向社会，把学者所发现的人类文化故事告诉整个世界"。[②] 在我国早期民族志作品中如费

---

① (英)勃洛尼斯拉夫·马林诺夫斯基：《一本严格意义上的日记》，卞思梅、何源远、余昕译，广西师范大学出版社，2015。

② 董晓萍：《田野民俗志》，北京师范大学出版社，2015，第369页。

孝通的《江村经济》[①]就很有"美文"特性，林耀华的《金翼》[②]更是这类作品代表。在西方社会此类作品也同样存在，如美国人类学家露丝·比哈尔(Ruth Behair)创作的小说体《女性写文化》[③]和《翻译文化的女人》[④]。除此之外，近年人类学(民族学)发展还催生了"人类学诗"，即"人类学者以诗歌表达自己的文化与他文化并置，从而达到跨文化展示与沟通的叙述方式"，如今"已成为民族志新写法，这是人类学诗的基点，也是人类学诗论的基点"。在我国庄孔韶为此做了大量尝试，并写作人类学诗集《自我与临摹》[⑤]。美国伊万·布莱迪(Ivan Brady)则著有探讨诗学在民族志写作中作用的《人类学诗学》[⑥]。

3. 应用型

应用型文化资源调研报告是依据相关委托单位的工作需要，由被委托者经实地调研而向前者提供的系统性文本材料。从本质上讲，以民族志和民俗志为代表的学术型调研报告，在某种程度上也可作为应用型调研报告提交相关委托单位以供其参考，但民族志与民俗志在系统记述被调研对象时更趋向理论探索，因而其叙述结构和行文模式并不利于具体审阅人对核心问题或重点问题的抓取。换言之对以地方政府、企事业单位乃至文化社团组织来说，能从多样化区域文化资源中轻易获得所需信息则是其委托相关人员开展区域文化资源调研的直接动因。

故而在写作应用型文化资源调研报告时，必须问题清晰、层次分明、言简意赅、重点突出以及思路明确。因此基于筛选写作的应用型文化资源调研报告，篇幅相对较短。此外应用型文化资源调研报告虽不甚要求理论阐述，

---

① 费孝通：《江村经济》，商务印书馆，2001 年。

② 林耀华：《金翼——中国家族制度的社会学研究》，庄孔韶、林宗成译，生活·读书·新知三联书店，2008。

③ Behar, R. & Gordon, D. A. edt. *Women Writing Culture*. California：University of California Press，1996.

④ Behar, R. *Translated Woman：Crossing the Border with Esperanza's Story*. Boston：Beacon Press，2003.

⑤ 庄孔韶：《自我与临摹》，湖北教育出版社，2001。

⑥ (美)伊万·布莱迪：《人类学诗学》，徐鲁亚译，中国人民大学出版社，2010。

但其话语表述仍需在通俗易懂基础上做到逻辑顺畅，因而是类似专报公文的一种系统写作。

目前通常将内容和功能作为应用型调研报告的分类标准，据此可将之细分为以下六种。

(1)社会情况的调研报告。社会情况的调研报告是经由深度调查，针对特定区域社会情况写作的调研报告，目的主要在于了解社会现状。故这类调研报告具一定全观性。而这里所谓社会情况是指群众生活的各个方面，包括社会风气、百姓意愿、婚丧嫁娶、赡养继承以及衣食住行等，这恰是文化资源得以生存的核心环境。因此基于文化资源调查写作的社会情况调研报告，对地方政府从整体视野制定区域文化发展政策并由此解决相关民生问题提供基础依据。

(2)历史情况的调研报告。历史情况的调研报告是从历时性角度勘察区域社会发展状况，并由此观照现实社会生活的调研成果。这类调研报告的主体叙述对象多为历史上存在的事物或发生过的事件。毫无疑问大部分区域文化资源特别是传统文化资源，都是经由历时性传承和共时性传播而在地方社会发展壮大的。地方社会之所以要进行文化资源历史情况调研，目的不仅在于摸清文化资源来龙去脉，还要以历史经验为参照，为开发利用奠定历史依据。

(3)政策研究的调查报告。政策研究的调查报告主要为政策的制定和执行服务。在区域社会的发展中对文化资源的利用和开发，既需利益相关方的自我协调及自主行动，也需来自不同层级政府部门的政策扶持。因此通过对现有文化资源利用状况加以调查，可以获取利益相关方对社会发展的意见或建议，从而为相关部门制定符合社会实际的文化政策奠定基础。

(4)总结经验的调研报告。总结经验的调研报告是在实地调研后将地方发展成功经验总结出来并予以推广的调研报告类型。目前以文化为基础的区域经济发展和精神文明建设，在很多地方都已取得可喜成绩，对此进行总结不仅可展现地方发展成果，亦可激励相关部门维系其可持续发展能力。此外纵然各个地文化资源有差异，但对发展的需求是一致的，故而总结经验的调研报告对后发地区极具借鉴意义。因此方有后发地区前往先发地区进行考察并写作调研报告的行为。

(5)揭示问题的调研报告。揭示问题的调研报告跟上一类型的调研报告相反,是在针对既存社会问题展开调查后,以揭示这些问题所产生原因及其社会影响的调研报告。就目前文化资源利用而言,部分地区虽取得一定成绩,但并不代表这类发展模式就无懈可击。因此需对文化资源发展现状加以调研以发现其中问题,分析其中症结,从而为相关部门制定解决之策提供服务。

(6)反映新事物的调查报告。反映新事物的调查报告是针对社会生活中某些新近产生或有长足发展之事物而写作的调查报告。虽然不同地区对文化资源利用已不再新鲜,但作为一种区域经济增长模式,于"新时代"提出一系列全新概念,如"乡村振兴""非遗扶贫"及"文旅融合"等有了长足发展。不过这种阶段性成果是否能持续,依然有待于观察。因此反映新事物的调查报告就是全面报告此类新现象的背景及特点,以分析其性质和意义并指出其发展规律和前景。

4. 普及型

在以文本目的为基础写作的文化资源调研报告中,普及型文化资源调研报告相对而言是较为简易的一种类型。也就是说此类调研报告可不再做二级分类。之所以如此定性,根本原因在于普及型文化资源调研报告本身的目的较为直接且明确,本土文化能有效实现内部传播和外部传播,前者在如今地方社会中多以中小学校本教材面目出现,后者则多以地方旅游产业中的宣传品加以借阅、售卖或赠送。普及型文化资源调研报告注重地方社会基本文化资源客观的描述,但亦非所有文化表现形式都会进入叙写行列。因此普及型报告与应用型报告相似,也具一定筛选性。只是前者所记述区域文化表现形式相对较多且系统。普及型文化资源调研报告写作模式类似于民族志或民俗志。只不过被录的每一文化表现形式几乎都缺乏细节呈现,粗线条概述表达是此类调研报告的核心表征。一般来说由于对本土社会具有深度认识,故地方学者或中小学教师成为此类调研报告的写作主体,受委托外来者相对较少。需要注意普及型调研报告在被有关部门确定为校本教材或旅游宣传品前（哪怕无须正式出版），只能作为一般地方文史资料使用。

(三)文本载体

载体在科学技术上一般是指某些能传递能量或运载其他物质的物质，而如今泛指能够承载其他事物的事物。就学术型文化资源调研报告和应用型文化资源调研报告而言，其载体随着社会的发展也愈发多元。可以说，除了纯文字记述，图文并茂的调研记录方式已然成为时下主流，而科学技术的日新月异也为音频、视频等新兴载体的调研记录以及网络传播提供了有效途径。

1. 图文型

纸与字是各类文化资源调研报告都无可替代的本质载体。调研报告写作者虽可尽力将所要记述文化表现形式尽力呈现出来，但源自文字符号的语象在一定程度上缺乏图像的直观效果。因此在相关文字旁配以直接相关图像，不仅能丰富调研报告的内容也会增强调研报告的可读性，更能从语图互涉角度补充纯文字调研报告所未传达之信息。

其实图文并茂叙事模式从古至今都普遍存在于世界各地，而我国"左图右史"的古籍刻印形制即是典型。这种经由语象转译的物象被手绘于文，或仅是某一物象的手绘图像被纳入于文，很难还原被调研对象的原本样态。照相机发明后黑白照片乃至彩色照片纵然比手绘图像更为真实，也能对相关文字加以阐述，但图像本身并不能完整反映该文化表现形式所处社会和自然环境。因而图像相对性记录特征必须同该文化表现形式的文字描述互为观照，如此方能产生说明性效果。不过需明确调研报告并不简单等同于图册，相反图像在调研报告中选用的数量、大小、清晰度及插入位置等，既不能同纸张样式与文本长度违和，又要符合行文规范及书写逻辑，且需以简明扼要的话语对做好排序的图像加以说明。此外文化资源调研报告中的图像不仅包含手绘图、照片及地图，有时还可使用图表、工程图或流程图等。

2. 影音型

随着传媒技术发展，各类区域文化资源也在音频与视频的拍摄及剪辑中得到更加立体且多元的呈现。可以说自录音机和摄像机(电视机)被发明后，人类对自然世界与社会生活的记录就已开始，而当代互联网技术的日新月异更丰富了文化资源的记录手段、传承方式及传播途径。

虽然我国在区域文化资源影音记录方面起步较晚，但影音记录实践发展迅速。这不仅表现在大量优秀影片不断产出，更突显于摄录理论和摄录方法的精进，如影视人类学(民族志)、影视民俗学(民俗志)及至视觉文化学等。时下，影音型文化资源调研报告的应用领域也越来越广，然而这并非说以互联网为传播路径形成的所有视频都可等同于一则完整且有益的调研报告，毕竟大部分即时拍摄并不是理性、系统及有机的，但这恰是调研报告在音影化过程中的核心要素。可以肯定影音型调研报告的制作同民族志和民俗志写作一样虽有一定规则，但对格式的要求不如作为专报呈文应用型调研报告严谨。更重要的是影音型调研报告制作者在当代社会也愈发多元，但为规避"自由主义"对影音型调研报告叙事结构完整性的影响，相应的制作规范也在理论化探索中经由拍摄实践得到不断完善。这不仅有来自学术研究和实践主体的讨论，也有来自委托者的自主判断和工作要求。

分类是有效把握研究对象的重要手段，同本书所述对区域文化资源的分类一样，有关文化资源调研报告类型的区分也是相对的。换言之，可根据不同调研实践要求写作调研报告，而同一次调研活动所能写出的报告也不可能只有一种，这恰恰也能从不同侧面反映被调研对象的社会存在状态。总之分类不能绝对化，标准和侧重点不同，就可归入不同类型。

第二节　文化资源调研报告的写作资料

文化资源调研报告不是调研(写作)者凭空臆想，而是在对被调研地区进行全面、系统及科学的调查前提下，通过对调查收集所得的文字、图像及影音等材料的整理分析写作形成的具有一定纪实性和学理性的文字报告。"没有调查，就没有发言权"。调查所得资料不仅是可用于报告写作过程的重要参考资料，同时也是支撑调研报告合理性的真实佐证。若无足够材料支撑，文化资源调研报告的写作便会变得十分艰难，并由于缺乏对社会现实客观真实的反映，逐渐沦为主观臆断。因此有必要明确如何科学合理进行调研报告写作资料的收集、整理和使用。

一、写作前提：全面收集资料

资料收集是文化资源调研报告写作的第一步，充分、全面的资料才能奠定良好的写作基础。同时资料是否丰富也是评判报告写作水平高低的重要标准之一，一篇优秀的调研报告不仅要言之有理，也当言之有物，所以必须做好前期资料收集工作，避免调研报告成为无源之水、无本之木。还理应做到不分优劣的应收尽收，并标明出处以明确来源归属，且注重情境记述、重塑讲述背景。

(一)应收尽收

文化资源调研报告写作资料是基于特定的调研目的，直接收集第一手资料或者间接获取第二手资料、第三手资料，所收集到的与田野调查地点相关的各种素材，包括且不限于地方民众具体的社会生活实践、具有明显地方特色的风俗习惯及地方相关文献等。这些资料不仅数量庞大，具体内容、表现形式等也各不相同，甚至部分资料会完全对立。因此在报告写作资料收集问题上，理应做到应收尽收，以尽可能全面反应调查对象的真实情况。

具体而言，首先，不同主体针对同一个问题会由于自身立场和生活实际等方面的不同产生不同的观点。受某一问题影响最大的直接关联群体通常立足于自身利益，而当直接关联群体之间的利益产生冲突的时候，两者便极有可能产生完全对立的观点，从而形成两份完全相反的资料。在文化资源调研报告的写作过程中，若是没有能够全面收集此类彼此对立的资料，则会使得调研报告过于片面，失去客观性和真实性。

其次，不同主体针对同一事物的描述会由于受教育程度、职业以及性别等方面存在差异而不相同。在田野进行资料收集工作时，一些受教育程度较低的民众在对某一事物进行描述时通常会以方言为载体，描述内容较简单且缺少逻辑性，此类资料往往无法直接用于调研报告，大多仅作为佐证材料使用。而一些进行地方研究的学者或政府工作人员等在对某一事物进行描述时的用词遣句常靠近书面用语，描述内容言简意赅且逻辑分明，若用于报告写作甚至不需太多修改便可直接引用。但这并不意味作为调研报告写作资料时，前者价值就不如后者，也不意味着后者这类资料收集足够丰富便可忽视前者的收集，报告写作资料不分优劣好坏，一些资料由于写作需要而无法出现在报告中并不意味毫无用处，它们同样是调研报告的内容佐证，是内容全面性的重要保证，也是进行写作的重要依据。

此外，随时代发展，多媒体形式资料逐渐增多，照片、音频、影像等资料也成为调研报告写作中的重要部分。不同于传统文字，图画资料大多由地方乡贤或政府工作人员等文化程度较高人群经艺术加工形成，通过现代科技记录下的照片和音像等多媒体资料都是客观存在的绝对真实历史记录，是调研报告中极具说服力的佐证材料。同时相较于传统图文资料，多媒体资料的记录时期较接近当下，资料保存也更便利且不易损坏或遗失，这使多媒体资料成为比传统图文资料记录更完善且更容易获得的田野资料。现代多媒体技术诞生历史远不及传统图文记录技术的存续历史长久，因此极少存在历史较为久远的多媒体资料，涉及地方历史沿革和古老叙事等方面问题仍需大量的传统图文资料佐证，相应资料收集工作也需全面收集现代多媒体资料及传统图文资料，彼此结合互相辅佐。

(二)标明出处

写作资料本身也都有来源与归属，学术论文由作者经过科学研究与写作形成，访谈记录由访谈人员与受访者的口头互动形成，音影资料由拍摄人员真实记录生活实际形成。调研写作资料经过收集而获得，但这并不意味着资料本身来源归属就此发生改变，在写作资料收集工作时切忌模糊、错误表明出处，甚至刻意忽略标明出处，夺取资料归属权。

标明写作资料来源出处，明确其具体归属，不仅是实际写作中所需要遵循的伦理原则，同时也是资料收集工作时所需遵守的行为规则。论文、地方文献以及政府文件等现代学术资料通常都是可直接引用至调研报告做佐证材料，此类资料在收集时明确来源归属有助于后续整理工作，地区、职业及时间等都是资料整理时可使用的归类标准，且也有助于再次调查时回忆初调查具体记录、迅速定位需要进行再调查的对象，从而提高调查效率。民间文献、口传话语及考古实物等来自民间的资料必须明确来源与归属，则源于更现实问题，即知识分子对民间资料的占有。虽然目前我国民间资料的收集保护工作进展迅速，但相当多的民间资料仍散见于民众生活空间中，特别是以家谱、民间故事和民间歌谣等为主的文化资源。因而此类资料收集工作仍需进入民众生活空间，通过与地方民众建立牢固田野关系来获得，而在此过程中不少独特珍贵民间资料被一些"学者"用各种理由侵占，又由于民间资料归属权界定困难，作为传承主体的地方民众常无法追回。

上述现象不仅使得许多民间资料传承断层和遗失，也使得地方民众对知识分子形成负面认知，使得近年来田野调查资料收集工作愈发困难。因此文化资源调研报告写作资料必须标明出处，明确来源归属，部分不可复制资料在使用结束后也必须物归原主，维持与地方民众良好的田野关系。

（三）情境记述

任何一种民俗事象开展都需一定空间载体，并需在特定时间予以呈现。文化资源也不是作为孤立事物而存在，通常具特定历史文化背景，同时作为叙事者的讲述对象在进行口头讲述时也必然处于特定讲述背景下，这种特定情境同样是进行文化资源调研报告写作资料收集时需要注意和准确记述的内容之一。

《高皇歌》是广泛流传于畲族乡民社会的一种长篇口头语言艺术，在浙江畲族聚居区，《高皇歌》一般在两种较重要的文化空间中演述，即娱乐歌场和仪式道场。[①] 史诗是具有强烈神圣性，通常需营造出特殊情境后才能开始演述的一种集体性表演行为。但在畲族民众生活实践中可发现，《高皇歌》演述场域并不局限于固定的神圣性场所，也可以在具有一定娱乐氛围的特殊时段、特定场域中加以演述。而当地民众也指出，以《高皇歌》为代表的神话历史歌是对民族始源的神圣性表述，因此即使是在较娱乐性场域进行相应演述，现场气氛也不能太嘈杂，所有参与演述活动的人都应以虔诚之心感念祖先功绩，并从中学习基本民族历史与行为规范，这时演述空间既是民族历史知识场，也是民间自发教育场。同一事物在不同情境下，其表现各不相同，神圣史诗在娱乐情境中的演述虽然并未失去其严整、肃穆的本质，但也增添几分娱乐性，从而融入当地民众日常生活实践。而当缺乏对某一事物具体情况的了解时，这种情境记述就显得更为重要，不同事物基于自身特性不同而出现于不同讲述情境中，神圣的事物极少在娱乐场域进行演述，娱乐性事物亦不会在宗族祠堂、寺院道观以及村落宫庙等神圣性场域演述，地方民众口述情境生动地展现了讲述对象的产生背景和特性。

二、系统认知：资料类型划分与整理

我国文献存量举世瞩目。一部划分"经史子集"的《四库全书》就足以洞见中华民族之文献藏量的鸿富，更何况是藏于民间、埋于地下的各种能够反映社会文化史的物质资料和非物质资料。虽然历朝历代对文献资料的划分不尽相同，但随时代发展及人们对文献资料认识加深，文献资料类型愈加多样化，而人们之于某些特定历史时期之社会状况的理解，也从单一证据走向多重证据[②]。基于前人积累认为可从六个方面对现存文献资料加以划分和整理。

---

① 孟令法：《文化空间的概念与边界——以浙南畲族史诗〈高皇歌〉的演述场域为例》，《民俗研究》2017 年第 5 期。

② "一重证据"的典籍文献；"二重证据"的典籍文献和考古发现（王国维）；"三重证据"的典籍文献、考古发现及口述记忆（黄现璠）；"四重证据"的典籍文献、考古发现、口述记忆以及图像资料（叶舒宪）。

(一)典籍档案资料

1. 官修史志

史志即史书和方志。前者即正史，是以纪传体、编年体、国别体、政书体(典志体)和纪事本末体为编纂体例的史书，代表为《二十五史》。后者是指记载了某一趋于地理、历史、风俗、教育、物产、人物等情况之书，如县志、府志等。官修史志即由官方政府修订的史书和方志，是指记述国家情况和地方情况的典籍。史志有全国性总史总志，也有地方性州郡府县史志。总志如《山海经》《大清一统志》等。以省为单位的方志称"通志"，如《山西通志》《福建通志》；有以寺庙为主的《南浔志》《灵隐寺志》；还有以山为名的《缙云山志》《清凉山志》等。方志分门别类，取材宏富，是研究地方状况的重要资料。地方志性质决定其具有地方性、广泛性、资料性、时代性以及连续性等特征。正因如此地方志具有"资治、教化、存史"三大功能。首先，对地方官员来说，地方志是行政的必要，常言道"治天下者以史为鉴，治郡国者以志为鉴"。教化即地方志既是官方治理的用书，也是"百姓"生活必要之书，有"扬善惩恶，表彰风化"作用。存史，意为地方志具有"补史之缺、参史之错、详史之略、续史之无"价值。正如当代学者黎锦熙所言方志是一种科学的资源，对地方有介绍功能，可提供科研资料，也是一种传统乡土教材，是地方年鉴，具显著旅行指导作用。

2. 诸子言论

诸子言论是指从先秦至汉初不同学者所发表观念及其著作。据《汉书·艺文志》记载，数得上名字的一共有189家4324篇著作。其后《隋书·经籍志》等书则记载"诸子百家"实有上千家。但能被后世记住且广泛流传的也只有十几家。《汉书·艺文志》曾载有儒、道、阴阳、法、名、墨、纵横、农、杂、小说等10家。其中最有代表性的是儒、墨、道、法4家，其代表人物及作品分别有：儒家的《论语》《孟子》及《荀子》等；墨家的《墨子》《胡非子》；道家的《道德经》《庄子》；法家的《申子》《商君书》及《韩非子》等。这些著作体现了中古早期各类政治主张和学术观点，其中有很多是关于生活文化的描述和见解，展现出古代早期社会生活风貌。

3. 宗教经典

宗教是在人类社会不断发展中产生的特殊的信仰与精神文化。每个宗教都有经典，不但在教徒精神生活中发挥着作用，而且对社会精神文化生活也产生影响。诸多宗教典籍丰富了传统历史文化。在我国历史上曾存在诸多外来宗教，如摩尼教、袄教等，亦留下不少经典。我国现有五大宗教分别是基督教、天主教、伊斯兰教、佛教、道教。伊斯兰教经典《古兰经》也是世界文化和知识的宝库。佛教教理深奥，各个学派尊奉的经典也不同。巴利语佛经是最早一批佛教经典，因梵文是高文化水平者所能掌握的语言，故跟老百姓讲文言文不利于宗教推广。佛教鸿篇《大藏经》是最先翻译的古印度佛教著作，加上我国古代佛教学者阐释著述，形成经、律、论三藏，蔚为大观，成为研究我国古代哲学、伦理、逻辑、文学、艺术、历史的宝藏。我国本土宗教道教，其经典以《道藏》为先，内容宏富，包罗万象。之中既有道教经典论著、科仪方术、仙传道史，又有医药养生、天文史地、诸子百家；既是研修道教经书宝典，也是探讨传统文化的珍贵资料，对研究中国古代哲学、历史、文艺思想及医药、化学、天文、地理等具有重要文献价值。有学者认为除以上"五宗"外尚有儒教一说，但"孔孟之学"是否为宗教言论尚有争论。不过以"十三经"为代表的儒学著作一直影响中国人的伦理道德和日常生活，甚至远超上述宗教经典。

4. 文人笔记

文人笔记是一种在古代十分常见的文体，主要评述历史事件和历史人物。此外还有对天文卦象、星体轨迹的记载，包括史料，典籍，物品考察，以及对王朝废兴、人物逸事、制度沿革的记述等，有保留真相的修订，也有真情实感的分析，是我国古籍的重要部分。两宋时期由于经济繁荣，文人创作笔记达到前所未有高度，表现在笔记作品数量众多、内容上乘，兼具可读性和史料价值。"笔记"作为书名始于北宋文人宋祁《笔记》一书，该书分释俗、考订、杂记三卷，其中多为正名物、音训，间及文章史事，造语奇隽，颇为精详。进入南宋，以"笔记"命名个人所写著作渐成社会风气，如陆游的《老学庵笔记》、龚颐正的《芥隐笔记》等。后来"笔记"之意愈发多样，且引申出笔谈、随笔、笔录、札记、杂识等，如沈括的《梦溪笔谈》、洪迈的《容斋随笔》、周密的《癸辛杂识》、明人陆树声的《清暑笔谈》等。中国古代知识界崇尚文字及其使用，因此文人对做笔记非常重视，如宋人张载言："心中苟有所闻，原便札记，否则还失之矣。"很多读书人在学习中意识到做笔记不仅可激发自己思考，更有助于搜集、积累资料，补充记忆不足，还有不少文人在笔记中不仅记录读书心得体会，还写下个人思想活动、疑难问题、研究成果等，为日后其他学者研究整理学术问题提供宝贵资料。

5. 档案文件

档案是由官方机构、半官方机构、非官方机构或特定个人、家庭和家族书写形成，一般存于档案馆、图书馆或博物馆等官方机构或私立机构中。当前学界对档案的解释尚未统一，有学者认为档案是人们在各项社会活动中直接形成的各种形式的具有保存价值的原始记录，也有学者认为"档案是组织或个人在以往的社会实践活动中直接形成的清晰的、确定的、具有完整记录作用的固化信息"（冯惠玲《档案学概论》）。《中华人民共和国档案法》规定，"档案是指过去和现在的国家机构、社会组织以及个人从事政治、军事、经济、科学、技术、文化、宗教等活动直接形成的对国家和社会有保存价值的各种文字、图表、声像等不同形式的历史记录"。无论对档案做出何种定义或解释，档案都具有历史再现性、信息性、知识性、政治性、社会性、教育性、文化性以及价值性等特点，其中历史再现性为其本质属性，其他则为其一般属性。档案是人类历史最重要的载体之一，它通过自己的记载，向后人揭示历史的真相，而档案本身也不断发生着变化。

(二)考古实物资料

1. 钟鼎铭文

钟鼎铭文是铸在金属器皿上的文字，通常称为钟鼎文、金文或吉金文字，是稍晚于甲骨文的中国文字。殷商时代，生活用具与兵器等多用青铜制造。

随礼乐制度发展，一些实用器演变为祭祀礼器和乐器，成为等级权力象征[①]。钟鼎铭文是关于当时祀典、诏书、征战、盟约等活动或事件的记录，深刻反映当时社会生活。

金文基本为籀篆体，字体整齐遒丽、古朴厚重，和甲骨文相比脱去板滞，变化更加多样。此外有些铭文较集中描绘了有关周代经济、礼仪及法律等方面情况。如"卫盉"有铭文132字，记载了西周时期玉器、毛皮及土地交换情况；"颂壶"有铭文151字，是西周铭文中记录册命礼仪最完整的一篇；"匜"有铭文157字，记载了一件下级诬告上级的诉讼案的判决经过，折射了西周时期的刑罚制度及其执行状况。

钟鼎铭文有一定结构模式，一般为开头交代唯王某年某月，然后颂扬先王功德，申述告诫事项，最后记载赏赐数量和作铭用意，也有铭文将作铭时间放在最后。"子子孙孙，永其宝之"几乎是铭文末尾套话，这种结构对后来文诰体散文颇有启示和影响。这些铭文是最为真实可靠的上古散文，铸刻于铜器，埋藏于地下，或成为传世之物，都避免被后人润色修改之厄运，保留了本来面目。因此不仅是重要历史文献，也是追溯特定时期社会文化状况的原始材料。此外虽然有些青铜器并没留下文字，或其文字难以解读，如南方诸少数民族的铜鼓，但可从图像史角度勘察地方社会文化特征。

2. 碑碣墓志

碑碣墓志是集中陈列的墓志铭、石碣、摩崖石刻、碑刻等以文字为表现的文物集群，这些文物极具史料价值、艺术价值及科学价值。通过这些碑碣墓志能了解时人的一些生活状况。除大量出土的王侯将相、文人墨客碑碣墓志以及保存于各大寺庙石碑外，还有众多散落于民间的碑碣墓志。如存于浙江省松阳县象溪镇南坑源村的"禁匪碑"，其乃清同治元年（1862）十二月二日由松阳县衙立，其文为松阳县正堂何仁杰撰写，佚名书刻。该碑文记述了雷天昇、林连茂等人禀文松阳县正堂，称本村常遭匪患，之所以被害人多，遭

[①]　赵李娜：《饕餮与鸱鸮：误读的图像与误解之历史——兼论"禹铸九鼎"传说之虚妄》，《中华文化论坛》2013年第1期。

殃日久，皆因乡民不团结，惧怕逆匪，或因贪小便宜而帮忙逆匪销赃，更有乡民通匪、做匪，使逆匪永踞村头不退。官府据此立碑以告示："仰该处附近居民等知悉，尔等当知悔改前非，既往不咎。再有土匪横行，敢不畏死亡徒，以身试法，实系自投罗网，一经查出或被告发，立即严拿到县，凭法惩办。"此碑对研究松阳地区畲族社会经济活动具有极高的参考价值。[①] 在历史学、民俗学、人类学等学科实地调研中，流传着"进村找庙，进庙找碑"的学术"谚语"，当今学界著名的历史人类学"华南学派"正以这一基本原则将历史文献与民间文献有效结合，洞悉中国古代地方社会的方方面面。

3. 石刻图像

古代石刻是人类有意识对岩石进行刻画以记事的行为，具体指刻有文字、图画等具有历史价值、艺术价值和科学价值的碑碣、造像等石制品或石壁，主要包括石碑、画像石、岩画以及石刻造像等。中国石刻历史悠久，古代石刻种类齐全，时代序列完整，特别是汉唐石刻，如敦煌莫高窟、龙门石窟、大足石刻等，气势雄浑、生动精美，在中国造型艺术史上占有独特地位。

石刻从题材和功能上大致可分为陵墓石刻、宗教石刻、其他石刻三类。陵墓石刻随陵寝制度和丧葬习俗发展而兴起，如汉代画像石即作为墓室构件嵌于墓门及四壁，刻有内容丰富的各种图画，在我国大部地区都有出土。还有石棺、石椁等葬具，除本身具有艺术造型外，还刻各种装饰性图案，有鲜明时代特色。宗教石刻是各种寺庙或石窟中的宗教造像，以佛教石刻为主。这类石刻造像种类繁多，从中可见佛教由外来向本土发展的演变过程。除上述石刻外，还有很多实用性石刻，如宫殿、门阙、牌坊、桥梁及寺庙等各种建筑构件，诸如石灯、石函、石镇、碑首、拴马桩等石质实用器上也多有精美雕刻。

古代匠师充分发挥聪明才智将实用性和艺术性巧妙结合起来，其中不乏石刻艺术中的珍品，如故宫中的各类汉白玉雕刻构建。这些石刻图像反映了

---

① 国家民族事务委员会全国少数民族古籍整理研究室：《中国少数民族古籍总目提要·畲族卷》，中国大百科全书出版社，2013，第95页。

中国人民的艺术史和审美史，具有很高的文化象征意义，而那些刻有民间叙事的作品则从另一个侧面叙写了社会生活。

4. 遗址遗迹

遗址遗迹是具有普遍价值的人类工程或自然与人联合工程，以及考古地址等地方或人类活动的遗迹，属考古文博学概念。这类遗产主要表征为不完整的残存物，具有一定区域范围，多深埋地表以下。一般而言，遗址遗迹是经人类有意识加工的历史遗存，因而能反映先民的生产生活，如农业生产、建筑施工等，如西安半坡遗址、良渚遗址、河姆渡遗址、牛河梁遗址等。古代城市、建筑遗址多为残垣断壁，各种生活用品表现为残破和不完整，但可通过考古和人类学研究寻找人类生活轨迹。另外不少遗址属于战争、灾难之后遗存，如城濮之战遗址、喇家遗址及"512"地震遗址等。遗址属于文化古迹，在文物保护与考古研究工作中备受重视。古代居址能提供关于社会生产力发展和社会生活状况等方面的重要材料，据此可阐明古人在该地域各个方面的生活特征。发掘古代墓葬还可研究先民体质特征，了解古代埋葬风俗及墓葬形制；通过随葬品可了解古代工艺水平、社会经济生活与意识形态等方面情况。

5. 民间器具

民间器具可简称民具，是一个极为庞杂的工具体系，使用范围涉及日常生活的各个方面。在功能上可归纳为工具（刀、斧、锯、刨、钻、耙、犁、镰、锤、车、舟、剪等）和用具（碗、碟、筷、箸、桌、椅、柜、厨、床、榻、凳、笔、墨、纸、砚等）两大类，材料则可分为竹、木、金、石等。在日本，民具学是极其重要的人文社会科学组成部分，而我国在 20 世纪初也曾兴起农具研究，有着明显的日本农学影响。[①] 如今民具虽在博物馆展示，但其研究在我国尚未得到很好推广。就民间器具使用范围看，从农副生产、手工制作到商贸运输、生活起居，再到精神需要等，都具很强艺术性，部分器具还因书绘有文字和图画，更显社会价值。器具不仅有便于生活、发展生产的物质功

---

①　岳永逸：《器具与房舍：中国民具学探微》，《民族艺术》2019 年第 4 期。

能，同时还有促进社会进化、推动文明进程的精神功能。人类创造着实用性同时也创造着美，成熟器具无不体现出美的形式法则，装饰与机能统一、比例与尺度和谐以及材质对比意趣等。中国传统器具不仅有天工开物的机巧与造型之美，还散发着人工呵护的温润与亲和，集中反映了中华民族的生存意志，表达了民族文化心态与审美追求，是民众世代辛劳的智慧结晶，也是承载中国数千年文明史的典籍。不过需要知道，普通百姓与官宦殷实之家所能使用的器具不能等同，两者因存在显著经济生活差异，而在器具选用上也表现出一定质地样式的差别。因此民具本身也是社会发展状况得以折射的重要物证。

(三)口传话语资料

1. 民间文学

民间文学是五四运动和新文化运动后出现和流行的学术名词，指民众在其生活文化和生活世界中传承、传播、共享的口头传统、语辞艺术，其文类包括散文体的神话、传说、民间故事和韵文体的史诗、歌谣、民间叙事诗，此外还有民间小戏、说唱、谚语、谜语、曲艺、仪式诵辞等。民间文学也包括书面文献，如经文、宝卷、唱本、戏文、图案造型、音乐舞蹈、岁时节日中的艺术性话语表达。如今，电子媒介与互联网等成为民间文学诸文类的重要传播途径。不过需注意学术上的民间文学分类同地方民众的自我分类有显著差异，甚至在某种程度上很难直接对应于学术分类。尽管研究时多会采用学术分类体系，但随着人们对地方性知识的关注，民间文类体系逐渐成为研究地方特性所倚重的核心资源。

一般而言，民间文学有四大特性，即口头性、传承性、集体性以及变异性，作为深植民众生活的口传艺术，其社会功用也和专业的书面文学有所不同。对地方民众来说，民间文学是生活和劳作的教科书。不少劳动歌是各种劳动进行中调整呼吸、动作和鼓舞情绪的不可缺少的集体创作；世代相传的古老神话和传说不但传述一定历史知识，还培养了民族团结感情；保家卫国的英雄传说给予人生以鼓舞力量；描写受压迫者的反抗故事、歌谣或小戏，都时刻教育着广大人民，滋养高尚情操和品格。对民间文学搜集、整理乃至改编自古使然，如干宝的《搜神记》、邯郸淳的《笑林》、冯梦龙的《山歌》以及蒲松龄的《聊斋志异》等，1918 年开启的"歌谣运动"、1958 年的"民歌运动"乃至 20 世纪末"民间文学三套集成"的编纂、2017 年启动的"中国民间文学大系出版工程"均为此类代表。

郭沫若曾言民间文艺给历史学家提供了最正确的社会史料，是研究历史的最真实、最可贵的第一手的材料。因此要站在研究社会发展史、研究历史的立场来加以好好利用①。对此有学者指出"此话不免抬高了民间文学的地位，但官方或准官方的历史多为上层统治者的历史，于下层民众却很少论及，这恰恰反映了民族历史的不完整，更何况'无文字民族历史传说的史料价值和他们民族由来一类的历史真实性叙述以及农民起义的历史真实性叙述，则常常是典籍记载中忽略了或根本不予记载的'"。②毫无疑问，有文字的族群或民族是少数，大部分族群或民族的社会历史文化都依据口耳相传形式代际传承，因而从民间文学角度勘察这些人类共同体的社会发展状况是极其重要的参考资料，甚至是直接资料。

2. 系统访谈

系统访谈指按照统一设计进行的访谈，它有一定标准化指导，即所有受访者都接受完全统一的访谈过程，类似于标准化的调查问卷。系统访谈的特点使整个研究设计、实施及资料分析过程都处于极高标准化程度中。具体来说，对选择访谈对象的标准和方法、访谈中提出问题、提问方式和顺序、被访谈者回答方式、访谈记录的手段等都有统一要求；有时甚至对访谈者选择以及访谈时间、地点、周围环境等外部条件，也要求对所有被访谈者保持一致即强调控制无关变量。系统访谈除采取个别访问方式外，还可采用集中访问方式，即将访谈对象集中在一起回答问题，同时派两三个调查员随时解答

---

① 郭沫若：《我们研究民间文艺的目的：在中国民间文艺研究会成立大会上的讲话》，载苑利：《二十世纪中国民俗学经典：民俗理论卷》，社会科学文献出版社，2002，第 43 页。

② 孟令法：《民族史中的民间文学——评邱国珍〈浙江畲族史〉中关于民间文学的论述》，《温州大学学报(社会科学版)》2012 年第 6 期。

问题。这种方法经济、客观，容易从受教育程度较低的人那里获得资料，而且有调查员在场，可对理解上的疑问予以释疑，并可在收回答案纸时对答案进行检查，故效度较好，回收率和应答率较高，在实际调查中较受欢迎。不过聚在一起容易产生讨论商量情况，产生团体压力，调查结果或许会有一定的偏差。

系统访谈的最大优点是访问结果方便量化，可做统计分析。与另一种统计调查填问卷相比，结构式访谈的最大特点是能够控制调查结果的可靠程度，回收率相对较高，调查范围较广，可问一些较复杂问题，能够根据受访者态度得到一些非语言性的答案。在结构式访问中，访谈者扮演很重要的角色，而其态度、素质及经验等对访谈结果有决定性影响。不过不能将访谈者的主观态度带到访谈中去，同时访谈者的素质也极为重要，在访谈前要对访谈者进行培训，做好相关准备，减少由于访谈者带来的误差。

(四)民间文献资料

1. 宗教谱牒

宗教谱牒是古代记述氏族世系的书籍。早在先秦就有专记帝王、诸侯世系的史籍。魏晋南北朝时重门第，选举官吏必查考谱牒，谱学遂大盛。直到唐代，官方都曾主持《氏族志》或《姓氏录》编纂。此后谱学渐衰。明清时编修族谱之风渐盛。有学者认为纂修谱牒原为汉族习俗，其扩布在明清时期，不论达官显贵还是贩夫走卒都会以血缘世系为纽带编修族谱，以记述家族历史和家教伦理。这一时期谱牒体例已然脱出宋代体例束缚变得更加多元，修谱规模日盛一日，原本小家谱成为大宗谱。编修谱牒便成为溯本清源、认祖归宗、联络血亲的重要手段。[①]

谱牒实质上是一个家族历史和现状记录，是中国人民尊重祖先的一种自然美德。梁启超在《中国近三百年学术史》中指出谱牒属于历史范畴，而"中国乡乡家家皆有谱，实可谓史界瑰宝。将来有国立大图书馆，能尽集天下之家

---

① 吕立汉、蓝岚、孟令法：《浙江畲族民间文献资料价值初探》，《浙江社会科学》2012年第4期。

谱，俾学者分科研究，实不朽之盛业也"。① 据此可知谱牒是一种历史记录，是可与历史档案中的奏折、题本、信函、日记等并列为一类的史料。完整谱牒记载一个家族在特定历史时期的政治状况、经济状况及文化状况，不仅"记载本族世系和重要人物事迹"，还记载和家族有关的重大历史事件，以及与本家族相关的地方风俗习惯、名胜古迹、年节来历等，无疑具有可贵史料价值。

中国不少地区常以本地风景名胜而自豪，许多家族历史就和地方景观有关，在谱牒中往往记下其历史和现状，有谱牒还记载本地风俗民情。因此通过各个家族谱牒所载地方服饰、饮食、居住、生产、婚姻、丧葬、节庆、娱乐、礼仪等物质生活与文化生活中的习尚，可以了解一个地区、一个家族不同时期的历史面貌。

2. 手抄歌本

民歌是劳动人民智慧结晶，任其遗落民间很可能会在将来消失殆尽。手抄歌本的出现有效防止了各类民歌因口头失传而带来的消亡，手抄歌本指通过抄录将民歌歌词或曲谱固定下来的文本。民歌内容丰富，博大精深，往往延续历史秘密，是记录地方历史、社会文化及民间习俗的重要载体，也蕴含着人文韵味、精神信仰。人们"以歌代言、以歌叙事、以歌传情"。民歌不仅抒发了演述者的真情实感，也表现了他们直面现实、关注现实的理性精神。通过手抄本的形式将歌词记录下来，能够更加理解创作者所要表达的情感，以及所要反映的社会现实。更重要的是从手抄歌本的传承轨迹出发，可更清晰认识到"识字"在民间基层社会的重要性和神圣性。

3. 契约文书

我国古人曾严格区分"契""约""书""字"以及"合同"等民间经济凭证，并适用于各类不同文书。如"契"一般用于土地、房屋、山林、院落等不动产交易；"约""字"等则适用于动产交易、约定、保证和其他一些文书称谓。据学者考证，"合同"开始有契约概念应在唐宋之间。"契约"一词则很少连用出现，

---

① 梁启超:《中国近三百年学术史》，东方出版社，2004，第361页。

直到清末修律时期才正式将"契约"一词确立为民事交易文书专有名词。此后"契约"不仅为"合同"取代，二者还被视为同位概念。

在民国及之前，契约还有白契和红契之分，前者仅是民间自行签订的合同，而后者是有地方政府盖章确认的合同。然不论何种契约，均具法律效力。在我国现有民法体系中，"合同"被定义为"民事主体之间设立、变更、终止民事法律关系的协议"，此处民事权利义务关系主要指买卖、赠予、借款、租赁、融资、承揽、保管、委托等关系，而"婚姻、收养、监护等有关身份关系的协议，适用有关该身份关系的法律规定；没有规定的，可以根据其性质参照适用本编规定"。① 可以说今天《合同法》所包含民事关系要比传统契约涵盖的内容要少很多。

古人在很多方面通过彼此间订立契约文书形成各种社会关系，从而确立传统社会契约秩序。中国传统社会在很多方面都经由契约规范，因而契约构成民间私法主体，并由此形成独具特色的契约秩序。中国传统契约，种类繁多，内容丰富，存世量巨大，如田契、地契、房契、山林契等。通过对传统契约考察可知，中国人很早就形成一定契约观念，包括"空口无凭、立字为据"等，因而极其重视契约文书签订。中国古代契约文化还包括界限分明的财产观念、清晰的个体权利与义务意识、超越法律的道德性和伦理性、注重契约文书收藏与保存等方面内容。如保存于浙江丽水莲都区老竹畲族镇沙溪村的"刘有陶卖田契约"为清乾隆二十七年(1762)三月所立，签有宣平(现武义)县衙大印和骑缝章，随着清朝灭亡民国建立，立契者钟国顺的后人以免改朝换代带来田产之变，故在民国五年(1916)十二月经宣平县衙验契后贴上民国印花税票。② 可见民间社会对契约重视程度之深，时过百年仍未有失。

4. 执照票据

执照一般指官府所发文字凭证，今多指由主管机关发给的准许做某项工

---

① 《中华人民共和国民法典(含草案说明)》，中国法制出版社，2020，第73页。
② 国家民族事务委员会全国少数民族古籍整理研究室：《中国少数民族古籍总目提要·畲族卷》，中国大百科全书出版社，2013，第144页。

作或活动的资格证明。票据概念有广义、狭义之分。广义票据包括各种有价证券和凭证，如股票、企业债券、发票、提单等；狭义票据即《中华人民共和国票据法》中规定的"票据"，包括汇票、银行本票和支票，是指由出票人签发的、约定自己或委托付款人在见票时，或指定日期向收款人或持票人无条件支付一定金额的有价证券。此类民间文献对了解特定时期国家经济政策对地方社会的影响具有重要价值。

5. 科仪唱本

科仪唱本是祭司（如彝族毕摩、畲族师公、纳西族东巴等）举办法事活动的必备用书，是一种引导性、经籍性文本。多数科仪唱本详细记载各类法事活动仪轨，有唱词、有道白，还有多种相应符箓、咒语及疏文等，其中唱词往往占据大量篇幅。中国古代社会底层民智未开，缺医少药，对自然灾害束手无策，人们相信这些祭司能上通天庭、下达地府，能与诸方神灵对话、为民解忧。因而在广大民众心目中，祭司受人敬仰，延请祭司开坛设醮是民间社会生活惯常行为。祭司将科仪唱本视为珍宝，在传承时只许在师徒中传抄，从不轻易外露，甚至这些门徒往往就是自己亲属后代。

在科仪唱本卷末常会看到祭司语重心长的叮嘱，如永泰莲峰长生堂雷法科所存清同治九年（1870）手抄本《透途救水变马科》卷末留言"付侄国顺学习，流传子孙，万代收存，不可遗失"，再如福安蓝姓师公在《造火城科》手抄本中写道："子孙流传，不许传外人。"[1]祭司行业山头林立、分门别派，但同行中很少互相交流，堪称壁垒森严。如福安闾山法坛科仪唱本《开天门》卷末宣称："子孙流传用也，外坛不可传借。"[2]过去人们常认为，世间不安宁，天灾人祸多缘于形形色色的妖魔鬼怪在侵扰，因此必须延请祭司举办相应法事，在诸多科仪唱本中，这类法事占了相当大比重。总之科仪唱本是深入理解地方民间信仰的有力材料，是勘察区域民众精神生活的重要途径。

---

[1] 福建省少数民族古籍丛书编委会：《福建省少数民族古籍丛书·畲族卷·科仪唱本》，民族出版社，2017，第197、565页。

[2] 福建省少数民族古籍丛书编委会：《福建省少数民族古籍丛书·畲族卷·科仪唱本》，民族出版社，2017，第557页。

6. 匾额楹联

悬挂于门屏之上或梁柱之侧作装饰之用，反映建筑物名称和性质，表达相应义理或民众情感的文学艺术形式，其横者为匾额或牌匾，竖者则叫对联、楹联，或抱柱"瓦联"。一般来说匾额只有一块，以三字或四字者居多；楹联字数可多可少，左右各一（分上下联），对仗工整。匾额一般挂在大门之上、屋檐之下，当建筑四面都有门时，四面都可挂匾额，但正面门上必须有匾，如皇家园林、寺观庙宇、名人府宅，甚至祠堂民宅莫不如此。此外许多匾额四周边框雕饰各种纹饰，有的还镶嵌珠玉，极尽华丽之能事。

匾额楹联一般用于院堂建筑的大门、二门、大佛殿、佛龛及牌坊等建筑或器物上，主要有"四对联""八对联"等，多悬于大堂中柱或廊柱。楹联字体及内容要求一般有文字优美、词句深奥、书法水平高、雕刻技法巧等；布局设计还要妥帖和谐，长短尺度、比例以及色调等均要通盘考虑。作为中华优秀传统文化的重要组成，匾额楹联将辞赋诗文、书法篆刻及建筑艺术等融为一体，集字、印、雕、色之大成，以凝练诗文、精湛书法及深远寓意，将伦理道德、史事民情或经文典故等刻书于建筑之上，指点江山评述人物，突显了人们对古今历史、世间百态的认识。既给人们带来精神享受，又体现了文明、传递了价值。可以说自有匾额楹联以来，它就与人民日常生活紧密相连。无论是屋舍装饰还是旌表贺颂，无论写景状物还是言情表意，都反映了当时政治、经济、文化、艺术以及民俗等。"以匾研史，可以佐证；以匾学书，可得笔髓"，匾额因其所具有的历史价值、学术价值、文物价值和艺术价值成为研究民族文化发展的实物例证。

7. 祭祀神图

祭祀是人类最重要的活动之一，且始终伴随人类的进步而发展。祭祀神图画反映特定区域和族群的民间信仰，这些图像在某种程度上揭示了大到国家意识的礼仪规程等，小到普通百姓的喜怒哀乐、民风民俗等日常生活，也折射这一地域特有文化。祭祀用图内容一般是祈求、超度亡灵升天，乘龙舟将邪魔、恶鬼带走，因而多用于祭祀场合，以营造神圣空间或增强该空间神圣性，如丧葬、祭祖或入教等仪式。神图总体色彩鲜艳，线条流畅，人物造型夸张。如黔东北土家族地区神案子画，就可分为菩萨画、神像画、民间故事画、动物画、山水器物画等；闽浙赣一带畲族祖图，可分为长联（盘瓠生平故事画）和神像画两大类[①]；与畲族具有深刻文化关联的瑶族使用"梅山图"[②]；藏族有"格萨尔"唐卡；彝族则有毕摩绘画如支格阿鲁神图和鬼板等。这些图像一般不轻易示人，绘制多以勾描为主辅以色彩填绘，其内容反映了古人对神秘力量的信奉，渗透在社会生活之中，表达古人对未知世界和已知世界的理解。

（五）视听音影资料

视听音影资料又称声像资料或直感资料，是指以音响、图像等方式记录知识的载体。视听音影资料能脱离文字形式而直接记录各种声音与图像，既能反映静态的书面文献，又能充分发挥其动态特殊效果，具有以声传情、形象逼真、声像并茂的特色。尤其是可以运用放大或缩小、加速或减慢、剪辑合成等手法，其知识保存和传递作用是传统印刷物无法比拟的。视听资料还便于运用现代通信技术及时地迅速传播，因而为人民群众所喜爱，拥有广泛听众、观众和读者群。视听资料一般可分为三种类型：视觉资料，也称无声录像资料，包括图片、摄影胶卷、幻灯片、投影片、无声录像带、无声影片、无声机读件等；听觉资料也称录音资料，包括唱片及录音带等；声像资料也称音像资料或音影资料，包括电影、电视、录音录像以及声像光盘等。

视听资料最初并未用于文献信息存储与传播。1960 年欧、美一些国家开始出现声像记录形式出版物，并相应有专门出版社。中国引进国外视听资料较早，但到 80 年代才开始出现本土声像记录出版物，同时建立专门出版社。对视听资料的收集和审查都需要依赖科学技术。首先，视听资料直接记录声音和图像，使人既闻其声、又观其形，从而获得直接感受。用在课堂教学则可使听众更准确、更形象、更深刻理解所学内容，有利于提高教学质量。视

---

①　孟令法：《图像与叙事：畲族祖图长联研究》，研究生院博士学位论文，中国社会科学院，2018。

②　莫纪德：《梅山图注》，广西师范大学出版社，2016。

听资料还是传递新技术的有力工具。通过电视广播不仅能实现远距离传递，且覆盖面广，不出门也可知天下事，掌握所需要的知识。其次，视听资料具有存储能力强、节约空间时间、重量轻以及能长期保存等优点。视听资料还可以反复录制和播放，不受时空的限制，只要利用视听设备就可以反复体验，其速度和效果都是印刷型文献所无法达到的。

(六)现代学术资料

学术资料是指科研人员历年发表或出版的各种学位论文、学术论文和著作等文献材料，它是科研活动成果的真实记录，也常是最新科研信息的重要载体，有多个方面的参考价值。一般来说对一个课题研究可以：①在公开刊物上面发表论文；②公开出版发行论著；③在各种学术会议上交流论文、报告；④反映科研成绩的毕业论文、毕业设计等；⑤有组织的科研攻关而形成的一系列论文、专著及相关资料；⑥其他一些反映学校学术水平、学术历史的未发表的和交流的学术论稿等。以上方面，凡是公开发表的都应收藏，即为学术资料主要部分。

我国较为重要的学术资源数据库主要有中国知网、万方数据知识服务平台、维普期刊数据库、超星期刊数据库、中国科学引文数据库、国家哲学社会科学学术期刊数据库等，国外著名数据库则有 Wiley InterScience、IEEE、EBSCO、ProQuest、Netlibrary、Sciencedirect、Kluwer、Ingenta、Blackwell、Springer 等。如今数据库建设已蔚为壮观，除以上较重要综合性数据库外还有不少专门性数据库，如皮书数据库①、畲族资料数据库②等，各大门户网站也具数据库特征。在网站搜索资料时，首先是检索关键词的选择，合适的关键词可帮助研究者快速地找到所要查询的资料。其次是要学会使用高级检索功能。数据库检索一般默认排序都是时间顺序，因此关联性、权威性都不太强，在高级检索里可以选择按相关性或引用量来排序；除了题目或关键词的检索，还可摘要检索或全文检索。最后是信息来源中英文文献的选

---

① https：//www. pishu. com. cn/skwx＿ps/database？SiteID＝14。

② http：//61. 175. 198. 143：9080/shezu/。

择，要根据需求选择信息来源。

总之在文化资源的调研过程中会遇到各式各样的文献资料，而上述介绍也并非全然都能予以涉及。此外并非每一个被调研区域都完整保留上述各类资料，相反大部分地区都相对保有数量有限的资料。因此需根据调研目的、调研进度、调研精力以及被调研区域的人文社会和自然状况具体分析相关事宜，并由此尽可能做到"应收尽收"，从而为后续写作打下基础。

三、互相尊重：资料获取与使用伦理

文化资源调研必然面临田野调查中的伦理问题。伦理问题不仅存在于作为资料获取手段之一的田野调查中，同样也影响着对所获取资料的合理使用，贯穿调研活动过程的始终。因此，在调研过程中必须坚守相应伦理原则，处理好与调查对象以及田野点的调研关系，这恰是有效获取相关资料的关键。

(一)"取之有道"——认可原则

在资料收集过程中理应坚持认可原则，做到"取之有道"，即在尊重被调查对象自身意愿的前提下，尽可能全面收集足够多的资料。欺骗与隐瞒是资料获取过程中最常见的现象，同时也是最难以处理的伦理问题之一。参与观察是田野调查的核心方法，而观察根据研究者身份的公开与否可以细分为公开性参与观察及隐蔽性参与观察。在开展田野调查时若是一开始便向被调查对象坦白研究者真实身份以及调查目的，一方面对方有可能对所需调查的问题并不感兴趣，不愿配合研究者进行调查，另一方面对方也许会开始有意识保护个人隐或是因意识到自己正在被观察而做出一些不同于日常生活习惯的异常行为。

相比之下，隐蔽性参与观察不会扰乱调查对象的自然行为，避免了因研究者的存在而扭曲资料和行为真实性的风险，但通过隐蔽性参与观察所获得的资料并没有得到调查对象的认可，只是调研者从自身主观出发单向观察调查对象的结果，往往忽略调查对象自身的看法，同时还欺骗与隐瞒了调查对象。如此，不仅所收集到的资料本身存在不可忽视的缺陷，也涉及相应的伦理问题。从伦理角度而言，让调查对象知悉研究者的存在以及确切的研究目的，并获得他们的认可是理应做到的。因此进行调查有必要在合适时间向调查对象公开自己的研究者身份，让对象拥有知情权以及是否愿意参与研究活动的权利，从而获得当地民众对自身研究者身份的认可以及对所获得田野资料的认可，而不是选择潜伏在田野调查点做一个"间谍"。

（二）"明之归属"——署名原则

前述在进行资料收集过程中要注意标明资料出处，明确具体来源归属，不仅是为了方便后续对所收集资料的整理和使用，同样涉及相关伦理原则及法律法规。在 1950 年的民族识别以及 1980 年的少数民族社会历史调查中，参与的一些学者或文化单位因特殊需要而以"借取"为名，将原本属个人甚至集体的民间文献资料或文物拿走，从此杳无音讯，很多当事者和当事机构因发展之故加以调整或裁撤，使被借对象常年陷入自责。民间资料"有借无还"的现象至今犹存，这不免让调研活动为地方民众所警惕，从而大大降低调研效率以及精准性。如在保存或展览中明确来源和归属，可在一定程度上弥补这种伦理缺失与学术失范。

毫无疑问调研报告写作不是脱离现实生活的空中楼阁，调研活动不仅涉及与地方民众复杂的人际互动，在写作过程中，资料的引用与摘抄同样涉及现实法律约束。如今在大量持有民间文献资料或文物的文化机构，有些对这些可见之物连基本来源信息都没有。纵然这些文献或文物有的是捐赠，亦需标注清其来源，否则不仅失去其归属信息，还会影响知识传递以及科研效果。同样在调研报告写作中若忽略对引用资料的原作者或所有者的署名，不仅破坏了调研者与调查对象的和谐田野关系，同样违反知识产权法和物权法等相关法律条文规定。不给予相关资料来源以确切信息的报告写作，实属"学术不端"。因此，"明之归属"并加以署名，不仅是对调查对象合法权利的尊重，也是尊重法律法规和学术伦理的要求。

（三）"用之合理"——保密原则

在文化资源调研报告的写作过程中需要对资料做到合理使用，不仅要对资料本身取舍有度，更涉及做好田野对象隐私保护，避免因调研活动而破坏田野点民众正常的生活状态。保护调查对象隐私的常用方法是使用化名及模糊田野点，通过模糊化处理能很大程度消除他人"恶意"追踪调查对象及田野点的可能。同时报告写作过程中必须保持谨慎，仔细阅读所收集到的田野资料，剔除其中可能伤害调查对象的相关信息，从而避免写作活动对当地人造成负面影响，如陈泳超所著的《背过身去的大娘娘——地方民间传说生息的动力学研究》[①]则可为典范。不过保密原则同样存在弊端，无法追踪调查对象及田野点也意味着学术真实性无法被确认，他人对调研报告的质疑自然也难以澄清。

比较理想状态是参与了调研活动的被调查人员同意其相关信息公开，希望借此获取社会关注，促进当地经济文化发展。此时调研者也无须严格遵守保密原则，而是可以遵从调查对象意愿客观真实反映当地实际情况。不过这并不意味着得到了调查对象的"尚方宝剑"便可以自由曝光调查对象所有隐私，即使是在调查对象同意公开相关隐私前提下，仍需要与调查对象进行充分交流沟通，最大限度保护调查对象隐私及人身安全，故在调研中同对象做好沟通、签订"知情同意书"是极重要的保障。总之"用之合理"强调保密原则，但并不代表一切相关资料都要进行完全模糊处理或使用化名，而是要在与调查对象充分交流中和社会实际情况下，把握好研究需要和调查对象相关权利之间的平衡关系，在最大限度满足研究需要同时，保护调查对象相关权利。

第三节　文化资源调研报告的写作基准

文化资源调研报告写作是调研活动完成的重要见证，作为总结调研所得资料以及由此引发之思考的系统性话语文本，虽因不同类型而产生不同写作模式，但不论选用哪一类型作为写作基准，行文都不可随性而为。相反不同

---

① 陈泳超：《背过身去的大娘娘——地方民间传说生息的动力学研究》，北京大学出版社，2015。

类型调研报告不仅要具备一定基本要素，其语言表述也应符合不同调研目的及阅读者需求，而其结构更要逻辑有序、层次分明。

一、调研报告表述要点和实践意义

不论是学术型文化资源调研报告还是应用型文化资源调研报告，在写作过程中特别是在选定写作类型后，对其基本要素及其实践意义的确定是调研报告得以有序完成的根本原则。对此问题，本文借鉴民俗学家董晓萍的田野民俗志表述要义进行阐述[①]

首先，资料应具第一手性。董晓萍认为这一要素从学术意义上说能表示文化资源调研报告写作者与田野作业的直接关联性，不仅奠定该调研报告的写作者解释本人所搜集资料的权威性，也能确定田野选点、建立资料分析模式和提供选择研究方向依据。从操作方法上讲，一般应从调查别人的文化做起，以避免出现对自己熟悉文化盲点。这样做的结果还能增加兴趣产生联想。但要及时找好视角，制订双窗口计划。条件成熟还可以采用家户调查法，去发现田野统计数字和民间解释与行政部门的业务统计的差距。

【知识链接 7-1】

双窗口计划

双窗口是一种专业训练，能够帮助田野作业提炼整理视角。它将观察资料、搜集资料和分析资料的阶段性过程变成同一时间内多线工作的综合性训练，将理论活动贯穿于田野调查。董晓萍教授以其带领研究生进行的北京春节民俗志调查为例，展示其步骤如下。

1. 做格式

打开笔记本、分左右页、做双窗口格式→按日期或分时段进行观察→在笔记本左页记下所看到的物体和事件→右页记下你对观察到的变化的意义的反应→根据连续观察结果撰写短篇反映报告，如下表。

---

① 本节内容主要参考董晓萍：《田野民俗志》，北京师范大学出版社，2015 相关部分。

视角描述	反应描述
春节	春节是民俗学的调查对象吗？
注意以民俗学为主，将民俗学和社会学结合做调查	有必要对春节问题与民生问题结合做调查吗？

2. 做田野注释表达式

在确定研究方向以后再做田野注释→参与观察→确定几个比较有潜力的调查问题继续调查→记录自我反应并选择民俗志修辞→根据连续观察结果写短报告，如下表。

视角描述	田野注释
调查春节可以按研究方向分组吗？	春节的哪些内容可以列为民俗学不同研究方向的调查对象？
春节调查可以分为节日活动社会现状、历史传统和民族关系三块进行	为什么从各个专题角度看都感到春节有民俗，又感到民俗变味了？

3. 设立前概念和假设表达式

前期已占有一定资料→已对资料进行科学分析→预设一个前概念和假设→在田野作业中修正前概念和假设→在调查小结中进行反观描述，如下表。

对象描述	反观描述
各组写一篇短的报告	春节民俗调查让我们了解春节传统的传承与变迁比原来想象的要复杂多了。传统民俗容易文化化，但也容易形成政策难题，民俗文化可否像五四时期那样重回国家社会文化建设的重要位置？

其次，贯彻"三一分类法"。董晓萍指出，要先用三分法。做田野调查之

前按照书本知识，进行田野作业者的学术分类；在初访之后按照政府部门的管理知识，展开行政分类；经过深入调查，按照地方知识系统进行他者文化分类。在此基础上，最终找出适合自己研究对象的分类法。在实际处理材料过程中使自己能边缘化和批评化，并考虑所采用分类方法在学术史上的地位。

最后，构建表达模式。构建表达模式是指田野作业者可从外部描述（包括民俗环境志、民俗事象志和民俗人物志）到内部描述（包括仪式描述、宗教信仰描述和日常文化描述）循序渐进地展开田野报告阐释。要注意表达的过程化、动态化和整体性。

总体而言，在调研报告写作中，应注意的表述要点可归纳为：①资料亲为求新，即躬身在选定调研区域搜集并对资料分类；②文化场景记录，即描述文化资源所处社会环境和自然环境；③地方性知识运用，即从内部视角确定文本内所要使用的基本术语；④文化特色选定，即从典型性角度反映区域文化资源的基本特征。

二、调研报告的撰写模式和技术要求

在本质上，文化资源调研报告的类型差异并未能掩其目的之双重特征，即学术研究和应用实践。而基于真实材料写作的札（日）记型调研报告和小说型调研报告，其行文格式和写作技巧更显自由，在语言表述上亦趋通俗，但对被调研对象的描写也需少量学术话语加以提升，以突显其作为文化资源调研报告的基本属性。这两种报告是基于调查过程中所获一手材料在理性思维组织下书写的纪实性文学作品，故不赘述。不论何种调研报告都有一定技术要求，并表现出相对多样的写作结构，而这在学术型和应用型调研报告中表现得相对突出。

(一)学术型调研报告的撰写模式和技术要求

写作学术型调研报告对理论积累和实践经验要求相对较高，因而"研究成功的田野报告，琢磨其写作技巧，是学习写作田野报告的一种门径"。不过，正如有经验的学者而言，田野报告并不是学术八股文，也"不是生物标本，而是人文科学的研究成果，从研究者的角度说，它要提交给学术同行讨论，还要倾听他者文化集团的反馈意见，有了这两点限制，在理论上，它就遵循必要的学术规范。那些高明的田野报告作者之过人之处，在于他们既能恪守学术规范，又能创造技术方法，把田野报告写得妙不可言。把这些经验搜集起来，就能找到一些范本。而能借鉴者，方能超越，方能有朝一日达到田野阐释的普遍化兼个性化的境界，孜孜以求的田野工作者无不渴求于此"。①

就以学术型调研报告的写作结构和技术要求而言，董晓萍在《田野民俗志》第八章"田野报告的写作与表述策略"中做了较详细论述。

写作田野报告的技术要点，是要使用的学术资料和所表述的学术观点结合在一起，按照局外人的阅读理解顺序撰写提纲，同时要考虑到田野关系和田野叙述的分寸，在此基础上，设计局内观与局外观的布局与表达节奏。在进入文字工作阶段后，要把握好以上关节点的实际操作，直至有条不紊地完成写作任务。而从内容结构上，田野报告著述的撰写方式可分为两种：

（1）由现实活动进入历史的田野报告，是从现实调查活动进入，利用调查点的群体活动资料和口头访谈资料做基本线索论述，再利用相关历史文献做初步的归纳分析。这种结构布局，现实感强，容易抓住读者。但在进入历史分析时，要避免牵强附会；在选择相关口头和历史文献资料上，要阐明学术原则和使用的限度；在将现实调查资料和历史分析相糅合的描述中，要尽量减少主观臆测成分，其后的接续工作还是比较难的，因此是一种先易后难的阐释结构。一些老练的田野工作者甚至认为，开始使用田野资料的工作更难，它需要从零做起，建立一个口头资料的阐释系统，没有正规的学术训练和创造性的学术劳动，就会一无所获，更不要说后面的历史分析了。是否采取这种写法，有学科习惯上的差别。一般说，民俗学、人类学、社会学、考古学、民族学等学科的学者比较经常地采用这种写法。

在解决现实调查资料与历史分析资料的矛盾上，一些田野报告创造了可

---

① 董晓萍：《田野民俗志》，北京师范大学出版社，2015，第359-360页。

取的技术范式，且主要表现在以下三方面：①从现实活动开始写，再进入背景法和民族文化比较分析等；②从现实活动开始写，再进入历史—生态二维尺度法分析；③从现实活动开始写，再进入民间文艺分析和民间宗教象征性分析。①②的典型案例可参见美国彝学家斯蒂文·郝瑞(Stevan Harrell)所著《田野中的族群关系与民族认同——中国西南彝族社区考察研究》中的《米市：诺苏聚居地的诺苏》和《白乌：多民族杂居区的诺苏》，③的案例代表则可参加澳大利亚汉学家贺大卫(David Holm)的《黄河九曲灯：中国西北的道教与民间宗教》。

(2)由历史切入现实的田野报告，多为历史学、语言学、文字学、文艺学以及部分民俗学与人类学者所使用。一些田野回访调查工作本身，就是基于历史文献的记录开始的。采取这种写法的根本原因，是由研究资料本身的性质所决定的，其次才是由学术训练的不同渊源造成的。总之，从资料出发，是第一原则。

从历史文献入手进入现实活动的写法，容易给人以深厚的历史感和整体把握的力度感，能把读者置于一定的社会历史环境中去阅读和思考，避免为肤浅的、风行的表面现象所迷惑，或出于个人兴趣钻牛角尖。但在将历史文献与现实口述材料做对照描述的时候，也要谨防三种冒险：一是直接拼接，使现实资料被处理成历史事实的遗留物，然后重演文化进化论的分析；二是主观断代，即以上层大历史的分期年限，给下层文化的口头资料断代，然后仍然去做大历史的分析，忽略了下层文化研究是一个独立的学科，丢掉了对下层文化知识系统的资料还原使用和反观分析；三是想象链接，根据题目的需要，把口头资料填充在历史文献的空白处，结果可能是望文生义，也可能是文学狂想。这种做法，幸运的时候，也许歪打正着，但也有些时候不走运，成了学者自己"说故事"，与民间解释风马牛不相及。

然现代学术史上不乏利用历史文献与口头材料的优秀著述，分析其阐释结构可知，大致有以下四种写作进路：①从学术史进入、到独立事件的历史、再到现实活动中的有形的仪式、再到现实生活中无形文化的分析，其范本可参见斯蒂文·郝瑞《田野中的族群关系与民族认同——中国西南彝族社区考察研究》中的《白乌彝族教育成功之路》；②从民间文学记述史进入、再到现实活动的传承分析，其代表文本可参见钟敬文《论民族志在古典神话研究上的作用——以〈女娲娘娘补天〉新资料为例证》；③从地方史开始、再到口述史线索的现实象征性分析，就此可参见李丰楙《台湾云林旧金湖万善祠及其牵水（车藏）习俗》；④从上层历史开始再到口头调查资料的运用，此可以法国汉学家吕敏（Marianne Bujard）《陈宝祠》为例。①

　　总体而言，以学术目的写作的文化资源调研报告并无统一内容结构，而是根据不同需要创作的文化资源调研报告，在某种程度上还体现不同作者基于理论建构和应用实践的差异性认识。虽然学术型调研报告多因个体学术研究而产生，但这并非说相关委托单位不需要此类文本，只是后者内容结构或不为受委托者独立决定，而多由双方协商确立。针对学术型报告，诞生于1920年以来的人类学民族志皆可作为写作参考。只不过相较于民族志对特定社区所能观察到一切人类行为乃至自然物象的全面记述不同，民俗志虽仅以具有传承性文化表现形式为书写对象，但对专题性调研报告写作更具指导意义，即每一或每类文化资源均可按照一定的行文格式加以整体性梳理。此外普及型调研报告虽与民族志或民俗志对理论话语的表述需要不同，但其对客观描述的纯叙事追求，亦可从既有各类民族志或民俗志等成果中，借鉴行文逻辑结构和话语表述技巧。

（二）应用型调研报告的撰写模式和技术要求

　　应用型调研报告多数乃相关部门因具体工作而委托相关人士而写作，虽然不同部门对调研报告写作模式和技术要求有所不同，但其主体结构及所要记述的核心内容不容缺失，而这在篇幅相对短小的资政公文（专报）中亦复如是。那么基于田野资料写作的应用型调研报告究竟要如何书写，对此可参见岳海翔所著的《最新公文写作一点通》中有关"调研报告"相关论述。

---

① 董晓萍：《田野民俗志》，北京师范大学出版社，2015，第359-360页。

1. 应用型调研报告的基本结构

调查报告的内容结构通常由标题、前言、主体和结尾四个部分组成。

(1)标题。

调查报告的标题应当写得新颖、明朗、简洁,要从内容和作用的需要出发,做到题文相符,揭示主旨,有画龙点睛之妙。调查报告的标题常用的拟写方法有以下四种。

①公文式标题。公文式标题一般由事由加文种(调查报告)组成,例如《关于南部、仪陇、阆中三县文化资源及其开发情况的调查报告》[①]。

②文章式标题。文章式标题直接揭示调查报告的内容和研究范围,例如《北京历史文化资源调研报告》[②]。

③正副式标题。正副式标题即将调查的事项、范围及对象作副标题,而以正标题概括调查报告的主题思想或主要内容,例如《发挥文化资源优势 打造特色文化品牌——醴陵市文化遗产和资源调查报告》[③]。

④提问式标题。提问式标题通过设问来引起读者的注意,例如《用公款请客为何愈演愈烈?》《中等偏下的物价从何而来?》等。

(2)前言。

调查报告的前言也称导言、引言和开头,类似新闻报道的导语,但较之更详细。通常要写明调查的线索、目的以及调查的时间、地点、对象、范围、方法、基本情况和结论等,要求紧扣主题,做到简练概括。有的调查报告开门见山,直接进入主体部分,而将前言部分省略掉,以归简易。

(3)主体。

主体部分是调查报告的基本内容,它以调查所得的确凿的事实和数据介绍调查对象的基本情况及其发生、发展与变化过程,以及从这些事实材料中

---

① 谭洛非、平文艺:《关于南部、仪陇、阆中三县文化资源及其开发情况的调查报告》,《中华文化论坛》1997 年第 4 期。

② 王岗:《北京历史文化资源调研报告》,中国经济出版社,2013。

③ 政协醴陵市委员会文化遗产和资源调查组:《发挥文化资源优势 打造特色文化品牌——醴陵市文化遗产和资源调查报告》,《文史博览(理论)》2008 年第 8 期。

所总结出来的经验教训。有的调查报告还提出解决问题的建议。主体部分内容的安排要做到先后有序、主次分明、详略得当、重点突出、逻辑严密、层层深入。其写法以叙事为主，夹叙夹议，常用的结构方式有纵式、横式和纵横结合式三种。

①纵式结构。纵式结构是按照事物发生发展过程顺序或按调查的时间先后顺序进行叙述和议论，适用于内容比较简单的调查报告。

②横式结构。横式结构是将调查所得的各种事实、数据材料进行概括、分类，按问题性质从几个不同侧面或角度说明问题，并常使用序码或分列小标题的方式使其结构清楚。它适用于涉及面广、事件线索较为复杂的调查报告。

③纵横结合式结构。纵横结合式结构运用于内容丰富的调查报告，通常是先交代事件发生的原因及发展过程，接着进行分析归纳，总结事物的基本性质和特点。

(4)结尾。

调查报告的结尾，应当简洁明了地写出通过对事实材料的分析所得出的结论。有的结尾以简练的语句概括报告的主要观点，以进一步深化主题，增强调查报告的说服力和感染力。除经验性调查报告外，多数是针对所调查的问题，通过分析，提出解决问题的办法、措施、意见和建议。有的调查报告通过对事实材料的分析，提出发人深思的问题，启迪人们做更深层次的思考和探索；也有的调查报告将结论性意见写在前言或主体中，而不写在结尾部分。

调查报告最后要落款，写明调查单位(调查组)名称及调查时间。如果有附件，应当标明其名称及件数。

(5)基本结构(如图7-1)。

报告导语：交代下列有关问题全部或部分
调查目的、时间、方法、范围、对象、基本观点、调查经过、有关背景、主要收获、问题的意义

+

报告分析：作者观点、结论、调查材料及相关分析

+

报告结语：调查报告基本观点或结论的强调、深化或综合，提出希望或建议

图 7-1   调查报告主体结构的基本模式

2. 调研报告的注意事项

前述章节虽多次提及报告写作注意重点事项，但尚未做出系统梳理。对此，或可借用岳海翔等人的论述从以下五个方面加以总结。

①在"调查"上下功夫，确保材料的真实性和说服力；②在"研究"上做文章，确保调查报告的指导性；③要合理安排"框架"结构，做到眉清目楚，线条分明；④要力求准确，做到材料翔实，逻辑严密；⑤应注重表达手法的特定性，用语要生动活泼，耐人寻味。

此外，为更好完成一份有效的应用型调研报告，还应尽力避免下述四个方面问题。

首先，要避免材料不充分、不典型，不足以说明调查报告的主题或观点。其主要原因不外乎这样几种。一是调查者没有掌握充足的材料，特别是没有掌握典型材料。这是由于有的调查者缺乏经验，或者粗心大意，工作不深入，

这是主观方面的原因。二是对调查的材料缺乏周密的思考，在调查过程中又缺乏必要的研究。结果使调查报告的事例难免失之于空泛、浮浅，说明不了问题。三是不做深入细致的调查工作，却硬要大写特写。

其次，要避免材料堆砌，缺乏必要的概括和分析，使人不得要领。这与调查报告写作者概括分析问题的能力、思想方法及文字表达水平有关。主要有这样三种情况。一是对材料没有认真地分析研究，缺乏由此及彼、由表及里的加工制作。二是只按事物的现象来排列组合，没有抓住事物内部的联系，没有找出该事物同他事物的关系。三是缺乏辩证唯物主义的思想方法，在取材上陷于形而上学，搞烦琐哲学。

再次，要避免观点和材料脱节。调查报告的观点是从对大量材料的分析中形成的，是事物本质的反映。在调查报告中，观点和材料是辩证统一的，即观点来自材料，反过来又统率材料。但是，有些调查报告，或者是观点和材料没有内在的必然的逻辑联系，或者是"帽子"大、内容小，观点和材料不协调。

最后，要避免议论太多，喧宾夺主。调查报告本来是以事实为基础，从事实中得出结论的。但有些调查报告喜欢过多地议论。遇到一个事例就随意引申发挥，大讲一通道理，把材料湮没在议论当中。说它是议论文，却明明写着调查报告，而且也有调查报告的架式和例证；说它是调查报告，却处处是逻辑推理的说教，有点不伦不类。

总之，要写好调查报告，需要理论、思想、专业、调查研究、文字等方面的综合锻炼。只有勤于学习、善于思索、勇于实践，才能写出"精品"来。①

作为公文类型的应用型调研报告，写作风格较其他类型报告而言，不论行文逻辑、言语表达，还是内容结构，其要求都更为严格。除此之外，应用型文化资源调研报告的公文性还因委托单位不同，而在行文外在形式上出现一定差异，如在字体、字号、行间距、字间距以及页边距等方面也应给予观

照。总之应用型调研报告在被调研对象细节描述上的要求虽弱于学术型调研报告，但其内容理论性依然较强，故在注意行文格式同时，更需重视对所得各类资料的系统梳理以及理论逻辑。

三、调研报告的行文视角和话语模式

写作文化资源调研报告时除根据具体需要而选用特定报告类型外，还应在既定调研目的要求下从社会事实角度还原被调研对象的整体面貌。虽然并非所有文化资源调研报告皆须事无巨细呈现对象，但仍需特别注意其行文视角和话语模式在反映区域文化资源存续现状的作用。对此可从以下四个层面加以理解。

(一)客观——主位与客位

客观是文化资源调研报告的本质要求，唯有真实反映被调研对象的整体面貌，才能为以学术研究和应用实践为代表的调研目的提供可资参考的文本。如何"客观"呈现对象，虽无统一标准，但站在何种立场下书写却存在长期争论，特别是人类学、民族学界对田野作业和民族志写作的反思，"主位"和"客位"则成为其中一对至关重要术语。

主位(emic)和客位(etic)是由语言学家肯尼思·派克(Kenneth Pike)于1947年首创的一对概念，源自语音学中的"音位的"(phonemic)和"语音的"(phonetic)二词。1979年人类学家马文·哈里斯(Marvin Harris)将之借用于《文化唯物主义》一书，为人类学的民族志书写带来新思考。一般认为"人类学中的主位概念是指研究对象自己对事实的解释，客位则是人类学调查者从自身出发对事情的解释。因此，主位研究强调的是从文化内在的角度分析、理解事件，客位研究则强调文化外部的立场和解释。沿着不同的研究脉络，主位研究和客位研究对同一文化现象进行分析会得出不尽相同的结论"[①]（如表7-

---

① 庄孔韶主编：《人类学概论》，中国人民大学出版社，2006，第138页。

1①)。由此可知基于主位视角的内部写作或更能反映当地民众对本土文化事象的理解，而客位视角对异文化的评鉴或许会带来些许误读或不利引导，马文·哈里斯对印度"圣牛"的分析恰恰证明了这一点。② 此外，某些文化遗产虽极具经济价值，但开发后的影响却可想见，故应慎提开发建议。在人类学研究中还有一对与主位和客位紧密联系的术语，即"局内人"(insider)和"局外人"(outsider)。

表 7-1　"主位"和"客位"在理论和方法论上的基本差异

主位	客位
主要方法是用土著语言进行深入的调查访问	主要方法是对行为进行观察
目的是尽可能以接近"土著确定事物"的方式来寻找对意义的分类	目的是寻找由观察者所确定的行为模式
该民族对意义的界定、该民族的观点体系被看作行为的最重要的"原因"或解释	非个人、非观念因素，尤其是物质条件，被看作人类行为的重要动力
通过逻辑分析，尤其通过一种相应于准语言学分析来认定体系和模式	通过对事件和行为的定量分析来认定体系和模式
跨文化概括必须等文化的特殊模式或意义转化成更为抽象的文化之间的范畴之后才能进行	可以通过把同一观察法、同一外来概念应用于两个或多个不同文化的办法来直接进行跨文化概括
方法论上的战略基本上是归纳，如没发现"土著人的意义分类"，研究就不能进行	方法论上的战略可按从"纯粹归纳"到归纳和演绎的各种结合的步骤来进行

有学者指出，局内人即"与研究对象同属一个文化群体的人。局内人之间

---

① (美)帕梯·J. 皮尔托、格丽特尔·H. 皮尔托：《人类学中的主位和客位研究法》，胡燕子译，《民族译丛》1991年第4期。

② (美)马文·哈里斯：《好吃：食物与文化之谜》，叶舒宪、户晓辉译，山东画报出版社，2001年，第45-66页。

通常共有比较类似的生活经历，对事物往往有比较一致的视角和认识。局外人则指的是处在某一文化群体之外的人。局外人通常有着不同于局内人的生活体验和认识事物的方法。因此，人类学中也通常把主位视为局内人观点，把客位视为局外人观点。"不过需要注意"作为局内人的本土人类学家（native anthropologist）甚至可以运用直觉理解局外人所难以获知的信息。当然，本土人类学家也会因对于所研究的事物过于熟悉而出现熟视无睹的情况"。① 总体看来主位研究能详尽"描述文化的各个环节，克服由于观察者的文化差异造成的理解偏差"，但"当地人在自身的文化当中可能会将许多的行为和思想视为当然的和平常的"则成其缺点。而客位研究可"认识和解释那些本土文化中生活的人们在自身文化中可能视为当然的和平常的许多的行为和思想，缺点是不能详尽地描述文化的各个环节，观察者会因为文化的差异、文化假设上的偏差而产生可能错误的认识"。②

虽然主位研究和客位研究各有所长，但在文化调研报告写作中仍需明确该文本是基于何种目的创作的。不论学术研究还是应用实践，对被调研对象的呈现首先应是主位的，而这既是客观反映地方社会之文化存续状况以及当地居民之文化认知状态，并由此向有关部门或单位建言献策的基础，又是从客位视角有效推进后续研究的根本所在。

（二）叙述——深描与细描

文化资源调研报告并不是纯粹学术作品，相反哪怕是具有显著理论倾向的民族志著作或民俗志著作，其核心内容依然是描述中的解释，在部分成果中，"描述"还远超于"解释"。可以说基于不同目的写作的调研报告，对"描述"和"解释"的比重要求不同。一般而论，具有学术目的的调研报告对"解释"较为强调而偏重应用，普及性读物对"描述"则极为看重。然而不论何种类型的调研报告，能对被调研对象做出清晰叙述应处于首位。

---

① 庄孔韶主编：《人类学概论》，中国人民大学出版社，2006，第138-139页。
② 黄平、罗红光、许宝强主编：《当代西方社会学人类学新词典》，吉林人民出版社，2003，第210页。

　　1960 年随着马林诺夫斯基田野日记出版以及对文化相对论的反思，民族志方法受到很大质疑。美国人类学家克利福德·格尔茨(Clifford Geertz)基于长期田野思考确立了以"深描"(thick description)为基本方法的解释人类学研究路径。"深描"一词源自吉尔伯特·赖尔(Gilbert Ryle)对"眨眼睛"的解读。格尔茨借此认为以"建立关系、选择调查合作人、作笔录、记录谱系、绘制田野地图、写日记等等"[①]为基础创作民族志是对"深描"的一种尝试。虽然他并未给"深描"下定义，但其一系列研究表明"深描"可被理解为描述性解释，即对解释的解释。在他看来"人类学写作本身就是阐释，此外还有第二层和第三层的阐释(只有'本地人'才能做出第一层次的阐释：这是他的文化)"。[②] 由此可见，阐释的基础在于理解，理解的目的是给出意义。故民族志描述有三个特性。即"它是阐释性的；它所阐释的对象是社会话语流；这种阐释在于努力从一去不复返的场合抢救对这种话语的'言说'，把它固定在阅读形式中"。[③] 意义何以表达，格氏认为符号乃意义表达的工具，故"深描"的分析对象，已不再是实存之文化表现形式，而是通过符号进行公共编码转化成文本的文化。

　　"深描"虽然是对符号形成的文本进行阐述的过程，该文本形成过程却突显了某种主体间的矛盾。正如格尔茨所言"深描"的关键虽是"从当地人的视角看事情"，但并不认同学者能如当地人般思考，故否定"移情理解"和"主位分析"。因此人类学者只能观察到为当地人使用的象征符号，并在这种象征系统中以当地人话语描述当地文化，这恰如"主位"和"客位"所反映叙述模式相似。不过针对地方性知识叙述，"深描"或可对当地人解释做出符合学术目的的理解，但与格尔茨反对的"细描"或"浅描"(brief description)不同，前者在进一步解释时主要依靠人类学者自身的客位理解，但这种理解却无标准，后者则能凭借相对客观的叙述准则，如照相机般不带评价地将所观察到的文化表现形式描绘下来。虽然"细描"很难在意义上给予被调研对象以学理阐述，但"深

　　① (美)克利福德·格尔兹：《文化的解释》，纳日碧力戈译，上海人民出版社，1999，第 6 页。
　　② (美)克利福德·格尔兹：《文化的解释》，纳日碧力戈译，上海人民出版社，1999，第 17-18页。
　　③ (美)克利福德·格尔兹：《文化的解释》，纳日碧力戈译，上海人民出版社，1999，第 23 页。

描"对意义的解读无疑离不开"细描"基础。不可否认，"深描"之于格尔茨也有来自马克思·韦伯"意义之网"理论的直接影响，但"深描"无法建立类似韦伯"理想模型"(ideal type)的普遍解释框架，只能理解区域性微观社会的文化状况，甚至只是某一文化表现形式，如格尔茨为说明"深描"而写作的"巴厘岛'斗鸡'"等。

总体来说，"深描"对文化调研报告特别是具有学术倾向的报告，是极具指导意义的写作方法，但这非说一切类型文化调研报告都要在"描述性解释"中实现既定调研目的。换言之，部分文化资源调研报告不需过多"解释"，却极重视客观叙述，特别是应用型报告中的某些委托之作。因此在"深描"基础上回归对"细描"的运用，不仅可以规避外部写作带来的客位偏差，亦可从主位角度反映内部文化表现形式的真实面貌。

(三)体系——分类与分层

体系是就文化资源调研报告之行文逻辑给予的定位。任何写作及其成果都是在所得各类资料基础上，以理性思维为前提开展资料与思想相融合的体系化过程。文化调研报告的理论表达有时虽不及相关学术专著深入，但作为后者的基础其是系统呈现被调研对象以推进后续工作的必备条件之一。

在本书前几章中，曾多次论及"分类"概念及与文化资源相关的表现形式。然而作为一种认知理念，它并不仅存于学术研究领域。相较于学术分类的相对性，地方社会对事物认知却有约定俗成的规则，而这规则有时并不能直接套用于学术分类。如居住于闽浙一带的畲族对散文体叙事的类型认知仅有"古老"一词，包括学术分类中的"神话""传说"及"民间故事"等；而韵文体叙事的类型则以"歌言"为先，其下级分类极其多样，像"起头歌""小说歌""借镬歌""哀歌"以及"三条变"等。时至今日，畲族"歌言"类型体系尚未建立，它们是否可与"史诗""叙事诗""民歌"等学术分类直接对应亦需进一步探查。如今，基于格尔茨"地方性知识"①的本土研究也愈发重视"地方性分类"对认识区域社

---

① (美)克利福德·吉尔兹：《地方性知识——阐释人类学论文集》，王海龙、张家宣译，中央编译出版社，2000，第1页。

会重要性，如刘镜净的《口头传统文类的界定：以云南元江哈尼族哈巴为个案》①即是典型。其实对区域文化资源进行调研并由此写作报告，本就为发现地方个性，这对避免开发利用中"千城一面"现象是相对较好的做法。

从本质上讲，注重地方分类体系挖掘，恰是站在"主位"视角书写区域文化的一种手段。不过进入特定分类体系的各个文化表现形式虽在体系内具有等级秩序，但并不代表位次较低者就对区域社会发展作用也相对较低，相反某些看似不起眼的文化表现形式还拥有一定经济价值，如地方家常菜。因此在特定区域开展文化资源调查时虽要关注地方分类整理，但在写作报告时仍需根据调研目的对所得文化表现形式进行分层，即认清哪些文化表现形式才是该报告所要重点叙述的。换言之，尽管注重从整体上观察并梳理区域文化资源存续状况，但报告写作很难做到理想中"完整"叙述，因而有主有次、有详有略的分层格局才是其核心行文模式。文化调研报告是对被调研区域文化表现形式的客观呈现，以特定调研目的展开的记述活动依然要对该目的所指向的实际问题做回答，即文化资源调研报告也需问题意识。可以说，对于调研报告，不论学术型、应用型还是综合型、专题型，抑或图文型、影音型，都应围绕一个或几个关联性问题展开叙述，否则会产生层次不清、逻辑不明等矛盾，而问题回答则可选用（或交叉）总分、因果、并列或递进等逻辑关系。

文化资源调研报告资料来源是以特定区域之一手资料的获取为基础，而对地方性知识的发现并不影响既有学术理念的运用。不过对区域分类认知的文本叙述也需在一定筛选标准中做到有序表达，即以有利于回答相关问题的被调研对象为论据，从而形成一以贯之的叙述体系。总之调研报告的体系性既要对被调研对象加以分类，也需采用合理分层逻辑予以表述。

（四）辨析——举证与说理

在文化资源调研报告写作中对区域文化资源的整体性观照，其实是为更好回答区域民众如何理解地方性知识，以及这些为特定族群所共享并传承的

---

① 刘镜净：《口头传统文类的界定：以云南元江哈尼族哈巴为个案》，中国社会科学出版社，2018 年。

知识在社会发展中起到怎样的实际作用。然而为能使前述问题得以回答，在调研过程中获取的各项资料会在分类梳理中得以系统化，在篇幅有限的调研报告中很难做到等量书写。之所以会发生这种情况，不仅在于区域文化表现形式本身所富有的信息量，更在于这些文化表现形式对区域民众之日常生活所起的影响或作用。可以说某些文化表现形式虽有较长发生史，但所能传递的信息不一定很丰富，特别是那些本就循环往复的日常琐事，如饮食，固然可以记录每道菜的制作过程，但调研报告并不是菜谱，哪怕是专题性调研报告也无须如此细化。其实"摸清家底"是为全面把握区域文化资源的地方存续状况，而发现并解决相关问题的说明性材料虽然很多，但起不到核心作用的论据或不宜滥用，否则只能徒使文本冗余。

其实在进入写作之前，不论调研中的资料获取过程，还是此后的资料整理以及文化表现形式的分类过程，不仅是在排除无用资料，也是在为调研报告筛选有力论据。不可否认，对区域文化资源的调研需在整体性思想指导下，方能有效做到全面勘察特定生活空间之文化表现形式的存续状态，但任何调研活动哪怕是"文化普查"也很难真正做到完全覆盖，故"就重避轻"相对性调研原则，也是文化资源调研报告得以有序完成的基本写作原则。概言之，确定适宜的报告类型并选择符合调研目的的论据，是写作的基础。如何择取核心论据说明相关问题无统一标准，从调研目的出发或为最佳途径。

虽然调研报告行文语言以通俗易懂为先，特别是那些受委托于相关部门的以应用为目的的调研报告，但这并不是说除了以学术研究为目的的文化资源调研报告，如民族志或民俗志等，其他类型的文化资源调研报告就要完全摒弃"说理"，相反即便是地方性知识普及读物也会因稍许评述而有增色，更何况是那些具有意见属性或建议属性的"资政专报"。说理并不简单等同于理论，后者在很大程度上有赖于前者进一步提炼。在调研报告中"说理"或许更接近于调研（写作）者基于理性思维而对相关被调研对象或事件"有感而发"的话语表达。可以说由"说理"上升到"理论"的过程，也是调研报告有序记述典型性文化表现形式论据或事例的过程。因此两者实可谓一对互为表里的报告用语。不过特需注意的是"说理"在行文中不仅要逻辑明确，也不能口若悬河不加限制。此外，纵然在"说理"过程中必须引述他者言论加以佐证，亦需适可而止，否则有"喧宾夺主"甚至"离题跑题"之嫌。故在调研报告中必须处理好"举例""说理"及"理论"的关系。

　　总之，辨析是理性看待不同文化表现形式典型性或代表性的重要体现，而如何从区域文化资源分类体系(无论地方分类还是学术分类)中筛选出足以回答所发现问题的文化表现形式并予以客观叙述，最佳方案则可依据调研目的展开。另在报告行文中，虽不可避免出现调研(写作)者个体议论，但这种说理性表达并不是纯粹的理论抽绎，而是一种理性认知。因此对所叙述文化表现形式给予适当辨析，是调研报告写作的必要措施。

【课后习题】

　　选取你家乡或大学所在地红色文化资源为主要来源，分组调查研究这些红色资源保护及开发利用现状，形成文字调查报告与影像(短视频或纪录片皆可)，主要要求如下。

　　一、研究对象及视角：红色场馆、会址、人物故居等，可以以集群为对象，也可以专注于研究某个场馆或故居为个案，以同类型对比研究作为主要视角与方式。

　　二、研究内容：保护现状、开发利用现状(旅游热度、传播热度、文创品开发现状等话题)。

　　三、研究方法：文献阅读、田野调查、比较研究、影像记录等。

第八章　文化调查的影像输出

随着数字化技术和影像技术的迅猛发展，以及档案保存、便于直观感知等现实需要，越来越多文化资源调查不仅以文字形式输出，更以影像方式呈现。这些影像多以文化"影像志"、文化纪录片等形式展现，也是文化调研的一种记录和发表形式，从其性质来说这两类皆属于广义纪录片范畴。根据美国纪录片大师约翰·格里尔逊（John Gvierson）经典定义，纪录片是"指故事以外所有的影片"，是"对现实的创作性处理"，由此经过调查所记录并剪辑的文化事象、事件、场景等影视片都属于纪录片。但不同的是文化"影像志"学术味道更浓，属于为保存、抢救、记录某类文化（事项）而专门调研记录的一种影视方式，其镜头选择、剪辑制作等一般都比较平实，采取同期声及本片中"有源声"，在人类学、民族学中也有一门新兴学科"影像人类学"作为其实践理论指导，学界也多有人类学纪录片、民族学纪录片、民族志纪录片等称谓，一般来说首映主渠道为各大影展，多为档案、研究、教学科研之用，但经过网络平台共享观看之后也常有教育公众等应用效果。文化纪录片则是电视台等各类新旧媒体平台主要为大众娱乐、欣赏之用，组织专门团队（有时也有独立纪录片拍摄者）去调研相关文化资源、记录素材之后，经过"故事化"或"类故事化"的剪辑制作方式，有时通过加字幕、无源音乐或旁白解说等方式，形成文化震撼等观看效果的一种纪录片方式。总体来说，这一类纪录片的首映平台一般为电视等主流媒体，具有受众面较广、雅俗共赏等艺术特点，当然由于其新闻传播学特点，也间接起到文化记录和保护的教育作用。

由上可知，对于人类学影视片和文化纪录片来说，虽然有时由于身份较为模糊的独立纪录片人等群体的存在而使得二者界限时有互渗，但从主要和大部分情况来说，人类学影视片主创者多为相关文化学者，其学理意义为第一位。而后者拍摄者多为电视台导演、摄影等人员，因此其可观性是第一位。两者这一主要特性决定了调查在作品表现中的地位占比，也就是说人类学影视片由于需要对学术理论等进行深刻阐述，因此调查研究占比较重，甚至拍摄素材、剪辑影像本身也是一种学术研究和建构过程。而后者虽然也进行调查研究，但必须以大众可接受及易懂的方式来呈现作品。对于本教材关注对象文化资源调查来说，前者学术行为及研究领域更为契合与接近，故而本章主要从文化资源调研角度，对其影像输出学术史进行回顾，并对文化调查活动过程中影像记录及剪辑等方法及注意事项做简要介绍，主要关注焦点在影视人类学关注范畴的民族影像志等纪录片，而对文化纪录片这一领域不做专门介绍，涉及影视技术等较为专业知识，读者可以阅读专门论著补充相关知识。

第一节　文化调研影像记录学术简史

自从19世纪末电影在法国被发明以来，这一新兴记录工具就被运用到记录人类社会生活文化的各个方面，同时期文化探险考察热潮，现代人文社会科学特别是民族学、人类学勃兴，促使着电影这一载体与文化类学科结合形成以学术研究为主要目标导向的"影视人类学"，即"运用动态影像（影视手段）来记录和表达人类学的知识与理念，描述人类社会的文化变迁，也对浩瀚丰富的人类学视觉作品进行学理研究与文化阐释"[①]的一门学科方向，其输出成果被称为"影视民族志"。影视民族志又叫人类学片，从影视学角度看可以将其看作是纪录片中的一个片种，有学者也称之为人类学纪录片或民族学纪录

---

　①　朱靖江：《民族志纪录片创作》，北京联合出版公司，2015，第1页。

片①。由于本教材的主要视角和研究对象为"文化（资源）调查研究"，因此若从文化学相关学科如人类学角度来观察这类片子，影视只是一种记录手段和载体，记录的是社会文化生活，故此主要从文化调研这个角度论述影视的生成与发展、成就与贡献。因为在影视人类学和文化纪录片方面，西方国家如法国、美国是实践与理论都发生较早的国家，故先从国外相关情况谈起。

一、电影的发明与人类学电影的诞生

19世纪末至20世纪初逐渐有人类学家使用摄影机，他们没有迎合一般观众的娱乐需要，坚持科学拍摄，在田野调查中记录人类社会生活，此时期进入影视人类学孕育阶段。这一时期文化影像拍摄的主要特征为：在拍摄目的上不是为试验机器和满足人们对活动影像的好奇心理，而是人类学家和摄影家将摄影机有意识应用于人类学调查研究，较系统地记录人类社会活动。在技巧上，蒙太奇方法已开始使用，突破萌芽时期每部片子多是一个镜头或几个镜头的简单表现，是比以前复杂的有机结合。

1920年《北方的纳努克》的完成和正式放映，标志着人类学片诞生和影视人类学的形成。这部影片主要拍摄者是罗伯特·弗莱厄蒂（Robert Flaherty 1884—1951），作为美国采矿业工程师的他在加拿大哈德逊东海岸工作期间，与当地的因纽特人逐渐熟悉并意识到工业化给其传统文化带来的副作用。出于对因纽特人传统文化的热爱，他不愿再充当"采矿帝国的马前卒"破坏这种文化，逐步改变工作兴趣，将自己的事业转移到对因纽特人渔猎文化的调查研究中。从1910年开始罗伯特生活在因纽特人中，与他们保持联系长达12年之久。在经过了一次作品被火灾毁灭的拍摄尝试后，罗伯特最终将1921—1922年再次拍摄的因纽特人生活编辑成50分钟的《北方的纳努克》②。1922年该片在纽约首映后获得成功。《北方的纳努克》以个案拍摄方式，选定因纽特人纳努克及其家庭为主要对象，跟踪拍摄其生产、生活和参与社会活动的情

---

① 张江华、李德君、陈景源等：《影视人类学概论》，社科文献出版社，2000，第3页。

② 本片有两个版本。

况，记录了因纽特这一族群的生存状态和创造的极地文化，展示了在北极圈低温多暴风雨的恶劣环境中，他们是怎样适应大自然、改造大自然的真实场景。作为美国人类学片的奠基制作和世界人类学片的拍摄重要范本，这一影片除具有个案拍摄、以小见大、视觉悬念等方面表现特征以外，学术贡献还在于罗伯特·弗莱厄蒂在拍摄过程中采用拍摄效果信息反馈方式，当一天的拍摄工作完成后，他会在晚上将胶片冲洗出来放映给拍摄对象看，并征求其意见。这样既能提高合作对象合作兴趣，又能检查所拍镜头是否自然、全面和合乎实际，还能看出全篇内容是否有遗漏，达到影片记载更具可靠性的学术目的。《北方的纳努克》虽然在学术上贡献很大，但也有局限。如有资料介绍此片中有些镜头是由作者"重建"拍摄，因此造成失真问题，由此降低科学价值，诸如此类问题也成为影像民族志常见讨论焦点。

在拍摄完《北方的纳努克》后，罗伯特·弗莱厄蒂又用从此影片中所获的经验方法，于1923年在萨摩亚群岛拍摄了记录热带海岛生活的《莫亚纳——黄金时代的浪漫曲》、于1931—1933年在爱尔兰阿兰群岛拍摄《阿兰岛的男子汉》，两片都获得成功，成为1940年美国影视人类学教学片。之后还拍摄了《象童》《土地》《路易安那州的故事》三部影片。

同一时期除罗伯特对于因纽特人的文化调查及影像记录外，另有一支电影摄制组迁往伊朗与土耳其边境，拍摄当地游牧民族迁徙历程。摄制组由两位从一战归来的退伍老兵梅里安·C. 库珀（Merian C. Cooper）与欧尼斯特·B. 舍德萨克（Ernest B. Schoedsack）组成，他们拍摄的名为《青草：一个民族的生活之战》（Grass：A Nation's Battle for Life，1925）的黑白默片，该片是电影史上第一部真实展现西亚游牧民族转场过程的纪录片。该片追随了一个巴克提亚利部落在首领率领下，驱赶畜群迁徙于冬季牧场与夏季牧场之间的漫漫长途。不仅记录了部落转场的艰辛路程，还记录了沿途自然风景和民俗，具有很高文化资料价值。

二、玛格丽特·米德对影视人类学的贡献

《北方的纳努克》在美国获得巨大成功，在这一时期该国人类学也由于著名人类学家弗朗茨·博厄斯等人的影响力和教育贡献，走在了世界前列。特别是博氏及其下弟子在进行人类学研究时田野调查的普遍使用，使美国人类学文化调查收获颇丰。可以说"博门"弟子中声名鹊起者，无不使用其师所倡导的在当时看来较为科学的田野调查方法，为学人所熟知的 A. L. 克鲁伯（A. L. Kroeber）、鲁思·本尼迪克特（Ruch Benedict）、玛格丽特·米德（Margaret Mead）等都是田野调研当行学者。其中米德在田野调查中熟练使用影像设备进行记录与发表，为美国影视人类学发展与成熟做出了一定的学术贡献。

玛格丽特·米德在展开田野调查时，将文字记录和拍摄影像资料看得同等重要，她将二者有机结合拍摄了大量照片和人类学片[①]。1936—1939 年与时为其夫的英国学者格里高利·贝特森（Gregory Bateson，1904—1980）在巴厘岛进行田野工作，合作研究巴厘岛民的文化特质。他们摸索出一种独特的方法：当米德在现场做笔记时，贝特森负责拍摄照片或电影胶片，并在米德提醒下拍摄那些发生在他视野之外的事件。当米德用打印机定稿田野笔记时，会将事件发生日期写于笔记簿右上角，将整理日期写于笔记本左上角。她还在笔记多个地方插入一天当中不同的时刻，这样笔记便会与他们所搜集的其他资料建立时间上的同步关系，而她同时也会标注出照片或影片所拍摄的时刻。作为最早运用影像工具进行记录的人类学者，米德与贝特森设法在摄影机与田野对象间建立一种适应性关系，一方面尽量减少机器对正常生活的干扰，一方面也设法让一些表演或仪式调整到有足够光线可供拍摄的时间和地点。米德强调影像资料"客观记录"的科学价值："我们想用照相机和摄影机来

---

① 本节相关内容对朱靖江：《巴厘岛的人类学影像——米德与贝特森的影响民族志实验》，《世界民族》2013 年第 1 期，一文多有借鉴。

记录巴厘人的行为，这与事先有准备的纪录片和照片是大不一样的，我们尽量拍摄正常状态下自然发生的事物，而不是先定下标准而后在适当的光线条件下引导巴厘人来表演这些行为。"这和《北方的纳努克》拍摄时的"文化复原"方式大相径庭，米德等人的田野影像方式更接近人类学学术记录与研究。

米德在巴厘岛的调查主要围绕"文化与人格的形成"这一她长期关注的学术主题，除观察与拍摄育儿等生活文化场景外，镜头还记录了巴厘岛居民的舞蹈、宗教仪式及手工技艺等文化资料。在巴厘岛田野调查加上在新几内亚田野调查，米德与贝特森共拍摄 3.5 万张照片、约 3.3 万英尺 16 毫米黑白电影胶片素材。1950 年早期米德将这些影像素材剪辑制作出《一个巴厘人家庭》《卡巴的童年》《一个新几内亚婴儿的早起生活》《在巴厘岛学习舞蹈》《巴厘与新几内亚人的童年竞争》《三种文化中的婴儿洗浴》和《巴厘岛的神灵舞蹈》七部纪录片。"不同文化之中的性格形成"系列民族志影片，是国际人类学界最早收获的学术性影像民族志之一。米德还通过论著等形式阐释影像在人类学调查中的重要价值，呼吁学科以更开放心态引入影像工具和影像分析研究方法。她本人还运用在国际人类学的崇高地位，积极推动这一学科方向在人类学中的主流化进程。1977 年，于米德在美国自然历史博物馆工作 50 个年头之际，博物馆感念她在影视人类学上做出的突出贡献，首次举办了以其名命名的国际纪录片电影节——玛格丽特·米德电影节（Margaret Mead Film Festival，如图 8-1）。1977 年"米德电影节"一共播放 80 余部来自世界各地的纪录电影，电影节策划人在宣传册序言中指出他们希望通过这五天电影节，使观众能沉浸体验不同生活方式、信仰传统、历史文化以及人文地理，且通过观看这些电影，进而理解和欣赏人类文化和社会的多样性[①]。此后每年举办，直至当今。

---

① https://www.douban.com/note/587258463/。

图 8-1　第一届玛格丽特·米德电影节报道

三、1950 年以来美国影视人类学的发展与繁荣

1950 年开始以哈佛大学为代表的美国影视人类学经战后短暂沉寂后，逐渐开始活跃。通过建立专业研究机构，组织人员拍摄，与影视工作者合作编辑、制作的工作，美国影视人类学步入发展成熟阶段，为世界影视人类学进步做出贡献。

1954 年美国退休商人劳伦斯·马歇尔（Laurence Marshall）与哈佛大学合作在该校皮巴蒂博物馆（Peabody Museum of Archaeology & Ethnology）基础上成立哈佛电影研究中心，聘请哈佛人类学系研究生罗伯特·加德纳担任电影研究中心主任。具有影视人类学学术经历的罗伯特上任后，以到海外进行以人类学调查和组织拍摄为中心的任务，组织开展了电影研究中心日常工作，使该研究中心从 1950 年开始到 1970 年共拍摄数十部影片，选取较有代表性和学术价值的作品介绍如下[①]（如表 8-1）。

表 8-1　哈佛大学电影研究中心早期拍摄人类学影片简介

片名	主创	主要内容	学术评价
猎人	劳伦斯·马歇尔一家［约翰·马歇尔剪辑］	是一部关于非洲布须曼人狩猎生活的记录。通过四个布须曼人的狩猎活动经历，表现该族群为了生存战胜沙漠艰难的自然环境，与野兽搏斗、获取食物的过程	1. 分工合作进行调查和拍摄，并有专书 2. 拍摄前调查不准确，对布须曼人生存环境估计片面；少数镜头拍摄、组接不合理，科学价值方面不足
恩鲁姆·特柴	蒂莫斯·阿什（Amos Asbe）将马歇尔一家的布须曼素材重新剪辑	编辑了 20 多部布须曼系列，每部一个专题，该片即是系列片中的一部。记录了布须曼人巫师的降神仪式	由于客观条件的限制，片中记录之事在时间上失真。因为布须曼人巫师降神在晚上进行，照明条件限制，于是拍摄者就让布须曼人将仪式改在天明时候
一场婚姻的争论	同上，布须曼系列其中一部	记录了两部分持有不同观点的布须曼人之间的一场有关婚姻问题的争论，表现出布须曼人的婚姻观念，是一部有复杂叙事情结和心理活动的纪录片	1. 寻求一种在片中不加解说词又能让观众明白事件经过的新方法。采用以不同表现方式重复两次内容的办法。先以静态画面对内容进行简介，让观众明白内容；然后是不用解说词的同期声效果的正片 2. 将背景材料编辑成文字材料，作为《观看指南》散发，以此作为观看补充 3. 叙事过程复杂，挖掘人们心理活动和记录抽象的精神现象，赋予人类学片更深刻内容

①　主要根据《影视人类学概论》相关章节。

续表

片名	主创	主要内容	学术评价
死鸟	罗伯特·加德纳 1961 年开始在新几内亚岛拍摄	片长 83 分钟。通过记录新几内亚岛原始民族达尼人不同部落之间的部族械斗，反映了达尼人内部矛盾和社会变迁过程，表达了该族群对未成年人参加部族械斗的殇逝观	1. 拍摄承担了一定的道德风险，面对部族矛盾、械斗，人类学家是应该制止和化解矛盾，还是挑起械斗、加深矛盾？ 2. 坚持跟踪拍摄，做真实记录；然不合乎人道主义原则 3. 其他文化内容不全，没有同期声
努尔人	罗伯特·加德纳在 1974 年前后主持完成	记录了埃塞俄比亚努尔人的居住环境、放牧生活、部落组织、宗教仪式、体质特征，还通过老人的采访表现了努尔人所思所想和其缓慢的生活节奏。	1. 与埃尔斯·普里查德(Evans Pritchard)调查的《努尔人》可对照了解 2. 学术内容不足。因为请来的摄影师不是人类学人士，没把学术价值和信息量要求放在首位，而注重美学要求和创作等方面
沙的河流	完全由罗伯特·加德纳策划拍摄，1974 年发行	主题是对埃塞俄比亚哈尔马社会中妇女地位和作用问题的探讨。以一个哈尔马妇女自述方式，以其生活经历为线索展开	1. 在妇女的讲话过程中插入大量活动图像来表现讲述内容，讲话妇女与活动图像紧密结合，构成整体 2. 拍摄对象对自己地位、本民族生活的自我叙述，在技术上采用同期录音，使影片有很强感染力
欢宴	由蒂莫斯·阿什和拿破仑·查格昂(Napoleon Chagner)于 1968 年拍摄	记录委内瑞拉南部亚鲁玛莫人节日欢聚的 30 分钟片子。表现了节日期间，一个村的居民到邻村赴宴。在宴会过程中主客之间发生了关于送礼和回礼的争论	1. 调研充分。拿破仑·查格昂进行了 19 个月的人类学调研和拍摄，结束后有详细报告，对亚鲁玛莫人文化有深刻理解，在此基础上与蒂莫斯进行合作 2. 遵循玛格丽特·米德等人的理念，将影片拍摄与人类学研究紧密结合，坚持拍摄时客观记录原则 3. 从此时期开始，人类学家和摄影家有从单一角色逐渐变成复合型人才的趋势 4. 团队合作，综合研究，成果多样，更具价值

这一时期马歇尔家族中的约翰·马歇尔（John Marshal, 1932—2005，如图 8-2）成为将美国影视人类学纳入主流视野的重要推动者。1950 年当一家来到非洲西南的卡拉哈里时，

图 8-2　约翰·马歇尔与其纪录片《猎人》

约翰只有 18 岁。但他通过自学逐渐熟悉当地语言并掌握电影摄制技术，在与布须曼人支系朱·霍安西人共同生活数年中，拍摄了长达 30 万英尺约 157 小时胶片素材。1957 年他剪辑出《猎人》，这是第一部以朱·霍安西人为文化主题的民族志纪录片。该片在美国发行后迅速引起人类学学界关注，被誉为民族志电影回归人类学主流的破冰之作。之后他又在哈佛电影研究中心继续整理并兼及其所拍摄素材，陆续完成《一群妇女》《玩笑的关系》《治疗仪式》《苦瓜》等 15 部关于朱·霍安西人的民族志纪录片，在美国人类学界产生重要影响。他还成为美国"直接电影"（direct cinema）运动的重要成员。

"直接电影"产生于 20 世纪 60 年代初美国，以罗伯特·德鲁（Robert L. Drew, 1924—2014，如图 8-3）和理查德·利科克（Ricky Leacock）为首的一批纪录片人提出：摄影机永远是旁观者，不干涉、不影响事件的过程，永远只做静观默察式记录；

图 8-3　罗伯特·德鲁的作品《十一月的面孔》(1964)

不需要采访，拒绝重演，不用灯光，没有解说，排斥一切可能破坏生活原生态的主观介入。在德鲁等人理念中，直接电影是一种现场拍摄、非虚构、细观的电影类型，使用轻型摄影机和录音机记录事件实际发生的状况，只用本身声音。这一纪录片要求拍摄者在工作时作为观察者、旁观

者，秉承原则具体如下。一是在拍摄过程中电影制作者绝不影响影片主体的言语内容以及行为方式；拍摄过程尽量不引人注意；依靠同步录音，允许现实说话；避免画外解说或音乐所提供的阐释。二是在剪辑过程中避免使用"暴露剪辑"，意即剪辑不能用来体现电影制作者对影片的主体态度，而是要尽可能重视再现摄影师拍摄时亲眼亲耳所见所闻，如同观众亲自见证影片叙述事件一样。

此外美国一些文教部门也对学术价值大的人类学片拍摄选题给予经济支持，如《驯鹿横越的地方》是 1963 年在美国马萨诸塞州牛顿市教育部门资助下，由加拿大蒙特利尔大学文化人类学教授阿森·巴列克西（Asen Balikci）主要策划拍摄。该片共 9 个专题 540 分钟，记录了因纽特人生产生活周期全年不同季节活动，对加拿大北部佩利湾地区因纽特人的生活横断面做了全面展示，具有鲜明的民族特色和地区特色，对了解和研究 1960 年加拿大北方以渔猎、驯鹿为生的因纽特人的文化具有重要参考价值。

2006 年美国人类学家卡吕西安·卡斯坦因-泰勒（Lucien Castaing-Taylor，如图 8-4）在哈佛大学成立"感官人类学实验室"（Sensory Ethnography Lab，如图 8-5）①。实验室起初作为人类学系和视觉与环境艺术系一个博士项目，次年扩展到硕士研究生。在教学实践中将视觉环境与人类学研究结合在一起，将人类学的视角运用于纪录片摄制中。他及实验室众多学生拍摄的一系列纪录片近年逐渐在各大电影节崭露头角，展示了纪录片形式多元性、跨学

图 8-4　吕西安·卡斯坦因-泰勒

科应用可能性。从实验室成立至今，泰勒及其学生已创作三十余部作品，获得包括洛迦诺电影节国际影评人奖、美国国家影评人协会奖在内多个奖项。他在 2017 年拍摄的新片《食人录》正在被大众熟知。实验室早期作品最具影响

① https：//movie. douban. com/review/8283720/。

力的一部属泰勒及其老拍档 Ilisa
Barbash 合作的《香草》(*Sweetgrass*,
2009)。该片镜头跟随现代社会最后
的牧羊人,记录他们带领羊群到蒙大
拿州放牧的行迹,忠实还原了这些坚
韧生命如何跋涉于崇山峻岭之间的艰
辛历程,毫无保留展现出种族、脆弱
与暴力天人交汇、赤诚相对的时刻。

之后卡斯坦因泰勒又与实验室教
师维瑞娜·帕拉韦尔(Véréna
Paravel)合作拍摄《利维坦》
(*Leviathan*,2012),这部影片影响

图 8-5　感官人类学实验室拍摄纪录片《香草》

更为广泛,曾在多国院线发行,获得多种奖项。

四、德国人类学民族学的文化调研影像呈现

德国是影视人类学较发达国家之一,主要表现为各类学术科研机构对文
化调查中影像呈现的研究、拍摄、交流和收藏等学术活动,以下以哥廷根科
学电影研究所以及"电影百科档案"这两个机构为中心介绍德国文化调查影像
记录的成就所在。

(一)哥廷根科学电影研究所概况

1952 年哥廷根科学电影研究所成立。经过多年发展它已成为德国规模最
大的影视人类学研究所,跻身"世界三大影视人类学研究中心之一"。该所在
戈特哈德·沃尔夫教授倡导下建立,是一所国家开办的用影视手段进行学术
研究的机构,也是一家以人类学教学、交流为目的,向社会开放的服务场所。
研究所隶属"联邦政府教育、科学、研究和技术部"系统,受下萨克森州科学
技术局直接领导。该所包括自然科学部和人文科学部,后者有文化人类学、
考古学和历史学等学科。文化人类学作为科学电影研究所的一部分,其作用

和影响力在各个学科中首屈一指。德国人类学家较早认识到文化人类学研究中的田野调查，要从以耳闻笔录为主转到更多使用声像记录工具上，真实记录人类社会活动中的形象和声音，使文字描绘困难的文化现象通过影视得到充分展示。这也是哥廷根科学电影研究所得以成立的学术背景。研究所在成立初期立足对本土传统文化拍摄，继而又将镜头转向欧洲各国，之后扩展到世界各地具有独特文化传统的国家和地区。1959 年电影研究所出台了"民族志和民俗学纪录片收藏规则"，要求"纪录片要由受过声音人类学方面训练的人完成，必须有准确的日志记录（记录事件必须真实），纪录片不含戏剧性的拍摄角度与镜头移动，或者因表达观点而作的剪辑。这些规则被陈述为：科学纪录片是对动作性活动的记录保存；在人类学里包括生产过程、经济活动、舞蹈与音乐表演；为了把真实事件剪辑为特定的影片长度，必须全方位记录活动及典型场景；拍摄位置由记录典型场景的要求而定；移动拍摄是连接活动发生的不同场景的手段；人们展开活动的人类学特征也要被记录；拍摄过程需要专业知识来记录全部重要方面；影像中的同期声处理需要技术专家完成，人类学家一般不能做这个；作为专家的人类学家要预先写好主题清单，以避免盲目的摄影；为了尽可能记录更多的真事，人类学家应充分了解被拍摄的人及其文化背景；拍摄过程中，对细节性拍摄镜头的重视非常必要；所有这些对于人种学与民族学都是真正重要的"[①]。也就是说拍摄题材及初步构想由人类学家在调研基础上提出，之后和拍摄人员一同前往实地拍摄，拍摄时顺便搜集民族文物，等素材拍摄回所后共同讨论和编制制作。由此可知哥根廷科学电影研究所的文化调研影像，是由人类学家和摄影师共同合作完成的，这与美国等其他国家影视人类学家大多数自己也拿摄影机拍摄的工作形式稍有不同。

（二）"电影百科档案"

"电影百科档案"（Encyclopedia Cinematographic，EC）是哥廷根科学电影研究所的一个组成部分，它和电影研究所同时建立。当时倡导建立电影百科

---

① 邓启耀：《视觉人类学导论》，中山大学出版社，2013，第 155 页。

档案的除电影研究所倡建者戈特哈德·沃尔夫外，还有卡尔·冯·菲什（Carl von Fish）、奥托·汉（Otto han）、康拉德·洛伦茨（Konrad Lorenz）等国际知名科学家。研究所建立本来就是为拍摄及收藏民族志影像资料，而前述1959年的"民族志和民俗学纪录片收藏规则"也证明了这一点，渐渐地研究所不仅收藏自己拍摄的影像民族志，还收藏其他国家和地区的。从1983年开始所有被哥根廷科学电影研究所电影百科档案搜集的电影和录像带，都按照各大洲和地区编成《电影百科档案人类学片目录和内容简介》，编辑有欧洲专册、美洲专册、亚洲专册、非洲专册和澳洲及太平洋岛屿专册，以后又有续编，可见影视片收集和编目已成熟。此档案中所收影片题材丰富，有传统农业、牧业、渔业、食品加工、手工业生产、原始交换、社区居民日常生活、历史、语言、儿童教育和游戏、习俗、民间节日庆典、婚丧礼仪、宗教祭祀、祈祷、巫师活动、民间医疗、民间戏剧、民间体育、民间舞蹈以及探险记录和环境保护等。到20世纪90年代经过数十年积累，电影研究所"电影百科档案"收藏有包括自然科学和人文科学的电影及录像带约4000部。1990年止正式入册的人类学片有1600多部。电影百科档案建立使哥根廷科学电影研究所成为德国保存世界各地影视文化的重要基地，为传播、交流多样性文化做出学术贡献。

除哥根廷科学电影研究所拍摄及收藏影视民族志优秀作品外，还有一年一度的"哥根廷国际人类学电影节"。这一国际级影像人类学学术盛会为世界各国人类学家搜集拍摄各地特色文化资源，提供了学术交流平台。该电影节以学术为宗旨，专业工作者电影不设任何奖项，能入围放映就是一种资格。电影节每年都吸引大量影视人类学作品前来参展，所选影片题材多样且内容丰富。20世纪90年代以来走出国门的中国影视人类学家逐渐成为电影节常客，如在1998年5月哥根廷国际人类学电影节上，中国选送影视片4部，入围3部（大陆2部，中国台湾1部）。分别为《甲次卓玛和她的母系大家庭》（1997）、《逐渐消失的鹿铃》（1997）和《穿过婆家村》（1997），显示出在现代化及城市化社会背景下传统文化所遭受到的冲击及变迁。

五、法国人类学家的文化影像呈现

法国是世界公认电影摄影机发明人路易·卢米埃尔(Louis Lumière)的家乡。作为 19 世纪末期以来记录、传播文化的伟大革命，摄影机在法国一开始被发明就被卢米埃尔兄弟用于摄制 700 多部小型社会生活纪录片，其中不乏文化资源记录。在当时法国人勒尼奥和孔特还合作拍摄了住在巴黎铁塔附近的来自塞内加尔乡间的沃洛夫妇女手工制陶全过程，被美国影视人类学家保罗·霍金斯(Paul Hawkins)认为是世界"第一部民族志电影"。1909—1931 年法国犹太裔银行家阿尔伯特·卡恩(Albert kahn)因感慨文明脆弱、世事无常，遂花费巨资派遣十余支摄影队奔赴全球各地，共拍摄收集大约72 000张彩色照片、4 000张立体照片及超过 18 万米(约 100 小时)电影胶片。这一称为"星球档案"的影像资料记录了世界 50 多个国家的风俗世态，起到抢救保存人类文明的积极作用。由此可说法国是世界文明影像记录的重要发祥地。之后法国出现了许多影视人类学家，其中最著名的莫过于被誉为法国"真实电影之父"的让·鲁什(Jean Rouch)。此外法国国家科学中心也成为影视民族志生产较为集中之学术机构。

(一)让·鲁什的文化纪录片拍摄

让·鲁什(Jean Rouch，如图 8-6)为前巴黎人类博物馆馆长、法国人类学片协会秘书长，生于 1917 年。他从1940 年开始在撒哈拉以南非洲国家拍摄当地风光、社会和人文影片，直到80 多岁高龄还在奔波拍摄有关非洲的影片。然不幸在参加尼日尔电影文化宣传活动后返回尼亚美途中遭遇车祸

图 8-6　法国电影大师让·鲁什

而逝，终年 87 岁。让·鲁什一生共拍摄影片约 140 部，《能干的狂人们》《一个夏日的日记》是其代表作，以展现居民社会生活为主。而《1969 锡圭——邦

戈岩穴》记录了位于尼日尔河中上游的内陆国家马里共和国中，一个多贡人生活的村庄邦戈举行传统节日锡圭仪式的主要活动。该片记录和展示了多贡人族群信仰观念及其传统节日。

让·鲁什在影视人类学理论方面主张人类学片要用社会存在的事实演绎一个过程，记录一种文化，"讲一个故事"。他拍摄影视片首先将"性灵"置于主导一切地位，讲求"以一种默契、一种神人为基础"，"达到作者本人和被摄人电影中的人物的一致性。摄影师也是电影中的一个角色，他以参与事件的方式而伴随事件的进展"。这就是与同一时期"直接电影"齐名的"真实电影"（Cinéma vérité）理论思潮。Cinéma vérité 译自苏联导演维尔托夫（Dziga Vertov）1920 年系列电影 Kino-Pravda，原意为借由并列的影像（juxtapositions of scenes）获取被掩盖的真实。Cinéma vérité 在摄影技巧上受维尔托夫影响，在让·鲁什等人提倡下理念表达又有延伸：一是直接拍摄真实生活，排斥虚构；二是不要事先编写剧本，不用职业演员；三是影片摄制组只由导演、摄影师和录音师三人组成，由导演亲自剪辑底片；四是导演可介入拍摄过程，这是"真实电影"有别于"直接电影"最重要的因素。我国影视人类学家对"直接电影"和"真实电影"给出自己的理解："'直接电影'的倡导者们总是迅速而准确地总结经验，归纳出什么是他们认为正确的设置一条纪录片的方法……而'真实电影'是一个含糊而笼统的词，它被用来描绘故事片或纪录片的外表形式，如：胶片颗粒粗、手执摄影机拍摄、实景拍摄等等。"[1]由此有些学者认为"真实电影"实际上强调的是对虚构题材的处理如何做到真实，而"直接电影"是可以直接拿过来进行纪录片的创作[2]。

如果将"直接电影"和"真实电影"在文化调研及影像拍摄这一层面进行对比，会发现其争论关键焦点就在于摄影机及导演在调研采录中的实际角色功用，两者理念颇有博厄斯田野方法同"实验民族志"理念之间的对比的意味。直接电影显然与博式田野调研采集方法不谋而合，认为摄影机和导演只是采

① 陈刚：《六十年代——直接电影与真实电影》，《现代传播》1999 年第 2 期。
② 龚诗尧：《影像记录非物质文化遗产的方法研究》，《今传媒》2019 年第 8 期。

录工具，越不介入越科学和客观。而真实电影颇有"实验民族志"意味，认为导演(或田野调研者)不可能脱离田野而存在，记录其在田野中的种种际遇或与被拍摄对象文化持有者的访谈等，反倒呈现文化真实样态。说明在此时的影视民族志制作中，拍摄者(调研者)也不仅作为一种研究工具，而是鲜活灵动的思想与真实的人的存在。他/她不只是文化资源调查和采集者，更是感受者。

(二)法国国家科学研究中心的中国文化调查及影像记录

法国国家科学研究中心(Centre national de la recherche scientifique，CNRS)成立于1939年10月19日，隶属法国高等教育和研究部，是法国最大的政府研究机构，也是欧洲最大的基础科学研究机构。它的使命是探索生命世界、物质、宇宙和人类社会的运作，包括社会、人文科学和自然科学等众多门类学科的综合性研究机构。其中影视部是科学研究中心影视片的拍摄和制作基地，为国家科学研究中心各个学科服务。从事社会科学和自然科学的研究人员所拍摄的素材，都送到这里按照研究人员要求进行编辑制作。影视部工作进度有一定要求，平均8~10周应完成放映时间为50分钟的片子编辑和制作。根据该部门统计，1948—1992年共拍摄和编辑人类学片359部，包括非洲、美洲、亚洲、欧洲和澳洲的人类社会生活的记录。这些片子有的是法国学者独立拍摄，有的和国外学者合作拍摄。1998年10月该中心与中国电视纪录片学术委员会在北京合作举办"法国国际人类学电影周"，影视部主任铁里·巴杜(Thierry Paturle)在电影周上致词。他认为人类学家始终与影像有一种特殊和得天独厚的关系。由于人类学是一个观察的科学，所以摄影机有助于人类学家重返拍摄地点，真实观察这个社会的形象。换言之这既是这个被研究的社会的画面，同时也是科学研究的成果，是一种实地考察或实地检验。

法国国家科研中心有两位从事中国文化研究的人类学家，即范华(Patrice Fave)[1]和纪可梅(Marie-Claire Quiquemelle)。前者是影视部的学术专员，也

---

① 胡锐：《范华(Patrice Fave)：耕耘在道教的田野上》，《宗教学研究》2012年第4期。

是著名的汉学家。他 1970 年到法国驻中国大使馆工作，1992 年始定居北京。在法国读书期间范华曾受教于法国著名道教学者施舟人（Kristofer Schipper），开始对中国民间文化特别是道教产生浓厚兴趣。范华在中国对道教文化进行田野调查多年，其间搜集了众多道教文物，拍摄纪录片。2011 年在德国、法国、美国等多地展出，获得极大关注。他拍摄记录福建客家土楼和民间节日的《闽西客家游记》为学界所熟知，还连续 18 年参加妙峰山庙会并记录下历年来庙会的繁盛景况，编辑并出版《妙峰山庙会——四百年的历史》，该书成为人类学、民俗学研究的宝贵史料。

纪可梅是法国国家科研中心法兰西学院汉文写本金石图像文献研究所研究员。1965 年中法建交时就来到中国访问，对中国动画片及文化产生浓厚兴趣，之后转向汉学学习和研究。她在巴黎大学任教期间逐渐认识到电影对于记录人类文化的重要作用，于是从 1985 年开始从事人类学片拍摄。她利用汉学知识，到中国与各个方面的学者、艺术家和影视工作者合作，拍摄《梨园弟子》等介绍中国京剧、河北评剧和泉州木偶戏的纪录片。1996 年她与同事童丕（Eric Tromber）和中国影视人类学家合作，拍摄了记录青海藏族民间宗教节日的影片《神圣的鼓手(安多)》。该片和范华的《闽西客家游记》在第 17 届巴黎国际人类学片回顾展中，均获特别提名奖。21 世纪以来，纪可梅女士仍致力于从事文化人类学影像记录，她与中国影视人类学界也有颇多交流，来中国举办展览、参加学术会议、接受专访、举办讲座等，将中国文化介绍给法国，丰富的学术活动使她成为影视人类学研究及中法文化交流的重要践行者。同时纪可梅在保存、传播、发扬中国风格动画方面不遗余力，是中国动画电影守护者。

(三)法国的人类学电影节

每年法国都要举行各类国际电影节，其中全部展映人类学纪录片的是在巴黎举办的"真实电影节"（Cinema de Reel）与"马赛国际纪录片电影节"（Vue sur Docs），另外还有一些电影节如在比亚利兹举办的法国飞帕国际电视节（FIPA）中有相当一部分是纪录片。此外还有很多其他电影节，如短片电影节、北欧电影节、妇女电影节、少数民族电影节也都有纪录片参加展映。

法国真实电影节由法国电影国家公共信息图书(Bibliothèquepubliqued'information)在著名纪录片导演让·鲁什倡议下于1978年在蓬皮杜艺术中心(centre pompidou)创建，起初得到法国国家科学研究中心和民族志电影委员会(Comité du film ethnographique)的大力支持①。这是一重要的国际纪录片电影节，以倡导"真实视觉记录"展示人类学和社会学而著名，致力于通过放映来自不同国家的纪录片，激发人们对纪录片所传述出来的人类学和社会学方面的人文景观的更广阔的视野。该电影节传统单元有"国际竞赛""法国全景""非竞赛节目"和"特别展映"四个项目。为鼓励纪录片工作者在纪录片领域做出贡献，每届电影节设立"大奖""短片大奖""优秀奖"及"评委会奖"等。1984年电影节成立真实电影节协会之友，尤里斯·伊文思(Joris Lvens)时任第一届协会主席；协会由国家电影中心、法国外交部、文化部、巴黎大行政区文化事务局、巴黎市政厅、巴黎市政局、Procirep电视委员会、多媒体作者联合社联合成立。

马赛国际纪录片节作为法国传统纪录片电影节之一，在国际上的影响力与日俱增。纪录片组会务拒绝将纪录片概念限定在一个固定框架定义内，而勇于接受多样的、有挑战性的作品。该节也是中国新进纪录片导演的传统阵地。我国近年来参与获奖情况为2001年贾樟柯的《公共场所》获得评委会大奖，2002年仲华的《今年冬天》获最佳处女作奖，2003年王兵的《铁西区》获评委会大奖，2004年苏青、米娜的《白塔》获最佳处女作奖及最受欢迎影片奖。

法国FIPA电视节从1987年创办，由该国政府支持在法国西海岸的海滨城市比亚里兹举行。电视节以其严格参赛、评选过程，最广泛影片入选范围成为国际电视制作最高水平象征。迄今为止FIPA在加拿大(北美)、拉丁美洲、阿根廷(南美)、亚洲(中国)及非洲各地均设分支机构，即FIPA驻该国驿站。该电视节是世界上电视业内规模最大、水平最高的大奖赛之一。在每年度下半年由全世界各地的分支机构挑选参加初赛的节目，11月举行初赛，通

① 石屹：《纪录片解读》，复旦大学出版社，2012，第423页。

过初赛的节目才可真正入围角逐各项大奖。FIPA 对初赛节目挑选极其严格，参加初赛的节目一般为 2000～3000 部，初赛后剩下 100～200 部，初赛举行后次年 1 月对上一年度节目进行评奖。FIPA 之所以成为水平最高的电视节，且能发现影视创作中的新趋势，在于它对参赛作品有严格要求。它要求每一部参赛作品必须是上一年制作，且没有在任何媒体中播出，没有参加任何其他电视节。

六、日本的文化调查影像记录

作为较早重视本土传统及民间文化的国家，以及现代传媒信息发展迅速的技术土壤的深植，日本文化调研影像摄制也走在世界影视人类学前端。日本人类学家和学界较早运用影视手段记录田野、生产影视民族志，如日本人类学家鸟居龙藏早在 19 世纪末 20 世纪初，就已在中国台湾及西南实地考察中使用摄影术。本土阿伊努人（虾夷人）在现代社会的文化变迁与行将流失，20 世纪上半叶军国主义向外扩张的野心企图，共同促进日本早期文化调研影像呈现。二战后经济快速发展，使日本许多文化人士认识到村落传统民间文化保存抢救的迫切和重要，出现“文化电影”制作潮流。同时博物馆、民族学、人类学等需要也促使当代日本在文化调研民族志片上的丰硕成绩，其中以民族学博物馆和“日本影像纪录片中心”文化影像记录拍摄较瞩目。1970 年日本下中纪念财团设立“EC 日本资料库”，即德国电影档案百科 EC 的日本分部，成为亚洲唯一集收藏、管理和运营于一体的“电视档案百科”胶片机构。

（一）早期文化调研影像记录：以阿伊努人为中心

研究日本文化的学者开始使用摄影机调研记录时，阿伊努人成为关注对象。因为日本全国居民大部分都是大和民族，在北部北海道和北方领土的阿伊努人在近代以来仍保持本民族独特的文化及生活习俗，20 世纪初期这些文化及习俗开始逐渐变异甚至面临消失境遇，这一文化变迁引起人类学家关注，他们当中有一些拿起当时的先进摄影设备，对阿伊努人文化进行调查和记录。

早在 1910 年前后就有美国学者在日本流沙拍摄过当地阿伊努人的社会生

活，但片子下落不明。1917—1918 年美国旅行家本杰明·布罗德斯（Benjamin Brodsky）率领一支摄影队在两年中走遍日本，拍摄了《美丽的日本》。在北海道期间他们访问了阿伊努人并记录他们的传统节日熊节，但此类拍摄应为准备不充分而临时安排的拍摄，因而存在着没有记录仪式过程的文字提纲，对熊节全过程的记录也不完整。虽存以上欠缺，但其仍具文化价值。1970 年，美国史密森尼学会人类学研究电影档案馆（HSFA）建立，《美丽的日本》即是其中收藏影片之一。1925 年北海道大学动物学教授及农业系博物馆馆长治田三郎（Saburo Hatta）拍摄了人类学系列片《北海道阿伊努人的乡村生活》，该系列包括阿伊努人的家务劳动、婚礼过程、病人和传统医疗、丧葬习俗、熊节、传统舞蹈及渔业等 7 个方面的文化专题影像，制作有日语原版和英语翻译版。在拍摄该片时，治田教授还将他的调查和拍摄经过著文发表，为影片修复及研究提供了参考资料。

1931—1934 年热心于日本文化及考古工作的日籍英国人尼尔·戈登·蒙洛医生，拍摄了《神的派遣——阿伊努人的熊节》，记录了阿伊努人熊节的真实场景、驱魔仪式和房屋建筑等，该影片是日本早期阿伊努人文化调查影像中十分成功的一部。蒙洛一生致力于阿伊努文化研究和该民族的卫生医疗条件改善，1962 年有人将其相关研究成果编成《阿伊努人的崇拜和信仰》一书在英国出版。1992—1993 年，依据蒙洛先生的文字记载，阿伊努民俗学家茅野秀指导日本百科电影档案馆，用已经掌握的资料制作和转录了《北海道二风谷阿伊努人的祈祷驱魔仪式》《北海道二风谷阿伊努人的家居取暖仪式》两部录像带，使阿伊努传统文化得以影像记录及保存。

（二）城市化现代化语境下民间文化保存："文化电影"

第二次世界大战后，由于日本城市化、现代化迅猛发展，一些商业电影制片厂如小竹、东邦等开始注意"文化电影"拍摄。这类电影不同于需要演员扮演故事，拍摄方法注重纪实，内容注重传统文化，实质属人类学片范畴。以野田真吉（Shinkichi Noda）为代表的"文化电影"工作者，在此类文化影像拍摄中发挥了重要作用。从二战后到 1970 年野田真吉为日本各地电视台拍摄和制作"文化电影"，报道地方民间文化。作为独当一面的业务决策者，他在组织拍摄文化电影过程中，既产出文化影像成果又培养了人才。野田自己特别关注日本东北部居民文化，拍摄了日本一个山区农村各个村庄的传统节日和一个村庄的冬日生活。他还积极推进新影视材料使用，将1950年早期日本引进的彩色胶片使用在"文化电影"拍摄中。同时野田真吉还热心于学术联合与交流活动，与其继承者喜田村南雄、纪录片工作者野口武德、民俗学家宫田克发起组织影视民俗协会，推动"文化电影"发展。

（三）博物馆与影视民族志的拍摄收藏

博物馆与文化影像一直以来有不解之缘，两者都属传播和保存文化载体。在日本，二者之间的密切关系可说从银行家涩泽敬三（1896—1963）开始。

1921年涩泽敬三组织成立阁楼博物馆及学社（后为"大众文化学会"）。一方面展出他在外出调查期间收藏的民间文化藏品及影片，一方面促进日本文化纪录片工作者的交流与拍摄实践。涩泽先生作为一位爱好广泛的学者，年轻时对柳田国男等人所倡民俗学颇感兴趣，开始有意关注一般民众生活并收集其相关文献及文物资料。他在1920年就开始用进口16毫米摄影机及相配套黑白胶片，每次外出调研都要带上摄影机拍摄见闻。涩泽还经常邀请各类民间工匠到其家中制作传统手工艺品，同时用摄影机记录制作过程。1929年4月他借博物馆学社成员早川孝太郎编写《花祭》出版及东京三田纲町住宅改装竣工之际，邀请23名有关人士在自己家举办花祭舞蹈表演。同时受邀的还有当时著名文化界人士，总数超过250人，涩泽敬三亲自操作摄像机记录了花祭舞蹈。

深受涩泽影响，博物馆及学社中许多知名学者也开始组织类似民间学术团体。如姬田忠嘉就在东京组织影视文化纪录片学术中心，领导摄制组成员开展许多日本民族文化调查及拍摄工作。一些年轻电影工作者也开始对人类学片内容及纪实拍摄方法产生浓厚兴趣，并通过研究营泽启造作品学习如何调查和拍摄文化影像。其中最著名的冈田造宗和野田始吉，继承了涩泽敬三的文化影像摄制方法，拍摄了许多有关日本民间传统生活方式的人类学片。

1937年涩泽敬三把阁楼博物馆2万多件藏品悉数捐给日本民族学会，同时向日本文部科学省提出建立国立民族学博物馆建议，并在生前决定将日本民族学学会附属博物馆的资料赠予还未成立的民族学博物馆。他以毕生心血收集整理的民族学资料最终

图 8-7 日本国立民族学博物馆，张颖拍摄

成为日本国立民族学博物馆（如图 8-7）母体，因此他也被后世尊称为"日本民族学·文化人类学的养育之父"①。

1973年芝加哥第9届国际人类学民族学联合会世界大会首次设立影视人类学专题，标志着"视觉/影视人类学"（Visual Anthropology）学科确立。1977年在著名民族学人类学家梅棹忠夫等人努力下，日本国立民族学博物馆（以下简称"民博"）在大阪建立。建馆之初，涩泽敬三之前捐赠藏品成为博物馆藏品组成部分，他所倡导博物馆建馆传统也在此得到发扬：民博既有丰富文物藏品，也有拍摄和搜集人类学的影视资料。民博开馆伊始开设有《影视资料空间》，用以收藏、保管和展示人类学民族学音像资料。随后又组建馆内影视摄影技术团队、装备先进影视音响设施设备，并在研究人员专业方向配置中专设影视人类学席位，其他专业方向研究人员也在各自研究中使用音像记录与制作，定期协同影视技术团队拍摄研究成果的民族志资料和影片，制度化、可持续的影视人类学研究是民博重要特色之一。经过数十年努力，民博在人类学片拍摄、搜集和研究方面，在世界影视人类学界已有较大声望和影响力。每年在各个国家人类学电影节上常有日本民博学者文化影像作品亮相，或被

① 乔旦加布：《日本国立民族学博物馆所藏涉藏资料研究》，《西藏研究》2020年第1期。

聘请为电影节评委。如 1998 年 3 月在巴黎"法国第 17 届人类学电影回顾展"上，民博的大森康宏教授就被聘为评委参与工作。21 世纪初，民博又一次组织基于长期研究的影视民族志团队拍摄，并于近年出版 17 集数十部影视人类学影片，制成 DVD 影碟以供国内外教研交流使用。日本民博影视人类学家最近几年还从事一些前沿探索工作，如川濑慈凭借其人类学影视片《埃塞俄比亚旅馆 11 号房间》《吟游诗人：永续祝福以为生》《精灵之马》等作品获得电影节或学会奖项，是目前活跃在日本和国际影视人类学界的日本中青年人类学者。其作品也深受 20 世纪 70 年代以来反思/实验民族志兴起的影响，逐渐走出民博纪录片事项记述手法和画外解说的结构范式，尝试在拍摄时不刻意避免与拍摄对象的交流，将拍摄者在场作为前提进行拍摄。同时他还积极向研究对象及其有关机构和人员放映拍摄影片，以获得民族志影片的方法论改进及研究[①]。

(四)"日本映像纪录片中心"的文化调查与影像拍摄

1972 年著名记者和纪录片创作者牛山纯一(Ushiyama Junich，1930—1997)从日本最大的民间电视台——日本电视网辞去编导职务，独立建立日本映像纪录片中心，希望一心一意从事人类学片纪录片创作。他认为"纪录片是电视中难能可贵的非娱乐形式"[②]。为此日本电视网与牛山达成协议，映像纪录片中心摄制的片子，在该电视台开辟的《有趣的世界旅行》等栏目播出。这一栏目播放的纪录片除有关动物的之外，大多数都是记录各国民族文化遗产和风俗的纪录片，显示出该映像中心对文化纪录片的关注。为此映像中心常有不同摄制组在世界各地拍摄。牛山纯一自己也到过 50 多个国家和地区采访。他对中国情有独钟，到访和拍摄 10 多次，云南傣族、白族、纳西族分布地区和上海，都留下过中心摄制组的足迹。40 多年前牛山纯一的作品《上海，1978 年》(又名《上海新风》)通过拍摄张家宅普通居民的 24 小时生活，见微知

---

① 阮云星、阮立：《影视人类学研究与非洲书写探新——晚近日本学界动态及启示》，《广西师范学院学报(哲学社会科学版)》2016 年第 4 期。

② 朱景和：《电视节目大世界》，北京体育学院出版社，1990，第 185 页。

著地反映了 1978 年中国社会生活风貌，使日本观众第一次了解到真实的中国。2018 年牛山纯一之子、HK 纪录片导演制作人牛山徹也重走 40 年前拍摄路线，寻访当年片中曾出现的人物，拍摄了《上海，1978》姊妹篇《似是故人来》，而此片也作为纪录片《从〈中国〉到中国》日本篇通过镜头努力客观地去搜寻中国"曾经的模样"，深情讲述了日本纪录片大师牛山纯一先生与中国的一段深厚情缘。

【知识链接 8-1】

纪录片：从《中国》到中国 (2019)①

导演：朱允 / 牛慧清 / 刘维夫 / 李艺彤 / 季家希 / 张哲 / 潘雷

编剧：刘维夫 / 李艺彤 / 潘雷 / 季家希 / 张哲

主演：老高 / 斯坦尼斯拉斯 / 大卫·斯特恩 / 牛山徹也 / 王健 / 宋立芬 / 徐惟聆 / 郎佳子彧 / 裘继戎 / 刘丽雯 / 卢西亚诺·都沃里 / 弗里奥·科隆布 / 恩丽卡·安东尼奥尼 / 马雍喜 / 马东升 / 欧阳娟娟 / 陆颂和

类型：纪录片 / 历史

制片国家/地区：中国大陆

语言：汉语普通话 / 英语 / 法语 / 意大利语 / 日语

首播：2019 年 3 月 16 日 (中国大陆)

集数：5

单集片长：50 分钟

又名：从中国到中国 / From Chung Kuo to China

剧情简介：20 世纪 70 年代在中国还没有全面开放时，来自意大利、法国、美国和日本的四位纪录片大师不约而同地来到中国，用镜头记录下中国和中国人生活的方方面面，留下四部轰动世界的记录影像——《中国》(意)、《愚公移山》(法)、《从毛泽东到莫扎特》(美)、《上海新风》(日)。这些影像不仅让世界第一次大范围了解中国，也为中国人回顾历史、回忆父辈祖辈，留

---

① https://movie.douban.com/subject/30490270/。

下宝贵财富。40年过去了，中国发生了哪些变化？影像中出现过的那些普通人，还能否寻到？

今天同样来自意大利、法国、美国和日本的四位国际友人，再次来到中国。曾经的影像让他们第一次模糊认识了中国，此刻他们决定用自己的双眼看看如今的中国发生了哪些巨变。难能可贵的是他们重新找到了那些出现在过去影像中的普通人，通过贴近的观察、真实记录，将中国四十多年变化自然呈现在眼前。

牛山纯一先生还注意拍摄、研究、教学三者并重，互相促进。他将1973年在美国芝加哥召开的第九届国际人类学民族学大会论文集《影视人类学原理》(Principles of Visual Anthropology)翻译成日文，以《映像人类学》为书名出版。他还被聘请为早稻田大学文学系和武藏野女子大学兼职教授，教授映像人类学课程。

在牛山纯一带领下，日本映像纪录片中心人员出现许多人类学纪录片骨干学者，如杉山忠夫、市冈康子、野吕进。他们都关注于日本以外民族社会文化生活的田野调查及拍摄，其中杉山还曾到中国西藏拍摄纪录片。女编导市冈康子以拍摄东南亚及太平洋各国和各地区少数民族为重点，拍摄有《现代中国的妇女》《裸族最后的大酋长——一个男人的一生》(1985)等。她在1971年拍摄的《库拉：西太平洋的远洋航海者》一片，曾在第9届国际民族学人类学会议上放映并获好评。

七、中国文化调研之影像呈现

中国作为文化资源丰富的国家，一直以来都吸引着各国包括本土探险家、旅行家和学者调查的目光。但就影像记录方面，由于一些客观原因，早期影像设备用于文化调研记录的比起政治、社会等方面记录来说，并不显得更多和频繁。形成这一现实状况的原因有很多，诸如战乱影响文化调研、本国文字文献系统高度发达阻碍影像记录发展、文化记录本身不被重视等都是重要原因，总之近代以来较早时期的摄影摄像机镜头的聚焦主体可能并不在于文化资源等方面，因此19世纪末20世纪初文化调研影像特别是摄像活动及资料匮乏，也就是说即使照相机和摄影技术在一些大城市被广泛使用的晚清民国时期，摄像活动及资料也并不多见。斯文·赫定（Sven Hedin，1865—1952）在西北考察时运用的影像记录以及凌纯声、勇士衡等在民族调查时的摄影摄像行为，成为中国较早的文化调研影像呈现。及至1949年以后由于党和国家重视以及民族学学者、人类学学者的学术自觉，在民族识别及全国少数民族社会历史调查等语境下，"少数民族社会历史科学纪录片"拍摄制作成为我国文化调查影像输出典型成果，为文化调查记录及影像人类学真正发生积累了调查及拍摄经验，成为观察式民族纪录片的学理基础。1980年以来，由于文化学科振兴，人类学影像民族志拍摄制作获得新生从而催生了影视人类学学科在中国真正建立，社区影像、"乡村之眼"等活动使学院派影视民族志的拍摄延伸至民间民众。与此同时1970年末以中国中央电视台和日本放送协会（NHK）联合录制大型纪录片《丝绸之路》为开端，引发我国电视台等主流媒体组织摄制文化纪录片热潮，由此也间接促进全社会调查、记录、保存和传扬本土及传统民族文化的自觉意识产生。

（一）晚清民国：文化调研时的影像使用

在中国，真正的人类学片拍摄是1920年后期中国学术界与外国学者合作进行的。1926年11月著名探险家瑞典人斯文·赫定来北平，与中国学术界商议组织考察团对西北地区进行科学考察。时任中国地质调查所所长的翁文灏，北京大学徐旭生（徐炳昶）、袁复礼教授和周肇祥、刘复等学者代表中国学者参加会谈。经反复磋商双方同意共同组织考察团，由中国学术团体协会特组"西北科学考察团"，决定得到中国政府批准。1927年4月26日在北京大学研究所国学门，周肇祥代表中国学术团体协会与斯文·赫定签署含有19条合作内容和办法的正式协议。协议明确规定本次"考察之事项，主要为：地质学、地磁学、气象学、天文学、人类学、考古学、民俗学"①。考察团共计24人，其中中方10人、瑞方4人、欧洲其他国家10人，徐旭生任中方团长，斯

---

① 邢玉林等：《探险家斯文·赫定》，吉林教育出版社，1992，第223页。

文·赫定任外方团长。1927 年 5 月 9 日此团由北京出发踏上西行之路，于
1935 年结束考察。长达七年时间，考察团在中国新疆、甘肃、宁夏和内蒙古
进行大规模、系统、多学科综合性考察。1944 年斯文·赫定据此完成其重要
著作《1927—1944 年探险史》，概述西北科学考察团经历及取得成就。从相关
记载中可知考察团在考察过程中运用影像设备情况。此次考察配备电影摄影
机，专门制片员为欧洲人李伯冷，他具有飞行员和摄影家双重身份。考察团
沿途拍摄大量照片和影像，记录相关的自然人文景观以及考察活动情况，也
有人类学内容较强的反映西北人民生活的纪录片。如 1927 年 7 月考察团于内
蒙古白灵庙一带在当地人帮助下，拍摄了买达尔圣节庙会活动，底片素材达
1100 米。1929 年 1 月考察团回北京做报告，听众有北京大学师生 1200 名。
会上徐旭生报告科考进程，斯文·赫定汇报考察所得科学成果，考察团所拍
摄资料作为科学成果在报告结束后进行了播映。虽然此次考察影片在中国有
很少部分留存，但此次考察丰富了中国学界将影像手段应用于记录人类文化
及活动的认知并积累一定经验，可谓中国影像民族志现代开端。自此在民族
学人类学学者努力下，中国人类学影像工作有所进展。之后 1930 年初我国人
类学等学科学者开始运用当时较先进的影像技术，在田野调查过程中使用电
影手段搜集资料，首先进行这一结合的是凌纯声、芮逸夫和勇士衡。1933 年
初他们接受中央研究院派遣，前往湘西南调查苗、瑶等民族社会及生活状况；
调查中携带电影摄影机，由技术员勇士衡专门负责照相、绘图和拍摄电影。
由于这些先进摄影设备，当地民族代表怀疑其动机，上书蒙藏委员会指责其
"以苗俗古陋，多方采集，制成影片，以为谈笑之资，娱乐之具，谋利之图"。
凌纯声则称"科学目的在于求真，欲知苗族生活之真相，非借标本影片不足以
表显。多方采购标本，及摄制影片，正所以求其真，而保存其特质也"。[①] 其
所行所言是中国民族学家完整运用影像手段的开始，也是关于影像民族志的
最早表述。此次历时 3 个月的调查不仅以传统方法进行少数民族社会文化资
料的搜集与调查，还拍摄有关当地苗族生活影片。1934 年 10 月凌纯声、勇士

---

① 吴秋林：《影视人类学概论》，民族出版社，2008，第 105 页。

衡又到云南河口等地做民族调查，再次携带了照相机、测高仪、电影摄影机等先进设备应用于考察之中。1937 年岭南大学与中山大学联合对海南岛黎族、苗族进行考察，调查由杨成志等学者组织，还请来广州三星电影社邝广林负责拍摄电影，目的是"为使社会人士明了黎族、苗族实际生活及本团工作"。

除了凌纯声、杨成志等民族学家在调查民族社会生活文化时运用摄影记录，民国时期电影工作者也自觉运用电影技术进行文化调查及拍摄。1939 年7 月南京金陵大学专职电影教师孙明经随中英庚款川康科学考察团一行，用摄影机记录了西康省的社会经济、人文地理、宗教习俗和茶马贸市等，回宁后剪辑制作成《雅安边茶》《西康跳神》《西康见闻》《省会康定》《康人生活》《喇嘛生活》等影片组成《西康》系列片，被认为是中国较早完整意义上的民族志电影系列。关于该片摄制，孙明经团队在西康工作了五个月，是科考团的四十几个人中走得最远的；同时还搜集丰富文献资料，写作一百封信稿家书叙述考察见闻，另外还拍摄八百多张照片最后编目。为对影片内容进行说明，孙明经还撰写《西康纪实影片说明》作为该系列片的解说词。1941 年他发表《电影与动员群众》一文指出"因为电影的内容，不限于小说，它是一种工具，可以用来介绍印象，表现事实，传递思想，发挥情绪。电影打破了语言文化的隔阂，其本身便是吸引群众的对象"，文章还在成都广播电台播出。此文是孙明经在1940 年赴美考察教育电影之后回国后的所思所得，文章揭示了他认识到纪实电影具有文化留存及大众教育等多重价值。1941 年孙明经出任金陵大学电影部主任，次年创办中国第一本电影学术杂志《电影与播音》月刊。在其努力下金陵大学纪实电影教育及科研逐渐发展。抗战时期访华的美国副总统华莱士赠送金陵大学十余部纪实片，英美等同盟国也捐赠几十部集记录电影，这些影片充实着金陵大学电影资料室，同时该系部还拥有国外电影理论和制作、电影技术等丰富专业刊物。1931—1948 年间金陵大学共拍摄 112 部影片，其中孙明经个人作品占半数以上。他与魏学仁、潘澄侯编剧，由黄天佐导演的《农人之春》，是在自然风光实景中拍摄的反映江南农民春耕生产和家庭生活的纪实电影，这一极富中国文化传统风格的电影在 1935 年比利时布鲁塞尔农村国际电影比赛会上荣获特等奖第三名，是我国首部在国际正式获奖影片。

中国早期重要电影大师郑君里对纪实电影也有贡献。抗战期间他受国民政府军事委员会政治部第三厅委派，到西北电影宣传抗日并筹拍大型纪录片《民族万岁》。1939—1941 年，郑君里团队在宁夏、内蒙古、甘肃、青海、四川等地用美国埃姆牌摄影机拍摄了回族、蒙古族、藏族、土族的生活、宗教仪式、歌舞等社会及文化，反映了西南彝族、苗族支援抗战场景。该片在抗战期间曾在重庆等地公映，之后不见。2005 年郑君里长子郑大里从台湾地区得到拷贝，复制一份 DVD 捐赠给中国电影博物馆。

(二)1950—1970 年：全国少数民族社会历史科学纪录片

1956 年全国少数民族社会历史调查进行之初就有一些资深民族学人类学家，提出用电影手段实拍少数民族社会生活建议。建议得到中央领导人支持，并很快作为少数民族社会历史调查的一项重要内容被确定下来。与此同时，在云南从事民族学人类学研究的学者在调查中也认识到拍摄少数民族纪录片的重要性，于是由云南省民族事务委员会向全国人大民族委员会提出拍摄云南省残存有原始社会形态的几个少数民族影片的报告。1958 年 8 月文化部同意拍摄。

少数民族社会历史纪录片由当时正在筹建的中国科学院哲学社会科学部民族研究所(今中国社会科学院民族研究所前身)负责具体实施。该所 1957 年组成 3 个摄制组，分赴海南黎族、西盟佤族、凉山彝族民族地区拍片，次年《佤族》《黎族》《凉山彝族》拍摄完成。全国少数民族社会历史调查研究办公室主任夏辅仁及业务秘书张正明代表调查组及科研人员意见，与承拍单位"八一"电影制片厂厂长陈波商议后，将拍摄片子命名为《少数民族科学纪录片》。此后又正式修订为《少数民族社会历史科学纪录片》(以下简称"民纪片")，并一直沿用至 1980 年初期。自第一批影片完成摄制后，又陆续拍摄《额尔古纳河盘的鄂温克人》(1959)，《独龙族》《景颇族》《西藏农奴制度》《新疆夏合勒克乡农奴制》《苦聪人》(以上 4 部于 1960 年拍摄)，1962 年开拍《西双版纳傣族农奴社会》，《大瑶山瑶族》《鄂伦春族》(1963)，《赫哲族的渔猎生活》(1964)，

《永宁纳西族的阿注婚姻》(1965)、《丽江纳西族的文化艺术》(1966)12 部影片，连同 1957 年拍摄的 3 部共计 15 部。这些影片拍摄体现出如下工作特点。

第一，该系列影片属于政府组织计划行为，具体到影片拍摄组织是在民族学人类学界与电影界通力合作下完成。在民族所组织下先后参加这项工作的学术机构和承拍单位有云南少数民族社会历史调查组、云南民族历史研究所、四川少数民族历史调查组、新疆少数民族历史调查组、广西少数民族历史调查组和八一电影制片厂、中央新闻纪录电影制片厂、北京科学教育电影制片厂、新疆电影制片厂等单位。

第二，"民纪片"拍摄基本流程为民族研究所组织人员撰写出拍摄提纲或脚本，电影厂编导在此基础上经过亲自观察，写出供拍摄的分镜头剧本。双方共同组成摄制组，电影厂出拍摄人员和器材设备，学术机构派出专业人员在现场发挥学术指导作用，以保证影片的学术质量。

第三，对纪录片拍摄过程中出现的一些问题，以座谈会、研讨会等方式进行讨论，起到统一思想和工作原则的作用，同时也奠定了当代中国影视人类学的学理基础。

1961 年在已经拍摄出 7 部影片后，文化部、国家民委和民族文化工作指导委员会在北京召开多次影片座谈会，审看影片、总结经验。1961 年 11 月民族研究所根据座谈会有关精神，整理出《少数民族科学纪录片摄制工作总结提要》，包括 12 项内容：影片的性质和任务问题、影片时限问题、共同性和特殊性的问题、历史上的民族关系与现行民族政策、语言文字问题、科学和艺术的结合、扮演问题、解说词、专业力量与广泛写作、资料工作、今后的任务、领导问题。这些系统化总结形成了我国影视人类学初步理论，对后来拍摄工作发挥作用。由此，此次系列片的拍摄还涌现出当代中国第一批影像人类学家，如杨光海、潭碧波、詹承绪等学者，都在拍摄中做出重要贡献。

总体上，"民纪片"在拍摄过程中坚持了与科学研究紧密结合的原则，强调纪实性和科学性，要求艺术性服从于科学研究要求和科学记录真实性。在深入调查研究基础上，将拍摄重点放在即将消失或正在变化着的传统社会和文化方面，综合系统记录下有关民族的经济结构、生产力和生产关系、政治组织与制度、生活习俗、婚姻家庭、宗教信仰、文化艺术等面貌[①]。当时因距少数民族社会经济发生巨变年代相去不远，大都能拍摄到原有的面貌或文化特色，只在必须时才采取审慎的"重建扮演"。同时，由于当时无同期录音设备，因此用进口的半导体磁带录音机录下现场音响供后期制作使用，影片配乐尽量采用被拍摄民族自己的音乐。

(三)改革开放以来：影视人类学发展和文化纪录片繁兴

中国改革开放以"解放思想、实事求是"为开端，伴随着物质文化水平逐渐提高与城市化逐步展开，在精神文明与文化建设方面也面临着西方文化进入、传统文化消亡等精神领域的冲突与困惑，对民间和传统文化的抢救、保护及传扬的自觉意识从这一时期开始逐渐恢复萌生。由此步入两条文化调研及影像记录的主要生产路径：一是学院派影视人类学理论与实践对民族文化影像的记录与研究；二是以电视台等为代表的各类媒体平台，基于文化宣传等目标大量拍摄文化纪录片。

1. 影视人类学的发展：学院派路径

"文革"期间人类学影片摄制工作被迫中断十年之久，20世纪五六十年代初期初步形成的人类学专业摄影队伍不复存在。只有这项事业开拓者之一杨光海还在坚持摄制和研究人类学影片，整理和撰写有关资料。1978年他和几位曾合作摄制人类学影片的民族学学者联合发表文章，提出继续开展我国少数民族科学纪录片摄制，并试图对过去这项工作在理论上做总结和探讨。这成为我国学术刊物上首次公开讨论人类学影片的研究论文[②]。20世纪80年代初期中国各项文化事业百废待兴，人类学影片最先恢复和发展起来。我国影视人类学家统计至20世纪90年代初，当时我国摄制具有人类学内容的影片和录像难以准确统计，按最保守估计至少有五六百部之多。这其中由各个民

---

① 张江华：《影视人类学概论》，社会科学文献出版社，2000，第198页。
② 杨光海、詹承续、刘达成、蔡家祺(执笔)：《努力摄制更多更好的少数民族社会历史科技片》，《中央民族学院学报》1978年第2期。

族学、人类学相关专业高校及科研机构摄制的影像民族志约占四分之一：中国社会科学院民族研究所在 1983—1993 年之间，到东北、东南和西南等地摄制约 5 个民族 30 部（集）民族志影片；中央民族大学在西北、东北、中南和西南地区，摄制约 14 个民族的 30 多部（集）影视及大量照片资料[①]；云南社会科学院民族影视组在 1982—1990 年间摄制本省少数民族 15 部影视片，还同云南民族电影制片厂联合摄制该省 24 个少数民族影像民族志 40 部（集）[②]；其他一些省区大学及民族学院也摄制了一些本地区民族志影视片及素材资料。此外还有些企业如广州东亚音像制作有限公司，自 1986 年以来先后摄制 20 多个民族 80 多部（集）民族纪录片[③]。以上影像民族志皆人类学性质内容较强烈者，其形式可分为两种。一是以 20 世纪五六十年代为主拍摄的某民族整体社会形态全貌模式的人类学片，可有多集系列；另一类则是一片基本展现一个主题的专题片，如对一个节庆、仪式、工艺等文化事象或相关人物进行记录的文化民族志影像。总之这一时期的人类学片在调研理论、拍摄技巧和展现内容方面都比之前少数民族科技片时代有所进益，为中国影视人类学学科确立与国际交流提供研究基础与资料平台。

20 世纪 90 年代以来中国影视人类学界与国际学界交流逐渐频繁。其间德国、日本、美国、奥地利、匈牙利等国的影视人类学家或机构先后访问我国有关大学和科研单位以及中央与地方的部分电视台，德国、丹麦、意大利等国还同我国一些机构建立影视人类学信息和资料交流关系。其中哥廷根科学电影研究所还和中国社科院民族研究所订立了影视人类学交流协定，根据这一协定民族研究所将提供 14 部中国首批人类学影片录像供哥根廷科学电影研究所译配在欧洲范围内放映。此后双方还拟定开展国际学术研讨会及培训计划事宜。1995 年 4 月由中国社科院民族研究所、德国哥廷根科学电影研究所

---

① 李德君：《试论人类学影视片的拍摄视角》，《中央民族大学学报》1995 年第 6 期。

② 刘达成：《〈蛮书〉的滇藏古道与"僧耆"、"侏儒"的族属》，《云南民族学院学报》1991 年第 2 期。

③ 蔡家麒：《中国影视人类学 40 年回顾》，《云南民族学院学报（哲学社会科学版）》1997 年第 4 期。

联同广州东亚音像制作有限公司共同在北京召开"影视人类学国际学术研讨会"，会上中外学者主要对国外影视人类学的历史和理论，中国人类学影视片的拍摄、理论、性质、摄制原则和技术等，人类学影视片的价值、作用等学术议题展开深入讨论，同时还对影视人类学的发展和普及提出若干建议，此次会议标志着中国影视人类学界国际交流的新起点。

　　1995 年 10 月中国民族学学会影视人类学分会在北京成立，这一学科方向及概念正式确立，对影视人类学发展起到重大促进作用。其实在此前后已有高校和研究机构逐渐开始通过拍摄实践、理论研究、科研教学等方式践行学科理论。1991 年云南大学历史系人类学专业率先开设影视人类学选修课，由刘达成主讲。1994 年云南大学还建立中国第一个影视人类学专业机构"东亚影视人类学研究所"（East Asia Institute of Visual Anthropology ，EAIVA），由中德合作成立。为加强国际学术交流和提高研究水平，该所于 1996 年五六月间举办为期 7 天的影视人类学学术讲座，还特邀美国伊利诺伊大学芝加哥分校影视人类学教授美国《影视人类学》主编保罗·霍金斯（Paul Hockings）主讲。2003 年 9 月云南大学人类学博物馆成立后，东亚影视人类学研究所成为该馆下设"影视实验室"。此外 1995 年中央民族大学新闻学专业研究生开设影视人类学课程，由李德君讲授，1997 年影视人类学作为该校民族学系博物馆专业本科生必修课开设，由庄孔韶、张江华讲授。广西民族学院也在 1996 年开设影视人类学专题讲座。

　　这一时期学院派影视人类学家由于自身研究探索，也拍摄出许多学术性和阐释性水准较高的人类学片。如庄孔韶在深入田野调查基础上结合教研实践，编导出一系列文化人类学片。1986—1989 年他在国际知名人类学家林耀华名著《金翼》所在地"黄村"完成田野追踪工作，出版《金翼》续本《银翅：中国的地方社会与文化变迁 1920—1990》(1996) 和同一地点拍摄的人类学电影《端午节》(1989)。影片描写中国闽江农村地方人们在水库移民搬迁前最后一次端午节，以影视语言介绍了闽江乡镇社会端午节的家庭生活、龙舟竞渡和游神活动，成为美国华盛顿大学出版社出版的第一部关于中国文化的录像，世界上已有数十所大学、研究院和汉学机构将其作为教材和学术收藏品。该片还有后续姐妹篇《金翼山谷的冬至》(2017),《金翼峪的冬至》在中国人类学民族学研究会宗教专业委员会年会(电影节)及让·鲁什百年诞辰纪念展映中荣获优秀学术展映奖,引起与会专家学者强烈的兴趣和反响。此片拍摄也显示庄孔韶等人类学家对学术名村的持续追踪,关注其社会文化变迁并将之影像化呈现的学术态度。1997 年《长江沿岸田野纪行》是庄孔韶带领教研小组于当年3 月来到长江中游土家族地区做人类学调查时的影视记录,在人类学教学方面起积极作用。2002 年《虎日》以人类学整体论原则考察与研究彝族戒毒盟誓仪式,影片显示出传统民族仪式战胜人类生物性成瘾的文化力量,对文化人类学在公共卫生方面的应用做出形象示范。这一时期还有很多优秀的人类学影像民族志。值得一提的是中国港台地区人类学家在此时期拍摄的文化影像民族志,也具有极高学术水准与价值。其中台湾人类学家胡台丽女士的作品即为佼佼者。胡台丽可谓是台湾第一个拍人类学纪录片的人类学专业学者,1976—1978 年间她进入自己婆家所在村落台中市南屯区刘厝村进行人类学田野调查,完成博士论文《婆家村落:台湾农村工业化与变迁》。之后她完成民族志纪录片《神祖之灵归来:排湾族五年祭》(1984),该片开启台湾用影像记录原居民祭典先锋。她一面拍摄民族志纪录片,一面以影像辅佐人类学研究,开启台湾人类学界"新面向",所拍摄《矮人祭之歌》(1989)、《兰屿观点》(1993)等皆获业界好评。1997 年她摄制完成台湾第一部描绘农村变迁的纪录片《穿过婆家村》,《穿过婆家村》入选多项人类学纪录片国际影展,被称为台湾第一部描绘农村变迁的纪录片。

21 世纪以来,以高校学者和研究机构学者等为主力的影视人类学理论研究和拍摄实践蓬勃发展,相关专著或教材陆续出版,研讨会议和国际交流持续开展。民族学、人类学、民俗学等专业学者与政府和非政府组织进行合作,在 21 世纪以来的文化遗产保护运动中以影像方式,对民族民间传统文化进行规模调查和记录,诸如文艺集成编撰工程、民族民间文化抢救工程、传承人口述调查、中国节日志、中国史诗百部工程等项目的影像记录部分,可谓规模化文化调研影像记录典型代表，这一系列大规模工程类影像志的拍摄在此不赘述。21世纪以来在文化遗产保护运动中长期在特定地域从事民族志式纪录片创作的影视人类学家，如"对新疆全景式的记录和有温度的表达"的刘湘晨教授、致力于"大兴安岭密林深处的影像关注"的顾桃、专注于"客家风土电影"创作的诗人鬼叔中（甯元乖）、用影像记录羌族文化的高屯子等，都是近十年来致力于特定区域文化资源调查、记录和留存的影像民族志工作者[①]。同时还需注意2010年以来聚集在短视频社区中的亿万普通民众，运用影像力量进行自我表达，虽然大多数发表作品并非严格意义上的学术调研所得，然不乏有本社区或本民族文化资源影像留存。

2. 赋权语境下的社区文化影像记录

学院派影视人类学家在各地社区或民族地区进行文化调研及拍摄实践，逐渐形成一种特殊的文化赋权方式，这就是"社区影像"。这一又称"参与式影像"的实践行为指生活在城乡社区的普罗大众用摄影机拍摄其生活与文化，展示自身价值观念和人文立场。其核心概念为"影像赋权"，即通过对日常场景的记录与呈现，用纪录片形式表达生活愿景与文化诉求。"社区影像"从学理层面来说是影视人类学家工作实践由观察式影像到参与式影像，再到社区主位视角的理论与实践的延伸，还是当代社区工作开展模式的其中一种。这一学术行为最初起源于1950年开始的近半个多世纪以来在全球各地蔚然成风的电影运动。运动最初的缘起是当时殖民地体系的崩溃及人类学范式转型，人类学者和纪录片工作者开始培训各地原居民，尝试以影像拍摄方式为"失声"的传统社区成员提供一种文化表达与权利宣示新方式，以期重建一种更为对等的文化关系。让·鲁什即为这一运动先驱之一，其"分享人类学"主张就包含向当地合作者传授拍摄技术等内容。此后，美国人类学家索尔·沃斯（Szar Vas）与约翰·阿代尔（John Adair）1966—1971年间在北美洲实行"纳瓦霍人电影计划"，还有加拿大国家电影局在1967—1980年间实施"挑战促变革"纪录片创作计划及"福戈岛计划"、巴西民族志电影作者文森特·卡莱里1987年

①　朱靖江：《中国民族志纪录片十年观察》，《中国民族报》2020年1月17日第6版。

发起"乡村影像计划"、南亚国际非政府组织在印度各地建立"社区影像网络"等，这些都是分享人类学及社区影像文化赋权的著名实践项目。1995—1998年台湾全景映像工作室也在文化建设委员会资助下开展"地方记录摄影工作者训练计划"，目的是教会在地民众拍摄纪录片。项目共招收两类学员，一是当地文化工作者，一是对家乡文化有强烈记录冲动的本地人。在培训中，学员学习拍摄技巧与后期编辑，努力将家乡文化通过动态影像方式完整记录下来，以便在乡亲面前放映时能勾引人共鸣和惹人深思。总之"社区影像"从创作主体而言是社区成员，拍摄内容以本社区或本民族社会生活、文化观念、宗教信仰、生产方式或生态领域诉求等为主。这一实践及理念不但具有文本价值还具有行动意义，因此成为社会工作和影视人类学领域共同的学术财富。

我国"社区影像"最早由人类学者与非政府组织倡导进行，这一学术理念在中国的实践正式启动于 2000 年云南地区。该地一直参与"社区影像"的人类学家章忠云将 2000—2014 年间的云南社区影像实践分为三个阶段。2000—2005 年为摸索尝试阶段；2006—2009 年为实践方式渐趋规范和参与式理论初步形成阶段；2010 年至今为云南社区影像之本土化初始阶段[①]。有论者认为从 2014 年以来，村民影像发展又进入一个新阶段，即从此年至今为"理论提升阶段"[②]。但其实若将"影像"和"文化主体"作为两个基本准则，早在 20 世纪 90 年代初期我国就有为自己民族文化、社区利益、性别权利发声的零散影音记录行为。1991 年由云南省生育健康研究会主持、福特基金会赞助的"妇女生育卫生与发展"项目，帮助云南 53 位农村妇女自己拍摄其生活场景和用照片故事表达她们要求，来提供生育健康决策。1999 年 10 月云南藏区佛教圣地卡瓦格博雪山脚下两名从小接受汉族文化教育的雪山子民肖玛和斯朗伦布，出于对藏文化流失的痛惜以及恢复母语教育的责任感，创建非营利性民间组织"卡瓦格博文化社"。该文化社致力于向当地人传播藏族文化，保护本地区特有生态环境和文化环境。他们开办义务藏文培训班、自然生态保护意识班、

---

① 章忠云：《云南乡村影像研究》，民族出版社，2016，第 5 页。
② 赵盼超：《村民影像的文化书写研究》，硕士学位论文，曲阜师范大学，2019。

弦子培训班。从一开始文化社成员就运用录音机和摄像机等音像设备，在以德钦县为中心向各个周边藏区搜集和记录民间音乐、歌舞、仪式、神山信仰和历史变迁资料，并摄制环保主题纪录片。

1999年云南省社科院研究员郭净有机会参加一些社区发展国际项目，并从大自然保护协会（The Nature Conservancy，TNC）、云南省生物多样性和传统知识研究会（The Center for Biodiersity and Indigenous Knowledge，CBIK）等非政府组织那里接受参与式研究培训及实际调查。其间他开始从理论上思考"为谁拍摄，拍给谁看"的问题。与其同时，世纪之交中国"DV运动"影像记录风潮在城市青年中流行起来。许多人拿起家用数码摄像机去拍摄以前不为关注的边缘人群，预示着影像权利的民间化和个人的影像表达。时代背景和学术风潮启发着郭净，他意识到"我们理解的民间，包括了乡村的个人和社区，将影像制作的权利，以及利用影像开展公众教育的权利交到他们的手里，多样化的声音便在屏幕上出现了"。[①] 2000年初郭净等人在云南社科院成立"白玛山地文化研究中心"，9月他与章忠云（熙绕桑波）、和渊、苏雄娟等学者在美国"福特基金会"资助下在云南迪庆藏族自治州创办"社区影像教育"项目，该项目是中国最早以少数民族成员为创作主体的社区影像项目之一。"影像应当给予民众一种声音，而不只是一种信息"。基于此认识，"社区影视教育"帮助当地村民利用影像工具表达自身观点和意见，同时利用这些作品进行本土文化教育与传承活动。这一项目参与主体是藏族村民，包括扎西尼玛、刘文增、吴公顶、孙诺七林等人。项目进展进程为：第一步向村民讲授摄像机的使用方法，第二步探索村民的后期编辑模式，第三步将影片应用于社区本土知识教育。学者通过对编辑模式不断的尝试与创新，努力为村民营造一个"自我发声"的影像环境。具体表现为：学者按照村民拍摄素材的拍摄顺序，或文化事项展演顺序，帮助村民完成后期剪辑；学者与看完素材的村民进行讨论，在听取其叙事思路后完成影片编辑；村民把所要讲述的故事和反映的内容通过纸上编辑方式表达出来，学者在此基础上完成影片整体制作。在双

---

① 李崚：《郭净：一个学者的乡村影像实验》，《新西部》2016年第1期。

方共同努力下，由制陶艺人孙诺七林及其子恩主完成的《黑陶人家》，茨中乡村葡萄酒酿造师扎西绕登（刘文增，同时也为该地乡村教师）、吴公底及其子联合拍摄的《茨中圣诞夜》和《茨中红酒》，永明村诗人扎西尼玛拍摄的《冰川》成为"社区影像教育"的完成作品。他们拍的片子在自己社区小学生中间播映，让他们通过观看影片，了解属于自己的文化传统与社会生活，收到了很好的文化传承教育效果。2002 年 4 月汤堆小学学生在孙师傅家里观看了《黑陶人家》，孙师傅成为这部片子的解说人。郭净说："孩子们在看完片子后爆发的激情真让人感动。他们纷纷动手做了自己的陶罐。"同月《茨中圣诞夜》和《茨中红酒》在茨中小学电教室放映，随后小学生在两位拍片子的村民带领下，参观茨中教堂、教堂内近 100 年的古酒窖，并到葡萄园学习葡萄种植和管理方法。到 2005 年，"社区影像教育"课题组成员已摸索出一套如何利用村民影像，开展乡土知识教育的基本途径和方法。同时他们还积极创建村民影像播映平台。早在 2003 年，"白玛山地文化研究中心"就首创举办集观摩、竞赛与研讨于一体的"云之南记录影像展"，该影展每两年一届，是国内创办最早、规模最大、影响最广泛的公益性纪录电影双年展。其中乡村社区影像也是其展映特色单元。

2005 年受"中国—欧盟村务管理培训项目"委托，纪录片导演吴文光策划并主持的"村民影像自治计划"在北京展开。该项目具体形式为 10 名来自不同省区的村民在北京统一接受培训，之后各自以"村民自治"为题材在当地选取拍摄内容，"用自己的眼睛观察和记录身边的故事"，其中怀柔村民邵玉珍拍摄的《我的村子 2006》《我的村子 2007》为人瞩目，由于主要涉及话题不在本教材讨论范围，故此不赘述。总之 2000—2005 年期间文化传承的村民影像记录在以云南为代表的少数民族地区展开，标志着我国文化影像记录的文化持有者主位视角的转折。

在 2006 年前一阶段基础上，社区影像在中国进一步发展，由此 2006—2009 年被认为"社区影像""村民影像"系统规范化时期，这一时期的主要实践活动为云南社会科学院郭净教授团队"云南·越南社区影视教育交流工作坊"

图 8-8　"乡村之眼"标志

与北京山水自然保护中心"乡村之眼——自然与文化影像记录项目"（如图 8-8），两项都是基于文化调查的主位文化记录表述。其中前者算是"社区影像教育"的延伸，是2006 年课题组与越南民族博物馆合作开展的为期三年的村民影像项目。项目旨在促进学者与村民之间的沟通、城市文化与乡土文化之间的交流，开拓利用村民影像保护与认识传统文化的新途径；同时致力于"建立整个项目策划、运作、管理、培训、交流的模板，为进行更多相似的项目提供重要的参考，以促使整个项目的推广，为将来进行更广泛的多民族、多社区、多阶层、多地域的文化保护、交流、传承奠定一定的基础"。为达上述目标宗旨，项目组云南方面在三年内进行四次培训，村民逐渐掌握摄影机使用、影片主题发掘、故事内容讲述、思想观点准确表达、计算机软件基本操作、影片编辑技术等方法与技巧。最终他们在学者指导下一共完成五部作品，作品拍摄不仅使村民学会了如何拍本社区本民族的文化影像，更重要的是通过影像村民逐渐交流、讨论并对话题达成共识，得到反观自身世界的巨大力量。其中曹红华、谢春波拍摄的《我们怎么办？——落水村的变化》是以访谈为主的社区影片，该影片就像一个火塘把村民聚到一起。他们畅所欲言、彼此交流，共同反思社区问题并商讨对策。影片选取村民在旅游服务、道德礼貌、消费观念、婚姻家庭、语言传统五个方面的讨论，既记录了村民的真诚思索，也为外界了解落水村摩梭人打开一扇窗户。侯文涛、颜恩泉的《文山烂泥洞青苗丧葬仪式》将发生在两个自然村的葬礼拍摄下来，把苗族葬礼仪式较完整展现给观众。《谷魂》是由云南景洪大勐龙镇勐宋村哈尼族村民妹兰和云南省生物多样性有传统知识研究会吕宾共同拍摄，记录了从事轮歇农业的哈尼族传统节日"嘎汤帕"。《我们佳碧村》是德钦县云岭乡佳碧村藏族青年此里卓玛及其姐夫鲁茸吉称用历时三年时间拍摄的素材剪辑而成的作品。每一次拍完他们都把摄像机接到电视上，村民看了素材之后一起讨论内容取舍，需要补拍画面在次年和第三年补充完善。在拍摄和讨论过程中，村民也认识到该村生态问题，订了村规民约——不再砍树，烧柴要捡干柴。借助影像这个媒介，村民很容易就同一个话题展开讨论且达成某些共识。《玩一天》让社区村民共同选择所要讲述故事，经过学者与台磨山村村民讨论后决定了社区这次要讲述的故事内容，拍下该村农历大年初一村民喜庆新年上山游玩的一天。

2009 年上述五部影片参加第四届"云之南"记录影像展。同时项目组还积极寻求其他村民影像机构希望建立合作关系，于是"乡村影像计划"应运而生，这一计划由"中国—欧盟生物多样性项目"资助。2009 年 12 月 15 日—20 日 10 位来自青海和云南藏族、傈僳族和苗族社区代表带来自己社区素材①，在昆明进行影像制作培训。15 日到 18 日最终剪辑完成 8 部反映当地自然和文化多样性的纪录片，分别为《麻与苗族》（侯文涛）、《水》（旺扎）、《鱼的故事》（余文昌）、《我的高山兀鹫》（扎西桑俄、周杰）、《我们村的神山》（鲁茸吉称）、《离开故土的祖母房》（曹红华）、《蒲公英》（索昂公青）、《净土》（哈希·扎西多杰），在 19 日、20 日两天公众放映和交流。这一计划获得很好的效果，将之前积累的理念与方法推向其他社区，学习其他社区的文化传统与理念，以及验证村民影像在跨文化交流方面的价值与作用。最后项目组完成的 52 分钟《乡村影像计划》短片，真实记录了"乡村影像计划"项目实施的全过程，包括项目实施的方法、内容和公众活动等。

在这一时期还有一项重要乡村影像计划。从 2007 年起中国民间环保组织"北京山水自然保护中心"开始为西部乡村社区提供影像创作培训，帮助它们掌握独立创作影像的方法，搭建基于影像放映的交流平台，这一项目就是"乡村之眼"。这是迄今为止最活跃、自主且具有延续性的社区影像计划。这一计划与云南社区影像有一定重合和交流，《蒲公英》作者索昂公青和《鱼的故事》拍摄者余文昌就是先参加"乡村之眼"培训、又参与"乡村影像计划"并将作品剪辑完成的。到 2010 年之后，以"乡村之眼"为代表的社区影像在云南、青

---

① 这些村民有很多都是之前五部作品拍摄者，如侯文涛、鲁茸吉称、曹红华等。

海、四川、广西等地逐渐呈现出以当地社区居民为主导、以人类学家或 NGO
组织为协助的身份转化特点，这意味着社区影像工作方式在乡村层面的被接
受及开始转变为社区成员的自我行为，为当地民族文化保护与传承做出积极
贡献。

第二节　文化影像民族志拍摄述要

文化调研影像从广义来说属于纪录片范畴。美国纪录片理论家比尔·尼
克尔斯(Bill Nichols)根据纪录片在历史上的不同表达方式将其划分为六种类
型：诗意式(the poetic mode)、解释说明式(the expository mode)、参与式
(the participatory mode)、观察式(the observational mode)、反身式(the
reflexive mode)和表演式(the performancative mode)。它们之间虽互相影响
但也形成各自的原则与表述方法①。对于本教材主体叙述对象而言，需关注基
于对某地文化整体全貌或某文化专题事象而进行的调查研究学术活动，一般
来说这类以人类学、民族学、民俗学等文化学科理论及文化表达为宗旨的影
像拍摄，有民族志纪录片之称。还有一些拍摄活动并不是为最后的影像呈现，
而是作为文化调研时的记录素材。本节主要针对有着民族志纪录片创作目标
的文化调研及拍摄过程进行介绍，以调研及拍摄前、中、后系列线性时间进
程为主线，叙述文化调研影视民族志的记录方法与技巧。

一、策划与准备阶段

文化影视民族志的策划与准备，亦即拍摄想法从形成到落实为可行的调
研及拍摄方案的思考及筹备全过程，也是文化影像纪录片的开端。

---

① Bill Nichlos, Introduction to Documentary, Bloomington: Indiana University Press, 2001,
pp. 99-101.

(一)选题与命名

影像民族志选题是其策划第一步。一般来说，选题与拍片动机来源及目标有很大关系，有的影像民族志是学者根据自己学术研究对象需要进行拍摄，有些则是应某些机构或群体的要求而对某地调研后以纪录片方式呈现。若进行基础研究，目的模式可能较宽泛；如果是应用研究则可能带有明确而具体的目的要求。但不论如何，目标是影视民族志选题的最初起点，也是确定主题、范围乃至选材最初操作的原则。如我国 20 世纪五六十年代摄制中国少数民族社会历史人类学片，就是出于"抢救"急切。当时将拍片目的明确定位于真实记录和保存即将消失的各个民族传统社会历史面貌，拍片选题集中指向当时尚未保存或刚刚消失的从原始社会末期到封建农奴制社会的几种社会形态民族，尽力全面记录构成这些民族社会经济文化面貌的独特文化事象，从而为中国乃至全人类保存原始社会末期特征、奴隶社会时期、封建领主制社会及其他一些社会历史面貌的真实资料。由于进行课题选择目标明确，故能在拍摄过程中选材得当，达到保存珍贵文化的学术效果与社会价值。再如改革开放以来"十套文艺集成"调研过程中相关影像的拍摄，还有 21 世纪以来《中国节日影像志》《中国史诗百部工程》、"国家级非物质文化遗产代表性传承人抢救性记录工作"等，也都本着抢救民间传统文化的总体目标，故在相关政府部门下发调查及拍摄指导文件中，对如何采录及拍摄提出明确要求和清晰流程。这说明拍摄目标明确之后拍摄主题内容也就一目了然，过程中的何种场景可以入镜、如何选择入镜材料问题也就迎刃而解。

在目标主题等确定之后，为所要呈现的影像取名也很关键。这就像我们写论文或者写调查报告一样，因为要对应和显示主题，总要先给自己的研究（拍摄）命名才可以，"名正而言顺"。人类学民族志或文化纪录片取名没有特别明确要求，但因这些作品本就有交流、传播功能趋向，影片取名也应平实易懂，一般来说题名应显示所要拍摄和展现的主体对象。20 世纪五六十年代拍摄少数民族历史社会人类学片基本都以该族名称为题名，如《佤族》《苦聪人》《独龙族》，一望便知此类影片是展示该民族历史、社会、生活各个方面的作品，人类学著名影片《北方的纳努克》是直接描写纳努克一家生产生活场景的影片。还有一些影片是展现某地或某族群社会生活某个方面的，题名中也应尽量显示，如《赫哲族的渔猎生活》(1965)、《永宁纳西族的阿注婚姻》(1977)等，后者取名还特别显示出科学严谨与事实准确。当然还有一些主创人员为阐述其发现文化内涵或实质真相，还以一个总结性或带隐喻意义的词汇或语句作为影片题名，如台湾影视拍摄者胡台丽的《让灵魂回家》是讲述台湾阿美族部落迎请祖灵回归祖屋的民族志纪录片，其命名"颇具情理交融之意味"①。我国影视人类学学者朱靖江提出在民族志纪录片题材选择与片名设计上，应当尽可能生动、形象，给未来观看者提供一定感性认知空间，不能让他们望而生畏。他同时还提醒拍摄者确定一部民族志纪录片选题，除备选题材本身所具有文化价值、学术趣味与研究潜力外，还需要从三个方面进行思考判断，以避免拍摄活动半途而废，浪费资源。

(1)影片拍摄者是否具有足够的学术储备、社会经验、心理承受力、时间成本以及物质条件来完成这部民族志纪录片的创作？

(2)潜在的拍摄对象是否拥有足够的心理、时间和物质承受能力，来接纳影片创作者深入他们的社区生活，拍摄一部观察式民族志纪录片作品？

(3)拍摄者是否具有计划性？还是在拍摄现场即兴创作，观察生活的各种细节？

由以上提示可以得知，与调查一样民族志影像呈现也同样是一个脑力与体力、耐力与精力皆要兼而有之的学术活动，在真正拍摄之前需要考虑方方面面各种事宜，因此预调查、策划案、提纲脚本之类文字预案工作也必不可少。

(二)调研与文字预案

中华人民共和国成立初期对全国少数民族社会历史进行调查，各个民族人类学片拍摄成功有一部分也归功于之前的充分调研。拍摄影像民族志或文化纪录片要以文化调研为前提这一点在学界业界已成为共识，那些不经过调

---

① 朱靖江：《民族志纪录片创作》，北京联合出版公司，2015，第151页。

研就贸然进入拍摄现场的做法是极其不负责任的。总之在选题确定后，要深入到要拍摄社区或群众中去，通过直接观察和调查访问，对所要拍摄事象及相关情况进行真实了解和切身感受，尽可能掌握第一手资料。同时也要收集与选题有关的背景资料和已有研究成果，包括文字资料和音像资料等，还要进行详细研究，以便对准备拍摄对象及其相关情况获得较为全面了解。这样的调查因为处于正式拍摄之前，如果将拍摄民族志过程也作为一种调查及文化资料的获得状态的话，拍摄之前的这些调查可称为"预调查"或"初步调查"，总体来说此次调查的主要工作可是以下几个方面。

第一，熟悉环境，了解社会。

所有预先调查都要熟悉环境，了解当地社会基本功能。对于民族志或纪录片拍摄来说，此处"环境"不仅指当地自然地理条件及社会环境，还包括针对拍摄机位所要面对的声、光、影等客观物理环境，甚至还包括景别等项目拟构等，这些都是拍摄人员在调查时所要勘查的环境。这也是作为影视人类学者的文化调查人员在调查时所要考虑的重要问题。

第二，与当地人取得联系，获得其信任与支持，了解和熟悉所要拍摄对象。

影像民族志或人类学纪录片有很多都是拍摄人员对自己不熟悉社区或族群进行影像记录，因此还要考虑到当地民众面对突如其来的镜头的心理活动、适应性等反映问题。按照传统影视人类学理论拍摄人类学纪录片应是对拍摄对象的生活场景进行"不介入"记录，即拍摄者及其机器只是一种记录工具，应该当这些工具都是隐性的、不存在的，这样才能真实反映拍摄对象生活的"真正"状态和"原本"状态，这就是"观察式"民族志基本工作原则之一。然而这一指导思想近些年来也受到反思与冲击，因为所要拍摄对象主要是人和人的生活，他们不会对镜头熟视无睹、毫无反应，由此而拍摄下来的这些反应反倒是所要拍摄对象的真实状态，甚至有些拍摄者自己进入这些社会生活场景也并无不可，此类思想指导作品呈现便是参与式民族志纪录片。然而不论是"观察式"不介入还是"参与式"一定程度"介入"，"不扰民"是最基本的。这需要拍摄人员事先进入社区与当地人取得联系，在介绍自己将要进行的工作后获得其信任与支持。同时了解和熟悉所要拍摄对象及相关情况也十分必要。这也意味着拍摄方案的形成与调整等一系列准备工作顺利进行。

文化影像经常需要呈现的对象为文化事象（或事件）。有些事象在当地社区或族群日常生活中在一定时期内会多次重复发生，如各个家庭轮流举办的各类盛宴，为除灾或治病而举行的降神仪式，定期举行的洗礼、弥撒，一年多次召集的祭祖活动，或社区内常出现的婚礼等。若田野工作者能够预先知晓社区仪式日程，可随意挑选这些有重复举办可能的其中一场仪式进行参与体验观察，以暂不进行影像拍摄形式亲身体验整个仪式全过程，同时通过访谈等手段获得当地社区此项仪式参与者的心态、心理与体验等，对所要拍摄事象规范、程序、仪轨及文化意义获得一定了解，再经过自己事后分析和研究确认文化内含和文化环节，这有助于对拍摄预案形成或调整。如影视人类学家刘湘晨先生是在新疆少数民族区域进行二十余年田野实践的人类学家。当其中国节日影像志和史诗工程影像志项目获批后，用了三年多时间再次扎根三个民族村落，每一个民族用一年左右周期进行日常生活和节日、史诗记录，获近 1000 小时影像资料。长期田野实践使这一项目记录本身超越单一民俗事件，记录到文化事象在村落日常生活中的常态①。

还有一些文化事象如宗教仪式等并非在日常生活中惯常出现，是较神圣或"可遇而不可求"的。对于这些无法重复的事象应在举行前向核心参与者了解仪式主要流程，对时间、地点等要有充裕预判，不至于遗漏重要内容或贻误拍摄时机。由此朱靖江在《民族志纪录片创作》中列出若要抢拍这些不可重复的民俗仪式，影像工作者应在时间、地点与人物三个方面进行更详尽预调查。

（1）仪式的开始时间与延续时长：很多仪式对时间有严格的规定，错过时辰变难以举行。因此，拍摄者需确认仪式的始末时间，如果是在夜晚举办，则应预先设计照明方案，若延续时间较长，则需安排协助工作的助手。

---

① 许雪莲：《差异求真》，《民族学刊》2019 年第 5 期。

（2）仪式的地点：很多仪式是单点举办的，拍摄者应提前踩点，寻找安全、稳妥、视野开阔又不对仪式进程造成妨碍的一个或几个拍摄位置，甚至可以预先在现场留下几只小凳，在参与或围观者较多的情况下，踩在凳子上拍摄。如果该仪式有预定的行动路线，则应在沿途确认若干关键的拍摄点，在一点完成拍摄工作之后，迅速赶往下一点，为仪式拍摄预留时间。

（3）仪式的主要参与者：拍摄者须事先了解仪式的主持人、行为人和仪式对象等主要参与者，和他们进行与仪式相关的交流，确认他们在仪式中的角色以及行为方式，并寻求他们对于拍摄的支持与帮助。通过上述的先期筹备工作，田野影像工作者便有可能较为从容地完成仪式拍摄，以获得更为丰富、准确的影像素材。

第三，在调研基础上形成/调整项目策划案或拍摄预案。

虽然拍摄策划及预案等工作应在选题一开始明确后调研之前就已初步确定，但也有些拍摄计划是在调研过后开始正式形成。如在调研之前正式策划案已写好，经过充分调研后也可对拍摄预案再调整。总之就好像在文化调研前应有调研计划一样，拍摄计划在正式拍摄工作进行之前一定要写好。一份完整的拍摄计划或策划案应主要包括设定项目主题、拍摄周期、团队构成、资金预算及拍摄大纲等框架性内容，以便为将来的创作活动进行明晰规划。拍摄策划案对内可明确思想与计划，方便田野调查及拍摄作业等筹备工作以及统一工作步调。对外可以发送给资金投资方、所要拍摄社区的人员等，让对方周知明确团队的大体工作要领，以提供相互理解和配合工作平台。在拍摄方案中最重要及居于核心位置的即为"拍摄大纲"，这是对所要拍摄内容整体结构与事件流程的纲要性描述，如影像的主要人物、基本线索、预期发展等。清晰完备的拍摄大纲主要可以使拍摄的总体方向得到把握，有利于团队有选择撷取素材并有助于后期剪辑制作，因此大纲对于专题性民族志纪录片创作而言比田野影像笔记来说更重要。但总体来说提纲只对所要拍摄内容的主要方面做明确规定，包括拍摄目的、拍摄地点，拍摄的主要内容、主要对象，事件一般进行及其表现形式、一般特征等，而对拍摄具体环境、现场出现的其他人物、事件具体情节和细节、现场气氛等，除有特殊重要意义的需要具体写出来以外，一般仅提出粗略设想。拍摄提纲对实际拍摄不具有规定性，只具有指导性，主要在于提示和引导拍摄者去拍摄实际生活中自然发生的事①。

(三)准备进入现场(拍摄地)

拍摄预案基本完成后，拍摄者可按照方案规划进行先期筹备工作，主要方面及注意事项②如下。

第一，确定摄制组规模与人员结构。民族志纪录片有很多都是在野外及少数民族生活区域拍摄，因此除专业技能以外还需事先了解摄制组候选成员的田野生活经验、饮食禁忌、性格特征、社会交往能力等多个方面情况，以免在进入现场之后有些成员由于上述原因而难以完成任务。

第二，进行资金筹备与拍摄器材的选用等。一般来说，民族志纪录片作者与田野影像笔记作者常会选择中小型数字摄影机，因为与电视台主流使用的大型摄影机相比，中小型机器更倾向于配合拍摄者达成一种友善而平等的关系。虽然大型摄影机可能在硬件技术上比中小型更具优势，然而近年来数字摄影机的迅猛发展正在逐渐消弭二者之间的差异，况且中小型摄影机还具有淡化拍摄正规气氛、削弱拍摄者职业背景等隐形优势，因此中小型摄影机是民族志纪录片首选，更有田野工作者在调研时运用手机即可拍摄高清画质影像，以在放松状态下准确捕捉生活真实细节。

第三，与被拍摄对象以及社区协调入驻拍摄的很多具体细节，如食宿安排、向导翻译、合作方式等。事务性筹备工作非常琐碎，需耗费大量精力，一般来说要团队专人负责，或至少某项具体接洽协调工作要责任到人。

二、拍摄时主要工作原则

在经过预调研和一系列筹备工作后，拍摄者便可走入地点正式拍摄。虽

① 张江华等：《影视人类学概论》，社会科学文献出版社，2000，第311页。
② 朱靖江：《民族志纪录片创作》，北京联合出版公司，2015，第155-156页。

然一般在拍摄前都会经过前期调研，但对于本教材来说正式拍摄在某种程度上仍属于文化调研活动，由此在正式拍摄中可秉承以下工作理念。

(一)互为主体、社区合作

不论文化调研时田野影像笔记记录还是观察式、参与式民族志纪录，抑或其他类型纪录片，拍摄者进入社区拍摄地点后，"互为主体性"是首要工作准则。其实这也应该是所有文化调查者在调研时的基础工作原则。"文化的互为主体性"(cultural inter-subjectivity)是现代人类学贡献给所有人文社会学科的宝贵思想财富。影像民族志拍摄"互为主体性"是指在影像工作者与他们拍摄对象之间不存在文化上高低贵贱之分，而应坚持一种平等的相互理解与尊重基本信念[①]。影像工作者应抵制对影像权利滥用。如不经告知与沟通而肆意拍摄社区居民；或将自身文化意志凌驾于拍摄对象，如不尊重社区规则、民族习惯、乡规民约、风俗禁忌等的存在而随意拍摄的行为。

"互为主体性"还可通过与社区民众的更深入交流践行其原则。不论是观察式纪录片以非介入为主拍摄，还是参与式纪录片参与拍摄，拍摄者都应通过前期调研、建立联系、良好互动、寻求合作等路径，以广泛参与社区社会生活及文化活动等方式，尽可能在一定时间内融入社区环境，被社区内大多数人接纳和认可，建立一种"准社区成员"[②]人际关系。如影视民族志《苗语·咪彩》主要拍摄者徐珍妮回忆她自己在正式拍摄前曾深入走访每一个要观察的苗族寨民家里，与他们同吃同住，偶尔帮助一些寨民干农活、做家务，等他们能完全自然在镜头前展示自己时才着手拍摄此片。作者认为此时摄像机镜头"相当于观众的眼睛，皆在观察、记录与思考苗寨当地人们的生活方式"[③]。只有当拍摄者逐渐开始融入社区、体味当地民众生活，才能拍摄到最自然的生活文化场景。

---

① 朱靖江：《民族志纪录片创作》，北京联合出版公司，2015，第122页。
② 朱靖江：《民族志纪录片创作》，北京联合出版公司，2015，第155页。
③ 徐珍妮：《人文纪录片创作的影视人类学方法运用研究》，硕士学位论文，四川师范大学，2020，第1页。

(二)依据主题、选择拍摄

在影像民族志或文化纪录片拍摄时，在初期实践者常会遇到如何选择素材、如何将之纳入镜头的选择取舍困境。虽然当代摄影存储技术已十分发达和便捷，不像胶片时代如果摄影镜头过多有浪费胶片之虞，但也不能随便什么场景都收入摄影机中，否则素材太多会增加后期剪辑制作等的负担。因此拍摄者在实践过程中，需以下原则为指导理念。

1. 主题第一、敏锐选材

虽然在拍摄之前所有摄制团队都以拍摄策划案和大纲为框架指导拍摄，然而对于影像民族志拍摄镜头所对准的社会文化生活而言，以及影片要求科学性来说，并不是有了拍摄策划案或大纲就可高枕无忧。因为社会生活文化的鲜活性和偶发性并非是提纲就能涵盖。因此大多数提纲只对所要拍摄内容的主要方面做出明确规定，而对实际拍摄不具有规定性。这就需要拍摄者时刻带着所要拍摄主题的"发现之眼"，敏锐捕捉到所需镜头，要求是紧扣主题、敏锐感知、合理挖掘。闻一多先生在《诗的格律》①一文中，引用美国文学批评家布里斯·佩里(Bliss Perry)的比喻，将格律诗的创作喻为"戴着脚镣跳舞"。他认为"越有魄力的作家，越是要戴着脚镣才能跳得痛快。只有不会跳舞的人才怪脚镣碍事。只有不会作诗的人才觉得格律的束缚"。人类学片的拍摄犹如"戴着镣铐跳舞"，"主题"时刻引导着镜头。拍摄者也只有充分熟悉所要拍摄文化及社会环境，才有可能敏锐感知到镜头所触所及是否切合主题、符合需要。要合理挖掘与主题相关的事象、事件或场景，拍摄选材视角也很重要。

2. 主客位视角

"视角"有多重含义。在摄影学中"视角"指是摄像机镜头所能摄取场面上，距离最大的两点与镜头连线的夹角，也用来泛指摄影机进行拍摄时所处方位和角度。人类学片"视角"特指人类学片拍摄中观察、认识、摄取所拍摄事象的总体角度，也可理解为拍摄活动主题的拍摄者与被拍摄者之间，拍摄者处在哪一方来看待和处理所拍摄事象的外在形态和文化内涵。

---

① 闻一多：《诗的格律》，《北京晨报·副刊》1926 年 5 月 13 日。

　　美国著名语言学家肯尼思·派克(Kenneth Pike)1954年从语言学术语"音位的(phonemic)"和"语音的(phonetic)"，类推出"主位(emic)"和"客位(etic)"。后来人类学家借鉴这两个术语将其作为研究中对于文化表现的不同理解角度。在人类学中"主位"研究是指研究者不凭自己主观认识，尽可能从当地人视角理解文化，通过听取当地人对事物认识和观点进行整理和分析的研究方法。主位研究将当地人尤其是田野中的报道人置于重要位置，将其描述和分析作为最终判断。同时还要求研究者对研究对象有深入了解，熟悉其知识体系、分类系统，明了其概念、话语及意义，通过深入参与观察尽量像本地人那样去思考和行动以及看待文化事象。客位研究则是研究者以文化外来观察者角度理解文化，以科学家标准对其行为原因和结果进行解释，用比较和历史观点看待民族志所提供材料与信息。这一视角要求研究者具较为系统知识，能够联系研究对象实际资料进行理解和阐释。主位研究在现代文化人类学中得到日益广泛重视，人类学家在田野工作和民族志写作过程中都注意本位术语和观念的应用。这种方法的优点是能详尽描述文化各个环节，克服由于观察者文化差异引起的理解偏差，但这种研究角度也有一些缺点，如由于当地人在自身文化当中可能会将许多行为和思想视为当然和平常。在客位研究中研究者通过对所搜集的材料解释和认识上述当地人文化认知"偏差"，但也可能因为不能详尽描述文化各个环节，观察者会因文化差异、文化假设上偏差而产生可能错误认识[①]。由此现代人类学者多采取两种视角结合的方式进行田野工作与学术研究，在人类学片拍摄中也是如此，影视人类学家认为将主位方法和客位方法引入拍摄可分别将两种视角称为"主位视角"和"客位视角"。由此"主位视角"理解为记录被拍摄者"眼睛"里他们自己的生活形态；"客位视角"则是拍摄正在调查过程和实际拍摄过程中用研究者眼光去认识和分析所拍摄对象并做出思考。这两种视角在人类学片的拍摄过程中各有优缺点，在某程度上会相互作用以激发拍摄者在不同视域下对拍摄对象做出更好

---

　　① 黄平、罗红光、许宝强主编：《当代西方社会学·人类学新词典》，吉林人民出版社，2003。

的探究[1]。

由于影视民族志或文化纪录片拍摄者大都是经过学术训练的人类学家、民族学家或影视从业者，因此客位视角天然存在，较难得的是主位视角。为贯彻与更好践行这种视角，影视民族志拍摄者运用多种方法和理论，如1970—1980年因"阿拉斯加本土遗产电影计划"而创新性开发出"社区决定法"的拍摄准则。这一计划准则因有了当地人直接参与摄制过程，确定文化持有者文化主权，所以其文化主张以影像方式呈现。再如庄孔韶及其团队的有益尝试，使"社区决定法"下"合作式电影拍摄"后来延伸发展成为"影像赋权"运动。"影像赋权"即由人类学家及影像民族志制作者将摄影机交到当地人手中，仅经过简单操作技术、影像基本原理和制作规范培训后，便开始独立拍摄完成影片。这样一来，当地人就可在不受外人干预情况下表达文化主张和价值取向。数十年来"影像赋权"已发展为中国乡村文化变迁语境下的"自影像"潮流。这一潮流最初产生于云南"社区影像教育"项目，后来又有覆盖中国9个省区市的"村民影像计划"，还有由NGO组织发起的参与式影像项目"乡村之眼——自然与文化影像记录项目"，这些文化持有者自己拿起摄影机记录本土文化事象、社会事件、文化社会变迁情态等的影像实践，被学界认为是"文化主位"式的影像民族志[2]，而此时拍摄也顺理成章成了"本位视角"。但也有学者提出这其实是一种简单贴标签式论断，认为应质疑把影像生产者身份识别标签和主位视角直接对应的观点。认为"不断追求所谓主位视角的过程，暴露了学者对纯粹的主位视角的想象。实际上，在乡村影像中根本就不存在纯粹的主位视角"[3]。

纯粹主位视角有可能不存在，但一定程度主位视角是必要的。事实上一些学院派影视民族志创作者通过自己的拍摄实践领悟到，在拍摄过程中采集

① 张阳：《人类学片中主位视角与客位视角的应用》，《文化研究》2015年第6期。
② 王海飞：《人类学影像的视角、语言与呈现——兼论影视人类学教学中的几个核心议题》，《民族教育研究》2016年第1期。
③ 陈学礼：《乡村影像中的主位视角》，《中国社会科学网-中国社会科学报》2018年9月13日。

素材时若较多运用主位视角，则创作者拍摄者主体弱化，被拍摄者主体凸显，这对采集素材的质量和数量都大有裨益。如刘湘晨在系列节日、史诗影像志拍摄中找到主客位呈现规律和操作方式，即首先确定一位至两位活动中重要人物，以其对活动的叙述和相关行动作为逻辑主线，以在活动中与主要任务产生重要互动关系的人或在活动中起到重要作用的其他人作为辅线，在每一次行动发生后追访行为人口述并对其行为再做解释。如此主辅线的网状布设就构成当地主位视角影像。

但与此同时这一阶段的客位视角也不能少，盖因对一些复杂难懂的地方历史文化民族志来说，解释说明这些材料有不可替代的学术价值和现实意义。影视人类学客位视角通过观察发现研究问题并得出研究结论，它强调研究者以科学严谨的态度介入创作过程，理解所观察到内容，理性表达出被拍摄者的思想情感以及呈现出影片中拍摄对象的精神状态。如果在拍摄寻找素材中只用主位视角的话，也有可能会因日常生活习以为常而遗漏掉较重要、可能有意义的文化场景或事象。如经过一定学术训练的学者或者本身具有人类学背景的学者，在拍摄自己家乡民俗事象时，有可能较专注于较有震撼力的文化事件事象，而对一些体现事象内含的生活细节熟视无睹。因此在影视人类学方法中，主客位视角应互补，同时又需创作者保持文化外来观察者态度看待事情客观性，如此才能达到情理交融的效果。在同一个拍摄文化事象中采取参与式村民影像和外来研究者交叉比较拍摄方法便可获取双向文化逻辑，如节日及史诗影像志项目中借鉴以影视人类学家郭净为代表的乡村影像计划经验，启动了村民自己记录节日、史诗文化的项目。如《白裤瑶引路歌》的拍摄交给广西南丹里湖瑶族乡白裤瑶村民影像小组，由云南乡村之眼乡土文化研究中心吕宾担任指导，《广西融水苗族新禾节》拍摄团队是广西民族博物馆和融水村民影像小组。

（三）每日素材的处理

在具体社区地点等拍摄纪录文化事象要想获得深描效果，工作时长通常都不会太短。若要对所拍摄文化有内含深层展示，除视角自如运用外，必要基础工作之一是尽可能多积累有关影像素材。如同人类学田野调查中的笔记一样，每天素材有时具有等同于"田野影像笔记"的学术价值，也需要及时整理与浏览，以便确定来日工作。更有一些人类学纪录片工作者秉承践行"分享人类学"理念将当天素材向所拍摄社区播映，以获得他们的意见。这一源自罗伯特·弗莱厄蒂拍摄《北方的纳努克》时每天反馈行为的理念，到比·鲁什时成为影视人类学的重要概念被推广和反思，直到1960年以降将摄影机交给文化持有者等一系列社区与乡村"影像赋权"，以及在影像民族志成片后再向所拍摄对象播放等举动，说明直至今日"分享人类学"已发展成民族志纪录片创作时一个必要环节。

一般来说，每日反馈播映素材方式可能更适用于一些具有应用意义的人类学民族志影像作品，如文化遗产抢救保护记录、政治权利或群体利益表达呼吁等方面，因为这样做会得到社区认同和支持，有时还会以增加素材资源、决定拍摄内容的情况出现，或能在主位视角上更有助益。20世纪六七十年代加拿大国家电影局发起"挑战促变革"项目。一支由著名导演科林·洛（Colin Low）率领的纪录片摄制组进驻位于加拿大偏远地区的福戈岛（Fogo）。岛民分散居住在相隔遥远的社区中，彼此较少联络，也很少有机会对岛外公众发表其社会政治主张。科林·洛摄制组来到岛屿后希望能够给予福戈岛人更多机会来思考与表述其社会问题，摄制组将为拍摄对象放映素材的伦理法则应用于这一流程之中，并且允许拍摄对象决定他们自己是否愿意或以怎样的方式出现在影片中。

有影视人类学学者指出不论是村民-社区影像中的民族志电影表述模式，还是学院派民族志电影都无益于电影制作者和被拍摄者不平等关系的反思和改善。在不能彻底抛弃这种表述形式前提下，要打破同一部电影内部影像叙述风格高度统一陈规，保证制作者表述观点和方式独立性，也保证被拍摄者表述观点和方式的独立性，让观众在线性民族志电影叙述中看到不同的观点和意图，并获得自己独立思考的空间和可能。在多声道表述基础上为民族志电影不同主体营造对话的空间和可能性，也许能够消解民族志电影制作者和被拍摄者之间的不平等关系①。

三、镜头、剪辑与后期制作

经过一定时段工作，当纪录片拍摄者获得一定数量的素材，并基本实现了拍摄计划时，便可离开拍摄地返回了。在返回之前，摄制组应与当地社区道别，如有相关费用应该结清，也可将不需的剩余物资转赠给社区，这是基本"做客"礼仪和为人之道。同时应选择具有代表性的、与社区主体文化相关的影像素材作为文献资料提供给社区存留，这符合分享人类学宗旨。接下来的工作便是返回居住地，进行剪辑等后期制作，做出纪录片成品。

人类学片有多种用途及多种类别，同一份素材，根据拍摄构思、成片预期以及用途不同，可编辑成不同类型片子，如相同内容素材可编辑成学术片、科教片、教育片及观赏片等，因此可以说不同面向及功能的文化纪录片剪辑方式不尽相同。对本教材主题范围来说，影像主要功能是抢救、记录和保存，因此认为效果基本要求便是平实和真实，由此"不暴露剪辑观点"的剪辑方式与制作特征是倡导的基本原则。也就是说从核心创作上主张真实记录和再现，在剪辑制作时拒绝对影像素材过度加工，或破坏事物逻辑性与时空统一性。从思想源流上来说可追溯到科学实证主义的影像创作观念。具体从操作层面来说，"不暴露剪辑观点"式在选取镜头与后期制作上主要体现在以下方面。

(一)镜头风格

在影视创作术语中，摄影机从开始记录时到停止记录时，期间存留在载体上的一段影像被称作是一个镜头，它是影片最基本的组织单元。在影像拍摄基本概念中通常要同时注重景别、机位及运动方式等方面来抓取镜头。美国影视民俗学家张举文、莎伦·谢尔曼(Sharon Sherman)在其拍摄指导著作《民俗影视记录手册》(本章下文简称《记录手册》)一书中认为民俗影视作品不但要从最佳拍摄视角记录和展示民俗活动，还要准确发现、忠实记录所拍摄

---

① 陈学礼：《以"镜头"写文化：民族志电影制作者和被拍摄者关系反思》，博士学位论文，云南大学，2015，第11页。

的民俗事项核心符号。他们认为最佳视角强调画面的展现，核心符号强调的
是传统生命力。只有这样作品才具有认识和研究该事项的传承机制、继承或
"复兴"传统的价值。借鉴上述论著①，本小节先论述最佳拍摄视角的基本操作
原则。

第一，合情合理选择机位，灵活机变。

在考察前期阶段，摄制组成员必须确定好几个拍摄地点，为正式拍摄时
布置机位奠定基础。一般说来，好的机位除具有视野开阔、不被阻挡、便于
操作和调整、光线充足等基本客观环境条件以外，还需考虑到在不影响民俗
活动前提下能捕捉到活动的关键细节以及可以完整完成拍摄任务等主观环境
需求。还要注意许多文化展演环节是一次性的，不太可能有后期补拍机会，
由此多机位联合布置以确保核心符号的拍摄也至关重要。若是单机拍摄的拍
摄者，一方面要灵活应对，另一方面要做好准备，通过细致预考察大致知道
何时及何角度能拍摄到重要镜头及核心符号，以达到拍摄目的。

第二，熟练运用镜头视角，体现创造性。

从技术层面来说摄像机镜头在拍摄现场会用到平视、俯视、仰视等角度，
这些角度各有其特点与用途，故而呈现不同叙事及观看效果，简要如表8-2。

表 8-2　镜头效果差异

角度	视角	特点	用途
平视	摄像机与被摄物体大致在同一水平线上	透视效果好，不易产生变形	多用于采访
俯视	摄像机位置高于被拍摄物体，从上向下拍摄	视野辽阔、场面大、景物全，纵观全局	多用于拍摄大场面，更宏观场面可用航拍
仰视	摄像机低于被拍摄物体，从下向上拍摄	可使景物拍得宏伟、高大	多用于拍摄建筑物、高台跳水等

① 张举文、莎伦·谢尔曼主编：《民俗影视记录手册》，商务印书馆，2018，第99-103页。

第三，以景别①和景深展现"语境"。

除运用机位和镜头捕捉核心符号外，还要特别注意运用景别和景深展示民俗表演或事项的"语境"，也就是表现社会、文化、经济和政治等背景画面，这与在调研报告写作部分所述及的环境整体性原则不谋而合。在展现一项文化事象或资源时，镜头主要叙事大都以合适视角使用特写或者跟拍来呈现这项文化事项本身，但亦总需考虑一些关于此事象展演时的具体情境，如文化事象展演时间、地点、空间、环境、关系、氛围等，这就需运用景别和景深进行背景交代。

景别是指由于摄影机位与被拍摄对象之间距离不同使得被拍摄对象在影视画面中所呈现出来的大小有区别，可分为远景、全景、中景、近景与特写五个不同层级。远景是一种展现广大空间与环境全貌的景别，影像特征为视野开阔，以自然风景或整体性建筑为画面主体内容，个体人物在其中只占据很小部分。它往往用于提示事件发生、人物活动或某种历史文化遗产之诞生的社会环境和地理环境，配合其他形式的资料展示，给人一种背景知识介绍。因为是一种较概略的再现形式，远景镜头基本不涉及较具体景物和人物的描绘，而注重某种地域、文化和社会氛围渲染。因此其拍摄方法往往是掠影式，并不在具体对象上做过多停留。其构图一般较为简洁，基本没有前景，往往在影片开头用一个摇摄镜头作一个叙事环境导引，如《藏北人家》开头；或在影片结尾用一个拉镜头，将无尽意蕴留在遥远地方，给人以想象和回味空间，《藏北人家》结尾也是如此。全景一般指是人物全部身体呈现在画面中成为主要视觉对象。这一景别可以呈现人物整体身姿，展现较大幅度动作，刻画人物与环境之间关系；还可确定一个场景之中总体空间关系，也就是"总角度"。如果说远景往往是对远方景物的一个遥视印象的话，那么全景是对一个较近处的景物、人群、几个活动的人或对象乃至一个人及其周围环境的总体性的描绘，并将它们作为一个总体陈述提供，从而使观众由此对它们产生概括性

---

① 本段关于景别的概念描述主要参照朱靖江:《民族志纪录片创作》，北京联合出版公司，2014，第36-38页)，并结合笔者自身理解与研究编辑而成，特此说明。

了解。影片在展示更具体的描述和叙述时，观众就能有一个理解它们的大框架，不至于莫名其妙、摸不着头脑。如《最后的马帮》在开头雪山远景摇过之后，接着就是表现马帮在高黎贡山山间小路上行走和坐落在山脚与湍急的怒江之间河滩上的马帮营地全景镜头，将马帮运输背景和赶马人生活的环境较具体概述出来，为下面具体展示马帮的运作和赶马人生活的叙事做好必要铺垫。

中景一般指人体大半身景别，即头部至膝部或腰部范围，在这一镜头中，观众既能看清人物的形貌与动作，也可看到人物周边部分景物，属于叙事功能最强的一种景别。在包含人物对话、动作和情绪的交流场景中，利用中景可兼顾人物之间、人物和周边环境之间的关系，还可使观众视线较集中，尤其能展现人物的面部表情，将其眼神、嘴部动作等细微处表现出来，连同人物说话时的语调和口音，可让观众对人物产生清晰感觉，并由此展现人物内心活动及其精神世界。正因中景兼具较充分叙事功能和描写功能，既能够呈现主体动态、姿态和表情，又能交代人物和事件事态及其发展，因此是纪录片中最常用也是最有用的景别，可以说是所有景别中的中坚部分，没有它将无法叙事和描写。如《最后的马帮》《第1集·走进独龙江》[①]5分20秒左右镜头，用中景描写贡山县交通局局长何学文(音，根据画面解说推测)打电话时的情境。

近景一般指人体上半身景别，即画幅控制在从头部到胸部范围内。此景别着重表现人物面部表情，传达人物内心世界，是刻画性格、展现形象、传达人物文化特征最有力的一种景别。在影视作品叙事部分近景占重要地位。

特写是一种视距最近景别，若以人体为标尺，一般指头颈范围内景别。特写可被用来突出拍摄对象的细节特征，如刻画人物细腻表情、动作细节或物件细节。特写具生活中不常见的特殊视觉感受，能给观众以强烈印象，在民族志纪录片中还可作为一种影像深描手段展示文化复杂层次。如在一些需记录和展现文化持有者具体展演或展示此项文化事象时经常采用，如某些短

---

① https://www.bilibili.com/video/av7123124/。

视频创作者在视频具体制作过程中常采用这一景别方式，再如传承人制作非遗事项时，也多用此景别展现工艺或技艺的精湛与精巧。

在虚构电影拍摄中，景别通常在实拍之前便已通过分镜头脚本形式确定下来，但在纪录片拍摄中景别设计需在拍摄现场根据环境与事态发展，即时做出判断与调整，以期获得最具信息量与美学价值的镜头。总体来说，选镜头时多选用符合人体观看习惯的平视机位以及中景、近景等景别，贴近常规视觉心理感受，尽量不选用带有情绪色彩的俯视或仰视机位及具有强烈视觉冲击力的大特写镜头，以免这种刺激性画面对观看者判断造成干扰。

（二）剪辑组合

在以纪实为主的文化调研影像中，剪辑镜头应注重信息完整性。一个镜头展现相对丰富化细节与行为过程，这一过程既有全程对于所要拍摄文化事项（事象、事件）核心符号的观照，也有赖于蒙太奇剪辑的运用。

1. 文化事项的核心符号

《记录手册》提到民俗影视作品不但要从最佳视角记录和展示民俗活动，还要准确发现、忠实记录所拍摄民俗事项核心符号。民俗属生活文化。因此其事项亦属于生活性和民间性较强的文化事项。由此《记录手册》中提出"核心符号"观念及具体操作原则当然适用于文化事象的相关原则。以民俗符号[①]为例，它包括各种言行，如语言特征（语言、访谈或口音）、着装风格、饮食习惯、仪式符号和信仰表达行为等，这些都可作为当地的传统认同符号。在认同符号之中，有些是对局内人有着极其重要意义的、相对稳定不变的信仰和行为符号，可视为认同符号中的核心符号（core marker），如中国传统婴孩儿过周岁生日中的"抓周"仪式。那些被认为因客观条件不断变化的行为符号便可视为随机符号（arbitrary marker）。核心符号是那些具有传统生命力的民俗事项，表现着核心信仰与价值观。随机符号是那些以有效性为主的事项，表现为因时空变化、为适应新环境而产生或改造的日常活动。如在古时，有些

---

① 本段关于"民俗核心符号"的相关论述主要借鉴张举文、莎伦·谢尔曼：《民俗影视记录手册》，商务印书馆，2018，第103-105页，结合自己理解及研究呈现，特此说明。

地区的婴儿在过周岁时，除"抓周"这样的核心仪式以外，还有在"小孩子周岁那一天，给他们梳洗穿戴，然后换上新衣服——新衣新帽新鞋袜，开始举行祭拜祖先仪式，先告诉祖先宝宝满一岁的信息……"①在传统乡土或地方社会人员流动性不强情况下，一般家里都有祖先牌位或有祭祀习惯，但在现代社会以城市家庭楼居为主情况下，祖先牌位或祭祀习惯在大多数家庭已不复存在。由此"祭祀祖先"就成为当代周岁人生礼俗的随机符号。由此文化事项核心符号对传统过渡及其重要，其生命力体现为一个文化的根本信仰和价值观，即某个文化传统因客观条件变化变得或烦琐或简单。在此过程中，那些因条件好而增加的符号以及因条件不允许而删减的符号都可以视为随机符号，其中保持不变或变化极小的符号便可视为核心符号。在一般文化事象展演中，除一般程序性表演外，总有若干核心符号贯穿其中，在拍摄过程中必须正确认识和妥善处理核心符号和随机符号，主要原则便是必须完整记录那些核心符号的运用过程。其实关于"核心符号""随机符号"在民俗学界早有类似研究，如宋颖的博士论文《端午节研究：传统、国家与文化表述》将端午习俗要素归纳为"核心元素"与"变动元素"②，认为在端午习俗中核心元素主要有两个，一是端午节期，二是端午本义，即驱瘟禳灾、避恶除病；而端午习俗"变动元素"主要包括饮食多样化、药草多样化、传说多样化及活动多样化等。

张举文认为，从宏观角度端午节主要民俗符号包括以下几种。

（1）驱邪避疫仪式：迎傩、门悬菖蒲艾叶（辣椒、大蒜、鸡蛋壳等）、饮雄黄酒、贴午时符、祭五瘟使者、浴兰草水、佩端午索、穿五毒衣、熏烟等。

---

① 黄晓：《"抓周"仪式的文化解读——以广德地区为例》，硕士学位论文，安徽大学，2012，第17页。

② 宋颖认为所谓核心元素是指在保持文化传承的那些基本没有本质变化的元素，它们的功能主要在于传承历史的记忆，使得民俗事象即便出现在其他地域、其他族群当中，也能够追溯出其来源和发展的文化元素，而变动元素是指随着时间、地域、族群的变化而产生变化的文化元素，它们的功能在于建构群体内部的文化认同，使得这个群体成员之间能够形成共同分享的一整套符号系统，而群体内成员都明了其背后的指向和文化意义，借助这些变动元素，这个群体能够与那个群体之间有所差异、相互区别，从而在其内部能够产生一种向心力和凝聚力，保持群体的稳定和发展。在端午习俗中，所有外在的表现形式都是可以变动的，都是有所替代选择的，人们可以根据自己的生活水平、内容和方式，甚至个人喜好来进行组合或变换。

（2）纪念历史名人：屈原、伍子胥、介子推、张道陵、曹娥、钟馗、黄巢等历史人物曾先后成为端午节的纪念对象，目前主要是屈原（湖北、湖南）、伍子胥（苏州）。

（3）仪式形式：祭典、龙舟竞渡、食粽、送瘟船（神舟会）。

（4）饮食风俗：饮雄黄酒、包各式粽子。

（5）民间交际：出嫁女儿回娘家[①]、互赠蒲扇、护送粽子等。

他还认为，从微观角度，不同地区的不同端午活动都有具体事项核心符号。如苏州端午尤其突出围绕"伍子胥""粽子"和"驱五毒"活动，湖北黄石西塞则突出"神舟"[②]"吃包子喝粥（吃饱喝足）"[③]和"打醮"等活动。可看出宋颖和张举文对于端午习俗的核心元素、核心符号和变动元素、随机符号的认知有稍微不同。综合两位学者观点可知，不论拍摄哪一个范畴群体的端午节，核心元素展现都是最基本的框架，但同时变动元素挖掘和展示更是体现端午节俗多样性的最好注解。这既有赖于拍摄者对端午元素的综合考虑和理解等主观因素，更依靠不同地域民众的端午节"地方性知识"。

张举文还指出，拍摄纪录端午节在一时一地的传承进程，还必须根据拍摄目的识别和选择核心符号，这样才能有深度表现其传统的生命力。如在关注人物的时候，就要包括以下内容。

（1）传承人（性格、表演、家庭、技艺、现状，特别关注他们的故事，如当年受压制时的做法）。

（2）管理者（身份、性格、管理手法、与传承人的关系、应对媒体等）。

（3）参与者（表现特别者，除摄像外，最好现场采访一下，如参与的目的、以前的回忆等）。

（4）观众或外来者（一些抱着不同目的来参与的游客或特殊人物，如官员、

---

① 在庄孔韶1989年在福建古田菇洋镇（现水口电站库区黄田镇）谷口村所拍摄《端午节》中，当地端午习俗是女婿要给岳父岳母家送食篮。
② 宋颖：《民俗宗教的复合形态——"西塞神舟会"调查报告》，《民间文化论坛》2007年第2期。
③ 笔者询问作者张举文先生，他说"吃包子喝粥（吃饱喝足）"是当地人都会说的话，为其田野访谈所得。

学者、媒体等)。

他认为要注意不能眉毛胡子一把抓,要理清符合主题目的的逻辑和层次关系,有主有次地表现。

2. 蒙太奇技法

蒙太奇(法语:Montage)原为建筑学术语,意为构成、装配,电影发明后又在法语中引申为"剪辑"。1918年苏联电影导演列夫·库里肖夫(Kuleshov, Lev Vladimirovich,1899—1970)提出"库里肖夫效应",通过经典实验证明了镜头组接对于观看者心理祈祷的作用。他由此得出引起电影情绪反应的并非是单个镜头内容,而是几个画面之间的并列组合;单个镜头只不过是素材,只有剪辑创作才能成为电影艺术。库里肖夫最终提出具有重要价值的影像创作纲领,即影片结构基础不是来自现实素材而是来自空间结构和剪辑。1920年苏联艺术家谢尔盖·爱森斯坦(Sergei M. Eisenstein,1898—1948)为向苏联以外介绍蒙太奇理论借用法语Montage一词并引申至英语。1930年初中国电影引进蒙太奇理论,初曾根据法语旧意尝试将其翻译为"织接"等意,后发现旧词被赋予新意,便保留英语音译成为新名词。

从宏观结构而言,一些经典蒙太奇也是影片建构的基本框架,因此蒙太奇是影片的基础叙事方式。经过长期理论建设与电影实践,形成多种类型蒙太奇之剪辑建构手法。电影学理论认为蒙太奇按照其功能可以划分为三种最基本类型:叙事蒙太奇、表现蒙太奇、理性蒙太奇。其中叙事蒙太奇又分为平行蒙太奇、交叉蒙太奇、重复蒙太奇、连续蒙太奇,表现蒙太奇分为抒情蒙太奇、心理蒙太奇、隐喻蒙太奇、对比蒙太奇,理性蒙太奇分为杂耍蒙太奇、反射蒙太奇、思想蒙太奇。到目前为止,蒙太奇分类还众说纷纭[1]。在追求真实和平实的文化影像纪录片中,一般来说从头到尾讲故事的连续式蒙太奇较适用于与现实生活经验高度吻合的现实主义影像作品,特别是以真实人物或事件为对象的民族志纪录片。两条或两条以上故事线索共同发展的平行式蒙太奇结构叙事更为饱满丰富,是一种复调式影像叙事。交叉式蒙太奇是

---

[1]　许南明、富澜、崔君衍:《电影艺术词典》,中国电影出版社,1986,第31页。

将在同一时间段内的不同地点发生的两条或多条情节线索，以一定速率交替剪辑在一起的镜头组合方式。这种蒙太奇具有强烈的戏剧性效果，是许多故事片导演乐于采用的叙事结构。对民族志纪录片创作而言，在拍摄社会生活或文化事象中若存在多条同时发生的互动性线索，也可采用交叉式蒙太奇剪辑方法以增加影片观赏性和文化表现力。在民族志纪录片中使用重复式蒙太奇，能起强化拍摄对象文化价值的作用。这是指导演将同一机位、同一角度、统一背景、同一光影色彩、统一演员调度的镜头在影片中两次或多次重复出现，以强调影片所要表达的基本思想或需关注的重要场面。这种重复并非机械再现，而是被赋予更丰富意义以达到刻画人物、深化主题的目的。如在美国影片《阿甘正传》的开头和结尾都出现的"飘飞的羽毛"，还有不断到站的公交巴士的重复出现，都属于重复蒙太奇。

以上蒙太奇方式都可适当运用于民族志纪录片。一般来说，在抢救以保护为主的田野调研资料类文化影像中多采取顺序式蒙太奇，也就是尽量按照时间、因果等先后关系，以事物本来逻辑或事件发展进程为序呈现叙事，摒弃用倒叙、交叉、重复等破坏时空统一性与"拟真性"的方法剪辑镜头、组合蒙太奇，如国家社科基金特别委托项目《中国史诗百部工程·项目实施规范》的附件2《民俗生活纪录片拍摄要点》指出，拍摄时基本要求为"以史诗演述的民俗事件为重点，跟踪拍摄史诗演述人参与事件的全过程。拍摄时要关注'事件前''事件中''事件后'三部分结构，并关注演述人与听众的关系；同时拍摄演述人的日常生活，对演述人及相关人群进行访谈拍摄，通过融合剪辑，形成综合性纪录片"。这一要求说明其基本剪辑要求为事件产生先后顺序。同样在《"中国节日影像志"体例规范》中也提到影片结构基本要求是"本系列影像志要求以民间的传统节日为主要拍摄对象，在节日的具体发生地进行拍摄，可以节日事件的推进为主要线索，或以家庭、重点人物作为主要线索进行拍摄"，"拍摄制作时要关注'节日中''节日前''节日后'三部分结构，即注意节日发生过程，也注意节日前的准备和节日后的状况"。

由于观察式民族志纪录片风格大都较舒缓，因此多展现以长镜头为主要影像信息的载体，不进行过于繁复、快速的剪辑处理。长镜头是一种拍摄手法，是相对于蒙太奇剪辑组合的一种展现方式，是指用比较长时间(有的长达10分钟)对一个场景、一场戏进行连续拍摄形成较完整镜头段落。长镜头根据机位和景深可分固定长镜头、景深长镜头、运动长镜头等类型。此处长镜头是指拍摄开机与关机点时间距，也就是影片片段长短。镜头长短无绝对标准，是相对而言的。总体来说长镜头所记录时空是连续、实际的，所表现事态进展是连续的，情节展现上具真实性。如美国纪录片导演 J. P. 史杰鹏(J. P. Sniadecki)和中国电影人张莫等于 2012 年在中国成都拍摄纪录片《人民公园》，以一个 78 分钟一镜到底的长镜头，生动描绘了四川成都人民公园的真实景象。

(三)画面过渡、声音、字幕及"观看指南"

我国影视人类学学者张江华、李德君等认为人类学片"真实性"可分为真实人物、真实事件、真实环境、真实内含四个细节，有学者补充应加上真实声音、真实时空[①]。由此可以说除镜头运用和剪辑组合等基本制作外，文化影像纪录片的声音、字幕和画面过渡等也呈现出与虚构故事片不同的拍摄技巧与制作特色。

第一，文化调研影像极少使用影像特技功能，画面过渡以切换、淡入淡出等简单方式为主，放弃华丽的过场效果，注重影片的整体感与现实感。

第二，在声音剪辑方面，影像民族志除片头、片尾等少量位置外，一般不采用无源音乐，影片叙事表意功能基本采用同期声，特别是和对象之间彼此交流时。放弃画外音阐释功能也是"不暴露剪辑观点"的一个重要方面。在此还要关注拍摄时的音声语境。如拍摄一个重要的仪式环节不能忽视仪式之前和仪式之后的音乐，如此才能算是完整的仪式记录，在现场将镜头与音声有机结合达到全面真实的视听记录极为重要。

第三，影像民族志强调字幕的准确性与精准性，同期声字幕要与讲话者声音保持同步，绝不改变讲述者本义，可添加一些补充信息的字幕，如时间、

① 黄冠玫美、黄凤兰：《影视人类学作品属性研究》，《文化学刊》2009 年第 1 期。

地点、人名或对某些事由的简述，但字幕宜简明扼要，不能过度表露拍摄者创作意图。

第四，有些民族志影片还有"观看指南"或相关资料等文本作为观影的背景材料说明。

观看指南又叫作"影片说明"，最早使用应是在美国经典影像民族志布须曼人系列中的《一场婚姻的争论》。《一场婚姻的争论》是一部有复杂叙事情节和心理活动的片子，在放映时创作者采用不同表现方式重复两次内容的办法。另将背景材料诸如家族关系图印成文字材料作为《观看指南》散发，以此作为对影视手段承担的表现复杂社会生活的补充。此后一些学者主张编印《观看指南》应该作为拍摄人类学片工作的重要组成部分。在以后实践中，《观看指南》演变为与该影片相关的人类学资料，即每拍摄一部人类学片就相应出一册书，这在国外已成为普遍现象。

【课后习题】

阅读朱靖江教授的《民族志纪录片创作》一书，并选取自己所感兴趣的任一文化资源类型，可以以课堂小组为单位，从拍摄计划、田野调查、写脚本到实施拍摄进行具体安排，可选择本体认知、今昔变迁、留存现状、开发利用情况等作为主题，或自拟聚焦主题，最后剪辑呈现出 10～20 分钟的短视频或纪录短片。要求质朴自然，有一定深度。

参考文献

一、历史文化原典

[1]二十四史[M].北京：中华书局标点本，各年版.

[2]新编诸子集成[M].北京：中华书局，2013.

[3](苏)斯大林全集[M].北京：人民出版社，1953-9—1956-4.

[4]顾颉刚.顾颉刚全集[M].北京：中华书局，2011年.

二、文化资源学相关教材

[1]高宏存.文化资源产业化研究[M].北京：国家行政学院出版社，2010.

[2]牛淑萍.文化资源学[M].福州：福建人民出版社，2012.

[3]唐月民.文化资源学[M].济南：山东大学出版社，2014.

[4]秦枫.文化资源概论[M].合肥：中国科学技术大学出版社，2014.

[5]李树榕，王敬超，刘燕.文化资源学概论[M].南京：东南大学出版社，2014.

[6]胡郑丽.文化资源学[M].北京：光明日报出版社，2016.

[7]赵尔奎，杨朔.文化资源学[M].西安：西安交通大学出版社，2016.

[8]姚伟钧.文化资源学[M].北京：清华大学出版社，2017年

三、文化资源类型及本体研究

[1]芮逸夫.苗族的洪水故事与伏羲女娲的传说[J].中央研究院史语所人类学集刊，1938，1(1)：155-203.

[2](法)保罗·佩迪什. 古代希腊人的地理学——古希腊地理学史[M]. 北京：商务印书馆，1983.

[3]杨堃. 民族学概论[M]. 北京：中国社会科学出版社，1984.

[4](日)松平守彦. 一村一品运动[M]. 王翔，译，石家庄：河北人民出版社，1985.

[5]贾芝. 延安文艺丛书·民间文艺卷[M]. 长沙：湖南文艺出版社，1988.

[6]陈勤建. 文艺民俗学概论[M]. 上海：上海文化出版社，1989，2007.

[7](美)弗朗兹·博厄斯. 人类学与现代生活[M]. 刘莎，谭晓勤，张卓宏，译. 北京. 华夏出版社，1991.

[8]王建民. 中国民族学史[M]. 昆明：云南教育出版社，1997.

[9]钟敬文. 民俗学概论[M]. 上海：上海文艺出版社，1998.

[10]张江华，李德君，陈景源，等. 影视人类学概论[M]. 北京：社会科学文献出版社，2000.

[11]张箭. 地理大发现研究(15-17世纪)[M]. 北京：商务印书馆，2002.

[12]李春霞. 遗产：起源与规则[M]. 昆明：云南教育出版社，2008.

[13]巴莫曲布嫫. 非物质文化遗产：从概念到实践[J]. 民族艺术，2008(1).

[14]艾克恩. 延安文艺史[M]. 石家庄：河北教育出版社，2009.

[15]秦富，张敏，钟钰，等. 我国"一村一品"发展理论与实践[M]. 北京：中国农业出版社，2010.

[16]赵李娜. 环境、信仰与艺术：史前长江下游地区鸟信仰相关问题研究[R]. 上海：华东师范大学中国语言文学流动站(文艺民俗学)2013年出站报告，2013-5.

[17]黄剑波. 人类学理论史[M]. 北京：中国人民大学出版社，2014.

[18]冯骥才. 中国口头文学遗产数字化工程全记录[M]. 北京：中国文史出版社，2014.

[19]赵李娜. 神[M]. 上海：上海古籍出版社，2014.

[20]王道. 超越大山. 浙南培头村钟姓畲族社会经济文化变迁[M]. 北京：中国社会科学出版社，2015.

[21]孟令法. 畲民科举中的"盘瓠"影响——以清乾道时期(1775—1847)浙闽官私文献为考察核心[J]. 贵州民族大学学报(哲学社会科学版)2017(3).

[22]赵李娜. 上海石库门生活习俗[M]. 郑州：中州古籍出版社，2017.

[23](日)岩本通弥，山下晋司. 民俗、文化的资源化：以21世纪日本为例[M]. 郭海红，

译，济南：山东大学出版社，2018.

[24]朱靖江. 民族志纪录片创作[M]. 北京：北京联合出版公司，2015.

[25]赵李娜. 农昌国盛：改革开放 40 年中国农业发展[M]. 北京：北京出版集团，2019.

[26]安学斌. 21 世纪前 20 年非物质文化一茬保护的中国理念、实践与经验[J]. 民俗研究，
    2020(1).

[27]苏智良，姚霏. 初心之地——上海红色革命纪念地全纪录[M]. 上海：学林出版社，
    2020 年.

四、调研方法相关论著

[1]温寿链. 福建龙岩县的风俗调查[J]. 歌谣周刊第 28 号，1923-10-14.

[2]容肇祖. 北大歌谣研究会及风俗调查会的经过(续)[J]. 民俗 1928-7-25(17、18).

[3]常隆庆，施怀仁，俞德浚. 四川省雷马峨屏调查记[J]. 中国西部科学院特刊，中国西
    部科学院雷马峨屏考察团，1935.

[4]吴文藻. 文化表格说明[J]. 燕京大学社会学系. 社会学界第十卷，1939.

[5]方国瑜. 滇西边区考察记[J]. 云南大学西南文化研究室，1943.

[6]吴泽霖，陈国钧. 贵州苗夷社会研究[M]. 贵阳：文通书局，1946.

[7]刘守华. 慎重地对待民间故事的整理编写工作——从人民教育出版社整理的"牛郎织
    女"和李岳南同志的评论谈起[J]. 民间文学，1956(11).

[8]刘魁立. 谈民间文学的搜集工作——记什么？如何记？如何编辑民间文学作品[J]. 民
    间文学，1957(6).

[9]贾芝. 谈各民族民间文学搜集整理问题[J]. 文学评论，1961(4).

[10]董均伦，江源. 关于刘魁立先生的批评[M]. //中国民间文艺研究会：民间文学搜集
    整理问题：第 1 册. 上海：上海文艺出版社，1962.

[12]国家民委政策研究室. 中国共产党主要领导人论民族问题[M]. 北京：民族出版
    社，1994.

[13](美)克利福德·格尔茨. 文化的解释[M]. 纳日碧力戈，译. 上海：上海人民出版
    社，1999.

[14]定宜庄. 最后的记忆——十六位旗人的妇女的口述历史[M]. 北京：中国广播电视出
    版社，1999.

[15]王红曼. 我国民族识别工作的理论依据和实践标准[J]. 西藏民族学院学报(哲学社会科学版)，2000(3).

[16]陈以爱. 中国现代学术机构的兴起——以北大研究所国学门为中心的探讨[M]. 南昌：江西教育出版社，2002.

[17]何长凤. 贵州近代少数民族调查研究的拓荒者——抗战时期大夏大学社会学研究部的成就[J]. 贵州民族研究，2002(1).

[18]庄孔韶. 人类学通论[M]. 太原：山西教育出版社，2002.

[19]小田. 社会史的"整体性"与"田野工作"[J]. 江海学刊，2004(3).

[20]谢燕清. 中国民族学田野工作反思——以五六十年代民族大调查为例[J]. 民俗研究，2004(2).

[21]刘魁立. 非物质文化遗产及其保护的整体性原则[J]. 广西师范学院学报，2004(4).

[22]程锡麟. 赫斯顿研究[M]. 上海：上海外语教育出版社，2005.

[23]中国民族民间文化保护工程国家中心. 中国民间文化遗产抢救工程普查手册[S]. 北京：文化艺术出版社，2005.

[24]费孝通. 乡土中国[M]. 北京：北京出版社，2005.

[25]刘铁梁. "标志性文化统领式"民俗志的理论与实践[J]. 北京师范大学学报(社会科学版)，2005(6).

[26]苑利、顾军. 文化遗产报告：世界文化遗产保护运动的理论与实践[M]. 北京：学苑出版社，2006.

[27]国际现代建筑协会. 雅典宪章[J]. 清华大学建筑系，译. 城市发展研究，2007(5).

[28]施爱东. 中山大学民俗学会与早期西南民族调查[J]. 文化遗产，2008(3).

[29]李绍明，彭文斌. 西南少数民族社会历史调查——李绍明美国西雅图华盛顿大学讲座(二)[J]. 西南民族大学学报(人文社科版)，2010(1).

[30]王希恩. 中国民族识别的依据[J]. 民族研究，2010(5).

[31]冯骥才. 中国木版年画传承人口述史丛书·总序：年画艺人的口头记忆[M]. 天津：天津大学出版社，2011.

[32]王巨山. 非物质文化遗产概论[M]. 北京：学院出版社，2012.

[33](美)帕蒂·乔·沃森(Patty Jo Watson)，斯蒂芬·勒布朗(Steven A. LaBlanc)，查尔斯·雷德曼(Charles L. Redman). 分类与类型学[J]. 陈淳，译. 南方文物，2012(4).

[34]王小明. 传统村落价值认定与整体性保护的实践和思考[J]. 西南民族大学学报(人文社会科学版)，2013(2).

[35]杨绍军. 西南联大与中国彝学研究[J]. 贵州民族研究，2013(2).

[36]李松. 从"十大集成"到国家民间文化基础资源数据库建设[N]. 中国文化报，2014-3-10(4).

[37]王积超. 人类学研究方法[M]. 北京：中国人民大学出版社，2014.

[38]戴建兵，张志永. 个人生活史：当代中国史研究的重要增长点[J]. 河北学刊2015(1).

[39]庄孔韶. 宗教人类学研究的两个整体性原理[J]. 青海民族研究，2015(1).

[40]钱茂伟. 公众史学视野下的口述史性质及意义[J]. 学习与探索，2016(1).

[41]赵李娜. 中国现代民俗学和历史地理学的开创与扭结——兼论顾颉刚先生对两学之贡献[J]. 民俗研究，2016(1).

[42](英)马林诺夫斯基(著). 西太平洋上的航海者——美拉尼西亚新几内亚群岛土著人之事业及冒险活动的报告[J]. 弓秀英，译. 北京：商务印书馆，2017.

[43]孙艳艳. 佐拉·尼尔·赫斯顿的"实验民族志"书写[J]. 民间文化论坛，2017(1).

[44]左玉河. 多维度推进的中国口述历史[J]. 浙江学刊，2018(3).

[45]刘鹤、刘喜风. 建国初期民族院校开展的社会调查述论[J]. 山西档案，2018(3).

[46]陈泳超. 理智、情感与信仰的田野对流——兼覆罗兴振来信[J]. 民族文学研究，2019(1).

[47]穆朝阳. 民国时期福建地区民俗学研究者的文化交往[J]. 文化遗产，2019(4).

[48]许雪莲. 差异求真：中国节日影像志和中国史诗影像志的理念与实践[J]. 民族学刊，2019(5).

[49]张志勇. 中芬三江民间文学考察文献移交中国民协[N]. 中国艺术报，2019-5-24.

[50]邹立波. 庄学本的社会交往与边疆考察(1929～1948 年)[J]. 广西民族大学学报(哲学社会科学版)2019 年第 6 期.

[51]毛巧晖. 民间文学搜集整理七十年[J]. 民间文化论坛，2019(6).

[52]胡洁. 口述史与田野访谈：梳理与比较[J]. 南京社会科学，2020(6).

附 录

北京大学研究所国学门风俗调查表

旨 趣

(1)风俗调查，为研究历史学，社会学，心理学，及行为论，以至法律，政治，经济等科学上不可少的材料。调查人如肯尽心做去，不独于自己的见识及学问的贡献上两有利益，并且为假期中最好的消遣品。

(2)本调查表分为三表如下。请调查人依各表每项下，记载所得的事情。如表中所载有未尽处，请各人酌量加入。

(3)希望调查人于"习惯"一表上，在"特载栏"中推论与环境及思想相关系的缘故。(如说：此地寒，所以人喜饮酒。封神传流行甚广，所以义和团的势力甚大，之类。)

(4) 对于满，蒙，藏，回，朝鲜，日本，及南洋诸民族的风俗，如有确知真相愿意供给材料者，尤为特别欢迎。

(5)政治的措施，法律的制裁，军人的行为，及华洋的杂处，影响于一地方的风俗至钜且大，望调查人于特载栏上附记，以备参考，不另列表。

(6)下表所调查的，以一地方上的多数人为标准、如有一阶级的特别情况者(绅界官场等现形记)，希望从中声明。

(7)搜罗材料，当用科学的方法，即是实地调查，实事求是，不准捕风捉影。如有怀疑又不可能的情形，均望将理由详细注明。

(8)调查人对于本地的风俗，应该就事直书，不可心存忌惮与掩饰。

(9)调查时如能附带收集各地特别器物更佳。并且将惠赠人的芳名记下，以备将来"风俗博物馆"成立时，永久留为纪念。

(10)不能用文字表示者，可用图画或照片。

(11)将来如印成风俗书时，除将调查人的姓名登载外，并给予相当的酬劳品。

一、环境

(1)地名

即所要调查的地名，如北京，天津，或一乡村之类(以调查人的生长地为佳。或所游历的地方也好。但望注明为那一种。)

(2)人口

男女分别更好。(儿童产育数的多少。)近十年死生率之比较。

(3)职业

男女分举。

(4)气候

四季长短及特别天气。

(5)地理

山，海，平原，河流，湖沼，名刹，胜境。

(6)出产

何种？

(7)经济状况

基本产业，工资，利息等。

(8)生活程度

贫富及中户分列。

(9)交通

水，陆，或航船，汽船，铁路，轿，车等。

(10)民族

(11)地方特殊的组织

如宗族，合作等。

(12)家畜

马，牛、羊、猪、鸡、狗等培养法，及繁殖率。

二、思想

(1)语言

普通话或当地语言。

(2)歌谣

以最通行为主。

(3)本地的历史的故事

童话和急口令或相传的趣事(如说鼠母教鼠子如何食油，鼠子不听话，致被人捉去之类)。

(4)戏剧

何种戏剧，艺员程度若何？演戏时人民有何种兴趣？

(5)格言和俗语

如一字值千金，好子不当兵，树倒猢狲散之类。

(6)小说

何种最通行，用何方法去传播？(或唱书，或自看，或互相授受)

(7)宗教和信仰

耶教，佛教，回教，及本地神明巫祝等。

(8)教育

何种学校，教程如何，家庭教育状况，旧时科举的势力是否存在？

(9)美感

雕刻，图画，音乐，唱歌，织绣等。

（10）普通观念与判断

如说："学校所养成的均是一般坏学生"；"共和国是洋鬼子的制度"；以及对于下表各项习惯上的批评之类。

三、习惯

（1）衣

小孩，老人，及成年的男女的"内衣""外衣"在四季上的装束。衣服的材料和做法。手巾，袜，鞋，帽等。（如在时装多变的地方，也请列明，如何变法。）

（2）食

米，麦，黍，粉等。烟（鸦片纸烟等）。酒，油，酱，盐，与调味的物料及烹饪的方法。贫富每日所食的肉、菜，及饭，粥，麦，黍的多少。

（3）住

木，竹，砖，土等所建的屋。屋内的排设（器具盘皿等），屋外的布置，睡床与大小便的地方的状况。家畜的安置。

（4）婚姻

养媳。嫁娶人的年龄若干，聘金与婚费的多少。六礼与完婚时的规矩。闹房及验处女膜等恶俗。

（5）丧礼

分别贫富

（6）坟墓

风水观念，及坟墓的筑造法。

（7）祭礼

如家庙，祠堂，坟墓，及祀神等。

（8）家礼

子女对父母，媳妇对于翁姑及家人等，生子及冠，笄等礼。

（9）客礼

（10）公共集会的习惯

(11)游神和赛会

(12)娶妾和纳婢

(13)守节

贞女及寡妇。

(14)养子

或寡妇，或夫妻无出是否有养子的风俗？

(15)再醮

寡妇再醮或再嫁否？社会上对再醮或再嫁的寡妇的批评。

(16)修饰

缠足，束乳，头发装扮，头，耳，手，指，颈上脚上的修饰品。

(17)争斗和诉讼

械斗，打架，咒骂，（如村妇相骂，及许多地方以骂人为语助词。如北京人的食之类。)诉讼(好讼否？)。

(18)嫖

除妓女外，相公及男色的嗜好。

(19)赌

何种赌？男女同赌，或分赌？

(20)盗

小盗，合伙的打劫贼。

(21)娼

公娼，私娼，公娼的娼寮制度及娼女的生活。私娼卖淫的方法。

(22)男女社交

(23)清洁或肮脏

实据的证明。如衣，食，住，及洗澡拭身等。

(24)年节的习俗和商人的讨账

(25)勤惰

每日工作若干时，何种工作，夜间有无工作。妇人在家庭中工作的状况等。

（26）玩耍

儿童的游戏，或如猴子戏，狗戏与傀儡戏及音乐会等。

（27）杂技

如打拳，算命，看相，占卦。

（28）乞丐

（29）货声

即"叫卖"声调，词句，器具等。

（30）奴仆的情况

（31）慈善事业

（32）遗弃子女

后　记

　　文化产业作为1990年以来我国迅猛发展的新兴产业与行业，在当今全球化、城市化及产业转型升级语境下，在国民生产生活中继续扮演着重要角色。作为培养相关从业者的文化产业管理专业，截至2018年在全国大多数省份的两百多所高校都有开设，已初步建立起从本科到硕士、博士较为完备的纵向高等教育体制。但同时也应看到教育体制初步完备并不代表着教育体系完整与教学理念观念领先和新潮，可以说当今文化产业教学仍存在着教育体系观念相对落后与市场产业实际发展迫切需求之间的矛盾与冲突，具体呈现为专业人才培养与社会需求之间的不匹配与不适应现状，因此重新审视文化产业从业人员的培养模式、课程设置与教材建设成为目前专业教学改革中的核心问题。

　　作为一门年轻的新兴专业，文化产业管理专业，其教学存在着学科定位模糊、权威性针对性教材较少等现状。文化资源学作为这一专业的主干核心基础课程，已有不少教学人员和研究者撰写以此为专题的教材，而对于"文化资源调查与研究方法"的部分较为忽视甚至阙如。本教材主编作为从事专业教学科研多年的一线教师，在教研工作中逐渐认识到当今文化产业大多建立在对文化资源的传承保护和开发利用基础上，因此文化产业相关研习者和从业人应深入了解文化资源的内涵及规律。其中最重要的环节之一便是深入所要传承利用的文化事象（事项）亲自调查，通过了解其历史生成、演进变迁而预知其发展走向，通过深入挖掘体会其文化内涵以资传承利用。因此文化资源调查与研究对于文化资源传承利用乃至文化产业来说，都是非常重要且必要的行业职业行为，当然亦应成为相关从业人员的基本技能与专业素养。在这样的深刻认知之下，教材主编申请了"2019年华东政法大学本科规划教材"项目资助，获得立项之后即组织编写团队，经过一年多的撰写与修改，教材终于得以出版。作为同类教材中首次以"文化资源调查与研究方法"为题者，本教材具有以下特点。

第一，教材从酝酿到策划申请直至最后编纂完成，体现了主编在多年从事教育与科研实践活动基础上对本专业核心内容与教学理念的总结与独特思考，其中不乏自己的亲身教研调查与研究经验贡献，具有一定的首创性与前瞻性。

第二，教材在关于文化资源调研的理论选取、方法论介绍及案例说明等方面，呈现多学科参与之融合性特色，努力构建一种全新的专业课程教学范式。

第三，本教材对于文化产业管理及相关专业学科与从业者来说，具有一定程度的实用性和针对性。

教材主编在长期的本专业文化资源学相关概论及专题教学中，通过调查问卷、深度访谈、课堂志、教学叙事等方式，结合亲自对教学对象即学生、学生升学后的指导教师、用人单位等的观察访谈得知，文化调研方法技能的缺失已逐渐成为本专业学生在本科和研究生学习时，或在从事文化资源传承利用等职业阶段的较大困扰。由此决意以"调查与研究方法"作为主要核心问题，对本专业教学及教材现状的一些部分进行革新与扩展，同时将课程思政教学元素融合其中，使本教材兼具专业性、技术性、思想指导性，希望本教材能为本专业学生及相关从业人员合理挖掘、传承利用中国优秀文化资源提供专业经验与认知理念，从而为我国文化产业管理专业教学贡献自己的一些心得与收获。教材主创团队全部由文化学等相关专业当行学者构成，虽然是一个较为年轻的团队，但主创人员皆为长期在历史学、文艺学、民俗学、民族文学、文化人类学等领域从事文化资源理论及调研的工作者，同时积累了丰富的调研经验与素材。教材的编写工作是这样分配的：全书共九章。绪论、第一章、第二章、第三章、第四章、第八章由赵李娜（华东政法大学传播学院副教授）完成初稿，第五章、第七章由孟令法（重庆工商大学法学与社会学院副教授）完成初稿，第六章由马伊超（华东师范大学民俗学所博士生）完成初稿。最后由赵李娜完成统稿、增补、修订等工作。

本教材出版离不开以下单位和个人的大力支持，如华东政法大学教务处的资助和支持、主编所在教学单位华东政法大学传播学院领导及同侪的工作帮助、吉林大学出版社的组织编辑出版，特别是教材主创团队教学对象的教学反馈和意见建议，滋养了编者教学改革的实践与理念。在此一并对以上单位及相关个人表示诚挚谢意。

我们坚信在全国从业者与民众共同努力下，文化产业管理专业作为"多学科参与"的年轻专业，一定能在新时期为中华优秀传统文化资源创造性转化与创新性发展实施，为中华民族伟大复兴中文化自信与文化自觉实现，发挥其应有功用与特殊价值，这也是本专业行业的当行本色与核心价值。

教材主编

2020 年 12 月 1 日